ADULTÉRIOS

Aldo Naouri

ADULTÉRIOS

Tradução
LARA CHRISTINA DE MALIMPENSA

wmf martinsfontes

SÃO PAULO 2009

Esta obra foi publicada originalmente em francês com o título
ADULTÈRES
por Éditions Odile Jacob, Paris

«França.Br 2009» l'Année de la France au Brésil (21 avril – 15 novembre) est organisée : En France : par le Commissariat général français, le Ministère des Affaires étrangères et européennes, le Ministère de la Culture et de la Communication et Culturesfrance. Au Brésil : par le Commissariat général brésilien, le Ministère de la Culture et le Ministère des Relations Extérieures.

"França.Br 2009" Ano da França no Brasil (21 de abril a 15 de novembro) é organizado: No Brasil: pelo Comissariado geral brasileiro, pelo Ministério da Cultura e pelo Ministério das Relações Exteriores. Na França: pelo Comissariado geral francês, pelo Ministério das Relações exteriores e europeias, pelo Ministério da Cultura e da Comunicação e por Culturesfrance.

1ª edição *2009*

Tradução
Lara Christina de Malimpensa

Acompanhamento editorial
Luzia Aparecida dos Santos
Preparação do original
Luciana Veit
Revisões gráficas
Maria Regina Ribeiro Machado
Luzia Aparecida dos Santos
Produção gráfica
Geraldo Alves
Paginação/Fotolitos
Studio 3 Desenvolvimento Editorial

Dados Internacionais de Catalogação na Publicação (CIP)
(Câmara Brasileira do Livro, SP, Brasil)

Naouri, Aldo
Adultérios / Aldo Naouri ; tradução Lara Christina de Malimpensa. – São Paulo : Editora WMF Martins Fontes, 2009.

Título original: Adultères.
Bibliografia.
ISBN 978-85-7827-182-4

1. Adultério 2. Adultério – Aspectos psicológicos 3. Homem-mulher – Relacionamento 4. Homens – Comportamento sexual 5. Mulheres – Comportamento sexual 6. Relações extraconjugais 7. Traição I. Título.

09-08020 CDD-158.24

Índices para catálogo sistemático:
1. Adultério : Relações interpessoais : Psicologia aplicada 158.24

Editora WMF Martins Fontes Ltda.
Rua Conselheiro Ramalho, 330 01325-000 São Paulo SP Brasil
Tel. (11) 3241.3677 Fax (11) 3101.1042
e-mail: info@wmfmartinsfontes.com.br http://www.wmfmartinsfontes.com.br

ÍNDICE

A todos os casais,
tanto aos que enfrentaram a tempestade,
combatendo-a sem desesperar,
como aos que por vezes soçobraram,
insuficientemente aparelhados
por suas histórias.

INTRODUÇÃO

Por que tratar do adultério, de adultérios? Não seria esse um assunto repisado, sobre o qual tudo já foi dito?

A reserva seria pertinente, caso se tratasse apenas de rastrear seus traços antigos ou apreender sua posição nas mitologias e em outros textos sagrados; caso se pretendesse esmiuçar os feitos de um Casanova, o mito de Dom Juan ou os costumes de homens e mulheres célebres, poderosos ou não, que o praticaram em grande escala; caso fosse necessário, enfim, seguir a imprensa de celebridades e explorar, do lado masculino, as grosseiras exibições de conquistas ou, do lado feminino, as confissões patéticas desta ou daquela grande escritora apaixonada, as confissões lacrimosas de uma grande atriz traída ou as confissões apimentadas de uma intelectual que se vangloria de seu desempenho no tema.

Fiquem tranquilos! Não pretendo seguir nessa direção. Não farei um quadro descritivo das estratégias empregadas nesse âmbito, nem sua apologia, nem nenhum julgamento a seu respeito.

Não deixarei de ser o pediatra que sempre fui. De fato, passei muito tempo refletindo sobre o futuro dos jovens casais de cujos filhos cuidei e tentando identificar as razões que levaram um ou outro dos parceiros a ter de romper, ocasionalmente, o pacto implícito de fidelidade com o qual se havia comprometido na aurora da aventura e a explorar um outro lugar, numa incursão passageira sobre a qual nunca sabe por que ela se deu, o que significa e muito menos, antecipadamente, os rumos que tomará. Em outras palavras, refletindo sobre o que impele as antigas crianças que foram um e/ou outro desses parceiros a trilhar tal caminho e, ao mesmo tempo, a cultivar a ilusão de serem autônomos e livres para escolher.

As perguntas que me faço referem-se a uma temática eterna. Não posso, portanto, prescindir de seu histórico, por mais sucinto que eu o queira. Com efeito, o adultério sempre ocorreu, não obstante a denúncia e o opróbrio dos quais foi alvo permanente. Como se constituísse, para o ser humano, uma experiência tão tentadora que ele se sente condenado a atravessá-la cedo ou tarde na vida. É o que sugere, com muito humor, o psicanalista Lucien Israël quando afirma que "só os paranoicos são convictos da fidelidade de suas mulheres"[1]. Palavras que ecoam estranhamente a famosa frase de Cristo, ao absolver da lapidação a mulher adúltera e convocar "quem estiver sem pecado a ser o primeiro a atirar-lhe uma pedra"[2].

Por que seria assim?

Sabemos que houve, em todas as épocas e todos os códigos – nas sociedades denunciadas unanimemente nos dias de hoje por seus excessos "machistas" – mandamentos condenando essa prática. Dirigidos unicamente aos homens, estigmatizavam o poder de atração feminino, qualificado de diabólico, e aconselhavam-nos a não ceder diante dele e a refrear o ímpeto de suas próprias pulsões sexuais. É forçoso reconhecer que os resultados obtidos não foram muito brilhantes, esses mesmos homens não deixaram de travar uma luta surda contra a injunção que lhes fora feita. "A carne é fraca", argumentaram eles, e disso culparam as mulheres, chegando a justificar o destino que lhes reservavam: da invenção e posterior regulamentação do meretrício aos maus-tratos legalmente infligidos a elas, com regras iníquas de julgamento por falta em processos de divórcio, passando por toda uma literatura que glorifica os feitos sexuais masculinos e assim os legitima.

As coisas começaram a mudar a partir do momento em que, depois de algumas décadas, as mulheres se muniram dos instru-

1. Lucien Israël, *Marguerite D. au risque de la psychanalyse*, Estrasburgo, Ramonville-Sainte-Agne, Arcanes, Érès, 2003, p. 173.

2. Jo 8, 7. [As citações blíblicas serão feitas a partir da edição *Bíblia de Jerusalém*, São Paulo, Paulus, 2000.]

mentos para chegar ao termo de sua luta e restaurar enfim uma dignidade aviltada. Só podemos nos congratular com os resultados – ainda que parciais – por elas alcançados. O fato em especial de terem assumido uma sexualidade quase tão exigente quanto a de seus parceiros alterou o jogo e resultou na atual liberalização dos costumes.

A partir desse ponto, qual a abrangência do conceito de adultério? Com efeito, seria possível utilizá-lo ainda, quando cada um, em nome de uma liberdade que lhe foi reconhecida e da qual é guardião feroz, reivindica – e vê reconhecido – seu direito de seguir os próprios caprichos sem prestar contas a ninguém? Conhecemos, por exemplo, as disposições tomadas a esse respeito pelo casal morganático formado por Jean-Paul Sartre e Simone de Beauvoir: comprometeram-se não somente a tolerar as respectivas infidelidades como também a contá-las um ao outro em detalhes. O fato de não terem respeitado o compromisso só foi conhecido mais tarde, depois que a publicidade em torno de seu comportamento já havia arrebanhado numerosos adeptos ingênuos, que pagaram pelas consequências disso um preço às vezes exorbitante.

E no entanto!

Basta retornar aos ensinamentos da clínica do cotidiano. Tendo acompanhado durante longos anos os numerosos casais que encontrei em minha carreira e que haviam feito todas as opções possíveis nesse âmbito, nunca conheci infidelidade ou ruptura que não tivesse provocado dores intoleráveis, se não estragos profundos, para não dizer profundos demais. Será que nossos contemporâneos acreditam ainda em contos de fadas, que as mulheres continuam à espera do príncipe encantado e que os homens continuam movidos pela conquista do Graal? Ou deveríamos atribuir o fenômeno à persistência de uma visão de mundo renitente, ainda em ação, quando deveria ter naturalmente evoluído? O fato de que o adultério tenha perdido seu caráter delituoso nem por isso parece torná-lo uma experiência de mais fácil integração ou superação.

Encontramo-nos, de fato, numa paisagem semelhante a mil outras do mesmo tipo, nas quais se afrontam discursos diametralmente opostos e de potenciais assimétricos: uma opinião ultraminoritária exalta ruidosamente certas opções – que, de resto, ela nem sempre colocou em prática no seu próprio caso – e logra impingi-las à maioria silenciosa e pronta para submeter-se a uma lógica autenticamente terrorista e a deixar-se guiar pelos profetas com os quais sonha e cuja natureza, falsa por definição, recusa-se a conhecer.

Com efeito, o que encontramos – para além das descrições ocasionalmente picantes ou das confissões dolorosas – nessas histórias de adultério? Uma apologia da transgressão? Um pretexto compulsivo para a recuperação da confiança? Um modo confortável de consumar o luto? Uma nova maneira de glorificar a autonomia? Uma reivindicação de simetria nos comportamentos sexuais? Um rápido retoque no narcisismo estropiado? A referência obstinada a uma estigmatização que parecia ultrapassada? O protesto vingativo por parte de uma visão do amor?

Tudo isso, certamente, e muitas outras coisas já sabidas e tão suficientemente remoídas que por fim enjoam. Sempre, no entanto, em todas as formas de união, seja qual for a natureza que revestem: o horizonte intensamente azul de uma visão da aventura amorosa, que a mínima nuvem nunca deveria alterar; uma esperança que nada, em princípio, deveria frustrar; uma forma de espera obstinada; uma busca desesperada de não-sei-bem-o-quê, algo que sabemos nunca ter conhecido e, no entanto, temos certeza de que reconheceríamos se chegássemos a encontrar.

Uma ilusão?

Talvez? Capaz, porém, de persistir por muito tempo, e tão singularmente enraizada que impeliria o sujeito – ciente, embora nem sempre consciente, de não ter outra escolha! – a realizar a aventura por ela marcada.

Uma ilusão que, como de costume, agarra-se a tudo que está a seu alcance e fabrica no sujeito comportamentos contrários à razão de seu círculo; mas ele próprio não os enxerga, porque sua razão consegue inventar-lhes uma justificativa. Não há nada de estranho, muito menos de monstruoso, em tudo isso. Trata-se apenas da aplicação dos mecanismos desenvolvidos pela psique quando ela se dispõe a ocultar a raiz das coisas. Somente quando as observações respectivas do sujeito e de seu entorno revelam-se excessivamente discordantes é que se constitui o que chamamos sintoma, mais ou menos reconhecido como tal pelo próprio sujeito. Indico-o especificamente e insisto nesse ponto porque não cessarei, ao longo deste livro, de investigar as condutas adúlteras como formas de sintomas de seus autores. Aliás, a fim de familiarizar a todos com esse método, pareceu-me importante ilustrar em detalhes a história pessoal do encontro entre um sintoma banal, ao qual eu nunca dera importância, e a temática adulterina em que comecei um dia a concentrar minha atenção.

Nem por isso tenho a pretensão, no entanto, de haver pesquisado exaustivamente o vasto problema ao qual me dediquei. Estou disposto a reconhecer, inclusive, que meu discurso lança mão de uma estrutura que lhe é própria e recorre a um processo de tipo analítico, mais do que a um processo descritivo ou friamente científico. Seria possível lançar-lhe a crítica – apesar de seus objetivos didáticos, fundamentados no relato de numerosos casos clínicos – de ter-se valido apenas de uma série de intuições. Mas o que é a intuição senão uma forma de saber? Um saber incontestável, embora nem sempre reconhecido como tal. Um saber que se constituiu na sombra, pela acumulação de um material em que atuou o mecanismo de associação de ideias – extraídas desse mesmo material.

Se esse tipo de argumento não for suficiente, acrescentarei que a vantagem incontestável do tipo de método e relato por mim escolhido é a de convidar cada um – sem condições prévias nem critério moralizador algum – a passá-lo pelo crivo de seu próprio registro emocional, e a não hesitar em contestá-lo, rejeitá-lo, e até mesmo denunciá-lo furiosamente caso não se sinta intimamente tocado. Ao adotá-lo, julgo haver seguido, a meu modo, os passos de Maurice Maeterlinck, que revela seu objetivo na epígrafe de *Pelléas et Mélisande*[3]: sua peça seria "um poema para chegar à beira da intimidade humana, não pela razão, mas pela ressonância".

---

3. Maurice Maeterlinck, *Pelléas et Mélisande*, Paris, Labor, 2006.

PORQUE TUDO É ENCONTRO

Passo muito tempo limpando meus óculos. Sempre agi assim. Como um grande número de pessoas, sem dúvida, mas com certeza de modo exagerado! Basta que uma impressão digital, uma irisação ou uma poeira venham se inserir em meu campo de visão para que eu me precipite, febril, em busca de um lenço, e ele regularmente me falta. Quando o encontro, nem por isso as coisas se resolvem: seja ele novo ou usado – e este é frequentemente o caso –, seu uso costuma acarretar novas dificuldades; por mais que eu a cerque de cuidados, a operação de limpeza cria novas irisações, e sou obrigado a dar baforadas nas duas faces das lentes e a esfregar novamente, uma e outra vez, em todas as direções. Quase sempre em vão, aliás. Tanto é que, em desespero de causa, acabo sempre que possível me dirigindo ao lavabo mais próximo para lavar as lentes com sabão. Foi a solução mais radical que encontrei, depois de ter esgotado o recurso aos *sprays* e lencinhos higienizadores lançados no mercado. Acrescentaria, sem que por isso deva ser incluído na categoria do DOC[1], que minha obsessão beira seguramente a patologia: de fato, eu não suporto que os óculos de um interlocutor estejam sujos; se é um conhecido, cedo à pulsão e encarrego-me imediatamente de limpar suas lentes; se é um desconhecido, refreio minha propensão,

1. Distúrbio obsessivo-compulsivo: trata-se de um distúrbio patológico incapacitante que obriga o paciente em todas as ocasiões a realizar gestos altamente ritualísticos, cujo objetivo ou cuja significação lhe escapam.

consciente de que terei de lutar sem trégua contra a distração introduzida em nosso diálogo pelo espetáculo dos traços de dedos e dos grãos de poeira. Sem dúvida meu caso parecerá ainda mais grave se confessar que sofro de problema idêntico em relação ao para-brisa do meu carro e que me sinto engolfado por um deslumbramento tingido de nostalgia quando pego um táxi ao acaso e constato, depois de umas primeiras gotas de chuva, a eficácia do limpador de seu para-brisa. Pergunto então a marca do veículo e surpreendo-me a acariciar a fantasia de comprar um idêntico um dia.

Isso nunca foi problema, é claro, num cotidiano há muitos anos complicado como o meu. Foi sempre suportável e nunca exigiu muita atenção. Se toco no assunto, é só porque a coisa começou a se parecer muito com... um sintoma! Um dia achei que era um exagero. E perguntei a mim mesmo o que isso poderia significar. A pergunta suscitou uma enxurrada de outras, entre as quais a de querer saber por que, até aquele momento, o fato não havia chamado minha atenção. O que teria acontecido para que, subitamente, minha atenção fosse despertada? Iniciei sem querer o deciframento do sintoma, que, segundo Lacan[2], "fala, fala mesmo aos que não sabem ouvir, não diz tudo nem aos que dele sabem". Ele poderia ter acrescentado: fala tanto que, quando afeta um indivíduo acostumado pela psicanálise a desfiar suas associações de ideias sem ordem nem hierarquia, obriga-o às vezes a retomar seu percurso pessoal até mesmo naquelas regiões que supunha organizadas.

A propósito, trata-se – diga-se de passagem – de uma bela lição, digna de ser meditada pelos que imaginam que a análise permite ao sujeito resolver a totalidade de seus problemas e armar-se definitivamente para enfrentar todos os que poderia encontrar. Uma oportunidade não menos bela para corrigir um erro muito resistente: se é verdade, por um lado, que a análise é capaz de liberar o indivíduo de certo número de entraves, ela nunca teve a pretensão, por outro, de desinseri-lo de todos os seus determinantes. Um indivíduo analisado – mesmo que tenha transformado sua experiência em profissão e se tornado psicana-

---

2. *"Ça parle, ça parle même à ceux qui ne savent pas entendre, ça ne dit pas tout, même à ceux qui le savent."* Jacques Lacan, Seminário de 20 de janeiro de 1971.

lista – não está menos dominado que outro; não tem menos amarras que outro; tem-nas tanto quanto outro; simplesmente as afrouxou um pouco, para poder eventualmente brincar com elas, e adquiriu a capacidade de afrouxar outras tantas caso venham a incomodá-lo. A disciplina da associação de ideias à qual se submeteu por longo tempo permite que seja tomado sem temor pelo questionamento que dele se apodera em algumas ocasiões. Seguro da pertinência de seu procedimento, entrega-se a ele sem contar seu tempo nem regatear sua energia. Aí, e apenas aí, reside sua singularidade. A não ser que se queira negar as evidências ou cultivar uma preguiça incorrigível, ninguém pode ter a pretensão de subtrair-se ao questionamento presente no âmago da vida, mesmo a mais comum.

Foi com esse estado de espírito que enfrentei o repentino assalto de espanto diante do cuidado excessivo dedicado desde sempre às lentes de meus óculos. E, para permitir que cada um avalie as surpreendentes descobertas que pontuam tais processos, quis descrevê-lo o melhor possível. Contudo, não pretendo relatar em detalhes a maneira como cheguei, durante longos meses de associações, a retornar ao momento preciso em que minha preocupação óptica transformou-se em sintoma. Seria muito demorado e pouco interessante. Direi apenas que fui colocado na pista por questões relativas aos problemas do adultério, e remeto ao encontro singular que as anunciou.

"Cometo adultério em série. E cada vez que cedo, digo a mim mesma que será a última vez." A mulher havia dito isso num tom neutro, ao final de uma refeição, entre o último prato e o café. A frase clara, simples, informativa, aparentemente banal, parecia entrar no âmbito dessas palavras que, à maneira de uma confissão, anunciam habitualmente a passagem de um vínculo – tido como efêmero – a outro, de maior proximidade, mais substancial, mais íntimo. Eu não tinha, porém, a menor vontade de fazer a relação passar do "sem dia seguinte" ao "quando nos vemos de novo?". Não mais do que a de encarar uma dessas exasperantes pseudodemandas de terapia, graças às quais algumas pessoas se creem quites com o que as preocupa, pelo simples fato de evocarem o assunto diante de um interlocutor com reconhecida capacidade de escuta. Consegui convencer minha interlocutora de que eu não era a pessoa mais apropriada para ajudá-la e propus-lhe o endereço de um colega. Acreditei que ficaria livre. Engano meu! Não imaginei então que seria acossado tanto tempo pelas palavras ouvidas, e particularmente por este fragmento de frase: "... digo a mim mesma que será a última vez". A nuance poderia traduzir uma espécie de remorso ou sobressalto moral ("... eu cedo a ele...") diante de algo vivenciado como transgressão. No entanto, vinculada à referência a uma repetição irritante, parecia iluminar de modo original o que eu considerava como uma compulsão, mais do que como um vício.

Curiosamente, por meio desses mecanismos que os psicanalistas denominam "condensação" e "deslocamento" – e por seu impacto sobre mim, mais forte do que eu imaginava –, a compulsão assim confessada revelara a minha, relativa ao cuidado com a limpeza dos meus óculos!

Não podia admitir o fato, porém, sem procurar compreender a insistência à qual me via confrontado e o modo de articulação dessas duas temáticas aparentemente estranhas uma à outra.

De início, reconheci um primeiro ponto comum: a identidade de forma. Havia ali, podemos dizer, algo de irreprimível que chocava contra a razão. Embora dissesse a si mesma ser "a última vez", aquela mulher era incapaz de não recomeçar; e eu era igualmente incapaz de não me deslumbrar com a eficácia de certos limpadores de para-brisa! Considerei então que, assim como a limpeza de minhas lentes produz sempre um resultado perceptível que confere à minha compulsão uma dimensão econômica incontestável, a compulsão do adultério, mesmo sob uma formulação patética, devia ter para seu autor uma dimensão equivalente. Por meio de um mecanismo similar, a identidade de forma dos dois comportamentos seria assim duplicada por uma provável equivalência de resultados.

Mas será que a conjunção por mim operada entre as duas condutas poderia acomodar-se ao fato de que seus objetivos e suas consequências nada tivessem em comum?

É diante de questões dessa natureza que a familiaridade com a associação livre revela sua eficiência. Deixamos vir os pensamentos, sem ordem nem hierarquia. A boa direção surge naturalmente, cedo ou tarde. Assim foi quando me pareceu evidente que, quanto às consequências, uma e outra compulsão parecem não prejudicar a ninguém: a minha só envolve a mim, e a daquela mulher, pelo que ela diz, parece envolver apenas a ela, se é que podemos fazer abstração da ordem moral na qual a compulsão se desenrola.

Quanto aos objetivos esperados, a descoberta das articulações foi mais lenta.

Por causa da confissão "digo a mim mesma que será a última vez", o diálogo me emocionou mais do que eu supunha. Conduziu-me imperceptivelmente à minha relação de pediatra com os pequenos pacientes. Os traços da infância no rosto daquela mulher fizeram com que sua confissão evocasse em mim as vãs mas comoventes resoluções tomadas pelas crianças depois de uma bronca, quando prometem não repetir. O enternecimento experimentado na ocasião suscitou o mesmo estado de felicidade que desperta em mim o espetáculo cotidiano das crianças. Remeteu-me evidentemente ao registro do olhar, e particularmente ao olhar do médico, tal como o encontrei nas páginas admiráveis que Michel Foucault[3] dedicou à descrição de suas habilidades visuais. Habilidades que já estão presentes, aliás, no recém-nascido[4]. A partir do nascimento, a visão se revela, de fato, como o sentido sintetizador por excelência, que proporcionará ao sujeito a consciência de seu próprio corpo e do espaço circundante[5]. A extensão de suas capacidades, assim como a de seus poderes, obrigou-me a uma reflexão mais longa do que imaginava. O que a psicologia detecta, por trás da pulsão escópica, como tentação de dominação, temática paranoica ou problemática perversa, estava emboscado na curva de cada pergunta. Para saber em que ponto eu me encontrava, tive de rever a obra de Michel Foucault e muitas outras, entre as quais a de Gérard Bonnet[6]. Graças a elas pude concluir que, se os estudos de medicina contribuíram para aperfeiçoar as habilidades do meu olhar, tais habilidades, insuspeitadas, já eram suficientemente desenvolvidas em mim para

3. Michel Foucault, *Naissance de la clinique*, Paris, PUF, 1978, pp. 116 ss.

4. Com efeito, foi demonstrado que, durante a gestação, a área visual não registra nenhuma imagem e não constitui nenhum banco de dados, mas bastam oito horas de vida aérea para que o recém-nascido seja capaz de reconhecer sua mãe numa foto.

5. Henri Hecaen (org.), *Neuropsychologie de la perception visuelle*, Paris, Masson et Cie, 1972.

6. Gérard Bonnet, *Voir et être vu*, 1 e 2, Paris, PUF, 1981.

me conduzir a escolher a profissão que exerço. Em outras palavras, não é por ser médico que invisto a tal ponto meu registro visual, foi antes por ter investido sempre e tão maciçamente meu registro visual que me tornei médico.

Continuei durante muito tempo a investigar a natureza do vínculo entre minha obsessão em torno da visão e o tema do adultério, tal como ele me havia capturado por ocasião do encontro que relatei. Até o dia friorento em que entrei numa cafeteria superaquecida. O vapor depositou-se em meus óculos. Limpei-os. Mas como ocupava uma mesa próxima do vidro que dava para a rua, surpreendi a mim mesmo no ato de me levantar e desembaciá-lo com meu chapéu. Veio-me então esta ideia: o que eu decididamente não suportava, era a opacidade – a ponto de me sentir ameaçado quando encontrava o menor de seus indícios.

Àquela altura, realizei um verdadeiro salto na experiência do que me obcecava. Havia, com efeito, deixado o "significado" – relacionado unicamente ao registro da visão – para investir um "significante", que descortinava inúmeros horizontes diante de mim. Minha luta contra a opacidade ia muito além dos limites dos meus óculos; inscrevia-se em todos os registros onde fosse capaz de encontrar um lugar. Isso me fez retornar a uma série de traumas de minha infância, explorados ao longo de minha análise e contemporâneos, todos eles, da transculturação que tive de vivenciar nessa idade. De fato, tive de passar da familiaridade tranquilizadora de minha língua materna à opacidade de uma língua nova[7], que eu devia imperativamente aprender. Fui de certa maneira obrigado a abandonar a órbita tranquilizadora de minha mãe e a entrar numa área diante da qual ela permaneceu, durante toda a vida, recalcitrante. Ora, ao longo de toda essa aventura iniciática, nunca deixei de me servir de meu olhar como de uma arma: à maneira da criança evocada por Dupin numa novela de Edgar Allan Poe[8], quando ti-

7. Alguns detalhes dessa aventura são dados no Anexo, não pelo interesse que sua narração poderia despertar, mas como exemplo vivo do amadurecimento contínuo e permanente de toda história, que às vezes nos reserva curiosas surpresas.

8. Edgar Allan Poe, "La lettre volée", *Histoires extraordinaires*, Paris, Gallimard, coleção Folio, 2004. [Trad. bras.: "A carta roubada", *Histórias extraordinárias*, Companhia das Letras, São Paulo, 2008.]

nha dificuldade em compreender meu interlocutor, fixava-o intensamente até ser capaz de imitar seus gestos como num decalque. Adquiria então a certeza de que ele já não tinha poder sobre mim. E como não lhe respondia, era eu quem tinha poder sobre ele, pois conhecia suas palavras, ao passo que ele nada sabia sobre as minhas.

Tais redescobertas conduziram-me à percepção da totalidade de meu percurso, como se fosse habitado por uma luta encarniçada e sem tréguas contra a opacidade. Por que, como tantos outros colegas estimados, não me ative apenas ao exercício habitual de minha profissão, só a ela relacionado? Por que me senti compelido a interessar-me pelos diversos campos das ciências humanas? Por que fiz uma análise? E por que senti a necessidade de publicar obras nas quais nada fiz senão traduzir, em termos acessíveis ao maior número de pessoas, certos ensinamentos do discurso psicanalítico? Todas as respostas a essas perguntas, sem exceção, incluíam os efeitos da opacidade. Tudo se conjuntava e revestia um sentido novo. Mesmo o projeto desta obra: realizar, por registro tão complexo e obscuro como o do adultério, a empreitada de esclarecer, alcançando até o interior dos impasses, as relações entre homens e mulheres.

Isso ainda não explicava, contudo, a razão pela qual o tema do adultério teria vindo buscar-me daquele modo por ocasião de um encontro. Teria eu, sem me dar conta, sido instigado pela tonalidade transgressiva que ele encerra e que teria vindo realçar as inibições de um neurótico banal como eu? Teria eu sido remetido a afetos ou suspeitas por mim concebidos durante minha existência? Teria eu sentido uma certa dor por haver testemunhado suas consequências quando, no exercício de minha profissão, colhi uma confissão a ele relacionada? Por que, de resto, essas hipóteses seriam elas mutuamente excludentes ou excluiriam todas as outras? Cada uma delas provavelmente contribuiu, se não para o fortalecimento da conjunção, ao menos para sua preparação. Pareceu-me, entretanto, terem desempenhado um papel mínimo em relação ao eixo descoberto, o do trabalho efetuado em mim em torno da opacidade. O adultério, com efeito, caracteriza-se fundamentalmente por aquele processo de opacificação ao qual chamamos "dissimulação". E esta não visa somente o que se subtrai ao olhar, mas também o que, num comportamento ou discurso, está destinado ao silêncio.

Se a "dissimulação" ofereceu um novo campo investigativo ao infeliz Dom Quixote que devo ser, a meu modo – pois estou sempre procurando reparar histórias passadas –, nem por isso me incita a defender seu contrário, a transparência, cujo terrorismo atual eu rejeito. Esse é apenas um dos aspectos do problema. Existem outros, de fato, ao menos se nos afastarmos da faceta escabrosa do fenômeno e nos interessarmos por ele como por um sintoma, que "fala mesmo aos que não sabem ouvir, [e que] não diz tudo nem aos que dele sabem". Se considerarmos que a vida de um ser não consiste numa série de etapas independentes umas das outras e totalmente incomunicantes, mas é um *continuum* sem falhas; e que, assim como o adulto de hoje é o bebê de ontem, o bebê de hoje é o adulto de amanhã. Devemos então investigar tanto a ocorrência do adultério como seu determinismo, sua dinâmica e seu objetivo, examinando a maneira como todos esses fatores se articulam com experiências longínquas, que não deixam de se impor logo que encontram condições favoráveis. De fato, não existe no adultério um agente ativo culpado e uma vítima traída; de um lado e de outro, existem apenas vítimas, inocentes, de suas respectivas histórias. Uma história que afeta cada um, contra sua vontade, a partir do exato momento em que coube a cada um, nele deixando um traço que desafiará o tempo e insistirá em se fazer lembrar, numa série de encontros marcados aos quais ele não poderá se subtrair e que constituirão crises para ele. Em outras palavras, o ator de um adultério sentir-se-ia constrangido, num concurso de circunstâncias inopinadas, e por meio da dissimulação, a fazer um regresso solitário às regiões de sua experiência que permaneceram opacas, mas não cessam de se fazer lembrar.

Assim como eu, por obra de um evento ocorrido em minha infância, havia despendido uma energia considerável para não ser capturado uma vez mais pela opacidade, é provável que minha comovente interlocutora tenha buscado, em vão – pelo único meio que encontrou, seu "adultério em série" –, recuperar algo que, no entanto, escapava ao seu esforço. Ao fazê-lo, usava seu corpo, mas isso desqualificaria a iniciativa? Lacan não acrescenta também, a propósito do sintoma, que ele é o "traço, num corpo, de um dizer"[9]? Ela descobre, ao contrário, o limite de sua tentativa, porque, ao ceder à atração de um novo encontro, expressa uma forma de desespero quando diz, a cada vez, que será "a última". Tanto é que tenta desajeitadamente colocar suas ações em palavras – o que a incentivei a fazer.

Poder-se-ia destacar, é claro, que a natureza de nossas iniciativas respectivas é singularmente diferente. Com certeza, mas muito menos do que imaginamos. Com efeito, tenhamos ou não dificuldades em admiti-lo, a especulação e a atividade sexual são formas de linguagem, uma e outra, tanto uma como outra. Se a primeira parece sê-lo mais que a segunda, é apenas em virtude dos dispositivos sociais que intervêm e que censuram, não sem razão, os processos de natureza abertamente pulsional como a atividade sexual. Tanto numa como noutra dessas iniciativas, porém, trata-se sempre de uma dimensão de si mesmo que se manifesta diante de outra, ou de outras. Sem dúvida desagradaria a muitos ao afirmar que meu diálogo com os autores que leio ou cito não está muito distante daquele mantido por minha interlocutora com seus parceiros sexuais sucessivos. Afinal, não se trata, em ambos os casos, de encontros? Encontros mais ou menos reais. Ainda assim, encontros, cada um deles com um "outro" em quem, ou junto a quem, tem-se a esperança de recolher um bocadinho, uma partícula, um fragmento mínimo do que poderia lembrar, para voltar a ele, aquele "outro" longínquo e indiscernível do qual guardamos um traço e que nos constitui, cada um de nós, como nós mesmos.

O fato de evocar uma explicação desse tipo não implica que eu defenda o adultério em relação à fidelidade – longe disso. A fidelidade tem para mim, ao contrário, uma posição insuspeitada e estimável, o que não deixarei de ressaltar. Preocupo-me apenas em apreender a lógica de um comportamento mais obscuro e mais complexo do que supomos.

Que eu sugira a existência, em todo encontro – seja qual for sua natureza e sua forma exterior –, de um retorno às zonas mais antigas da experiência vivida não deixa de suscitar, a meu ver, considerações sobre as relações que se devem estabelecer com os

9. Jacques Lacan, *Télévision*, Paris, Seuil, 1973. [Trad. bras.: *Televisão*, Rio de Janeiro, Jorge Zahar, 1993.]

bebês e a maneira de ver a puericultura. Todos já devem suspeitar que, mesmo consciente do peso com que as histórias individuais afetam os gestos parentais, não prescindirei da análise desse aspecto das coisas. Isso porque a nostalgia presente em todo movimento regressivo é fabricada a partir do traço que cada um guardou em si, do qual não é o autor, e que o torna depositário do que a mãe quis lhe transmitir de sua própria história e de seu próprio desejo, pelo discurso, pelos gestos e pelas atitudes.

O caminho pulsional do adultério, tanto nos homens como nas mulheres, não seria então uma resposta tardia ao caminho pulsional do qual a mãe se valeu, sem moderação e sem controle, com sua criança pequena?

NADA É TÃO PRÓXIMO COMO O QUE ESTÁ DISTANTE, E... VICE-VERSA!

"Il vous faut des lointains que je ne connais pas
Je suis de ceux dont les désirs sont sur la terre
Le souffle qui vous grise emplit mon cœur d'effroi
Mais votre appel au fond du soir me désespère
Car j'ai de grands départs inassouvis en moi."

Jean DE LA VILLE DE MIRMONT, *L'Horizon chimérique**

O chamado

O chamado, o irresistível chamado. Ele sempre esteve presente, discreto, escondido na sombra, esperando sua vez.

Um dia aparece, tão tímido que dele não fazemos caso. Nós o colocamos num canto e nos esforçamos, até que isso vire um hábito, a não lhe dar nem uma espiadela. Ficaríamos aliviados se pudéssemos esquecê-lo, gostaríamos de nos livrar dele, de tanto que o farejamos ameaçador para a rotina tranquilizadora. Mas ei-lo de volta, rindo-se da recusa que tentamos operar, como testemunha o poeta.

Resistimos a ele como podemos. Fazemos ouvidos moucos. Tapamos as orelhas com toda a força. Esperamos que, depois de se esgotar, ele nos devolva o uso das mãos, e da razão. Em seguida, aguardamos. Aguardamos até sermos obrigados a reconhecer finalmente que não é tanto a sua existência que representa um problema – afinal, ele não visa ninguém em particular –, mas antes a

* Precisais de confins que desconheço / Sou daqueles cujos desejos repousam sobre a terra / O sopro que vos agita enche meu coração de pavor / Mas vosso chamado na noite profunda me desespera / Pois existem grandes partidas insaciadas dentro de mim. (N. da T.)

sensibilidade que manifestamos em relação a ele sem termos conseguido discernir seu conteúdo em todos os casos.

Tentamos então encará-lo, colocá-lo em palavras, para apreendê-lo, amansá-lo, domesticá-lo, reduzir-lhe a pressão, fazê-lo esperar, só para ganhar tempo de reflexão, enquanto tememos que tudo isso seja impossível, tamanho é seu poder de nos engolfar. Tentamos convertê-lo, integrá-lo a todas as atividades do momento, só para lhe dar uma ração, satisfazê-lo – mesmo parcialmente –, para que ao menos ele se cale. Mas ele leva a melhor, nunca deixa de levar a melhor, rindo-se tanto da ginástica a que o forçamos quanto das nossas tentativas de descodificação. Sua força e sua violência se devem ao que ele evoca, algo dificilmente identificável por nós, mas que, curiosamente, parece não conseguir passar senão pela grade por nós mesmos forjada um dia em torno de tudo o que diz respeito ao amor e a seus componentes.

Por que ele precisa associar a seus instrumentos de tortura essa dimensão ainda mais incômoda do erótico? Confunde-se com ele? Serve-se dele como de um motor? Uma entre numerosas expressões? Ou será que precisa de um veículo destinado a aumentar seu poder de sedução?

Teremos de reconhecer que é seu estilo! Impor-se com vigor, rir-se dos limites e artifícios, tudo varrer de seu caminho, a fim de chamar a atenção de sua presa e fazê-la sentir que, sob seu jugo, ela se torna movediça, mutante, vívida, viva. Viva, exatamente como nesses momentos marcantes em que o sexo grita sua esperança de um prazer que poria fim à tortura do gozo.

Assim é em todo tipo de circunstâncias.

Os poucos versos que constituem a epígrafe deste capítulo não deixam de lembrar, por sua construção, a emoção expressa pelos amantes em relação às amadas. Não é, porém, à mulher amada que se dirige seu autor, mas aos oceanos nos quais sempre sonhou aventurar-se.

Um exemplo entre outros. O número de objetos veiculados pelo chamado é tão grande, e sua natureza, tão variada, que não podemos enumerá-los nem prever com certeza as implicações de cada um. As modalidades de expressão artística são algumas de suas ilustrações. Parece, no entanto, que a escrita poética é, entre elas, a que melhor os expressa. O peso das palavras empregadas, a articulação entre elas, o ritmo que delas emana, a música que as habita e mesmo os silêncios conduzem cada um, em qualquer idade da vida e sem que tenha consciência, rumo a essas zonas obscuras de seu ser, aquelas nas quais suspeita e descobre que jaz uma expectativa, um desejo insistente, insaciado, ao qual estaria encadeada uma esperança teimosa e sempre em carne viva[1]. Ela demonstra que estaríamos todos, sem exceção, sujeitos naturalmente a um verdadeiro fascínio por esse "ainda desconhecido" que não para de nos chamar, sentido por nós como uma promessa, se não como um direito.

Mas como explicar que possamos nos lançar assim, ocasionalmente, no investimento de um "ainda desconhecido" e correr o risco do engano? Eis aí algo contrário à economia extrema que fundamenta o conjunto de nossas condutas e de nossos comportamentos. Tudo, com efeito, no âmbito tanto da biologia como dos afetos, obedece a uma lógica rigorosa: a da prudência, do menor risco, da busca de uma estabilidade que garanta a soberana homeostasia. Para não virar sintoma, toda perda é logo compensada por um ganho, e toda acumulação, por uma eliminação. Toda agressão é identificada como tal, e mecanismos específicos são imediatamente ativados para combatê-la. Somos naturalmente dotados de uma capacidade de preservação ciosa das nossas aquisições, uma capacidade de defesa e mesmo de autorreparação. Quando dormimos, nossa vigilância desaparece e ficamos expostos à agressão, e, por isso, dispomos de sonhos (mesmo que nem sempre nos lembremos deles), destinados a ser "guardiães dos nossos desejos", como os definiu Freud[2]; todos os hormônios e as outras substâncias que nos permitem reagir prontamente a uma agressão ficam no seu nível mais elevado. Mesmo as insô-

1. É preciso notar que as pessoas que se assustam com o peso das palavras prescindem delas, mas compensam sua surdo-mudez por um investimento maciço e quase exclusivo da música. Certamente não é por acaso que a música, seja qual for sua forma, encontra atualmente, junto a um público cujo estoque lexical não cessa de se empobrecer, um sucesso tão considerável. Quando se sabe que só a riqueza lexical é capaz de erguer um obstáculo à violência, compreende-se de outro modo o caso recente do músico que, tendo no entanto matado a mulher a quem amava, não cessou desde então de alardear seu amor por ela.

2. Sigmund Freud, *L'interprétation des rêves*, Paris, PUF, 1973. [Trad. bras.: *A interpretação dos sonhos*, Rio de Janeiro, Imago, 2006.]

nias no meio da noite, que acometem os ansiosos, relacionam-se a um mecanismo de defesa situado na parte do nosso cérebro denominada cérebro reptiliano: o despertar é comandado por um relógio interno herdado dos nossos ancestrais mais distantes, que já despertavam a essa hora da noite, pois precisavam estar prontos para enfrentar os animais selvagens que se lançavam à caça exatamente naquele momento. Nosso corpo e nossa psique se saem admiravelmente bem, de modo geral, quando se trata de zelar pelo nosso estado e de não se deixarem enganar.

A aparente antinomia com a qual lidamos ao investir de modo paradoxal esse "ainda desconhecido" só pode ser explicada de uma única maneira: ele não deve ser tão desconhecido assim! Talvez não o seja em absoluto. É antes um "conhecido", ao qual estivemos muito ligados, e cuja existência acreditamos um dia dever esquecer ou ocultar, sob a pressão de algo que nos distraía ou assaltava de modo inopinado. Mas nem por isso o jogamos no lixo. Nós o guardamos num canto – os psicanalistas dizem que nós o "recalcamos" –, mas já não sabemos onde. Seu rastro, no entanto, permaneceu em alguma parte da memória. Tanto é assim que, na impossibilidade de encontrá-lo realmente, contentamo-nos durante muito tempo com um de seus representantes ou com uma metáfora que sirva em seu lugar. Tal fato não poderia ser mais flagrante – também neste caso, e precisamente nele – do que no âmbito da produção artística: o artista, seja qual for sua área, procura sem tréguas, até encontrar, algo por ele reconhecido como sendo exatamente o que buscava. Isso às vezes leva uma vida, ou o tempo de uma obra – foi o caso de Rimbaud, por exemplo, sobre o qual continuamos a nos indagar por que ele pôs um fim, tão cedo, à sua genial produção. Como poderia o artista "re-conhecer" sem haver antes "conhecido"? Se ele nem sempre é capaz de explicá-lo e eventualmente assimila o resultado de sua empreitada a uma verdadeira descoberta – "eu não procuro", dizia Picasso, "eu encontro" –, isso nada tem de surpreendente e não coloca em causa sua sinceridade. Seu trabalho conseguiu simplesmente reconduzi-lo, por entre os meandros de uma memória da qual nunca teve consciência, rumo àquelas zonas "recalcadas" que ignorava terem existido algum dia. Lacan ampliava esse tipo de consideração, martelando que "não nos curamos porque recordamos, recordamos porque nos curamos".

Nada de surpreendente, nessas palavras aparentemente paradoxais, quando se sabe que o mesmo Lacan chamou "objeto *a*" (que deve ser lido "objeto pequeno *a*") a esse objeto, o objeto perdido, cuja existência, "recalcada" um dia, fez de todos os desejos o seu impulso – e nunca mais deixou de se expressar sob a forma por mim representada como um chamado. Encontraremos uma ilustração cinematográfica de tais encadeamentos na célebre *Rosebud*, última palavra que o bilionário Kane pronuncia em seu leito de morte, no filme *Citizen Kane* [*Cidadão Kane*], de Orson Welles[3]. Ao final da investigação sobre o significado dessa palavra, descobrimos que está inscrita no trenó usado pelo herói da história, um garotinho, para declarar sua violenta oposição à perspectiva de separar-se da mãe querida. Nessa palavra serão condensados todos os afetos colhidos na relação com a mãe. Teremos visto, ao longo de todas as sequências precedentes, o comportamento desse mesmo herói, imbuído de uma nostalgia que data daquela época, e que nada em sua experiência habitual era capaz de explicar.

Podemos, é claro, resistir ao impacto de tal exemplo, sob a alegação de que se origina numa ficção e de que o autor poderia ter manipulado a relação entre os acontecimentos, a fim de legitimar a opção que presidiu à redação do roteiro. Essa reserva, no entanto, não se justifica. Primeiramente porque estamos diante do mecanismo habitual de qualquer escrita romanesca. Em segundo lugar, é notório que público algum seria capaz de entrar em ressonância com uma ficção destituída de coerência interna, e de aderir a ela. Mas, se for preciso – para ir mais longe – dar um exemplo mais autêntico, vivido e vivo, estou pronto para fazê-lo, com um exemplo que me diz respeito pessoalmente. Trata-se de uma descoberta que fiz a respeito de mim e do meu percurso – cujas múltiplas etapas, entretanto, acreditava ter visitado –, justamente depois de ter iniciado, havia algum tempo, a redação desta obra. Ao sair de uma sessão de trabalho, dei comigo dizendo: "No fundo, se tivesse de resumir meu percurso profissional, poderia dizer que, no fim das contas, ele permitiu que eu nunca me separasse de minha mãe." Como cheguei a pensar tal coisa? Simplesmente a partir do fato de que exerci a pediatria durante

3. Orson Welles, *Citizen Kane*, Estados Unidos, 1941.

quarenta anos de modo original, encontrando mães que acabavam sempre por me contar, cedo ou tarde, uma história, sua história. É verdade que fui dotado por minha formação psicanalítica de ouvidos capazes de colher e escutar suas palavras. Mas sei que dispunha dessa faculdade mesmo antes que minha passagem pela psicanálise a desenvolvesse e afinasse – e foi provavelmente para melhor explorá-la, aliás, que empreendi uma psicanálise. Já havia atribuído essa iniciativa ao meu interesse pela narração, o que me valeu o reconhecimento, mesmo por parte de meus detratores, de um incontestável talento de contador de histórias. Mas de onde vinha, então, esse meu dom? De uma tradição familiar? Certamente, e por que não? Existem, afinal, famílias de juristas, de jogadores de *rugby* ou de músicos. Com frequência eu o atribuí, por minha própria conta e servindo-me de muitos detalhes, a uma identificação à pessoa de minha mãe, uma extraordinária contadora de histórias. O que me conduziu à nova formulação, no entanto, foi a lembrança súbita das noites de minha infância em que mamãe nos contava histórias em episódios. Ficávamos sentados no chão, aglutinados em torno de seu corpo, ao qual cada um de nós sete tinha acesso por um ponto de contato, e eu, sendo o caçula, recebia o lugar privilegiado e recostava a cabeça em seu colo. Em qual daquelas noites teria sentido que experimentava a essência do que devia ser, com certeza, a vida? Não faço a mínima ideia, é claro. Mas a fusão operada entre a voz de minha mãe e a história que ela contava ofereceu a essa voz um estojo protetor, e ele se encarregou do resto. Meu percurso existencial, por toda sorte de desvios, terá visado a esse único objetivo, e apenas a ele: recuperar o estojo e renovar indefinidamente a felicidade enquanto escuto uma mãe a contar sua história, necessariamente em episódios.

Alguns se precipitarão, sem dúvida, apoiando-se nos elementos dessa sequência para dar-lhe outras interpretações: recobrar a fascinação exercida pela mãe, tentar penetrar a complexidade de sua personagem, investigar suas falhas, erguer uma defesa contra ela etc. Por que não? Mas pouco importa! O elemento primordial, esse, esteve presente, precisamente identificável, mesmo que, à sua volta, o pensamento possa organizar um feixe de consequências.

Se me dispus a fornecer esse testemunho, foi sobretudo para mostrar como, mesmo na minha idade e apesar da densidade e complexidade de meu percurso existencial e profissional, continuo não apenas a descobrir zonas "ainda desconhecidas", mas também a extrair desse tipo de reencontro a consciência de uma coerência maior em tudo o que pude realizar. E, é claro, essas descobertas não se esgotaram, e tenho certeza de que só terão fim quando eu morrer. Nada tenho de excepcional nesse aspecto, na medida em que cada um, tenha ou não consciência disso, encontra-se na mesma situação: evidências o surpreendem, às vezes de modo fulgurante, e afetam o que chamamos seu "humor", fazendo dele o vivente que é.

Seria um acaso que o exemplo de *Rosebud*, assim como o que disse sobre mim mesmo, tenham veiculado uma relação estreita e marcante à mãe? Certamente que não, pois tudo começa com ela, e esse início nunca acaba de retornar.

Estamos todos nesse ponto – todos, sem exceção. Acreditamos dominar racionalmente o conjunto de nossos comportamentos, de nossas condutas e escolhas, e, no entanto, somos sacudidos sem descanso, à nossa revelia e sem que possamos fazer grande coisa a respeito, entre certezas e questionamentos. Felizmente, sinto-me tentado a acrescentar. Antes de mais nada porque isso prova a densidade e a consistência de nossa identidade, que evoluiu sem interrupção de nossa mais tenra infância à nossa idade atual, tornando-nos agentes e atores de uma história que nos é particular. Em segundo lugar, porque é a origem tanto de nossa diversidade como de nossas riquezas respectivas, diferenciando-nos desse mundo de robôs que nossas sociedades sonham em fabricar, de acordo com os critérios-padrão. Será, então, estranho, o fato de às vezes nos encontrarmos em situações que nos surpreendem e que não sabemos administrar, sem no entanto sermos capazes de escapar delas ou dar-lhes um fim? Não podemos aceitar tal estado de coisas nem ter um mínimo de indulgência em relação a nós mesmos senão admitindo que, movidos pela busca incessante do objeto perdido – a qual pode não se consumar jamais ou levar um tempo infinito, quando não a vida inteira, e tomar múltiplos desvios –, somos joguetes de um insabido ao qual não temos o mínimo acesso. Isso faz de nós, queiramos ou não, seres profunda e exclusivamente sujeitos a pulsões, cujos arranjos e pontos de confluência são específicos a cada um, à semelhança de circuitos elétricos que comportam numerosas derivações e numerosos interruptores. Suas localizações e posições hierárquicas são definidas pela história que nos foi transmitida, e o objeto perdido ocupa o lugar de um interruptor central.

Do chamado ao adultério

"Cometo adultério em série. E cada vez que cedo, digo a mim mesma que será a última vez." Como disse, esse encontro foi determinante para mim. Aquela mulher afirmava ceder às solicitações da qual era objeto, não porque tivesse um gosto imoderado pela coisa, mas como que impelida por uma expectativa da qual, no entanto, era capaz de prever a decepção, a ponto de dizer sempre a si mesma: "É a última vez." Para permitir que se apreenda a maneira como os retornos desse tipo se impõem intensamente, contarei a sequência de uma consulta que se desenrolou num registro distinto.

Tratava-se de um pai, que o era pela primeira vez, um "primipai"*, como se poderia dizer. Era um filósofo que havia se tornado psicanalista, a quem chamarei sr. Sicília, porque lhe dar um nome terá aqui sua importância. Evocávamos um problema de saúde que ele tivera nos dias seguintes ao nascimento da criança, e que havia exigido uma hospitalização. Fora um perigoso acesso de hipertensão. Ele logo me disse que seu pai morrera, muitos anos antes, do mesmo tipo de problema. Embora eu esteja apto, na condição de médico, a conhecer a influência do terreno familiar nesse tipo de patologia, não pude deixar de fixar minha atenção na coincidência entre o acesso à paternidade e a revelação ruidosa da doença. Ele me disse que também havia feito a ligação – algo que eu já esperava. E como foi sensível ao meu interesse por essa dimensão dos acontecimentos, resolveu me contar o que havia ocorrido no dia seguinte ao do nascimento de seu filho, véspera de sua hospitalização: "Uma enfermeira veio ao

---

* Aqui, o jogo feito pelo autor envolve as palavras *primipare* [primípara] e *primipère* [primipai], sendo esta última um neologismo que só se diferencia da anterior por um único fonema. Além disso, tanto a palavra francesa "primipare" quanto a palavra em português "primípara" aplicam-se apenas a fêmeas, diferentemente do neologismo criado pelo autor. (N. da T.)

meu encontro no quarto da minha mulher. Perguntou-me se eu era o sr. Sicília. Respondi que sim. Disse-me então que meu pai me aguardava na recepção, no andar térreo. Respondi que isso era impossível, pela simples razão que meu pai estava morto havia mais de dezoito anos. Ela insistiu: 'Mas o senhor é mesmo o sr. Sicília, não é? Não estamos no terceiro andar? Não foi a sua mulher que ontem deu à luz um menininho?' E, como era esse o caso, ela acrescentou: 'Pois estou lhe dizendo que seu pai o espera no andar térreo.' O melhor a fazer – foi o que me pareceu então – era descer e desfazer o mal-entendido. O mais extraordinário, no entanto, não foi a decisão de descer; foi que, no elevador, dei comigo dizendo: 'E se fosse verdade, no fim das contas?' Havia mesmo um senhor no andar térreo, cuja nora, num quarto do terceiro andar – um outro quarto, é claro – havia transformado em avô desde o dia anterior, mas esse senhor se chamava Slissília, e, é claro... não era meu pai!"

Conversamos muito, não tanto sobre a confusão da enfermeira, mas sobre aquele pensamento surpreendente: "E se fosse verdade, no fim das contas?" Uma variante da célebre: "Sei muito bem, mas mesmo assim"*, frase sobre o qual o discurso psicanalítico tanto dissertou.

Fatos, como sempre, entre tantos e tantos outros, cujo determinismo escapa ao nosso entendimento, mas que nem por isso deixam de se impor a nós com uma força e uma insistência surpreendentes. A confidência daquela mulher durante o almoço é da mesma ordem. Ela parece lembrar, como eu disse, as comoventes e vãs resoluções que as crianças tentam sempre pôr em prática quando são repreendidas, e que logo adiam, momentos depois de terem prometido não repetir. A uma delas, com pouco mais de cinco anos, perguntei por que havia recomeçado a fazer besteiras, se já lhe haviam explicado sua natureza. Ela me respondeu, como se sabe fazer nessa idade: "É mais forte que eu! Eu não consigo não fazer!"

Uma criança, seja qual for sua fala imediata, consegue mais dia menos dia integrar a proibição que lhe foi comunicada. Mas

---

* "Je sais bien, mais quand même", frase célebre de Octave Mannoni, psicanalista francês. (N. da T.)

o que ela faz com essa proibição e quem poderia dizê-lo? Talvez guarde aquilo que a empurra – a pulsão que a atormenta – na prateleira "Nunca ceder a ela". Talvez coloque-a numa outra prateleira: "Ceder se não houver perigo", "Ceder assim que possível" ou "Ceder se ela insistir", quem sabe até "Ceder se tiver certeza de não ser descoberto" etc. Isso pode tanto criar derivações no circuito elétrico que usei como imagem quanto nele enxertar alguns interruptores.

Um homem instruído, sensato, racional, acostumado até às formas surpreendentes que as manifestações do inconsciente podem tomar, não consegue deixar de se entregar à parasitação da realidade em que vive por um "e se fosse verdade, no fim das contas?". Em qual prateleira terá ele classificado a morte do pai? De que maneira terá explorado essa prateleira no decorrer de sua análise? O que teria sido deixado na sombra, para voltar a se manifestar diante dele por um pensamento descabido, justamente antes que seu corpo assumisse o turno e o explorasse?

E aquela mulher? Quem não tenderia a estigmatizar sua conduta, apressando-se em tomá-la por uma ninfomaníaca banal? Ou a reduzir sua frase a uma manobra para me seduzir, embora ela diga, a quem quiser ouvir, que sofre, mais do que vive, uma repetição identificada como tal?

Seria possível desdobrar, sem, no entanto, esgotá-lo, o leque inteiro de casos similares que se manifestam na conduta de nossos semelhantes. Uma espécie de linha divisória, relativamente simples, acabaria por se destacar. Com efeito, não se pode classificar na mesma categoria a mania gentil do caçador de borboletas que percorre longas distâncias para encontrar o espécime dos seus sonhos e o exibicionista ou o pedófilo que, um e outro, estão sujeitos à pressão de pulsões – para eles, irrefreáveis. E estamos certos em fazer essa distinção, pelo simples fato de que a atividade do colecionador não prejudica ninguém, e até proporciona a seu autor uma boa dose de satisfação, ao passo que a dos dois outros indivíduos agride violentamente as vítimas. Mas como classificar então o adultério da mulher que evoquei? Será que devemos condená-lo, porque proporciona um benefício a sua autora e um sofrimento ao parceiro dela – o que, neste caso, não parece de modo algum comprovado? Será que devemos absolvê-lo, imaginando que não faria mal a ninguém, ou, invocando a famosa máxima de Cristo, justamente diante da mulher adúltera, convidar "quem estiver sem pecado a ser o primeiro a atirar-lhe uma pedra"[4]? Será que nunca deveríamos falar sobre o assunto, porque tratar dele significaria praticamente colocar em questão o fundamento de toda a literatura, do teatro e da ópera? Ou ainda considerar que o interesse que essas formas de arte lhe dedicaram apenas traduz uma pergunta insistente, para a qual nenhuma resposta satisfatória foi encontrada até hoje? A menos que a conclusão necessária seja estarmos diante de um comportamento cujas raízes são de fato tão emaranhadas, participam de tantos registros pulsionais, que seria inútil procurar compreendê-las.

Pessoalmente, parece-me que essa última opção decorre da preguiça. Seria como se recusar a dar uma olhada naquele meu famoso circuito elétrico e se abster de localizar seus interruptores, posicionados de tal maneira que tornaram inevitável o resultado constatado. Por que deveríamos desistir? Além disso, trata-se de um assunto velho como o mundo, ao qual nenhuma sociedade humana foi indiferente. Por que renunciar ao seu exame – ainda que exista o risco da decepção ou de que nenhuma conclusão válida seja encontrada –, quando a riqueza do material que ele proporciona é tão grande? A própria língua guarda o traço do estado de espírito com que dele se tratou, assim como das conclusões tiradas, que, todavia, evoluíram ao longo do tempo.

Fulgor e estilhaços da palavra

Se partirmos simplesmente das acepções das palavras correntes sobre o assunto, e se as triturarmos – coisa que adoramos fazer –, para classificá-las numa perspectiva funcional, sempre abusiva, porque nunca exaustiva, a fim de tentar ouvir um pouco mais do que querem dizer à primeira vista, topamos primeiramente com a palavra "casal". Com efeito, esse é, por excelência – seja qual for sua forma –, o espaço que constitui o pano de fundo do adultério. Não me estenderei, contudo, aqui e agora, sobre o

4. Jo 8, 7.

determinismo que preside ao nascimento desse casal, sobre sua dinâmica ou sua evolução. Não farei dele, por enquanto, senão uma passarela destinada a introduzir o trabalho possível em torno das palavras, e até dos fonemas. Quantas vezes não ouvi, de fato, durante altercações entre parceiros, um ou outro transformar a palavra "casal" [*couple*] em "corte-o" [*coupe-le*], para reivindicar, por exemplo, a autonomia de sua célula familiar e colocar em questão o vínculo parasita que alguns sogros e sogras insistem às vezes em cultivar com o interlocutor a quem a palavra se dirige? Modo de dizer: "Corta de uma vez esse cordão umbilical que os teus pais te obrigam a manter com eles!" Por melhor que seja a ocasião, ela supõe, contudo, um julgamento um pouco simplista sobre comportamentos muito mais complexos do que imaginamos, e merecedores de um esforço de tratamento mais matizado. Isso porque *ninguém pode se isentar da própria responsabilidade pela maneira de ser e de agir do parceiro com quem escolheu formar um casal. O casal é, por excelência* – e voltarei à questão –, *o espaço onde a interação, identificável ou não, intervém a cada instante da existência*. É, aliás, sobre tal condição prévia que pode eventualmente se operar uma conjunção produtiva entre o casal e o adultério, na medida em que este se inscreve sempre, por definição, sobre a base daquele, sendo aquele constituído, seja qual for sua forma, por dois indivíduos adultos intimamente implicados na união, quer queiram quer não, quer o assumam quer não. Isso já permitiria escrever uma espécie de tautologia, a saber, que *o adultério, no seu sentido estrito, é antes de mais nada um ato que sobrevém nos domínios de um casal de indivíduos supostamente adultos.*

Também neste caso, escutei com frequência palavras trituradas e conjugadas em jogos que muitas vezes se destinavam, durante as constantes altercações, a emitir uma crítica ou a lançar uma interpretação grosseira. O mais comum desses jogos de palavras dá a entender que o autor do "adultério" [*adultère*] não passaria de um indivíduo mais ou menos perdido, na medida em que seu ato tem assonância com um "adulto erra"* [*adulte*

---

* Embora o verbo francês "*errer*" tenha as mesmas duas acepções presentes no "errar" da língua portuguesa – "vaguear", "perambular" ou "enganar-se" –, a primeira acepção é de uso comum no francês moderno, ao passo que a segunda é antiga e sobrevive apenas em obras literárias. (N. da T.)

erre], que descreve seu périplo. Se é verdade que, nesse tipo de aventura, um adulto é às vezes um errante, ele não erra, porém, num território sem limites e sem balizas. Sob a pressão do chamado ao qual fiz alusão anteriormente, ele erra de fato, pois não determina, durante sua exploração, nem trajeto nem limite entre o imediato e o longínquo, entre razão e memória, presente e passado, domínio e falência, e explora, como uma galinha a ciscar, um percurso existencial considerado por nós, equivocadamente – não deixarei de repeti-lo –, como descontínuo. Do bebê, desde antes de sua concepção, ao velho que agoniza, não há ruptura de essência ou identidade, e tampouco de percurso. Há no máximo uma série de adaptações conjunturais que realmente não alteram grande coisa. Assim como – repito – o adulto de hoje não é nem mais nem menos que o bebê de ontem, o bebê de hoje será o adulto de amanhã. Basta nos aproximarmos de pessoas idosas em final de vida para vê-las recobrar, por meio de sintomas, e, às vezes, de manobras sutis, o estado de seus primeiros meses de vida. Não dizemos, aliás, a respeito delas – e não sem razão –, que "voltam à infância"?

A clínica, como seremos levados a verificar ao longo dos casos que serão expostos, demonstra quanto a isso que o adultério como ato não é jamais – jamais – o efeito de um capricho ou de um acaso. Inscreve-se sempre num percurso existencial cujo número de elementos próximos ou distantes terá determinado rigorosamente sua ocorrência. Em outras palavras, está inserido na vida do sujeito. Não se resume jamais ao que é ou àquilo a que acreditamos poder reduzi-lo. Pontua um discurso que não cessa de enunciar-se e de atravessar seu autor, dividido entre estupefação, remorso e obstinação, amalgamados a essa forma espantosamente teimosa de esperança, à qual também fiz alusão. Se a esse tipo de comentários preferirmos uma outra tautologia, eu diria que *o adultério é sempre a manifestação de uma pulsão não específica que extravasa os mecanismos de repressão com os quais o sujeito acreditava contar*. Ou ainda, para retomar a metáfora elétrica, ele decorreria do fato de que um interruptor teria permanecido aceso, quando estava programado para se apagar – e deveria terse apagado – sob o efeito de elementos subsequentes do percurso existencial.

Por prematuras que sejam tais conclusões, elas não deixam de nos convidar a um retorno às palavras em si e a um exame da maneira pela qual, ao longo do tempo e da evolução das mentalidades, elas se forjaram para explicar tanto a própria passagem ao ato quanto a posição que lhe foi atribuída.

O dicionário *Robert*, por exemplo, dá a seguinte definição da palavra "adultério": violação da fé conjugal – o que praticamente convida a recorrer à definição de cada uma dessas palavras! Ele assinala, no entanto, ser ela proveniente do latim *adulterare (origem de "adulterar")*, que significava: corromper uma mulher casada! Pode-se então deduzir que, para os romanos, só as mulheres eram obrigadas à fidelidade conjugal e apenas a traição por parte delas constituía naturalmente um delito. "Adulterar" acabou, no entanto, por adquirir, em francês, e portanto tardiamente, o sentido de "corromper uma pessoa casada", que já não implica diferença entre os sexos – embora essa diferença, como sabemos, tenha persistido durante longo tempo.

Do lado da etimologia, o dicionário de Ernout[5] faz derivar *adulterare* de *alterare,* ela mesma derivada de *alter*, comparativo de *alius*, "outro", portanto, "mais outro", precedido do sufixo *ad*, "na direção de". Isso significa compreender que *adulterare* equivaleria a "ir na direção do mais outro". Daí se poderia pensar que, no âmbito do casal, o parceiro, em relação a nós, é pura e simplesmente – e até sadiamente – "outro", e que cometer adultério seria unir-se a um "mais outro ainda". A ideia merece ser aprofundada, pois já dá a entender que uma das funções do casal residiria numa experiência íntima do outro, experiência que tanto a filosofia como a psicanálise demonstraram ser indispensável à constituição da consciência que o sujeito toma de si mesmo. Podemos, assim, deduzir que esse movimento em direção ao "mais outro" assinalaria, da parte de seu autor, se não a recusa da experiência habitual, ao menos a percepção de sua insuficiência e de seu fracasso: o "outro" do casal não desempenhou – ou desempenhou bem demais – o seu papel, tão bem que o sujeito sentir-se-ia obrigado a renovar a experiência, da qual espera um resultado, com um mais "outro" ainda. Tal razão permitiria

5. A. Ernout, A. Mellet, J. André, *Dictionnaire étymologique de la langue latine*, Paris, Klincksieck, 1994.

apreender um pouco melhor a decepção de minha interlocutora de um almoço: ela foi obrigada pela decepção a se lançar a cada vez numa nova aventura, como se, imbuída, por um lado, de uma certa esperança, pressentisse, por outro, que não encontraria o que as aventuras precedentes não lhe haviam proporcionado – e por isso dizia ser aquela a última.

Segundo o mesmo dicionário de Ernout, *adulterare* seria calcado – por uma mudança de vogal, que deveria, entretanto, ser *i*, em vez de *u* – em *adalterare*, cujo significado é "alterar", "falsificar", "corromper". O exemplo *adulterare matronam*, "corromper uma mulher", consignado no verbete, explica, neste caso também, o estado de espírito por mim assinalado.

Em que pese minha grande reverência aos latinistas em geral e ao sr. Ernout em particular, confesso que não posso evitar a decomposição de *adulterare* em *ad*, *ulter* e *erare*, que desembocaria, com [*ad*, na direção de], [*ulter*, que se encontra além] e [*erare*, que coloco em assonância com *errare*, enganar-se], em "ir, por engano, na direção do que se encontra além" ou "enganar-se ao ir na direção do que se encontra além". Isso reforçaria a função conferida ao outro próximo e imediato, do qual cada um está assim comprometido a não cometer o erro de se distanciar.

Se, na exploração polissêmica das palavras usuais, nos preocuparmos também com o que daria a entender o equivalente "adulto erra", não seria desprovido de interesse ressaltar que, durante muito tempo – até a metade do século XIX –, o termo "adulto" teve o sentido atualmente veiculado pela palavra "adolescente", oposto ao que então se chamava "homem maduro". O fato merece reflexão, pois a língua traduz a nossa visão das coisas. A etimologia de "adolescente" remete, por sua vez, a *adolesco*, "eu cresço" (do verbo "crescer"), forjada ela mesma sobre o prefixo *ad*, "na direção de", o radical *ol* – que poderia por contração provir de *oleo*, "ter um odor" – e o sufixo *esco* incoativo (que expressa o início de uma ação), o que poderia equivaler a "estar adquirindo um perfume (uma condição?)", e a frase inteira indicaria, assim, uma dinâmica. Por sua vez, "adulto" deriva de *adultum*, que é o supino (modo latino que se traduz, em geral, por particípio passado) de *adolesco* e significa, portanto, "que terminou de crescer". Isso sugere que, até o final do século XIX, não se considerava critério suficiente de maturidade o fato de alguém haver terminado de crescer, ao contrário da opinião de nossa época, que não hesitou em transformar esse único critério em fator determinante da maioridade legal, rebaixada desde então até ele.

Essa proximidade semântica sugere que o estado adulto pode às vezes ser parasitado pelo estado adolescente. Não surpreende, portanto, que o adultério inclua com tanta frequência em seu procedimento essas dimensões flagrantes e tão invasivas durante a adolescência que são, entre outras, a angústia, a impaciência, a febrilidade, a hesitação, a nostalgia, o remorso – uma totalidade que traduz a agitação na qual nos faz mergulhar a busca do objeto perdido. Como se fosse natural, para o adolescente, dizer a si mesmo que, ao ultrapassar uma etapa da vida, ele corre o risco de nunca mais reencontrar seu objeto perdido. Eis aí algo que me inclinaria a dar um passo adicional e fazer do adultério, mais do que o fácil e imediato "adulto erra" [*adulte erre*], um "adulto cala" [*adulte taire*]. Como para constatar que ele traduziria uma forma de recusa da cruel dimensão vetorial do tempo – que reencontramos no princípio da conhecida "crise da meia-idade"! – e uma dimensão regressiva que, na frase da minha famosa interlocutora, explicaria a ingênua censura oposta por ela à sua compulsão. Isso poderia traduzir-se por um: "Mais cedo ou mais tarde, precisarei assumir, em vez de calar, minha tão falada condição de adulto!"

O que se revela com essa breve sondagem da língua nos conduz, queiramos ou não, ao estigma unívoco aplicado ao adultério como ato. Não sou suficientemente linguista para saber se o que foi revelado por minhas tentativas de exploração, em francês e em latim, pode ser encontrado em outras línguas ou grupos de línguas. Imagino que poderia ser esse o caso: bastaria levarmos em conta o que foi a condição da mulher ao longo da história, em todas as sociedades e domínios culturais. Quando pensamos que, em algumas regiões da Índia, em nossos dias ainda, a viúva deve morrer junto com o marido na mesma pira funerária, não se imagina que ela poderia ter deparado com a mínima tolerância em caso de infidelidade. E, se nos referirmos, sem nos deter na morte infligida às recém-nascidas na China, à maneira como Mao Tsé-tung falava sobre as mulheres – "enxáguo meu sexo na vagina delas"[6] –, aos crimes de honra que visam essas mesmas mulheres, em inúmeros países, diante da mínima suspeita de desvio, ou à lapidação à qual são condenadas nos países onde impera a *sharia* islâmica, só poderemos registrar o consenso que fez do adultério, universalmente – e sobretudo, se não essencialmente, do adultério feminino! – um delito. Como tal estado de espírito não teria deixado rastros até mesmo nas línguas? Estamos aí no cerne de um processo que tem longa história e cujos fundamentos é preciso apreender, um pouco que seja, para dele tentar promover uma compreensão mínima.

De Zeus ao Decálogo

O código sumeriano de Hamurabi[7] (1792-1750 a.C.), considerado o primeiro código humano escrito cujos traços foram conservados, não estabelece proibições, mas consigna leis – entre elas, as que se referem à família ocupam 55 artigos, num total de 282. Ele não as introduz, contudo, senão a partir do artigo 129, e consagra as sete primeiras aos problemas de adultério. Algumas delas revelam, aliás, um senso de equidade surpreendente para a mentalidade da época[8].

---

6. P. Short, Mao Tsé toung, Paris, Fayard, 2005.

7. http://perso.wanadoo.fr/jdtr/Hamourabi.htm

8. 129. Se a esposa de um homem for pega em flagrante delito com outro homem, os dois serão amarrados e lançados na água; no entanto, o marido pode perdoar sua mulher e o rei, seus escravos.

130. Se um homem violar a noiva de outro quando esta ainda for virgem e morar com o pai, e, se ele for surpreendido, será executado, e a mulher não será considerada culpada.

131. Se um homem acusar a esposa de outro, mas ela não tiver sido surpreendida com outro homem, ela deverá prestar juramento e poderá retornar a sua casa.

134. Se um homem for prisioneiro de guerra, e não houver provisões em sua casa, se então sua mulher visitar uma outra casa, ela não será considerada culpada.

135. Se um homem for prisioneiro de guerra, e não houver provisões em sua casa, e sua mulher visitar uma outra casa e tiver filhos; se posteriormente seu marido voltar para casa, a mulher deve voltar para a casa de seu marido, mas os filhos ficarão com o pai deles.

Já as disposições legais do Egito antigo eram bem mais severas e tratavam exclusivamente do adultério feminino, sendo reconhecido ao homem o direito de ter, além da esposa legal, quantas concubinas desejasse. Tal desigualdade de tratamento nessas sociedades antigas parece coerente com a condição que reservavam às mulheres, consideradas como bem e propriedade dos homens – os quais, por sinal, as compravam, como continuam a fazer nos dias atuais em inúmeras sociedades da superfície do planeta, a começar pela sociedade árabo-muçulmana. O adultério, fosse a mulher anuente ou não, revestia um caráter de atentado ao direito de propriedade. Tudo isso era conforme à letra, se não ao espírito, da Lei da Espécie, que, como sustenta o discurso antropológico, instaurou a troca de mulheres entre os homens.

No mundo grego antigo, o procedimento era outro. Por repreensível que fosse – constituindo um erro contra a cidade[9] –, e, lá também, sobretudo quando cometido por mulheres, o adultério gozava de boa saúde. Verdade seja dita, o exemplo provinha diretamente do panteão, e, particularmente, do próprio Zeus. A mitologia pulula de exemplos de transgressões cometidas por ele contra a regularidade de seu matrimônio com Hera, a qual, guardiã exigente da probidade conjugal, lançava-se imediatamente em cenas espalhafatosas e represálias exemplares, obrigando seu esposo a se emendar... até a ocasião seguinte! Os outros deuses não ficavam a lhe dever nada, e não relutavam, assim como seu rei, em se unir inclusive aos mortais, às quais ofereciam assim a maternidade de semideuses. No campo das deusas, foi sobretudo Afrodite (que os romanos transformarão em Vênus) quem se distinguiu. Concedida em casamento a Hefesto, deus dos infernos (Vulcano, entre os romanos), ela compartilhou o leito de inúmeros deuses do Olimpo[10]. Ares (Marte, entre os romanos), em especial, vai lhe dar dois filhos, Eros e Anteros, e

---

136. Se alguém abandonar sua casa, fugir, e deixar sua mulher visitar uma outra casa, se ele retornar e desejar retomar sua mulher: como havia abandonado sua casa e fugido, a mulher desse fugitivo não retornará à casa de seu marido.

9. Sabine Melchior-Bonnet e Aude de Tocqueville, *Histoire de l'adultère*, Paris, La Martinière, 1999.

10. Robert Graves, *Les Mythes grecs*, Paris, Fayard, 1967.

uma filha, Harmonia; do mortal Anquises, conceberá Eneias, o fundador de Roma. Pouco se trata, nos textos, dos casos de adultério de outras deusas, salvo, é claro, daquelas por quem Zeus se interessou. Seriam estas últimas – sujeitas à autoridade de Hera, sua rainha – incitadas, se não fadadas, à fidelidade? Isso seria concebível se admitíssemos que o panteão poderia ter desempenhado uma função precisa: permitir aos homens, que o haviam forjado, conformarem-se às misérias de sua existência e delas se consolarem, por efeito de espelho, pois os próprios deuses, imortais e dotados de inúmeros poderes, seriam por elas acometidos.

Foi com o monoteísmo hebraico que a proibição do adultério – transformada, por si só, em um dos dez mandamentos do Decálogo – assumiu uma nova posição, que não cessará de influenciar, até os dias de hoje, as disposições legais das nossas sociedades monoteístas, e, particularmente, das nossas sociedades judaico-cristãs. Essa mudança, que agrega às leis repressivas um mandamento dissuasivo de ordem preventiva, não deixa de ter seu interesse, se colocarmos esse mandamento ao lado dos nove outros.

Pode-se dizer, à distância em relação a seu advento e dirigindo-lhe um olhar de tipo antropológico, que esse monoteísmo foi colocado a serviço de um projeto, um projeto, aliás, ainda em construção: constituir um laboratório[11] no qual o recurso à transcendência seria capaz de transformar completamente os comportamentos dos seres humanos, envolvendo-os no compromisso de reprimir radicalmente suas pulsões, essencialmente nocivas à constituição do vínculo social.

Sabemos que essa visão foi combatida – não, infelizmente, sem um sucesso cujo preço ainda estamos a pagar – de diversas maneiras, e, particularmente, por Jean-Jacques Rousseau, para quem o homem nascia bom: não era, como foi amplamente demonstrado pela psicanálise, um ser autocentrado submetido à pressão de suas pulsões, mas um ser corrompido pela sociedade. Em compensação, não sabemos o suficiente sobre as dificuldades com

11. Tal noção esclarece o persistente mal-entendido quanto ao conceito de "povo eleito", o qual foi simplesmente encarregado, a sua revelia, de uma missão: a de ser o sacerdote dos povos e provar, pela exemplaridade, a verdade da mensagem que lhe foi exigido colocar em prática.

que a empreitada do monoteísmo hebraico se defrontou até nossos dias, tanto do lado dos que ele tentou convencer quanto do lado dos ambientes nos quais se inseriu. Os comentadores que, ao longo dos séculos, esforçaram-se em esclarecer o conteúdo de sua mensagem monumental, a fim de melhorar-lhe a transmissão, pretenderam demonstrar como dos cinco primeiros mandamentos[12], de natureza ética, decorriam logicamente os cinco seguintes[13], de cunho social, destinados a ser concatenados aos precedentes. Assim se justificariam as representações habituais daquelas duas Tábuas da Lei, ligadas uma à outra, e comportando, cada qual, cinco mandamentos classificados como acabei de descrever. Tal processo parece singularmente eficaz ao articular, por exemplo, o primeiro com o sexto mandamento, o homicídio de um semelhante com a negação, para não dizer o homicídio, da divindade[14]. Desse ponto de vista, o adultério, tratado no sétimo mandamento[15], equivaleria nem mais nem menos a uma alteração da fé, tratada no segundo mandamento, pois seria buscar em vão, num algures ilusório e proibido, o que já se tem ao próprio alcance e não se deve trair, em caso algum. Se, em vez de proceder assim, explorarmos uma outra intertextualidade propiciada pela proximidade e posição hierárquica dos mandamentos, perceberemos que a proibição do adultério, situada entre a do homicídio e a do roubo, proporciona uma contribuição suplementar à constituição do vínculo social, pois a transgressão seria denunciada concretamente, na pior das hipóteses, como um homicídio e, na melhor das hipóteses, como um roubo.

---

12. 1 – Eu sou Iahweh teu Deus; 2 – Não terás outros deuses diante de mim; 3 – Não pronunciarás em vão o nome de Iahweh teu Deus; 4 – Lembra-te do dia do sábado para santificá-lo; 5 – Honra teu pai e tua mãe. (Ex 20, 2-12)

13. 6 – Não matarás; 7 – Não cometerás adultério (que se converteu, na versão cristã, em: "ato carnal só farás no casamento"); 8 – Não roubarás; 9 – Não apresentarás um falso testemunho contra o teu próximo; 10 – Não cobiçarás coisa alguma que pertença a teu próximo. (Ex 20,13-17)

14. Daí decorre, aliás, a profissão de fé hebraica, que consiste em enunciar em voz alta, com os olhos cobertos pelas mãos para privilegiar o registro sonoro, a frase traduzida convencionalmente por: "Escuta, Israel, o Eterno é nosso Deus, o Eterno é um."

15. Depois de haver ocupado outras posições ao longo da história, esse mandamento é atualmente o sexto, na lista de mandamentos do catecismo da Igreja Católica, 2004 (www.intratext.com/X/FRA0013.htm).

Não há aí grande exagero – como demonstram as ilustrações que vou dar de um e outro desses casos. E isso permite compreender que meu modo de tratar o assunto, não obstante a insistência que dedico aos detalhes, não visa produzir um exercício de exegese bíblica, mas compreender como se instaurou um estado de espírito que continua a ser o nosso, sob muitos aspectos.

Homicídio

Eu os conheci por ocasião do nascimento de seu primeiro filho, um menino. Impressionavam pela seriedade, que destoava ligeiramente da dos pais de sua geração. Ele, engenheiro químico, tinha todos os sestros da profissão: num tom levemente desconfiado e não destituído de uma pitada de arrogância, fazia inúmeras perguntas – muito inteligentes, de resto – sobre meus conselhos e prescrições. Ela, professora de artes plásticas, mais reservada que fria, trazia na postura, na maquiagem e no penteado a marca do requinte que a caracterizava. Eles me desconcertaram ao longo de algumas sessões, até que pude relacionar sua maneira de ser aos traços ainda resistentes de suas origens humildes. Soube disso quando ele, menos intimidado que a esposa e preocupado em preparar a longa viagem de carro com o bebê, disse que iam apresentá-lo ao único avô que a criança ainda tinha, seu próprio pai, um pastor de ovelhas que, viúvo, havia criado o filho sozinho, no Mercantour, desde que a criança fizera dez anos de idade. Os saltos culturais, que afetam gerações sucessivas, produzem por vezes esse tipo de resultado: o autor do salto continua durante muito tempo a se sentir pouco à vontade – e a pitada de agressividade é, eventualmente, uma compensação – diante de pessoas que imagina terem sido mais bem aquinhoadas do que ele.

Nossas relações se descontrairiam ao longo das consultas, sem jamais adquirir, no entanto, a naturalidade que eu sempre buscara e que desfrutava com a maioria da minha clientela.

O filho deles tinha quase três anos quando vieram me fazer algumas perguntas sobre uma estada num país distante. Ele havia conseguido um contrato vantajoso e eles iriam juntos para lá, onde ficariam por cinco anos.

Partiram.

Alguns meses depois, falei com ele por telefone. Imaginei que tivesse voltado. Na verdade, ele me telefonava de seu local de trabalho para me explicar uma situação que qualificava de "muito grave". Sua mulher seria "repatriada com toda a urgência" para Paris e dirigida ao setor do professor M., no hospital G. "Ela sofreu um rompimento do baço", continuou ele, "o que exigiu uma cirurgia imediata e revelou uma leucemia. Dizem que aqui não se sabe tratar os casos de leucemia em mulheres grávidas. Porque, eu não lhe contei", acrescentou num tom irritado que eu não compreendi, "minha mulher está grávida de seis meses e meio." A notícia me comoveu, como se pode imaginar, e devo ter começado a balbuciar algumas palavras de solidariedade quando fui interrompido por ele, depois que retomou o fôlego: "Não telefono ao senhor apenas para comunicar a notícia, mas também porque não temos ninguém em Paris. Sou obrigado a permanecer aqui, meu filho vai ficar comigo, e não tenho direito a licença antes do dia do parto. Não sei quando ele vai ser realizado, será uma cesariana, assim que possível; mas me prometeram dez dias de licença nessa ocasião. Até lá, minha mulher ficará sozinha. Será que o senhor poderia fazer-lhe uma visita? Ela vai ficar contente. Gosta muito do senhor." Ainda sem saber o que dizer, concordei em atender ao seu pedido. Ele agradeceu, e acrescentou: "Na verdade, o médico daqui não comunicou o diagnóstico a ela. Só eu estou a par. Ele lhe disse que se tratava de uma doença da medula óssea cuja natureza não tinha meios para identificar."

Visitei-a praticamente todos os dias, semanas a fio, no hospital G., onde o chefe do serviço, o professor M., encarregado da jovem mulher, havia seguido os passos de seu colega, comunicando-lhe, ele também, um diagnóstico menos sombrio que o da leucemia, explicando-lhe, no entanto, que o tratamento seria longo, complexo e penoso.

Ouvi dela mesma o relato dos acontecimentos.

Alguns dias antes de sua partida, havia descoberto vários gânglios disseminados pelo pescoço, pelas axilas e virilhas, e, ao mesmo tempo, erupções que lhe cobriam o rosto e o tronco. Foi consultar um dermatologista próximo ao seu local de trabalho. Ele diagnosticou uma mononucleose infecciosa – doença viral benigna para a qual não existe tratamento. Foi-lhe explicado que seu cansaço era normal e que, assim como os gânglios, ele perduraria por algumas semanas. Ela lhe perguntou se ele tinha certeza de seu diagnóstico e se não seria necessário confirmá-lo por um exame sanguíneo. Ele descartou a pergunta com um gesto irritado. Ela achou que devia insistir, explicando-lhe que precisava ter certeza, pois viajaria pouco tempo depois e pretendia ficar grávida. Ele lhe respondeu secamente que conhecia sua profissão e sabia o que dizia. O casal partiu e começou a realizar seus planos.

Ali estava ela, depois do que já havia passado, sob corticoterapia em doses reduzidas, único tratamento compatível com a gravidez, conforme lhe haviam dito, ficando estabelecido que o tratamento seria mais potente e ativo após a cesariana, programada de acordo com o desenvolvimento do feto.

Fiquei compungido. É verdade que, diante de seu quadro clínico, o diagnóstico de mononucleose podia ser evocado. Entretanto, como uma leucemia pode se revelar por um quadro estritamente idêntico, eu lamentei, sem, contudo, dizer coisa alguma, a atitude de meu colega. Mais ainda porque eu ignorava o que o próprio chefe de serviço já poderia ter dito. Dado o número de envolvidos e de diálogos que se haviam realizado, a situação não me deixava grande margem de manobra. Eu me dispus, então, a aproveitar minhas visitas para dar atenção às coisas que ela teria a me dizer.

Lá estive a minha própria custa. Dia após dia e semana após semana, não recebi senão relatos do cotidiano e numerosas perguntas, que me surpreenderam, a respeito de minha atividade, minha profissão, minha pessoa, meu lazer, meus filhos! Fosse qual fosse minha atitude, fosse qual fosse a determinação que me animava, encontrava-me sempre e exatamente em condições idênticas. Mesmo as perguntas precisas, destinadas a desencadear um processo de associação de ideias a respeito da vida deles no exterior, do ambiente em que viviam, do trabalho que ela poderia ter encontrado e assim por diante não recebiam senão respostas lacônicas. O que isso significaria? Estaria eu a pagar pelo dermatologista do início da história? Teria eu me tornado, como ele, objeto de desconfiança? Eu nada sabia, e nada podia saber. Dizendo-me então que não estava lá para constrangê-la nem para fazê-la sofrer, acabei por renunciar a quaisquer objetivos e me transformar em simples visitante destinado a quebrar a monotonia. Conversávamos sobre o que podíamos conversar: arte, literatura, teatro, cinema. Afinal, ao longo daquelas semanas de espera, era preciso preencher o tempo.

Um dia ela foi conduzida à maternidade onde se realizaria o parto. Seu marido fora avisado e havia chegado na véspera, tendo deixado em casa o filho mais velho. Foi ele quem me telefonou para comunicar o nascimento do segundo filho do casal, cuja prematuridade exigira que fosse imediatamente encaminhado para um serviço especializado. Explicou-me que não poderia de modo algum me encontrar, pois era obrigado a constantes idas e voltas entre os serviços hospitalares onde estavam a esposa e o filho.

Não sem ter feito uma última visita à mamãe recente, imaginei que minha missão estivesse concluída e que poderia suspender, ao menos temporariamente, meus deslocamentos.

Não foram necessários mais de dez dias para me tirar do engano. Foi ela quem pediu meu socorro. Estava em prantos. Precisava que eu fosse ao seu encontro. Com urgência. Não aguentava mais. Não entendia mais nada, já não sabia o que pensar. Estava sozinha, o marido havia encurtado a estada e partido no dia anterior. Estava perdida. Tentei acalmá-la e garanti que iria dali a pouco. Disse-me logo que estava em outro hospital. O serviço no qual ela se encontrava até então havia sido fechado para reforma e ela fora encaminhada da maternidade para um outro serviço, no hospital J. Então caiu em prantos de novo, longamente, antes de se recompor e me dizer, aos soluços: "Sabe da maior? O chefe do novo serviço veio me ver. É uma tragédia! Ele me disse que não concordava de modo algum com a atitude de seu colega e se recusava a esconder os diagnósticos de seus pacientes. Segure-se bem: eu tenho uma leucemia! E a coisa não para por aí: ele me disse que seu colega havia se enganado quanto ao tipo de leucemia, que ele próprio havia examinado as lâminas e que minha leucemia era muito, mas muito mais grave que a outra, por eles imaginada. Entendeu? Entendeu por que eu telefono ao senhor? Ainda por cima, depois de ter despejado tudo isso de uma vez, ele teve a coragem de me dizer uma coisa horrível! Vou repetir para o senhor o que ele disse, porque não vai ser fácil esquecer. Ele me disse o seguinte: 'Não tenha medo; vou encher sua paciência, vou lhe dar umas porradas, vou transformar sua vida num inferno, você vai ficar um trapo, vai botar tudo para fora, por cima e por baixo, vai perder os cabelos e todos os pelos, vou atormentá-la até você pedir misericórdia. Mas lhe prometo uma coisa: vou curá-la.'"

Minhas visitas recomeçaram.

Na primeira vez, fui antes de mais nada ver o chefe do serviço, que se espantou com o interesse de um pediatra pelo destino dos pais de seus pacientes. Não reagi a essa manifestação diante de minha conduta – signo do egocentrismo das nossas sociedades individualistas, nas quais o mínimo grão de compaixão parece suspeito –, da qual eu não poderia me furtar. Ele confirmou tudo o que ela me havia dito. Depois, fui vê-la. Segurei sua mão e disse-lhe que ela não tinha escolha e que, como qualquer um nesse tipo de circunstância, estava condenada a confiar no médico encarregado de seu caso, e tinha boas razões para isso porque ele não só havia denunciado as mentiras dos outros, como também havia formulado – apesar da brutalidade dos termos – uma bela promessa. Ficamos muito tempo em silêncio, de mãos dadas. Finalmente ela disse que o marido voltaria para buscar o bebê, e que este receberia os cuidados da babá do mais velho. Perguntou-me então sobre o possível efeito dessa história no bebê e no irmão maior. Tranquilizei-a como pude, considerando bom o fato de ela se projetar assim, com seu bebê, no futuro.

Alguns dias depois, encontrei-a uma vez mais aos prantos e num estado de grande agitação. Perguntei-lhe o que a deixava num tal estado. Ela respondeu dizendo ter recebido a visita da mãe, que não havia se manifestado desde seu retorno ao país. Diante de meu semblante surpreso, comentou que, entre a mãe e ela, a relação nunca tinha sido "das melhores", e, como se quisesse desculpá-la, acrescentou que a mãe morava no interior e seu trabalho não permitia que se ausentasse com facilidade. Nesse ponto, recomeçou a chorar e declarou: "Seria melhor que ela nunca tivesse vindo, se era para vir e me dizer o que disse. Imagine o senhor que, quando lhe contei que a quimioterapia teria início no dia seguinte, ela me respondeu: 'Ah. A quimioterapia. Foi isso que matou minha irmã.'"

Lembro que meu sangue ferveu, dei um salto da cadeira, a ponto de derrubá-la, e comecei praticamente a berrar, sem conseguir me controlar: "Não estamos nem aí com a sua mãe! Ela é que deveria morrer! Mãe como essa não é mãe! Seria melhor para você não ter mãe nenhuma! É uma imbecil por fora, e uma assassina demente por dentro! Mas você vai lhe comunicar, está me ouvindo, é uma ordem, que ela está proibida de lhe fazer outra visita! Avise a todos os funcionários que você se recusa a recebê-la, você tem esse direito e não deve explicações a ninguém!" Continuei mais um tempo nesse mesmo tom. Estava realmente transtornado e lamentei não ter nenhum material para me ajudar a moderar ou controlar aquela reação, mais instintiva que apropriada. Mesmo assim, constatei que seu semblante se tranquilizava e ela quase sorria. Seria por causa da emoção que havia transbordado e que me tornava, aos seus olhos, mais próximo, mais normal? Eu me acalmei e censurei-a por ter me deixado, ao longo de todas aquelas semanas, distante dela e de sua história.

Ela me contou, então, a história, dizendo que "no fim das contas, era bem banal". Sua mãe, auxiliar de cabeleireiro, que vivia numa cidade no litoral do Atlântico, tinha ficado grávida dela durante uma relação passageira e a criara sozinha até encontrar aquele que se tornaria seu marido, e continuava a sê-lo. Ele também era auxiliar de cabeleireiro. Decidiram então unir seus esforços e juntar as economias para um dia comprar um salão. Mas não queriam um salão qualquer: queriam um salão numa bela avenida de uma grande estação balneária. O esforço de economia obrigou-os a viver numa quitinete, que lhes pareceu subitamente pequena demais quando tiveram uma filha. Sua mãe decidiu então colocá-la num colégio interno. Ela permaneceu em regime de internato a partir dos três anos e meio de idade, num estabelecimento escolar mantido por freiras, do qual saiu somente aos dezoito anos, munida de seu diploma de Baccalauréat*, para começar os estudos superiores graças a uma bolsa e a pequenos serviços. "Se eu sobrevivi", concluiu ela aquela parte do relato,"foi graças às freiras". Depois ela me contou que, ao longo de sua infância, nunca tinha visto sua mãe mais do que uma ou duas vezes por ano. Às vezes, nem no Natal. No entanto,

---

* O *Baccalauréat* é o exame nacional francês de conclusão do ensino médio; os aprovados têm acesso direto à maioria das universidades do país. (N. da T.)

o cobiçado salão foi comprado, com um grande apartamento no andar de cima. Mas tudo que tinham era para a irmã, que teve graves problemas de saúde e, posteriormente, "foi tão mimada que começou a aprontar de tudo. Acabou conseguindo trabalhar com eles, como cabeleireira. Chego a lhes dizer, nas raras ocasiões em que os vejo e em que, como sempre, eles me falam sobre ela, que não deveriam se preocupar tanto, porque ela é bonita e frequentemente isso basta para arranjar um bom partido. Mas eles não me ouvem". Ela continuou a desfiar por muito tempo seu rosário de lembranças e ressentimentos. Eu a escutava pensando em tudo o que há de verdadeiro na famosa frase "nem todos têm a sorte de serem órfãos" do livro *Poil de carotte* [*Foguinho*].

Sucederam-se as semanas, as primeiras, atrozes, com seu cortejo de efeitos quimioterápicos que foram, neste caso, particularmente difíceis. Era o horror, além do esperado e do descritível. Cheguei a me perguntar se ela resistiria e se a tal promessa do médico responsável não seria um engodo. Nem por isso espacei minhas visitas, embora ela deixasse claro que preferia não ser vista no estado em que se encontrava. Eu expressava minha compreensão, mas dizia-lhe que voltaria assim mesmo. E voltava, tão convencido estava de que era a única coisa que eu podia fazer.

Longas semanas após o início do tratamento, as coisas começaram a melhorar, pouco a pouco.

Uma vez declarado seu restabelecimento, ela saiu do hospital e, dois meses depois, teve a permissão de voltar a morar com o marido e os filhos, sendo necessário que retornasse a Paris a cada quatro meses para uma consulta de acompanhamento.

Em cada uma dessas viagens, ela vinha me ver no consultório. Eu sempre manifestava calorosamente o prazer sincero que sentia em revê-la, mas ela voltara a adotar aquele mesmo estilo de relação do início de sua hospitalização. Como se, não obstante os pequenos presentes e lembranças que me trazia, tivesse preferido reassumir o misto de pudor e timidez que a educação religiosa devia ter inculcado nela. Nós sempre nos alegrávamos, no entanto, com aspectos prosaicos da existência, que testemunhavam um pouco mais, a cada dia, a vitória da vida.

Quando a distância em relação ao seu restabelecimento já se tornara tranquilizadora, ela me falou, por ocasião de uma de suas visitas, sobre o marido e a crise que afetava o casal. Com muitos pormenores, informações precisas, descrevendo detalhadamente o modo de vida, a atmosfera da comunidade de imigrantes na qual viviam, a maneira como havia buscado compreender o problema, as hipóteses que havia construído, a busca de indícios destinados a confirmá-las ou desmenti-las, suas adaptações comportamentais, as tentativas de diálogo acolhidas com um silêncio impermeável. Ela ficaria em Paris por um certo tempo e nós nos reencontramos duas ou três vezes seguidas, sem que nenhuma explicação fosse vislumbrada, e muito menos uma estratégia ou solução. De volta à sua casa, ela passou a me escrever longas cartas, em que me explicava estar convencida do naufrágio do casal. Atribuía o fato a sua doença, dizendo-se que, por doloroso que fosse, esse fracasso era talvez o preço a ser pago por ter continuado a viver.

Alguns meses depois, anunciou-me sua cura definitiva e, ao mesmo tempo, a decisão de se divorciar. Eu não fui capaz de me entristecer com a segunda notícia, de tão alegre que havia ficado com a primeira. E pensei que, para mim, aquilo fosse o fim dessa relação. Perguntei-me então, naquele momento, qual poderia ter sido meu papel nessa história. Isso porque, como já deve estar claro, desde o início da enfermidade eu não havia pretendido nem o lugar de terapeuta nem o de médico que cobra por sua intervenção, mas simplesmente o de um ser humano sensível às aventuras de seus semelhantes e permeável ao sofrimento de uma pessoa conhecida e que lhe pede ajuda. Isso me fez matutar um bom tanto sobre minhas opiniões, minha herança cultural, sobre os limites da minha percepção e o descompasso que me caracterizava em relação ao ambiente social!

Suas cartas foram escasseando cada vez mais. Ela voltou para a França e retomou o trabalho como professora, no interior. Quanto ao ex-marido, por obrigação contratual permaneceu no exterior. A história seguira o curso que era o seu. Mais um casal que fracassa, pensei. Não era o primeiro, nem seria o último a tomar esse rumo. Lamentava, porém, não ter compreendido absolutamente nada do que acontecera com eles e não concordava com a importância que ela havia imputado à doença. Era preciso, como tive tantas vezes de fazer, aceitar o fato de não compreender.

Foi ele, um dia, quem veio me esclarecer.

Telefonou-me de seu local de trabalho. Havia anos não falava com ele, mais precisamente desde o nascimento de seu segundo filho. Ele estaria de passagem por Paris nos dias seguintes e gostaria de me encontrar justamente para conversar sobre os filhos. Disse-me logo que preferia não me encontrar no consultório. Sem compreender muito bem o motivo, aceitei sua proposta de encontro, uma noite, num bar.

Foi difícil, muito difícil. Não porque ele abordasse assuntos complexos: com efeito, nada é mais simples do que resolver problemas de relação com as crianças nesse tipo de circunstância. A partir do momento em que se sabe que, sejam quais forem as precauções adotadas, sempre se causará sofrimento a elas, é mais fácil tomar atitudes drásticas e assumir abertamente as próprias escolhas. Foi difícil pelo fato de eu esperar enfim compreender o que poderia ter acontecido, assunto que ele evitava cuidadosamente e com verdadeira arte, assim como evitava responder às perguntas precisas que eu lhe fazia a respeito. Em várias oportunidades, acreditou que poderia me transmitir seu desejo de concluir a entrevista. Chegou inclusive a acenar para que o garçom fechasse a conta. Fazendo ouvidos moucos, aproveitei para pedir outro conhaque. Parecia-me que não podia fazer nada além de opor à sua obstinação uma inércia condizente com minha frustração e meu desagrado. Julgava ter pago suficientemente, com meu tempo, o direito de saber o que poderia ter acontecido – já não comentei ter passado a parte essencial de minha vida lutando contra a opacidade? – e o de concluir definitivamente o caso. Foi uma verdadeira guerra de trincheira. Tive de pedir ainda uma outra coisa, desta vez um café, mantendo um silêncio mais compacto que o dele e apoiando-me em minha determinação. O bar se esvaziava. Ele acabou finalmente por sair de seu mutismo. No mesmo tom de frieza, destituído de emoção, que devia ter na vida profissional, explicou-me que havia rompido o casamento para formar um outro casal, com a mulher que fora sua amante desde a hospitalização de sua esposa na capital. Até ali, tudo muito banal, pensei comigo, sem compreender por que essa explicação ainda não me satisfazia. Ele imaginou então que poderia contar com meu apoio para sua intenção de pedir a guarda dos filhos. E, quando lhe fiz notar que não lhe faltava atrevimento e que eu não via como o novo casal que ele pretendia formar poderia autorizá-lo a formular tal solicitação, ele retorquiu: "É que as crianças conhecem minha amante", acrescentou ao ver minha expressão de surpresa, "eles a conhecem até muito bem, é a minha cunhada, a irmã, ou melhor, a meia-irmã da minha mulher; ela veio a minha casa para cuidar do nosso filho mais velho quando minha mulher teve de ser operada." E continuou: "E ficou. Minha sogra e ela acharam que era a melhor solução, também para o menor, quando ele fosse trazido. Minha mulher ainda não sabe de nada. Mas já é tempo de ela saber, pois vamos nos casar."

Enquanto continuava a registrar suas palavras, fui invadido por uma violenta pulsão de morte: tinha vontade de matá-lo, ali mesmo! Em nome do quê ele se transformara em cúmplice da sogra, a qual, chegando ao ponto de dizer à filha "A quimioterapia... foi isso que matou minha irmã", havia assim comunicado a ela, depois de a ter rejeitado desde sempre, um autêntico voto de morte? Em nome de sua arrogância? Do sentimento de que tudo lhe era devido? Desde sempre, ou apenas desde o momento em que dera seu famoso salto cultural? Que pretensão! Seria necessário que o ódio do qual sua mulher fora objeto desde o nascimento se concluísse, por parte dele, com esse equivalente do homicídio? Cada elemento do quebra-cabeça se encaixava subitamente no lugar certo: a quitinete pequena demais, o colégio interno, o superinvestimento da segunda filha e suas consequências, os fatores determinantes desse casamento entre dois seres de origens humildes, que não deviam suas condições senão a seus próprios méritos, a doença, o fato de o pai ter me evitado quando do nascimento do bebê, assim como sua indisponibilidade crônica; e, diante disso, o papel das freiras, a importância da promessa do segundo médico, minha presença, talvez, e o investimento tímido, mas autêntico, da minha pessoa pela jovem mulher depois que se sentiu segura a meu respeito por suas numerosas perguntas relativas ao meu mundo; mas também as interrogações mudas dessa mulher que, até o pronunciamento do divórcio e a oficialização do segundo casamento, não havia compreendido o que acontecera, por ser incapaz de imaginar que o marido e a irmã pudessem dar um passo daqueles, sem se refrearem nem diante do incesto de segundo tipo[16] em que se instalavam.

Não podia matá-lo. Então me levantei e parti sem me despedir, não me importando nem um pouco com os efeitos imediatos ou futuros de minha atitude.

Três anos depois, recebi um envelope espesso, com fotos: ela havia conhecido um homem, com quem se casara, e me anunciava o nascimento do primeiro filho, um menino. Eu quase chorei! Nunca mais tive notícias dele, mas até hoje, regularmente, recebo notícias dela.

Roubo

Ela chorava muito. Chorava antes mesmo de entrar. Sentou-se, como de costume, com as gêmeas de oito meses sobre os joelhos. Eram lindas, aquelas meninas, com suas cabecinhas rosadas e arredondadas, e já uns cachinhos louros. Ela se orgulhava tanto delas! Para ela, eram uma espécie de brasão. Lembro-me de nosso primeiro encontro. Fui buscá-la na sala de espera. Estava com o marido, o que é frequente em primeiras consultas. Pedi que me acompanhassem, e avisei que iria na frente, porque estava sendo chamado ao telefone. Havia deixado a porta aberta, esperando sua chegada. E, como me pareceu que levavam mais tempo que o previsto, levantei os olhos em direção à porta. Ela havia parado ali. Não por civilidade, porque esperasse meu convite para entrar – aliás, não acatou o gesto que eu lhe fazia nesse sentido. Esperava, de certo modo, para que eu registrasse o espetáculo. É verdade que estava diante de um: ela se inseria, inteira, no enquadramento da porta, ereta, cabeça erguida, exibindo um sorriso triunfal, com um bebê loiro em cada braço. Tinha uma silhueta curiosa e uma aparência um pouco singular. Era grande, nem frágil nem corpulenta, com um rosto comum, cuja graça se resumia a longos cílios que bordejavam olhos grandes, mas sem be-

16. Para mais informações sobre esse tipo de incesto, pode-se consultar a obra de Françoise Héritier, *Les Deux Sœurs et leur mère*, Paris, Odile Jacob, 1994.

leza. Os cabelos estavam puxados para trás e reunidos numa longa trança que lhe caía sobre um dos ombros. Seu tronco, inteiramente preenchido pelos bebês, parecia ainda menor para sua altura, porque ela usava uma saia pregueada, bastante feia e relativamente curta, que deixava à mostra suas pernas longas e pouco encorpadas, das quais uma, a esquerda, estava envolvida por um dispositivo para imobilizar o joelho. A comunicação entre nós deve ter sido imediata e muito rápida, pois, à guisa de convite de entrada, eu lhe disse: "Se, além disso, a senhora fizesse uns passos de sapateado, seria perfeito!" Sem perder a presença de espírito, ela respondeu: "Não teria graça, em cima deste carpete! O senhor vai ter de se contentar com meu andar claudicante."

Eles entraram e foi como se nos conhecêssemos desde sempre. E não sem motivo! Eu tinha sido o pediatra de sua melhor amiga de infância, que havia falado tanto a meu respeito ao longo dos anos que ela "me conhecia como a palma da mão" e prometera a si mesma trazer ao meu consultório os filhos que teria um dia. Isso me deu uma ideia mais precisa de sua idade: como eu imaginava, ela tinha menos de vinte e cinco anos. Quanto a sua perna, havia torcido o joelho durante uma semana de esqui que acabara de se oferecer, na companhia do marido. Este, uns dez anos mais velho que a mulher, em nenhum momento havia tirado dela o olhar ou deixado de lhe dar todas as atenções. Nunca tinha havido nenhum problema com as meninas, é claro, até aquele momento. A atmosfera das consultas manteve-se nos moldes da primeira: ela sempre buscava me surpreender, e eu entrava no jogo. Com frequência me perguntei, ao olhar para ela, por que se cuidava tão pouco. Com outro estilo de roupas, outro corte de cabelo e um toque de maquiagem, ela impressionaria tanto ou até mais que as jovens mulheres de sua idade.

E, naquele momento, ela chorava. Seu marido olhou para mim, consternado, como se eu fosse testemunha de que ele não podia fazer grande coisa. Foi preciso proceder devagar, mudar o registro e, ao mesmo tempo, mantê-lo, acalmar, jogar com a voz, recorrer à cumplicidade que se havia instalado. Chorando ainda mais intensamente, ela soluçou que já não podia viver com o marido e queria deixá-lo. Quanto a ele, deu de ombros e levantou os olhos para o céu sacudindo a cabeça. Se ele tivesse dito: "Que besteira!", como dizem às vezes as crianças, eu não teria ficado surpreso.

A história que eu colhi arduamente permitiu-me, mesmo assim, compreender o que havia acontecido. Ela retomara o trabalho após algumas semanas. Tivera de viajar para o interior, em missão profissional, com um colega do qual desconfiava havia algum tempo em razão do interesse suspeito que ele sempre manifestara por ela. Sua missão fora um fracasso, o que a deixara profundamente abalada. O colega, ao contrário, que estava feliz por ter desempenhado bem a sua, decidiu então consolá-la. Levou-a ao restaurante, fez com que ela bebesse um bom tanto, levou-a para o quarto etc. Quando ela retomou sua plena consciência, o irreparável já havia ocorrido. Ela não conseguia se perdoar. Tanto é que, ao chegar em casa, foi a primeira coisa que contou ao marido, dizendo-lhe que se considerava completamente indigna e estava pronta para assumir a ruptura do casamento e partir. Ele demonstrou, é claro, seu abalo. Mas tentou relativizar o incidente e trazê-la a um estado mais ponderado. De certo modo, foi ele quem evocou as circunstâncias atenuantes. Mas ela não queria ouvir coisa alguma, e não parava de dizer e redizer que seu acesso de fraqueza tinha de ter uma explicação e que não podia agir como se o fato não tivesse existido. Nós nos reencontramos os três, uma vez mais. E, ao fim dessa consulta, eu lhes recomendei um terapeuta de casal, com quem fizeram um excelente trabalho. Continuei a cuidar das gêmeas e também dos dois outros filhos que tiveram. Fiquei satisfeito em ter tomado aquela iniciativa ao constatar, ao longo da terapia que faziam, as mudanças que se manifestavam nela, em sua aparência, corte de cabelo, roupas – como se tivesse precisado desse trabalho para melhor investir sua feminilidade. Considero lastimável, aliás, o fato de que os casais em dificuldade rejeitem esse gênero de tratamento[17], que ainda permanece quase confidencial, ao passo que não hesitam em recorrer a consultas para todo tipo de males físicos, mesmo os mais banais.

---

17. Pode-se ter uma excelente ideia desse tipo de trabalho pela consulta às obras de Alain Valtier, *La Solitude à deux*, Paris, Odile Jacob, 2003, e *L'amour dans les couples*, Paris, Odile Jacob, 2006.

O adultério como equivalente do roubo é infinitamente mais comum e bem menos difícil de vivenciar que o equivalente do homicídio. Felizmente! É sobre ele que a literatura e o cinema nunca deixaram de versar. Trata-se sempre de casais em que um ou outro dos parceiros teve um momento de fraqueza passageira, e cuja relação às vezes é retomada em melhores condições. Um exemplo instrutivo, visto provavelmente por todos, pois é retransmitido com frequência pela televisão, é o do filme *La femme du boulanger*[18] [*A mulher do padeiro*], inspirado num romance de Jean Giono[19]. Raimu, que encarna muito bem o papel do marido traído, é tão comovente que consegue, por si só, fazer com que o drama transmita sua mensagem e dispense qualquer comentário. Evocarei, mesmo assim, a trama da história. Esse valoroso padeiro é a alegria dos habitantes do vilarejo. Sua simpatia e a qualidade de seu pão granjeiam-lhe uma estima unânime, à qual se acrescenta uma ponta de inveja, suscitada pela beleza de sua jovem esposa. Mas esta, subjugada um dia pelo charme de um trabalhador rural que se aproveita de sua emoção, o abandona. Para ele, a vida se acabou, e, perdido o entusiasmo, ele para de fazer pão, o que penaliza o vilarejo inteiro: assim, cada um trata de vir em seu socorro e de recuperar a bela foragida, a qual, diante da grosseria de seu bonitão pretensioso, acaba por retornar... assim como Pomponette, a gata, que também havia desaparecido. O valoroso padeiro, feliz demais por recuperar a mulher, não lhe dirige censura alguma. A gata, por sua vez, leva muitas broncas, num monólogo que é uma verdadeira peça antológica, tamanha é a força com que põe em evidência a relação de casal, em contraste com a dor imensa produzida pela traição.

Ao contrário do caso clínico que relatei sob o título "homicídio", cujo conteúdo se desenrola por gerações sucessivas, o filme de Pagnol se contenta em narrar um episódio ocorrido na vida de um casal do qual nada sabemos. Se é verdade que o pretensioso é homem bem mais bonito que o padeiro, não nos é dito por que a esposa deste último aceita formar um casal com ele.

---

18. *La Femme du boulanger*, filme de Marcel Pagnol, 1938.

19. Jean Giono, *Jean le Bleu*, Paris, 1932, reeditado pela LGF – Livre de Poche em 1973. [Trad. bras.: *A mulher do padeiro* (Jean le Bleu), Rio de Janeiro, Casa Editora Vecchi, 1946.]

Poder-se-ia enxergar no exercício de estilo, por tímido que tenha sido – mas audacioso para a época –, um modo de assinalar que as mulheres, tanto quanto os homens, experimentam desejos sexuais que nem sempre conseguem superar. Voltarei posteriormente, em detalhes, a esse último ponto, pois ele está no cerne desta obra.

O outro e o si, o si e o outro

Voltando ao sétimo mandamento do Decálogo hebraico, ressaltarei que, assim como os outros, trata-se de um mandamento, e nisso ele se diferencia consideravelmente dos simples artigos da lei que figuravam nos códigos das sociedades anteriores. Com efeito, os artigos da lei podiam ser ignorados pelo *vulgum pecus* e entrar em ação apenas quando se tratava de resolver um litígio – e sabemos como são as coisas mesmo em nossos dias, nos quais "se presume que ninguém ignora a lei"! O mandamento, no entanto, é repetido em todas as ocasiões, e adquire, por conseguinte, uma força repressiva preventiva e uma dimensão pedagógica indiscutível. O contraventor já não poderá ignorar o que infringe, nem a pena a que está sujeito.

Ainda que o mandamento se dirigisse ao conjunto do povo judeu, nem por isso deixava de se dirigir, primeiramente e acima de tudo, se não essencialmente, aos homens que decidiam, sozinhos, a direção e o destino das sociedades. Pode-se verificá-lo em todos os tipos de comentários que ensejou, e particularmente nos de uma autoridade teológica do século X, o *ga'on** R. Saadia[20], dirigidos exclusivamente aos homens, nos quais eles são lembrados de que a proibição imposta por esse mandamento não focaliza exclusivamente o ato, mas se vê duplicada pela proibição da cobiça, enunciada no décimo mandamento, que inclui a mulher

* Literalmente, "Eminência". Título atribuído a eruditos e líderes espirituais judeus entre os séculos VII e XIII, os quais tinham por função interpretar e desenvolver a lei talmúdica. (N. da T.)

20. Isaac Morali, *Dissertation homilétique de R. Saadia Gaon sur le Décalogue*, Paris, Comité parisien des Israélites de l'Algérois Éditeur, 1965.

do próximo. Percebeu-se imediatamente que, nesse registro, assim como nos outros, as pulsões, que deveriam supostamente ser reprimidas por meio dos mandamentos, arriscavam-se a permanecer vivas por muito tempo – é difícil desligar os interruptores que permaneceram ligados no circuito elétrico, imagem com que representei o percurso de uma história; aliás, foi ao se interessar por essa dificuldade que a psicanálise alcançou seus títulos de nobreza. Por isso, medidas repressivas auxiliares, destinadas a armar a razão, foram tomadas.

Quando nos reportamos ao Levítico[21], que instaura as disposições legais sobre o assunto, constatamos que ele estabelece, entretanto, uma diferença de monta entre o adultério feminino e o adultério masculino. Enquanto a mulher que se tornou culpada deve ser lapidada – contanto que sejam apresentadas provas contra ela, e reuni-las parece nunca ser fácil –, o homem é tratado de modo diferente. Nessa sociedade, que, como várias outras da região e da época, autorizavam a poligamia[22], só é considerado realmente culpado o homem que cometeu adultério com uma mulher casada. E isso por um motivo preciso: a criança que nasceria de tal união seria *mamzer*, isto é, bastarda, e excluída de todo e qualquer futuro na sociedade da qual ela é, no entanto, proveniente. Esse aspecto não é tão anódino quanto poderíamos imaginar, se o relacionarmos à sanção do investimento considerável dos filhos pelos pais. Nessa sociedade em que as noções de paraíso, inferno e de tudo o que diz respeito ao além-túmulo não existem, é o futuro das crianças que ata os homens às suas responsabilidades: "Iahweh... [...] que guarda o seu amor a milhares, tolera a falta, a transgressão e o pecado, mas a ninguém deixa impune e castiga a falta dos pais nos filhos e nos filhos de seus fi-

21. ... do qual as elucidações antropológicas, ainda em curso, revelam-se apaixonantes. Consulte-se, nesse âmbito, a obra de Mary Douglas, *L'Anthropologue et la Bible. Lecture du Lévitique*, Paris, Bayard, 2005.

22. Lucy Vincent, *Petits Arrangements avec l'amour*, Paris, Odile Jacob, 2005. A autora, neurobiologista, explica que a tolerância à poliginia dos homens resultaria de suas características biológicas. No âmbito de seu ambiente de adaptabilidade evolutiva, eles sentiriam a irreprimível necessidade de distribuir entre o maior número possível de mulheres a enorme produção de suas células sexuais.

lhos, até a terceira e quarta geração."[23] Aqui reencontramos, na relação com os filhos, um dos grandes universais, que suscitou e continua a suscitar polêmica na relação entre homens e mulheres. A delimitação da filiação das crianças é, de fato, singularmente complicada: as mulheres dão à luz, concretamente e na certeza, ao passo que os homens geram numa incerteza que buscaram compensar pela instauração de preceitos sociais. Françoise Héritier[24] mostrou a perenidade, as consequências e a candente atualidade dessa questão. Estejamos ou não de acordo com a hipótese por ela desenvolvida sobre o confisco da filiação de crianças de ambos os sexos pelos homens que não podiam ter seus próprios filhos, parece incontestável que as medidas tomadas desde sempre em relação ao adultério foram também destinadas, contudo, a garantir ao indivíduo uma filiação e uma identidade, inscrevendo-o assim na lógica da Lei da Espécie, tal como foi implementada. A Lei da proibição do incesto, que instaurou a troca de mulheres entre homens, implicava, com efeito, que cada indivíduo fosse estreitamente definido por sua relação a um pai[25]. Uma tal preocupação parece ridícula atualmente, depois que as leis de nossa esfera ocidental evoluíram, mas, até pouco tempo atrás, uma criança adulterina era marginalizada e não tinha em absoluto os mesmos direitos da criança "legítima". É esse ainda o caso, aliás, em numerosos países, entre os quais países muito ocidentalizados como o Japão e a Coreia.

Não parece inútil ressaltar que, mesmo nas antípodas da esfera ocidental em que se situam os discursos que eu exploro, prevenção e precauções da mesma natureza podem ser encontradas, e isso, há milhares de anos de distância. Eis, por exemplo, num relato intemporal transmitido por tradição oral, as recomendações que dá à sua esposa, a propósito dos filhos, um pai *kanak*[26] obrigado a fugir: "Cuide de nossos filhos, coloque-os a

23. Ex 34,7.

24. Françoise Héritier, *Masculin/Féminin I, la pensée de la différence*, Paris, Odile Jacob, 1996, e *Masculin/Féminin II, dissoudre la hiérarchie*, Paris, Odile Jacob, 2002.

25. Para mais amplas informações sobre esse ponto, pode-se consultar Aldo Naouri, *Les Pères et les Mères*, Paris, Odile Jacob, 2004.

26. "Le maître de Koné", texto traduzido da língua a'jië, *in* MWÀ VÉÉ, *revue culturelle kanak*, n.º 44, p. 60, Nouméa, 2004.

par de nossa situação, nossas terras e nossa família, nossas alianças e nossos parentes maternos. Advirta-os de que não cometam adultério (*sic*) e não prejudiquem a outrem, porque cairiam em desgraça: seriam mortos e seriam comidos."

A esse respeito, aliás, os mundos africano e asiático não se acham em situação diferente das nossas sociedades; sempre, mais ou menos acentuadas, as costumeiras diferenças de tratamento entre homens e mulheres.

A universalidade desses preceitos diante do adultério autoriza a encará-lo, por conseguinte, como um processo essencialmente pulsional que, como os outros de mesmo tipo, merece ser reprimido pelas proibições a serviço da razão, em prol da criação de um vínculo social em que o outro se reveste de uma importância considerável.

Quando o texto da Torá resume o estado de espírito que deve presidir às relações com o outro e prescreve: "amarás o teu próximo como a ti mesmo"[27] – frase que os comentadores transformarão em "não faças ao outro o que não gostarias que ele fizesse a ti" –, produz uma mensagem pedagógica unívoca, unidirecional e aplicável à totalidade dos registros do cotidiano.

Assim é, por exemplo, no que respeita à proibição de ver a nudez dos pais e dos próximos. Mas por que razão? Apenas porque temos mais oportunidades de ver eventualmente nus os seres ao lado dos quais vivemos cada instante e porque um indivíduo nu, esteja a educação ativa ou não, é um indivíduo fragilizado por sua nudez, tanto é que o olhar dirigido a ele equivale a uma modificação em sua alteridade: ele não pode se apresentar como gostaria e, menos ainda, ocultar o que não gostaria que fosse visto. O olhar dirigido a ele seria uma intrusão em sua experiência de si mesmo, condenando-o a uma transparência que ele talvez não tenha desejado e que não deixaria de enfraquecê-lo. Não surpreende, aliás, que as regras de proibição do incesto nessas diferentes ocasiões sejam enunciadas, no Pentateuco[28], sob a forma de proibição de "descobrir a nudez de...".

As coisas não são diferentes quanto à proibição da masturbação, registrada, ela também, no Pentateuco. A antropologia faz

27. Lv 19, 18.
28. Lv 18, 1-23.

dela o ato incestuoso por excelência, na medida em que, ao definir o incesto como *"faire du même avec du soi"**, considera a masturbação como a maneira radical de realizar o próprio potencial de prescindir da realidade do outro. Quando se pensa na simpatia, mais ainda do que na permissividade, que somos estimulados a demonstrar atualmente, na condição de pais, perante essa prática à qual se entregam – abertamente, às vezes – as crianças, isso dá o que pensar! É tão grande o temor de comprometer a sexualidade futura da criança e tão avassalador o investimento da satisfação sexual que não se toma nenhuma medida restritiva, mesmo que isso signifique deixar a criança avançar no caminho da simples negação do outro, não concebendo esse outro senão como instrumento potencial de sua própria e exclusiva satisfação.

É preciso, contudo, estar ciente, num momento em que as lições de moral outrora dispensadas às crianças da escolinha infantil são consideradas como inúteis e reacionárias, de que é à aceitação desse outro e à construção de um vínculo fiável com ele que a espécie humana tem se dedicado acirradamente ao longo de sua evolução. E isso nunca progrediu senão à custa de proibições, que iam todas no mesmo sentido e eram todas destinadas a alcançar o mesmo resultado: por um meio consensual, ajudar cada um a lutar contra a violência de suas pulsões.

Assim, verifica-se que o objetivo almejado pela proibição do incesto e o almejado pela proibição do adultério se confirmam de modo singular.

No dia em que nossos remotos ancestrais instauraram a Lei da Espécie, suscitaram ao mesmo tempo a conscientização sobre a diferença entre gerações: as mulheres que deviam ser objeto de troca eram as filhas do pai, que já não podia nem devia guardálas para seu próprio uso sexual; elas não podiam ser objeto de

* A expressão *"faire du même avec du soi"*, cunhada pela antropóloga Françoise Héritier para definir o incesto, assinala que a mãe excluiria qualquer outro na relação com seu filho. A criança seria então destinada a ser apenas sua reprodução idêntica, sem a mínima nuance, e sem que fosse levada em conta a parte do pai e a especificidade da criança. Agindo assim, a mãe teria querido fazer o mesmo ser que ela (*"faire du même"*) intimando-o a imitá-la em tudo e a ter somente a ela como referência (*"avec du soi"*). Isso seria o equivalente simbólico da clonagem. (N. do E.)

troca senão por serem consideradas provenientes desse pai, pertencente a uma geração anterior à delas. Foi a própria diferença entre gerações, assim ressaltada, que provocou paulatinamente a consciência quanto à dimensão vetorial do tempo[29]. O tempo passou a ser percebido como algo que escoa sempre no mesmo sentido, sendo tão impossível frear seu curso quanto desviá-lo ou por ele retroceder. Acabou por colocar a humanidade, um dia, diante do prazo de sua mortalidade, obrigando-a a aceitar, mais dia menos dia, essas realidades, a integrá-las e delas tirar as conclusões. Torna-se concebível, a partir daí, a leitura de todo ato incestuoso como uma recusa da dimensão vetorial do tempo e do prazo da mortalidade. Ora, visto sob esse ângulo, todo adultério seria um procedimento similar. Com efeito, ao menos em sua primeira ocorrência, ele provoca a renovação da experiência augural vivida outrora com o parceiro e, por meio dessa anulação ilusória do tempo decorrido, a negação do prazo da mortalidade – pensemos, uma vez mais, na famosa crise de meia-idade! Ora, a negação do prazo da mortalidade não é destituída de consequências, pois o fato de saber-se mortal, que propicia a sensação de estar mais vivo ainda, melhora a relação com o outro e reforça o vínculo social.

Visto assim, *o adultério se apresenta como alteração do vínculo social mais elementar, aquele constituído com o outro com quem se forma um casal. Alteração tanto mais grave quanto relacionada não somente ao indivíduo que toma a iniciativa, mas igualmente à vítima, que, ao ser informada, percebe-a, com razão, como uma traição.* Não destituída de intenção e mascarada, em geral, pela dissimulação, nem sempre caridosa, em meio à qual se desenrola, essa alteração acrescenta ao ato a premeditação – mesmo matiz que faz a diferença entre homicídio não premeditado e homicídio premeditado. De fato, nem todos os casais se situam sob a bandeira de Jean-Paul Sartre e Simone de Beauvoir. Para os casais comuns, destituídos da pretensão intelectual de acreditar que podem comandar os registros pulsionais, as coisas se passam da forma mais clássica possível: o parceiro que introduz um terceiro na relação de casal costuma dar um jeito para que nada seja percebido e chega por vezes a romper a relação em que estava sem que nada transpire

29. Para o desenvolvimento desse ponto, pode-se consultar Naouri, *op. cit.*

– e isso ainda é o que causa menos estragos. Em todo caso, é a frequência e a banalidade dessas situações que, como já disse, fizeram com que o psicanalista Lucien Israël[30] afirmasse, com aquele humor benevolente que o caracterizava, que "só os paranoicos são convictos da fidelidade de suas mulheres".

Mais ainda do que aquilo que sugerem, tais palavras fariam do *adultério uma experiência tão frequente e tentadora que todos estariam quase condenados a ceder a ele, não em razão da materialidade do ato em si, mas em razão de sua ocorrência no registro pulsional do sujeito, que dele espera, com frequência sem o saber, uma solução para o mal-estar gerado por suas dificuldades de gestão do dito registro. Por conseguinte, ele não é, sob esse ponto de vista, senão a parte visível de um iceberg de dimensões sempre difíceis de avaliar*. De fato, serei levado a demonstrar a frequência com que, ao proceder por meio do mecanismo do deslocamento, ele constitui uma resposta ruim a uma boa pergunta e uma resposta de tipo sempre erótico a uma pergunta que muitas vezes não tem nada a ver com esse âmbito. Esse paradoxo poderia ser ilustrado pela famosa piada do sujeito que, ao procurar, à noite, perto de um poste de iluminação, um objeto perdido, reconhece havê-lo perdido noutro lugar, mas justifica sua iniciativa com o argumento de que lá, onde procura, ao menos existe luz.

Ora, falemos desse domínio – ou dessa repressão – do registro pulsional! Teria a humanidade conseguido, desde que nisso começou a se empenhar, fazer com que ela progredisse, ou, simplesmente, com que fosse promovida? Nada é menos garantido. Mesmo as religiões, que focalizaram sua energia e concentraram seus recursos nesse ponto, não se iludem a respeito. Admitindo a enorme dificuldade da empreitada e a extrema lentidão com que se obtêm os mínimos resultados, elas sinalizaram suas exigências de medidas destinadas a não desestimular as boas disposições dos sujeitos. Incitaram, pois, esses sujeitos a tomar consciência de suas fraquezas e a se entregarem ao pedido de perdão. O reconhecimento da falibilidade humana (*Kol nidrei*[31]) e a confis-

30. Lucien Israël, *Marguerite D. au risque de la psychanalyse*, *op. cit.*, p. 173.

31. Esse texto de abertura do ritual do *Kippur* reconhece publicamente a dificuldade implícita no controle pulsional ao enunciar a inanidade dos votos e compromissos proferidos. Ele foi analisado com argúcia por Théodore Reik,

são pública generalizada que se realiza durante o *Kippur* (Grande Perdão) hebraico têm seu equivalente na confissão privada e na absolvição cristãs. Esse realismo muito antigo é reforçado pelo outro, mais distanciado, do antropólogo Frazer, o qual assinala bem-humoradamente que não deixa de ser espantoso o fato de termos necessidade de uma lei que nos proíba o incesto, e de não termos necessidade de lei alguma que nos proíba de colocar a mão no fogo. A observação abre caminho para um leque de perspectivas. Reconheçamos primeiramente que, se precisamos de uma lei que nos proíba o incesto, é porque teríamos um perigoso pendor natural pelas delícias que a ele atribuiríamos. Não é menos notável o fato de que – com poucas exceções, da alçada da patologia –, nós respeitemos, ao menos em sua literalidade, a Lei da Espécie. Entretanto, se refletirmos um pouco mais sobre o assunto, perceberemos que se trata, para nós, de um engodo. Isso porque, se é verdade que não copulamos com nossos pais nem com nossos filhos – tanto tempo faz que isso nos é martelado cabeça adentro –, não deixamos, contudo, de infringir essa mesma lei de todas as maneiras, e particularmente deixando de reconhecer seu espírito, que vai muito além da simples literalidade. Basta-nos retornar à definição antropológica do incesto, *"faire du même avec du soi"**, para constatar que o novo espírito cada vez mais individualista das nossas sociedades atuais, assim como o que preside às trocas comerciais – não seria melhor eu dizer, às "guerras comerciais"? –, às técnicas industriais de matança coletiva ou à guerra feita de todas as maneiras, preocupa-se muito pouco, ou nem um pouco, com a alteridade. As proibições promovidas pelas culturas antigas, que o Decálogo, por sua vez, também enuncia, tiveram algum efeito? É verdade que não corremos habitualmente o risco de sermos mortos ou violentados na saída de casa, não, ao menos, em nossas megalópoles ocidentais. No entanto, fora esse progresso mínimo – imputável ao bocadinho de razão forjado pelas proibições – e não universal, será

Le Rituel. Psychanalyse des rites religieux, Paris, Denoël, 1974. A ideologia nazista serviu-se dele perversamente para alimentar seu desprezo e seu ódio pelos judeus e justificar seu projeto de genocídio.

* Ver nota na página 55. (N. da T.)

que não continuamos alegremente, aqui e ali, a matar, a cometer adultério, a roubar, a dar falso testemunho e a cobiçar, quando não a confiscar os bens alheios? Não seria essa quantidade de males, como sugeria Rousseau, tão somente um efeito das nossos sociedades, e só delas? Será que podemos nos vangloriar dos feitos de nossa técnica e pretender que teríamos feito progressos em relação a nossos ancestrais longínquos? Não deveríamos, ao contrário, admitir modestamente que, assim como eles, estamos muito longe de ter emergido de um estado turvo de consciência sobre a nossa condição e o nosso ambiente?

A que se dedica a psicanálise, afinal, desde seu advento, senão a fazer com que o sujeito que passa por ela identifique a violência e as metamorfoses de suas pulsões, levando-o a geri-las da melhor maneira, primeiramente em seu próprio interesse, e logo depois no interesse de seu entorno, sem o qual ele não pode viver? Seria então surpreendente que ela não cesse de ser acusada por alguns, exatamente por essa razão, de subversão, enquanto outros, pelo fato de ela se recusar ao alinhamento com as posições do discurso perverso, criticam-na e acusam-na de conservadorismo?

Antes de mais nada, porém, o que é esse "estar com", esse "estar junto", esse "ser dois", e, para concluir, esse "dois" do qual se disse que ele existia para finalmente se transformar em "um"? Um conforto? Um meio? Um objetivo? Uma busca? Tudo isso a um só tempo? O que lhe pedimos, mesmo sabendo que ele é uma aventura perigosa? Primeiramente e antes de tudo, uma forma de fiabilidade capaz de garantir sua própria existência. De fato, não podemos "ser dois" quando um terceiro vem aí se imiscuir e confiscar esse mesmo "dois" em seu próprio benefício.

O "DOIS"

De quando data a instituição do casal? Do casal heterossexual e monogâmico, quero dizer. É possível dizê-lo ou sabê-lo com exatidão? Nada é menos seguro. É provável que tenha surgido tarde, até mesmo bem tarde, na história da espécie. Assim que se estabeleceram as culturas? Talvez, e sem dúvida timidamente. Se, de fato, a lei de proibição do incesto, da qual essa espécie se muniu algumas dezenas de milhares de anos atrás, instaurou a troca de mulheres entre homens de diferentes grupos, por acaso estamos certos de que ela teria imediatamente se preocupado com a formação de pares estritos? Isso não foi comprovado. Podemos imaginar que deve ter parecido suficiente permitir aos machos satisfazer suas pulsões sexuais sem correr o risco de serem mortos. Muito mais tempo foi ainda provavelmente necessário para que se organizassem, em função das condições de vida, os sistemas de parentesco, os quais, se insistiram – e continuam a insistir – na questão das uniões proibidas, mantêm silêncio total, no entanto, sobre o número de uniões simultâneas que o indivíduo pode contrair. Não é surpreendente. Mesmo imaginando que tudo isso só pôde ser instaurado graças ao despontar do pensamento, é difícil imaginar que tal pensamento tivesse, de saída, desempenho suficiente para forjar, de uma só vez, disposições tão complexas. As coisas devem ter se realizado com lentidão considerável e sob o efeito de um amadurecimento progressivo da consciência a esse respeito, adquirida juntamente com a consciência das conquistas que delas resultaram. Concebe-se dificilmente que indivíduos submetidos havia dezenas, se não centenas de milênios, à pressão de mecanismos instintivos poderiam ter dominado subitamente essa pressão e começado a tirar conclusões de suas experiências para logo inventar, num abrir e fechar de olhos, dispositivos capazes de regular e gerir seus comportamentos.

Evitar o silêncio

Os ensinamentos provenientes do trabalho dos primatólogos são preciosos[1]. Graças a eles, descobrimos em algumas espécies, por exemplo, uma diferença considerável, no relacionamento com os filhotes, entre o comportamento das fêmeas, que são mães, e o dos machos, autocentrados e entregues à tirania de suas pulsões sexuais. As primeiras inserem-se na junção, na proteção e no que se assemelha, a ponto de se confundir com ela, ao que o pediatra e psicanalista D. W. Winnicott[2] descreveu sob o nome de "preocupação materna primária"; os segundos, ao contrário, não hesitam por vezes em atirar longe o filhote, correndo o risco de matá-lo, para facilitar o acesso sexual à mãe. Ao apreender os comportamentos, e por mais precisa que seja, essa descrição não deixa de congelá-los, de certa forma, ao longo de um imenso período de tempo; assemelha-se, sob esse aspecto, à fotografia. Os paleontólogos não podem deixar de usá-la quando descrevem as etapas sucessivas do desenvolvimento de nossa espécie ao longo da imensidão do tempo. O rigor ao qual submetem suas conclusões não lhes permite ir além e aventurar-se, por exemplo, na explicação dos processos que conduziram os hominídeos, incessantemente, de uma etapa a outra. De que modo nossos remotos ancestrais, que durante longo tempo assemelharam-se a seus primos, os primatas de hoje, conseguiram evoluir até serem capazes de dominar o pensamento, fabricar um vínculo social e instaurar processos geradores de civilizações? Eis uma pergunta

1. Sarah Blaffer Hrdy, *Les Instincts maternels*, Paris, Payot, 2002.

2. Donald W. Winnicott, *De la pédiatrie à la psychanalyse*, Paris, Coleção "Petite bibliothèque Payot", 1969. Sarah Blaffer Hrdy, *Les Instincts maternels*, Paris, Payot, 2002.

à qual nenhuma resposta pode ser cientificamente fornecida além daquela da adaptação darwiniana. Mas tal adaptação resultaria somente de processos anatômicos e fisiológicos? Por que não teria dependido também da atuação de processos menos palpáveis, porque mais íntimos, que não deixam traços passíveis de serem explorados? Por que certos sujeitos estritamente idênticos uns aos outros se adaptaram e sobreviveram, ao passo que outros pereceram?

Eu estaria inclinado, por meu lado e sem a mínima pretensão, a propor uma hipótese de explicação para tal processo evolutivo. E provavelmente não surpreenderei a ninguém ao colocar em primeiro plano, com esse propósito, a díade mãe-filho – pediatra incorrigível que sou –, fazendo dela o motor inesgotável dessa longa evolução.

Quando nos debruçamos sobre o reino animal e, mais particularmente, sobre a vida dos grandes mamíferos terrestres, percebemos que, se inúmeros deles – o leão, o tigre, o lince e outros carnívoros – levam vidas relativamente solitárias, outros, por sua vez – zebras, gnus, búfalos, elefantes etc. –, agrupam-se em rebanhos. Desses últimos, diz-se em geral que têm espírito gregário. Essa explicação, que não deixa de evocar a famosa "virtude soporífera do ópio", foi judiciosamente complementada pelos etólogos, que destacam a finalidade funcional do rebanho, o qual permite a cada um aumentar as chances de escapar aos predadores. Não é impossível que os humanoides, tendo sido a um só tempo carnívoros e herbívoros, presas e predadores, hajam contado com um gene propício a semelhante comportamento gregário e capaz de explicar a formação das hordas. Imagino de bom grado, no entanto, que outra coisa, de outra natureza, teria vindo enxertar-se no comportamento geneticamente determinado, desembocando na formação, na aceitação e no reconhecimento do vínculo social, no sentido largo do termo, que levou da horda às primeiras sociedades. Eu identificaria essa outra coisa com a substituição operada sobre o instinto pela pulsão – é preciso lembrar, a propósito, a dificuldade encontrada pelos primeiros tradutores de Freud, tamanha a proximidade entre as noções, diante do termo *Trieb*, traduzido apressadamente por "instinto", antes que se encontrasse o termo mais apropriado de "pulsão". Imagino esse enxerto, isto é, a emergência da pulsão, sob a forma dos efeitos repetidos, ao longo de dezenas de milênios de evolução, de um rastro, deixado no sujeito, dos benefícios extraídos da fase diádica: em seus momentos recorrentes de angústia, ele poderia ter sentido uma forma de nostalgia de uma ajuda do mesmo tipo. Ao longo dos milênios de acumulação desse tipo de vaga nostalgia, nossos humanoides sem dúvida toleraram melhor a preocupação materna primária de suas fêmeas, e, deixando de combatê-la do modo selvagem anterior, permitiram que fosse ampliada a sua eficiência e reforçado o rastro que ela não deixaria de inscrever em cada geração. Alguns milênios depois, eis que o rastro é suficientemente presente para criar a ideia – vaga ela também – do auxílio eventual que pode oferecer, se não a mãe remota, fragilizada e às vezes desaparecida, ao menos uma "outra", capaz de substituí-la. Assim poderia ter nascido, em alguns milênios ou algumas dezenas de milênios suplementares, um vínculo social, no sentido em que o compreendemos atualmente, o qual abriria caminho para tudo o que a socialização foi e continua sendo capaz de promover.

Desse modo, a mulher não seria apenas o futuro do homem, mas também o seu passado. Não seria essa a razão pela qual os primeiros cultos humanos conhecidos foram femininos? Fazendo um salto vertiginoso no tempo, será um acaso se tivermos nos dias de hoje problemas de consumo na área da saúde suficientemente graves para resistir a todos os tratamentos racionais utilizados? Como o vínculo social se desagregou progressivamente, sob a pressão do individualismo triunfante no interior de nossas sociedades superabundantes, nossos semelhantes, nostálgicos dos benefícios desse vínculo perdido, vão buscá-lo compulsivamente no único lugar em que ele ainda existe, por pouco que seja: junto aos médicos, cuja essência comportamental é da ordem da maternação, assim como é dessa ordem a essência de todo o sistema de saúde – um fator, diga-se de passagem, que nossos gestores da Seguridade Social dificilmente levam em consideração.

Para ficar na mesma dimensão de escoamento considerável de tempo, poderíamos imaginar que o sucesso da adaptação dos sujeitos deve ter dependido igualmente do que eles extraíram de sua experiência diádica. Não teriam sobrevivido, prosperado e contribuído para o desenvolvimento do entorno senão os indivíduos beneficiados, na mais tenra infância, com o máximo de cuidados por parte da mãe. Eis um fato no qual Freud insistiu muito, ao mostrar que o incomparável tesouro representado pelo amor materno permite ao sujeito por ele favorecido ter um percurso existencial de exceção. Esse mesmo fato, inscrito desde então nas profundezas do inconsciente de cada um, explica a culpa psíquica esmagadora que afeta as mães: elas pressentem sua eventual responsabilidade nesses resultados com os quais os filhos seriam beneficiados, e lamentam não conseguir dominar ou ter acesso aos parâmetros impostos pela história de que são transmissoras, acusando-se de antemão pelo eventual fracasso de sua tarefa.

Deve ter ficado claro para todos que a sequência de ideias na qual me lancei destina-se a mostrar a importância, para cada um, seja qual for o seu sexo, da relação instaurada com a mãe. Aliás, o discurso psicanalítico lacaniano não faz dessa mãe o Outro com *o* maiúsculo e o tesouro de significantes nos quais o sujeito ficará encerrado ao longo de toda a sua vida?

Será que os casais não são todos arranjados?

Para prosseguir com o desenvolvimento da minha hipótese, considerarei que os efeitos dos rastros da experiência diádica, em ambos os sexos, são fator determinante na instituição do casal. Esse rastro certamente produziu – e esse não é o menor de seus efeitos civilizatórios – uma profunda modificação no olhar que dirigiram um ao outro, ao longo do tempo, o homem e a mulher.

No ser feminino, contribuiu provavelmente para reforçar e tornar mais complexa a relação com a criança, relação motivada por algo que podia ser, ainda e até então, assimilado a um instinto materno. Ao longo da evolução, e à medida que cresceu a consciência da participação do ato sexual na procriação, o olhar dirigido ao ser masculino não o verá apenas como predador sexual, mas como fecundador potencial, e, portanto, atraente.

Do lado masculino, por sua vez, o processo evolutivo deve ter sido bem mais lento, tão enlouquecido ficou o homem, desde a origem da espécie, pela ausência de estro na companheira e por uma disponibilidade sexual permanente, à qual era impelido a reagir em razão de um patamar de excitabilidade bem mais baixo que o dela. Entretanto, provavelmente numa época próxima ao nascimento das culturas, ele integrou a importância dessa companheira, transformada em mãe da descendência cuja concepção ele passara a considerar como sua.

Essas modificações profundas, que poderíamos assimilar, num e noutro caso, a uma verdadeira mutação da visão de mundo, devem ter contribuído para que se aceitasse ainda mais a Lei da Espécie e permitido que ela se interiorizasse, particularmente no que tange às regras ditadas pelo sistema de parentesco[3]. Se é verdade que a adoção, a prática e a vigilância do respeito a esses sistemas instituíram o casal, com seu emparelhamento preciso e tão indispensável quanto sua durabilidade, nada garante, como sugeri anteriormente, que tenham definitiva e rigorosamente reduzido a união a dois indivíduos somente. A prova está em que a poligamia (união com mais de um parceiro) existe ainda atualmente. Encontra-se também a poliandria (união de uma mulher com mais de um parceiro) – cuja ocorrência foi rara, no entanto, em todas as épocas –, entre os *Nayars* da costa sudoeste da Índia, ou entre os *Pahatis*[4], no Nepal. Quanto à poliginia (união de um homem com mais de uma mulher), o fato de que ela seja amplamente difundida e legal, na área árabo-islâmica, em numerosas sociedades africanas ou ainda, mais exoticamente, entre os mórmons, sugere que os machos humanos nem sempre lograram superar o desejo, herança biológica de seus ancestrais hominídeos, de ter mais de uma mulher ao mesmo tempo. Não é impossível imaginar que a morosidade da repressão desse desejo possa ser atribuída à nostalgia da satisfação propiciada outrora pela relação com a mãe – nostalgia que só poderia ser eventualmente afugentada pela posse concomitante de mais de uma mulher. Entretanto, numerosos desses ancestrais remotos devem ter se decidido muito cedo pela monogamia, conforme o testemunho da imagem do casal original em inúmeras mitologias, a começar por aquela que faz de nós descendentes de Adão e Eva.

---

3. Os sistemas de parentesco, estudados pela antropologia, e que são em número de seis, definem rigorosamente as uniões que um sujeito pode contrair. Fiz delas o recenseamento em minha obra *Les Pères et les Mères*, *op. cit.*

4. Françoise Zonabend, *Histoire de la famille 1*, Paris, Armand Collin, 1986.

Que possamos nos parabenizar por esse progresso mínimo – e não ainda universal –, que um dia conferiu a homens e mulheres a posição de parceiros invertidos, não deixa de suscitar a pergunta sobre sua possível causa. Como teria essa ideia surgido, sido praticada, ganhado terreno e sido difundida até se impor amplamente, ao final desses longos períodos paleontológicos?

A pergunta poderia ser considerada como puro exercício de estilo ou como oriunda de um luxo insolente, se não estivesse, a meu ver, no âmago da aventura de cada um de nós. Ela remete, de fato, a tudo o que já foi dito sobre os efeitos a longo prazo do rastro deixado pela relação diádica. Além disso, está longe de receber uma resposta unívoca, apontando sem nenhuma dúvida para o debate assinalado por Claude Lévi-Strauss[5] entre o que ele chama de antropólogos "verticais" e antropólogos "horizontais"; os primeiros fazem da família e da descendência a urdidura das sociedades, os segundos fazem das sociedades a trama sobre a qual se posicionam as famílias, e as respostas contraditórias de uns e outros levam por vezes a um empate.

Será que as sociedades impuseram deliberadamente um modelo ao conjunto de famílias, que a ele tiveram de se conformar, ou será que, em vez disso, o sucesso de um modelo familiar angariou adeptos e convenceu o conjunto de uma sociedade?

Podemos tentar descobri-lo pela identificação, na história ao alcance imediato de nossa lembrança, por exemplo, da relação entre grandes personagens e grandes eventos, assim como da que se produziu entre fatos bem mais anódinos e personagens menos importantes. Bastou que os Beatles aparecessem algumas vezes na televisão para que boa parte da juventude do mundo inteiro adotasse cabelos compridos[6]. *I have a dream*, o discurso de Martin Luther King, fez mais, por si só, pela causa dos negros americanos que o conjunto das seculares lutas anteriores. Os incessantes comentários feitos pelos jornalistas dos anos 1960 sobre as agruras do casal ilegal formado pela deslumbrante Sophia Loren e o poderoso Carlo Ponti fizeram mais, eles também, para abrandar as modalidades do divórcio na Itália que todas as campanhas precedentes. Quanto à legalização, na França, da interrupção voluntária da gravidez, talvez não saibamos suficiente-

5. Claude Lévi-Strauss, *Histoire de la famille*, *op. cit.*, pp. 9-10.
6. O marketing sempre soube fazer uso desse tipo de fenômeno.

mente o quanto ela deve às mulheres que, em 1975, assinaram o manifesto dos 343*. Isso se deu, de fato, no interior de uma sociedade hipócrita que se orgulhava de sua benevolência para com as mulheres e da escuta dedicada ao seu sofrimento, ao mesmo tempo que se tornara surda aos problemas dos abortos clandestinos e não deixara de reprimir do modo mais radical as suas autoras – uma das últimas mulheres guilhotinadas na França, em 1924, era uma abortadeira. Poderíamos continuar a multiplicar os exemplos e considerar o impacto, sobre a marcha da história, de personagens importantes, cuja galeria iria de Cristóvão Colombo a Mao Tsé-tung, passando por Luís XIV, pelos paladinos do Terror, por Napoleão, Gandhi, Hitler, Stálin, De Gaulle e tantos outros. Encontraremos sempre o mesmo mecanismo em ação.

As transformações importantes nunca se realizam senão sob a pressão de uma relação de forças, que nem sempre é legível, e muito menos previsível. E, quando o movimento pende para um dos lados, é sempre porque, sob a pressão de um ou de apenas alguns personagens, os defensores de um campo venceram os do outro. Para os sociólogos profissionais, provavelmente estou enunciando, e ainda por cima grosseiramente, uma banalidade constrangedora. Não hesito em fazê-lo, contudo, a fim de representar as condições em que os inventores das mitologias dotadas de um casal fundador podem ter sido levados um dia a realizar seu feito. Acho que este só pode ocorrer a partir do momento em que, numa população, um grupo majoritário de indivíduos julgou poder levar em consideração sua experiência íntima, se pôs a refletir sobre a origem dela e relacionou-a, mais ou menos conscientemente – intuitivamente, poderíamos dizer –, ao famoso rastro diádico. A virada teria ocorrido sob a influência de um pequeno grupo, cuja mensagem teria sido retransmitida pela sociedade que a adotou, e, posteriormente, imposta, a tal ponto que pareceu ter existido desde sempre. Quantos argelinos sabem atualmente que seus ancestrais, no século de Santo Agostinho, eram cristãos? Esse rastro diádico provavelmente continuou a produzir seus efeitos e, aos poucos, apareceu como digno de ser investido uma vez mais e mentalizado, para produzir uma nova reflexão.

---

* Manifesto assinado em 5 de abril de 1971 por 343 mulheres francesas, muitas delas célebres, que declaravam ter praticado aborto, infringindo a lei que o proibia. (N. do E.)

Por que, na aurora da humanização, os mecanismos do pensamento teriam sido, menos do que em nossos dias, objeto da resistência e das defesas que operam nas proximidades dos afetos? Mesmo atualmente, e seja qual for seu sexo, seu modo de vida e seu entorno, não existe criança que, ao tomar conhecimento da maneira como se desenrolam as relações sexuais, não comece por recusar veementemente essa realidade. Quando finalmente, com o tempo, acaba por ter de admiti-la, passa sempre por uma fase que consiste em pensar em tais relações como possíveis, depois normais, até indispensáveis para todos os adultos, certamente – menos para seus pais, e particularmente para sua mãe[7]. Nada impede de imaginar, portanto, uma forma de evolução do modo de pensar os mecanismos relacionais que tenha acabado por inventar um dispositivo de aceitação dessa mãe, extraída havia muito tempo de sua disponibilidade total para relações sexuais anônimas, como ligada a um parceiro único. Um resquício dessa transformação aparece na maneira como os machistas, ainda hoje, declaram: "as mulheres são todas putas, exceto minha mãe" ("e minha irmã", quando existe uma). O processo poderia ter evoluído, uma vez mais, e como sempre, ao longo de dezenas de milhares de anos, a partir de uma fantasia, "minha mãe não transa", à seguinte, "ela só o fez para ter filhos", depois a esta outra, "ela o fez com apenas um homem", terminando com a invenção e suficiente interiorização do casal parental e com a produção de mitologias dotadas de casal fundador. Depois disso, as coisas teriam se acelerado e permitido aprimorar, no interior das nossas sociedades em perpétua construção, as relações entre parceiros.

Se retornamos ao vínculo social em cujo pano de fundo se teria instituído o casal monogâmico, encontramos um mecanismo já sumariamente tratado no capítulo anterior, e que consistiu, desde então e até a época atual, em multiplicar as proibições capazes de ajudar cada um a reprimir seu próprio sistema pulsional. Com efeito, estava fora de cogitação aprimorar esse proces-

7. Aliás, por si só, tal fato não permitiria explicar a rapidez com que, sem recurso à violência, o cristianismo se propagou? Sob o efeito da nostalgia de uma crença à qual foi tão difícil para cada um renunciar, como poderia não suscitar uma adesão maciça e imediata uma religião que, como garantia de seu fundador, oferecia a concepção dele por sua mãe, independentemente do ato sexual?

so enquanto o vínculo social não houvesse adquirido uma solidez satisfatória. Ora, as pulsões – de múltipla natureza e por isso qualificadas de "parciais", na medida em que seriam componentes da pulsão sexual – têm a particularidade de tomar, para sua efetivação, o caminho mais fácil, que é a via genital – aí encontramos o que foi chamado de pansexualismo da psicanálise, o qual tem a vantagem de propiciar uma melhor compreensão de dinâmicas cuja lógica escapa habitualmente ao entendimento. Para favorecer o processo civilizatório, como sublinha Freud, pareceu, portanto, imperativo reprimir da melhor maneira possível o exercício da sexualidade. Para não deixar os indivíduos entregues à pressão de pulsões passíveis de extravasar o objetivo das proibições, decidiu-se fazer com que tivessem acesso relativamente cedo ao exercício da sexualidade, cabendo aos primeiros guardiães dessa ordem, isto é, aos pais, avaliar a maneira como se dava a união. Foi provavelmente esse o modo como se instauraram as uniões que já não levavam em conta inclinações individuais e se estabeleceu o costume do casamento arranjado, visto por seus promotores como a melhor garantia do vínculo e da ordem social.

Sabemos, pelos textos que nos orientam, como as coisas podem ter acontecido em épocas razoavelmente distantes, mas ainda ao alcance de nossa memória. Sabemos, por exemplo, que muito cedo, e durante a maior parte da história humana, a união dos indivíduos destinados a formar um casal e a procriar provinha exclusivamente de decisões, e, por vezes, de verdadeiras estratégias, da parte de seu entorno ou de seus pais. Estava fora de questão que o faraó, de essência divina, desposasse outra pessoa que não a sua irmã. Quando, no Pentateuco[8], Isaac atinge a idade em que pode se casar, seu pai Abraão encarrega um servidor de escolher, numa família próxima, uma mulher para ele. Ao fu-

8. Gn 24. É interessante assinalar, aliás, que a evolução das modalidades de união desses três patriarcas constitui, em si mesma, uma bela metáfora. De fato, essas uniões desenham um movimento de abertura progressiva para o mundo: Abraão une-se no interior de seu clã a sua meia-irmã Sara; escolhe para o filho Isaac, é certo, uma parenta, mas que vive num outro lugar e que será levada até ele; é Jacó o primeiro a deixar seu lugar de origem para se unir a uma mulher, iniciando assim a aventura no espaço.

gir de seu irmão, Jacó vai buscar esposa na casa de um parente de sua mãe e, ao descobrir o amor por Raquel, será ainda assim obrigado, pelo subterfúgio do sogro, a desposar primeiro a irmã mais velha, Lea. Do mesmo modo, nas sociedades das quais temos traços escritos, um(a) alforriado(a) não desposava um(a) escravo(a). Eram, portanto, famílias, clãs, que assim se uniam. Para pôr fim aos conflitos "deve-se fazer aliança com os inimigos"[9] – declaram os povos primitivos –, realizar alianças, reunir e ampliar patrimônios, áreas de caça, territórios etc. Os indivíduos destinados à união, às vezes desde o nascimento, mal eram informados dos projetos forjados para eles e frequentemente não tinham o mínimo direito à palavra.

O exemplo vinha sempre da cúpula social, onde, justamente, as estratégias tinham um sentido dos mais evidentes. Fomos amplamente informados pelos cursos de história de nossa infância sobre aquelas que, tendentes a um objetivo preciso, foram sempre empregadas nas uniões de nossos reis e príncipes. A nobreza não podia decentemente se furtar a essa mesma situação embaraçosa, e a burguesia naturalmente lhe criava obstáculos. Com efeito, as inclinações pessoais não tinham a mínima importância e só eram levadas em consideração entre a plebe e a arraia-miúda, que, destituída de qualquer influência no curso da sociedade de sua época, e não tendo nada a perder, viam aí um benefício, se não um privilégio.

Diante desses fatos, e da lembrança das perspectivas que as aulas de literatura lançaram sobre esse mesmo domínio, ao longo dos mesmos anos de ensino fundamental e médio, somos forçados a reconhecer que, cada um de nós, sem o saber, foi evidentemente moldado, nesse aspecto, para invejar os pobres mais do que os ricos. Tal moldagem, por mais sutil que tenha sido, mal esconde a ideologia jacobina responsável pelos programas escolares da nossa república, ideologia que se diz pronta para reconhecer a legitimidade das aspirações de todos, elogiando-lhes até os excessos, contanto que esses mesmos todos renunciem às perguntas sobre seus métodos autoritários ou ao seu questionamento. Sabemos, desde Panúrgio, que o povo é ligeiramente ovi-

9. F. Zonabend, *op. cit.*

no e que, quanto mais enganado ele for, mais fácil será governá-lo. Se trato as coisas sob esse ângulo e situo as premissas no âmbito da educação, é simplesmente para permitir que cada um – apesar da revolta que provavelmente lhe inspira a ideia de que uniões tenham sido, ou possam ainda ser realizadas sem a escolha dos interessados – tente refletir calmamente sobre o assunto, dos mais delicados. Isso porque, de fato, como veremos, as uniões fundadas em inclinações mútuas podem não diferir, tanto quanto imaginamos, no modo como ocorrem e no seu desenrolar, das fundadas no arranjo.

Tais estratégias matrimoniais, a propósito, não desapareceram definitivamente. Ainda prevalecem na área árabo-islâmica[10] e no interior de numerosas populações, particularmente as africanas. Na Grã-Bretanha, continuam a ser defendidas por deputados oriundos da imigração, homens e mulheres perfeitamente integrados, no entanto, dentro da sociedade ocidental, e que têm atrás de si um longo percurso universitário. Realizam-se com mais frequência do que imaginamos mesmo em regiões nossas: os anúncios, as agências matrimoniais e os *sites* de encontros na rede substituíram ocasionalmente as famílias, dando ao sujeito a ilusão de efetuar uma escolha pessoal.

Aquela senhora de aproximadamente cinquenta anos, que eu havia visto uma ou duas vezes com um ou outro de seus netos, passou a vir regularmente à minha consulta para acompanhar uma jovem mãe africana e seu bebê. Precisei de certo tempo para me autorizar a manifestar uma discreta surpresa diante de sua assiduidade, sobretudo porque a jovem que ela acompanhava, muito elegante e com domínio da língua francesa, não parecia em absoluto pertencer a uma população necessitada de assistência caritativa. Provavelmente depois de perceber minha interrogação silenciosa, ela veio me ver sozinha, uma tarde, para me explicar que, muitos anos antes, quando havia conhecido o homem que se tornaria seu marido, um talentoso músico africano, e ele a avisara honestamente de que nada de sério poderia acontecer

10. Nem sempre, porém, assumem elas a mesma forma: existe uma diferença sensível entre as uniões arranjadas nas quais os parceiros têm direito de veto e as impostas, nas quais os parceiros se descobrem mutuamente no leito nupcial.

entre eles porque sua família já o havia casado com... uma mulher que ainda não havia nascido, e um dia ele teria de honrar esse compromisso. Ela chamou sua atenção para o longo tempo que tinham diante deles e para o fato de que, enquanto isso, poderiam viver juntos. Quando tiveram o primeiro filho, casaram-se e concordaram implicitamente, pois viviam na França, em dissolver o casamento assim que o outro se tornasse inelutável. Foi o que aconteceu um dia. A menininha prometida nasceu, cresceu, tornou-se uma jovem mulher, e sua família entrou então em contato com o futuro marido, que já era avô. Fiel à palavra dada aos pais, que, inclusive, já haviam falecido, esse homem foi visitá-la, depois de haver adiantado razoavelmente os procedimentos de divórcio já iniciados. O casamento pôde, assim, realizar-se legalmente. A jovem recém-casada veio morar com o marido na França. E ele explicou à primeira esposa, à qual continuava muito ligado, que ela poderia, se quisesse, manter a posição formal de coesposa, legalmente inadmissível na França, mas ainda comum em muitos países da África. Foi o que ela fez, revoltando seus vizinhos, que, aliás, não hesitaram em estigmatizar abertamente seu comportamento, obrigando-a a mudar de residência! Era nessa posição, em todo caso, que ela acompanhava a jovem mãe com quem vivia regularmente seu ex-marido, o qual se tornara, por força das circunstâncias, seu amante.

Esse exemplo, evidentemente exótico, reúne no caso de um mesmo homem uma união por inclinação, que não se interrompeu, e uma união arranjada, que veio se enxertar na outra. Poderíamos assimilar tudo isso a uma poligamia banal, como a que praticam atualmente, em grande número, tanto homens como mulheres que se envolvem com as sucessivas aventuras da vida de casal. Se ela assumiu formalmente um caráter diacrônico, nem por isso deixou de se tornar sincrônica, na medida em que a primeira esposa deixou de sê-lo, mas se tornou amante do ex-marido após o divórcio. O fato, singular em nossas latitudes, é que essas duas mulheres, que sabem o que são, respectivamente, para o homem comum, admitem-se mutuamente. Assinalemos que, se a mais jovem foi moldada por uma cultura que lhe impôs a lógica de seu destino matrimonial e a levou a aceitar a posição formal de "segunda esposa", a primeira, em compensação, em nome de sua inclinação e inserida numa cultura que legitima tal inclinação, aceitou, no entanto, as modalidades de sua união e o futuro programado para ela com total conhecimento de causa. A inclinação dessa primeira esposa aceitou a particularidade cultural de seu parceiro, assim como o destino programado da segunda parece não se ter chocado com a inclinação que deu origem à formação do primeiro casal.

Escolhi expor esse caso extremo não para fazer uma apologia dos casamentos arranjados, mas para tentar lançar alguma luz sobre a noção de inclinação.

Evidentemente serei criticado por fazê-lo a partir de um caso de poliginia, pela qual, como sou homem, serei provavelmente considerado suspeito de ter alguma simpatia. Isso seria injusto, porque, justamente em razão da maneira como se organizou essa história, o caso foi resultado de um encontro excepcional, e por isso marcante, numa carreira que me fez encontrar milhares e milhares de casais. Encontrei, é claro, outros casos autênticos, mas mantidos em segredo, de poliginia. Mas encontrei também casos numerosos que poderíamos assimilar à poliandria. Se, quanto aos primeiros, não introduzo nenhum matiz, é porque a maioria dos homens envolvidos em tais situações as vivia plenamente, com dois lares de verdade, uma divisão mais ou menos equitativa do tempo – com ausências sempre racionais e justificadas – e comprometimento com a educação dos filhos. Em compensação, nos casos de poliandria, tratava-se de mulheres casadas ou não, mas inseridas numa relação de casal, com filhos, que mantinham uma relação duradoura com um ou mais de um amante, dos quais um, no caso de algumas delas, era o genitor de um ou mais de um de seus filhos. Cheguei a receber algumas delas, que me traziam seus filhos, ora acompanhadas do marido, ora do amante, apresentado à criança como amigo, quando não era o padrinho oficial. Conheci uma que vivia sob o mesmo teto com seus dois homens, e que achava isso nada menos que natural. Até reclamou um dia da súbita má vontade de seu marido, que, decidido a largar os antidepressivos, resolveu ao mesmo tempo parar de arcar sozinho com as despesas da casa, num momento em que o amante estava desempregado. Uma outra manifestou diante de mim sua surpresa pelo fato de que o marido havia decidido separar-se dela algumas poucas semanas depois que ela rompera uma relação de quase quinze anos com o amante.

Em todas esses casos, nunca houve, na constituição dos casais iniciais aos quais me referi, algo além de inclinação, e não arranjos que não teriam levado em conta a vontade dos sujeitos. Nem por isso seriam eles variações do adultério habitual, na medida em que a duração prolongada das relações extraconjugais classifica-as na categoria da poligamia e exclui a intervenção de uma pulsão circunstancial irreprimível, característica do episódio adulterino.

Se continuarmos, mesmo depois do encontro com tais casos, a acreditar na legitimidade e indispensável prevalência da inclinação na formação dos casais, não teremos logrado ainda avaliar a complexidade dos mecanismos que intervêm tanto no âmbito de sua constituição quanto no de sua dinâmica de vida ou de sua duração.

É verdade que o ter-se entusiasmado, durante os anos de escola – numa idade em que, ao ritmo da esperança do grande encontro, o coração bate forte diante das belas histórias de amor vividas pelas classes populares da época clássica[11] –, dispõe a continuar a fazê-lo e impede sequer de imaginar a maneira como eram vividas as uniões sem inclinação. Aliás, decidimos apressada e definitivamente que elas não podem ter se desenrolado senão numa atmosfera pesada, triste, sufocante, habitada pelo desprezo e pelo desacordo constante. Na realidade, porém, sabemos pouco, ou nada, sobre tudo isso. Ao menos, nada além da construção contrapontística deduzida do que chegou até nós, uma vez mais, graças à literatura ou ao teatro que, colocando-se deliberadamente a serviço da inclinação, delas traçaram um quadro desesperador. Não é, contudo, absolutamente garantido que tenha sido sempre assim.

Passei grande parte de minha infância e adolescência nas pequenas cidades da Argélia. As três comunidades viviam lado a lado. As comunidades ditas "europeias" (cristãos e judeus), que

11. O caso de Romeu e Julieta, que constitui uma exceção à regra, pois as famílias de origem eram ricas, anuncia a reivindicação do primado da inclinação, amplamente retomada depois, tanto no teatro como na literatura.

tinham pouco contato com a comunidade árabe, mais reservada e fechada em si, observavam um mesmo ritual, infalível e sempre idêntico, fosse qual fosse a cidade. Elas "faziam o bulevar", ou "a rua tal" ou "a avenida tal", em função do nome da artéria principal da cidade, assim como se "fazia a alameda" nas cidades do sul da França. Isso consistia em passear, no final da tarde, pelo tal bulevar, pela tal rua ou pela tal avenida, indo primeiro num sentido, depois no outro, repetindo essas idas e vindas até tarde da noite. O melhor, é claro, era fazê-lo com outras pessoas. Ora, no interior dessas comunidades europeias, de pequenas dimensões, as uniões eram mais de tipo endogâmico: os cristãos casavam entre si, os judeus igualmente. Era divertido constatar como se davam as combinações. Lembro-me de que brincávamos, meus amigos e eu, de fazer prognósticos, e na maioria das vezes eles se realizavam. Nem por isso nos considerávamos profetas, havíamos simplesmente compreendido a lógica que presidia à formação dos pares. Havíamos compreendido que, com ou sem inclinação, fosse qual fosse sua beleza, a filha do funileiro não tinha nenhuma chance de se casar com o filho do farmacêutico, e que, fosse qual fosse seu desempenho universitário, o filho do carteiro não tinha nenhuma chance de se casar com a filha do industrial. O que mais nos divertia era ver os casais, cujos parceiros se conheciam desde sempre e chegavam frequentemente a se comportar como irmão e irmã, formarem-se da noite para o dia e passearem enlaçando a cintura um do outro como nos filmes hollywoodianos que tinham visto. O que acontecera? Seus pais, na véspera ou antevéspera, tinham simplesmente decidido que eles se casariam, e eles, considerando-se seguramente maduros para fazê-lo, não tinham visto motivo para discussão. De fato, nada poderia ser feito se eles se opusessem aos acordos arquitetados semanas a fio entre seus pais. Entretanto, eles haviam aceitado a proposta, sem terem sido os autores da escolha. É certo que a tradição, na qual uma proibição difícil de suportar pesava sobre a sexualidade, e a pressão exercida por esta última deviam contribuir para que aceitassem a solução que lhes era proposta. Depois disso, assistíamos ao casamento, na igreja ou na sinagoga, e pouco tempo bastava para que cruzássemos com eles a esperar um, depois outro bebê. A vida era assim.

A questão, que permanece em suspenso ao fim dessa descrição, consiste em perguntar como seria o amor que sentiam ou não sentiam esses parceiros um pelo outro.

Numa época e num universo totalmente distintos, um belíssimo filme burquinense[12], *Tilaï*, trata, em parte, desse assunto, e traz um elemento de resposta. Um jovem, Saga, retorna ao vilarejo após dois anos de ausência, passados na cidade. Ao descobrir as novidades, não aceita o segundo casamento do pai com Nogma, uma jovem que ele considerava sua noiva. No momento de sua partida, ele nada havia dito a ninguém sobre seus projetos, nem mesmo a ela. Julgava, contudo, ter o direito de reavê-la ao voltar, pelo fato de continuar a amá-la. Transgredindo as leis e o costume, em nome da liberdade e da felicidade individual, Saga e Nogma se reencontram às escondidas e tornam-se amantes. A coisa acaba vindo à tona, e o ato dos dois é considerado um incesto, já que Nogma é a segunda esposa do pai de Saga. O pai de Nogma, atingido pela desonra que a filha lhe inflige, enforca-se. Quanto a Saga, é obrigado a fugir do vilarejo. Pensam que ele morreu. Nogma e sua mãe, porém, conhecem a verdade, e Nogma vai se juntar a ele, que se refugiara na casa da tia dela. Mas, ao descobrir que sua mãe está gravemente enferma, Saga retorna ao vilarejo, decidido a enfrentar seu próprio pai e a tomar-lhe Nogma. Segue-se uma violenta altercação em que o pai o relembra de que "ya tilaï", "é a lei", a lei do clã, que deve ser a regra de conduta de cada um e que prevalece sobre todas as outras solidariedades. Ele não hesita, aliás, em matá-lo durante a briga que se trava após a discussão.

Esse filme contrapõe precisamente as noções de liberdade e felicidade individual, tidas como respeitáveis, porque plenas de promessas, à lei e ao costume, vistos como esclerosados, ultrapassados, esmagadores e capazes de fadar os seres à infelicidade. Independentemente da admiração que me inspira essa obra, cujos moldes não deixam de evocar as tragédias gregas, escolhi mencioná-la porque, numa cena anterior ao enforcamento do pai de Nogma, esta vem defender sua causa junto à sua mãe e tenta

12. Idrissa Ouedraogo, *Tilaï*, Burkina Fasso, 1989.

assim ganhá-la para si e para seu amor por Saga. Estabelece-se entre as duas mulheres um longo e terno diálogo ao longo do qual, acreditando poder convencê-la, a filha argumenta que a mãe com certeza amava o marido, pai de Nogma, já que o havia desposado. A mãe tira-a do engano. E, como depara com a surpresa da filha, acrescenta, olhando-a nos olhos: "Eu me casei com ele sem amor. Aprendi a amá-lo. E o amei."[13]

Eis uma indicação provável de como deviam transcorrer as coisas na maioria das uniões sem inclinação. O parceiro – que, por vezes, mal era conhecido, já que os noivados longos não eram generalizados – era, no entanto, perfeitamente definido em relação ao outro. A história das estratégias que faziam com que o projeto se realizasse era conhecida, ela também, e o amor era reconhecido, por ambas as partes, como inicialmente ausente. Tudo ficava claro, inclusive o entendimento que às vezes já existia entre as famílias, ou que necessariamente se estabelecia, para o sucesso do projeto. O comprometimento com a união e sua finalidade abria caminho para a intimidade da vida a dois, na qual cada parceiro, literalmente oferecido em casamento ao outro pelos seus, sabia com certeza que devia demonstrar boa vontade. As transações não se passavam no modo segundo o qual cada um, como objeto de amor do outro, está convicto de que tudo lhe é devido, mas no modo da troca. Conscientes de terem de se conciliar com a situação em que estavam, ambos os parceiros agiam com uma atenção mínima e prudente, para a qual esperavam um retorno, e a renovavam assim que ela lhes parecesse produtiva. O outro, desconhecido e, claro, imprevisível, obrigava a não investir apenas o ser pulsional e a não fazer dele uma referência. Ele se oferecia como receptáculo a um amor que costumamos imaginar caído do céu, quando não é nada além da projeção sobre um terceiro daquele que experimentamos pela mãe, em tenra idade. A psicanálise não declara – e todas as experiências o comprovam! – que "não existe amor senão o amor de transferência"? Era assim, em todo caso, lentamente, que se aprendia a conhecer o

13. Numa área cultural distinta, encontramos a mesma prática, sobre a qual trata Hou Hsiao-Hsien em dois de seus filmes: *Les Fleurs de Shangaï* [Flores de Xangai] e *Three Times* [Três vezes].

outro, sobretudo porque, em razão do intercurso sexual, era simplesmente impossível não fazê-lo. Tudo isso convida à reflexão.

Da infância à qual fiz alusão, guardei na memória dois aforismos, ilustrados pela lógica que acabo de descrever e que poderia aplicar-se a um sem-número de situações muito distintas. O primeira declarava: "Se não tens o que amas, ama o que tens." O segundo: "Se vires dois que se entendem, saiba que um deles suporta muito." Outros tempos, outros costumes, outra época, fortemente estruturada em torno da proibição e pela proibição! Época neurotizante, é certo, a mesma na qual viveu Freud, que a acusava precisamente desse malefício. O único mérito digno de reconhecimento, nesse aspecto, naquela em que vivemos, quase tão neurotizante quanto a anterior, é o de haver aproximado a neurose da fisiologia e denunciado a ilusão da normalidade.

Se ainda for difícil para as jovens gerações, não obstante o testemunho que mencionei, imaginar que no passado pessoas se uniam sem amor, que elas indaguem dos pais e dos avós. Certamente ouvirão inúmeras histórias em que casamentos sem a mínima inclinação não foram obstáculo a vidas de casal perfeitamente harmoniosas.

Lembro-me da comovente expressão de homenagem que uma senhora empregou a propósito do marido que acabara de perder. Eu lhe fazia uma visita de pêsames. Conhecia bem a história da sua família e a do casal: conseguira enfim arrogar-se uma posição de princesa mal casada por seus pais com um homem que ela não amava, a quem rapidamente julgou indigno de si, apesar dos três filhos que teve com ele, e a quem dominou até esmagar. A me ver, seu choro se intensificou, e ela disse: "Ao senhor posso dizer uma coisa que só o senhor compreenderia: vai ser um horror para mim, não por causa da solidão – meus filhos estão aí, e isso não vai pesar tanto –, mas porque o que mais vai me fazer falta com a morte do meu marido, o senhor não vai acreditar, é o seu silêncio!" O silêncio profundo, o silêncio pleno, o silêncio aprovador, o silêncio fiador que lhe permitia acreditar realmente, por mais desqualificada que ela se achasse, ser a princesa que sempre estivera convencida de ser.

Se chegasse ao ponto de transformar essas palavras em autênticas palavras de amor, com certeza chocaria muita gente. É isso, porém, que elas são, embora eu não vá além dessa afirmação por considerar que ainda é um pouco cedo, no desenvolvimento de minha ideia, para entrar no conteúdo das noções – quão banalizadas! – de inclinação e amor.

Acrescentaria ainda, sem cair na apologia, que o tempo que intervinha nessa forma conjugal, submetida desde o início a um tipo de contenção, acabava não raro por produzir casais que envelheciam sólidos, cheios de sabedoria, fontes de amor para seus descendentes. Não escreviam livros sobre seu cotidiano, é claro, não se propunham a neles destilar o ódio que Jouhandeau[14] exibia nos seus em relação a sua mulher. Tornavam-se como muitos que existem ainda hoje, e que Élisabeth Badinter[15] – cujos juízos é difícil ignorar – enaltece.

Se, fora esses casos que apresento como relativamente felizes, refletirmos sobre o que poderia ter acontecido com casais que permaneceram saudosos da atração, e ainda por cima condenados a permanecer unidos numa época em que o divórcio praticamente não existia, imaginaremos facilmente que cada um dos parceiros, se não estivesse satisfeito – restaria definir sua proporção estatística, que provavelmente não é a que imaginamos –, sentir-se-ia a vítima infeliz de um sistema ao qual não tinha meios para resistir. Ou lidava com isso como podia, recorrendo eventualmente à fantasia (a forma universal e mais frequente do adultério), ou outorgava a si mesmo compensações mais contingentes. Do lado dos homens, quando o adultério real não seguia seu curso, havia sua variação fugaz nos bordéis – que magníficas páginas não encontramos em Maupassant a respeito disso! Do lado das mulheres, em razão da repressão maior sobre elas, o adultério real era bem mais raro – nem todas eram Emma Bovary, basta lembrar o escândalo suscitado pela publicação da obra de Flaubert, que o conduziu aos tribunais –, e não havia o bordel[16]. Existia, no entanto, toda uma literatura propiciadora de fantasias – representada atualmente pela coleção Harlequin[17],

---

14. Marcel Jouhandeau, *Chroniques maritales*, Paris, Le Livre de Poche, n.º 1188.

15. Entrevista concedida ao *Figaro littéraire*, 25 de novembro de 2004.

16. Essa observação não é ridícula, por mais que o pareça, na medida em que a prostituição masculina existe atualmente em muitos países e que não faltam mulheres que recorrem a ela.

17. ... cuja importância e lugar são finamente tratados no livro de Annick Houel, *Le Roman d'amour et sa lectrice. Une si longue passion. L'exemple Harlequin*, Paris, L'Harmattan, 1997.

por exemplo – e sobretudo o derivativo da religião, considerada capaz de constituir um escudo contra a tentação. Tudo isso vinha de longe e havia adquirido a força de um paliativo inevitável, se não de uma tradição. Houve até, alguns séculos antes, o "amor cortês" – com tudo o que ele ajudava a suportar –, ao qual deu fim o trabalho de solapamento da Igreja. Ademais, e acima de tudo, havia o investimento das crianças, particularmente dos meninos, tendo o primeiro deles, para a mãe, quase a posição de um amante. Meu colega Philippe Gutton, em obra que assinamos juntos[18], esquadrinhou a intimidade desse mecanismo compensatório. Segundo ele, as mães que, desde sempre e até hoje, investem excessivamente os filhos não dispõem de outra escolha para bradar uma feminilidade cujo reconhecimento têm dificuldade em obter e da qual não retiram os benefícios que teriam o direito de esperar.

Não pretendo com isso dizer, evidentemente, que essa forma de entendimento tácito era capaz de resolver as dificuldades dos cônjuges e de criar entre eles uma atmosfera harmoniosa. É indubitável que o parceiro traído devia reagir, e violentamente, tendo a paz conjugal sido sempre uma utopia. Se fiz essa evocação rápida, foi para ressaltar um único ponto: esses que poderíamos designar – sem, no entanto, aplaudir – como derivativos e compensações à flagrante desigualdade entre homens e mulheres eram provavelmente vividos pelos autores sem angústia nem depressão, o mais das vezes até com uma consciência relativamente tranquila. Não é sempre assim quando os próprios sofrimentos podem ser atribuídos a uma causa exterior a si e bem superior aos próprios meios de ação? E não foi também para esse tipo de contexto que nossos semelhantes inventaram o bode expiatório? Voltarei a esses pontos quando tratar, mais adiante, da dinâmica inconsciente daquilo que só focalizei até agora sob o aspecto sociológico e relacional.

18. A. Naouri, S. Angel, P. Gutton, *Les mères juives n'existent pas, mais alors qu'est-ce qui existe?* Paris, Odile Jacob, 2005.

A inclinação e seu paradoxo

As uniões contraídas por intermédio de arranjos foram – como sugeri – unanimemente criticadas em nossas civilizações, em nome das únicas que seriam dignas dessa designação, porque respeitadoras do sujeito e fundadas na sua inclinação e na sua livre escolha. Não vou dissertar sobre elas nem descrevê-las em detalhes ou expor casos representativos: estão diante dos nossos olhos e ninguém pode ignorar as modalidades de sua gênese, de seu cotidiano ou de seu futuro. Podemos, no entanto, deixar-nos levar pela crença ou afirmar que são fruto exclusivo do acaso? Mesmo na atração mútua que as produz, não entraria uma parcela de determinismo, ele também, queiramos ou não, da natureza do arranjo, ainda que se trate de um arranjo do qual cada um dos parceiros foi autor?

Se examinarmos, por exemplo, a maneira como se formam habitualmente os casais, constataremos que ela nada deve ao acaso. Os encontros ocorrem sempre dentro de um contexto delimitado tanto pela geografia como pelo meio, pelas frequentações, pela profissão ou pelo gosto[19]. As afinidades que intervêm nesses registros assumem importância ainda maior que os arranjos segundo critérios sociais. Cada parceiro toma seus determinantes como referência exclusiva e busca no outro, acima de tudo, aquilo que pode nutri-los, favorecê-los ou ser colocado a serviço deles. Sendo o processo, é claro, interativo, cada um espera que o outro o narcise, estando intimamente convencido, no que lhe diz respeito, de ser narcisante para o outro pelo simples fato de existir. Não se trata, em outras palavras, do encontro entre dois oferecimentos de si, mas do encontro entre dois egoísmos maravilhosamente disfarçados. Prova disso, basta que um detalhe não se encaixe no quadro da expectativa mútua para que o projeto inteiro desabe.

Lembro-me do último membro de nosso grupo de estudantes a permanecer solteiro por muito tempo. Anunciou-nos um dia que finalmente havia encontrado, num cruzeiro, a mulher de sua vida: "Ela é exatamente a mulher que eu procurava. Estou

19. J.-Cl. Kaufmann, *La Trame Conjugale*, Paris, Nathan, 1992.

louco por ela. Tenho certeza de que ficarei com ela até o fim da vida. Imaginem vocês: Ela é um ás do tênis, adora praticar esqui de verão e bebe uísque puro. Ele havia assim resumido todas as suas aspirações, tudo o que era indispensável para fazer dessa mulher seu "objeto", e pouco lhe importava o resto: sua origem, a vida que levara até então, sua idade, sua profissão, sua família. O único problema foi que ela não quis saber dele: ela teria considerado impeditivo o fato de ele ser cinco centímetros mais baixo que ela!

O sapatinho de vidro, aquele que se adapta perfeitamente a um pé e só a ele, existe no conto da Cinderela. E o ideal entra no mesmo grupo, o dos contos de fadas! Seja qual for o atrativo ou a inclinação que tenhamos, seja qual for a atração ou a fascinação que sintamos, há e haverá no ser eleito, com frequência, se não sempre, algo que incomoda, algo que constitui um problema, uma coisinha qualquer que desagrada, e compreendemos de imediato, ao notar sua existência, que será preciso esmerar-se para ignorá-la. É provavelmente por essa razão que o bom senso declara, quando amamos alguém, que devemos amá-lo (ou talvez, por prudência, devêssemos dizer "seria melhor que o amássemos") tanto por suas qualidades quanto por seus defeitos.

Pode-se aderir a todos os tipos de sabedoria, mas não há remédio. Consolamo-nos em relação às recorrências dizendo-nos que a perfeição não existe, que é ilusória, e que se pesássemos na balança os motivos de satisfação e os de frustração, o resultado seria decerto satisfatório. Nem por isso deixamos de deparar, num ou noutro momento do percurso, com a necessidade de reconhecer uma discrepância entre a realidade com a qual nos chocamos e o sonho tão longamente acalentado. É exatamente o momento em que o parceiro aparece como outro, um outro diferente de nós, um outro que, numa interatividade incessante, vai realizar a missão que lhe cabe inconscientemente desempenhar em todas as uniões e para a qual forjo este neologismo: "outrificar". Uma ideia da intensidade do drama em jogo é bem representada por um célebre conto surrealista, "o baile da ópera". Eles haviam marcado um encontro num baile à fantasia; dançaram a noite inteira, inebriados de felicidade; mas, quando, ao nascer do dia, retiraram as máscaras, foi o horror: não era ele, não era ela.

Ora, nada se revela mais difícil, de fato, do que esse trabalho de "outrificação" em casais que se formaram por inclinação e livre escolha, e que fizeram exatamente desses critérios o motor essencial de sua aventura. Como explicar tal paradoxo?

Para compreendê-lo, tentemos raciocinar por analogia e utilizar o que nos ensinou a exploração dos casais formados a partir de estratégias de arranjo. *Considerando que, atualmente, em nossas sociedades ocidentais, estamos diante de casais que se constituíram exclusivamente a partir do critério da atração e sem nenhuma intervenção externa, deveríamos encontrar*, segundo a lógica que denunciou enfaticamente as infelicidades provocadas pelos casamentos arranjados, *uma boa proporção, se não um aumento do número de casais felizes, estáveis e satisfeitos*. Ora, qual é a realidade? Exatamente o contrário! A instituição do casamento anda fraca das pernas, o divórcio nunca esteve tão bem de saúde[20], e as famílias reconstituídas, às vezes mais de uma vez, tornaram-se comuns, ao lado de famílias monoparentais, que se multiplicaram exponencialmente e deram radicalmente as costas à própria noção de casal.

Isso não deixa de remeter ao grave erro de prognóstico de Freud, que já assinalei a propósito do devir da neurose. A neurose nunca esteve tão presente, não obstante a extraordinária promoção das relações sexuais destituídas de todo e qualquer tabu. Com efeito, em apenas duas ou três décadas, chegamos ao sexo indiscriminado. O pior é que os resultados não só não foram convincentes, como levaram a um impasse singular. Isso porque, após haver constatado o fracasso relativo de um máximo de possibilidades de aventura, acaba-se por afundar no recurso maciço à pornografia, do lado masculino, e aos brinquedos eróticos, do lado feminino. Ao rebaixamento da mulher instrumentalizada operado pela pornografia – cuja indústria teve um *boom* –, responderam todas as variedades de vibradores, vendidos até no subsolo das lojas de *lingerie* feminina de luxo![21]

A poligamia rejeitada e condenada voltou à cena, com a simples diferença que deixou de ser sincrônica para se tornar diacrônica. É ver-

20. Nos Estados Unidos, para fidelizar os clientes, certos advogados anunciam em suas propagandas que o terceiro divórcio será gratuito após dois divórcios sucessivos realizados por eles.

21. *Le Figaro Madame*, 21 de maio de 2005, pp. 106-8.

dade que já não nos casamos para permanecer unidos "na alegria e na tristeza", segundo a antiga fórmula. Como por um reflexo propiciatório, só queremos ouvir falar da alegria. E, quando a tristeza se apresenta, somos tomados por um irreprimível desejo de sair correndo. O que, por sinal, não hesitamos em fazer, tal a certeza que temos de encontrar à nossa volta toda a aprovação que esperamos. Ainda não temos, é claro – salvo exceções – vários parceiros oficiais ao mesmo tempo, mas vários ao longo da vida, uns depois dos outros, simplesmente. E ninguém reclama, é evidente. Mesmo quando levado a constatar, ocasionalmente ou várias vezes, que a esperança depositada na união preferida à anterior foi frustrada. Ninguém pensaria em deter-se num detalhe tão insignificante, na época do descartável e do consumível, na época em que a alegria do francês comum incita a não se fixar na decepção e a "ver o lado bom" em qualquer circunstância! O problema em tudo isso é que, mesmo quando tentamos, sozinhos ou com auxílio periférico, reprimir a angústia, ela comparece, agarra, não larga, avança num crescendo e agrava a situação.

Isso porque, enquanto os indivíduos casados por arranjo ou conveniência sempre tiveram a liberdade de se considerar como vítimas de um sistema – contra o qual tinham o direito de se revoltar – e de vislumbrar as compensações possíveis sem sentimento de angústia, os que não foram obrigados por ninguém a fazer uma escolha qualquer sentem-se profundamente responsáveis pelo fracasso de sua união. *E desenvolvem, mais do que uma angústia proporcional à decepção, uma verdadeira depressão, mesmo quando, em nome da lógica consumista que os capturou, negam sua existência*. Quando são levados a falar do que se pode deduzir de sua aventura, fazem-no de apenas duas maneiras: ou afirmam que se enganaram, ou dizem que o parceiro mudou radicalmente e que não era aquilo em que se transformou. É ocioso dizer que ambas as explicações são, tanto uma quanto a outra, destituídas de fundamento. O inconsciente, que preside à troca, à comunicação e à escolha, nunca comete erros. O parceiro escolhido, sempre e indubitavelmente, foi o melhor possível naquele momento. Resta saber, é claro, o que nele decepcionou e fez com que fosse rejeitado! Eis uma questão para a qual, conforme se perceberá quando for o momento propício para tratarmos dela, as respostas são relativamente unívocas. Digamos somente, para dar uma ideia do que será desenvolvido, que, *quando erigimos a própria inclinação como elemento fundamental, mais do que elemento prevalente, consideramos que essa inclinação, proveniente das profundezas do nosso ser, não pode ser questionada nem frustrada.* Ora, essa inclinação, cujo conteúdo é complexo e heteróclito, é, justamente por causa desse conteúdo, pouco suscetível ao questionamento, até mesmo, e sobretudo, quando é o parceiro que vem examiná-la.

Com efeito, é a lógica inteira do sistema transacional da situação que está em causa. O mais das vezes, cada um embarca na aventura com a certeza de que, como dei a entender, sua inclinação o autoriza a desfrutar egoisticamente do outro – não sem deixar, é claro, que o outro desfrute dele da mesma maneira –, desenfreadamente e com permissão para escutar apenas o próprio registro pulsional. Embora o sistema funcione do modo esperado durante certo tempo, acaba cedo ou tarde apresentando falhas, que vão se agravar se a realidade do outro não for levada em consideração por cada um. E isso se mostra cada dia mais difícil de alcançar, na medida em que o espírito individualista de nossas sociedades não estimula – longe disso – esse tipo de adaptação.

A visão amorosa das gerações que entram atualmente na fase adulta recusar-se-ia, de certa maneira, a ir além de sua opção adolescente. Recusaria a ideia – esta sim, adulta – de que o amor passa por fases de mudança e expressão e de que um casal só pode durar num trabalho perpétuo de adaptação; de que tal trabalho, enfim, longe de indicar o fracasso, testemunha o saudável andamento da função do casal, que consiste, para cada um dos parceiros, em aceitar antes de mais nada colocar-se a si mesmo em questão. É difícil imaginar a resistência que manifestam os parceiros dos casais que se desfazem em aceitar tal visão das coisas. É como se não pudessem renunciar à agitação que se apoderou deles e, submetidos à tirania de seu registro pulsional, julgassem que só ele deveria ser levado em consideração. Quando se conhece a intensidade que assume, na adolescência, a angústia de morte, não se podem evitar os paralelos e a constatação de quão presente nas rupturas está essa angústia.

Errar é humano, como nos ensina o bom senso popular, advertindo-nos ao mesmo tempo de que é melhor não insistir no erro, salvo se decidirmos vender a alma ao diabo. Ora, se existe, atualmente, um domínio no qual os humanos cederam ao diabo, é exatamente o do casal. Se dermos uma simples olhada, como acabo de fazer, nas modalidades das uniões, perceberemos que, seja qual for a maneira como se deu, *toda aventura de casal, segundo uma estatística esmagadora, está fadada a decepcionar um ou outro parceiro, quando não os dois*. O surpreendente é que, não obstante a evidência em que isso se transformou para sociólogos, estatísticos e todas as camadas sociais, os jovens, mesmo provenientes de famílias que já colecionaram seus dissabores, não hesitam em formar casal e não procuram obstinadamente senão isso. E buscam fazê-lo mesmo numa época em que, como já assinalei, os métodos contraceptivos, a liberalização dos costumes e o preservativo permitiriam que mudassem de parceiro todos os dias. E não são os únicos: os mais velhos, venha sua solidão de uma ruptura ou de outra causa, agem exatamente da mesma maneira. Isso provavelmente explica a espantosa e considerável multiplicação dos *sites* de encontros na internet. Como se o anonimato da rede permitisse aos mais tímidos lançarem-se, eles também, nessa busca. Não estigmatizo tal obstinação, longe disso, nem caçoo dela do alto de minha posição de velhinho com passado banal e monogâmico. Respeito e admiro essa obstinação. Ela tem um sentido. É o que resta de nobre e vivo em cada um. De fato, é como se, numa tal iniciativa, cada um dos parceiros buscasse sua verdade, percebendo no casal um laboratório particular em que teria tempo, já que a livre escolha preside à união, de experimentar sua capacidade de vincular-se ao outro, imbuído do mesmo estado de espírito que ele. A presciência que sustenta essa certeza existe desde sempre dentro dele. Vem-lhe de sua tenra infância, daquela famosa fase diádica à qual atribuo tantos poderes, daquele momento bendito e fugaz em que, tendo-se percebido como ele mesmo, sentiu que a junção existente entre ele e esse Outro com *o* maiúsculo, sua mãe, fazia dos dois seres uma unidade indivisível. Uma unidade cuja força e cujo potencial eram tão grandes que nada no mundo poderia limitar suas capacidades, suas conquistas e seu futuro.

"Minha mãe é minha vida"

Não nascemos passivos e sem história. Viemos ao mundo com uma organização de sinapses neuronais já singularmente elaborada. Tal elaboração se produziu ao longo da permanência intrauterina. O cérebro sensorial armazenou[22], como as múltiplas bases de dados de um computador, um grande número de aferências provenientes, todas elas, do corpo materno, e que farão desse corpo um corpo familiar, conhecido e altamente tranquilizador, um corpo que pode ser investido desde o nascimento. Já assinalei que bastam oito horas de vida aérea para que todo e qualquer recém-nascido reconheça sua mãe numa foto, embora a zona visual de seu cérebro nunca tenha recolhido o mínimo dado, em razão da obscuridade do meio uterino! Tudo isso sustenta a existência de um vínculo transnatal com a mãe, e o nascimento, longe de alterá-lo, confere-lhe uma qualidade de permanência tão flagrante que faz dessa junção com a mãe uma condição indispensável à vida.

"Minha mãe é minha vida": proposição universal a que todos os recém-nascidos do mundo estariam prontos para aderir. O drama está em que essa proposição, infelizmente, logo se revela obsoleta na escala de uma existência. Primeiramente em razão do amadurecimento, depois em razão da crescente consciência de um entorno que proporciona inúmeras oportunidades e seres capazes de distrair a mãe da disponibilidade total de que a criança a acreditava dotada definitivamente. É um período em que tudo é vivido de maneira tão intensa! Cada dia proporciona a mesma safra prodigiosa de felicidades infinitas e sofrimentos atrozes. Reage-se, a umas tanto quanto a outros, com a mesma violência. Primeiro se sente, sem nada compreender, o que mais tarde será chamado emoção. Em seguida, chega-se a experimentá-la, a identificar seus elementos desencadeadores, sua variabilidade, sua intensidade, sua evolução. E nada disso desviará – muito pelo contrário – do objeto central de atenção. O vínculo se

---

22. Para mais informações sobre esses fenômenos complexos, pode-se consultar A. Naouri, *L'Enfant bien portant*, Paris, Seuil, 2004, pp. 317-27. [Trad. bras. *A criança saudável*, São Paulo, Editora WMF Martins Fontes, 2009.]

reforça jubilosamente dia após dia e parece prometido a uma eternidade que se confunde, a cada segundo, com a existência. A acumulação dos benefícios parece não ter nenhum limite. E ainda bem que eles lá estão, para afugentar o verdadeiro terror daquilo que se deixou vagamente vislumbrar, do fundo dos sofrimentos recorrentes, e cuja aparência não é nada simpática.

Nenhum de nós pode afirmar que prescindiu dessa etapa, a mais importante de toda a existência, durante a qual, enquanto construíamos, sobre o fundo da relação com nossa mãe, a matriz do nosso primeiro amor, tivemos de tomar consciência de que a morte estava bem ali, escondida na sombra, esperando para nos alcançar, independentemente do que fizéssemos, independentemente do que fizessem por nós. *Mors certa, hora incerta* (a morte é garantida, somente a sua hora é incerta), diziam os latinos – na Sicília, a morte não é nomeada, é chamada "la certa".

E é nesse ponto que vem geralmente se enxertar a história que cabe a cada indivíduo e que ele não pode fingir ignorar, pois, mesmo que não a tenha escolhido, ela vai se fazer lembrar por ele e lhe comunicar que foi chamado a prorrogá-la e a transmiti-la por sua vez. Uma história transmitida, automaticamente e sem palavras, pelo gestual materno, que se mostra capaz tanto de traduzir o próprio discurso dessa mãe quanto de transmitir fielmente o do pai, quando ele é aceito como tal.

A ligação com essa mãe, percebida como tão poderosa, será mais ou menos opressiva em função do que essa ligação significa para ela. Enternecedora e comovente se vivida como algo que deve naturalmente terminar, será infinitamente menos opressiva do que se tiver sido esperada desde sempre e percebida como tão crucial que não deva jamais se romper.

A respeito desse ponto, e a partir de uma prática da qual nunca parei de colher os resultados, tenho uma posição no mínimo singular, que parece não haver ainda convencido muita gente. De fato, eu afirmo que *a criança, e particularmente o bebê, coloca-se sempre a serviço da mãe, comportando-se, com uma probidade que às vezes lhe custa o desenvolvimento de sintomas, como o guardião cioso da equanimidade dela*. Isso não tem nada de miraculoso, e poderia ser atribuído ao instinto: ele compreendeu perfeitamente, e desde muito cedo, que sua própria sobrevivência dependia dela; assim, faz o que pode, reativamente, para que ela não tome uma direção aleatória. Por menor que seja a preocupação ou mal-estar que nela detecta, vai manifestar sua solidariedade e oferecer-se como lugar de cuidados capazes, se não de curá-la, ao menos de consolá-la ou distraí-la do que a preocupa. Quantos distúrbios do sono, aos quais se aplicavam esse tipo de análise, não curei "miraculosamente", na própria noite que se seguiu à consulta, simplesmente orientando a mãe a dizer aos bebê em seus braços, chegado o momento de ele se deitar: "À noite, você pode dormir, não preciso de você."

O desenrolar da aventura vai ganhar a velocidade de cruzeiro que todos conhecem. A mãe será o primeiro objeto de amor, e é sobre a matriz desse amor que, seja qual for sua vontade e seja qual for seu sexo, cada um é condenado a construir todos os seus amores futuros.

A interação intervém também aí. *Isso porque, se a mãe responde por demais intensamente à propensão da criança, fazendo dela o centro nevrálgico de sua vida, transformará a matriz amorosa em máquina monstruosa, ávida e devoradora, que nenhum(a) parceiro(a) escolhido(a) ou designado(a) poderá jamais satisfazer*. É aí que intervém, nessa fase conhecida pelo nome de "edipiana", o regulador que o pai deve ser, capaz, por essa simples razão – e quando a mãe lhe confere essa estatura – de dissuadir o filho de correr continuamente atrás de uma mãe à qual não tem direito e de conferir à filha a consciência de sua identidade própria e de sua diferença em relação a uma mãe da qual acreditava nunca poder se desligar.

Assim se anunciam alguns anos de tranquilidade, até que a adolescência venha reformular, em termos bem mais violentos, as perguntas que ainda não haviam sido respondidas.

A que estariam relacionadas essas perguntas, difíceis tanto de formular e ouvir pelo próprio requerente quanto de serem ouvidas por pais desorientados, que acreditavam ter educado um ser gentil, sensato, e descobrem subitamente uma bomba de potencial devastador?

Simplesmente ao sentido da vida e ao temor, assim como à obsessão da morte.

É um estágio do qual a travessia, reconhecida desde sempre como difícil, foi ritualizada de diferentes maneiras em inúmeras culturas. Ela é mais difícil ainda nos dias de hoje, em que os rituais desapareceram. E, quando à sua própria dinâmica vem associar-se o sentimento de insegurança e precariedade de nosso ambiente social, desemboca-se na agitação dentro da escola, na violência e nos carros propositalmente incendiados nas periferias! Isso passa, é claro, porque o tempo faz sua obra e se ri dos adiamentos. Vem então uma solidão da qual não se consegue sair, mesmo frequentando os bandos de congêneres. Imperceptivelmente, e sem consciência do fato, entra-se num estado próximo ao que foi vivido quando, ainda bebê, foi preciso admitir que se era alguém, separado daquela mãe maravilhosa à qual se queria tanto permanecer ligado indefinidamente. Sucede então que, no caminho da mutação dolorosa cuja experiência foi preciso, cedo ou tarde, aceitar, erigiu-se uma baliza, o famoso objeto *a*, que jamais deixara de piscar, permitindo que se acreditasse em eventuais e possíveis reencontros. Disso nasceu um projeto: reencontrar um meio de se tornar um com um(a) outro(a), renovar a alquimia da experiência vivida outrora, recusar a despedida dessa experiência, e assim, por meio do milagre daquilo que se considera amor, fazer novamente de "dois", um. *Uma vez encontrado e eleito o outro, porque moldado sobre a matriz do antigo amor dirigido a mamãe*[23]*, o milagre deverá absolutamente ser celebrado e realizar-se.*

Eis aí algo que permite compreender a violência dos amores – e, aliás, também das amizades – da adolescência. Uma injunção, radical e não negociável, é feita ao(à) eleito(a); a de desempenhar sua função, ficando subentendida a convicção de que se pode retribuir da mesma forma. O futuro, assim condenado a se clarear, deixa de ser assustador. Apalpa-se a certeza. Os baques no coração – vividos no passado, na escolinha maternal, ou durante as férias na Bretanha, aos dez anos – são conhecidos, e neles se havia acreditado. Mas não é a mesma coisa. Aquilo eram infantilidades. Nada a ver com o que se está vivendo. Quase se cai na gravidade de evocar a existência futura e confrontar os gostos. Cai-se mesmo no ridículo, quando se provocam verdadeiras brigas de casal sobre a profissão que se vai escolher ou o número de filhos que se deseja ter. A coisa assume todo tipo de formas, sob

23. Já escrevi, numa formulação de impacto, que "seja homem ou mulher, uma pessoa só se casa com sua mãe". Para mais detalhes, pode-se consultar A. Naouri, *Les Filles et leur mères*, *op. cit.*

o olhar inquieto ou divertido dos pais, que decididamente não entendem nada, e, aliás, nunca entenderam. E tudo continua assim por um certo tempo; sem deixar entrever que o que está em jogo é uma forma de assumir a solidão ontológica dentro da qual se afina a percepção das estratégias destinadas a aliviar seu peso.

É por isso que esses jovens, mesmo oriundos de famílias desfeitas e reconstituídas, acreditam de pés juntos nos méritos do casal e no que podem esperar dele.

E, quando chegam a formar um casal um dia, bem mais tarde e quando a realidade assim o permite, não só esperam que seja duradouro e definitivo como não conseguem de modo algum concebê-lo de outra maneira. De fato, está fora de questão, para eles, que quem quer que seja venha interferir ou alterar o pacto implícito de fidelidade imediatamente instaurado pela formação. Afinal, não vamos deixar que "nos passem a perna" uma vez mais. Cedemos a mamãe e papai, que conseguiram nos fazer entender como puderam que não devíamos perturbar seu próprio "dois". Nós nos resignamos. Acreditamos no futuro, na esperança, na promessa de que, como eles, sentiríamos um dia a felicidade de nosso próprio "dois". E além disso, se eles não conseguiram, quanto a eles, preservar o seu "dois" da ruptura, por que estaríamos condenados antecipadamente à sua imitação? Esperamos, tomamos nossas precauções, pesamos nossas decisões, e enfim, nos atiramos de cabeça. Conseguimos. Está fora de cogitação que a coisa não dê certo! Senão... Senão, vai ser o horror, a ruína do sonho, o fim de tudo e o início do mais aterrorizante dos pesadelos, o que faz entrever a silhueta da morte tão odiada, cuja paciência, à altura de sua determinação, nos esmeramos em negar.

Eis por que os casais forjados pelo arranjo podiam sobreviver. A contenção, que mantinha o compromisso fundado no compartilhamento da alegria e da tristeza, levava os parceiros a suportar, e por vezes a ultrapassar as insatisfações em nome da própria presença indefectível do outro, presença que permitia que não se ficasse obcecado pelo medo de ter de reviver a antiga traição – que sempre havia sido sentida como tal – constituída pelo desligamento da mãe.

Em tal contexto, as respectivas famílias, responsáveis e asseguradoras do arranjo promovido por elas, entendem-se em geral entre si, e, além de deixarem aos filhos a responsabilidade pelo que acontecer, não hesitam em intervir no sentido de apaziguar, em caso de conflito. Não é sempre assim com as famílias reunidas por uniões de inclinação: elas são estranhas uma a outra, e nem sempre aceitaram que um dos seus, mesmo adulto, pudesse fazer uma escolha cujos determinantes lhes escapam. Quantas vezes não são vistas intervindo e fazendo o possível, sob as aparências de uma solicitude autêntica, para pôr lenha na fogueira, mesmo quando a fogueira não passa de uma faísca banal; o que lhes permite recuperar o controle sobre o filho ou a filha, e, no caso desta, também sobre sua criança.

Ainda jovem – cito seu caso, mas vi tantos outros idênticos! – ela veio me ver – seguindo as recomendações de sua mãe, que se dizia uma de minhas leitoras fiéis – porque sua filha de catorze meses sofria de uma anorexia terrível. Estivera nos consultórios de alguns colegas meus e em numerosos serviços pediátricos de hospitais parisienses. Todos os diagnósticos haviam sido cogitados, e nenhum deles confirmado. Não foi sua filha quem me impressionou, mas ela. E estranhei que meus colegas não tivessem reagido como eu: ela era miúda – uma simples ampliação de sua filha –, mantinha-se muito ereta, tinha um olhar medroso, e sua elocução, tanto na dicção como no ritmo, era a de uma criança de três anos; tinha certamente uma deglutição e uma fonação fixadas naquela idade. Isso não a impediu de se tornar diretora de obras no departamento de física de uma universidade parisiense. Pelas entrevistas que tivemos, soube que havia se confiado à mãe[24] no próprio dia em que teve a primeira relação sexual com o homem que se tornaria pai de sua filha – numa idade, portanto, bem superior à média. A mãe intimou-a a parar por ali. Ela não obedeceu. Mas teve de voltar à mãe quando se viu grávida. Grande choque para a família, grandes preparações familiares para o combate, o pai é requisitado para buscar o "grosseirão", o qual, sem dificuldade alguma, apresenta-se e... pede, aos pais reunidos, a mão da filha. "Se o senhor visse a cara da minha

---

24. Esse comportamento, frequente e catastrófico em suas consequências, é não raro induzido por mães possessivas, que, perseguindo as filhas com sua assiduidade, não hesitam em "acompanhá-las" até em suas experiências sexuais.

mãe! Ela queria esganá-lo! Até me disse depois que gostaria que ele tivesse morrido na hora e que, sob o impacto da emoção, eu tivesse abortado! Meu pai, mais realista, acalmou os ânimos. E foi assim que nos casamos." O trabalho, difícil, consistiu em tentar fazer com que essa jovem mulher "crescesse em sua mente". Fiquei feliz em ser pediatra, porque as estratégias de orientação e de nutrição que prescrevi foram capazes não de devolver à criança um apetite voraz, nem de fazer com que ganhasse peso, mas de descontrair a mãe e atenuar a tensão da avó em relação a esse ponto. O nascimento de uma segunda filha me fez pensar que o trabalho havia dado seus frutos. Mas alguns meses bastaram para me tirar do engano. Numa consulta à ginecologista, descobriu-se que a jovem tinha uma infecção vaginal benigna, e fez-se uma coleta para exame laboratorial. A mãe, ao fazer uma visita à filha e pegar a correspondência para entregar a ela, foi tomada, em suas palavras, por uma preocupação natural e uma solicitude reativa, abrindo o envelope do laboratório. E ficou furiosa, acusando o genro de "canalha" e de "transar com prostitutas". Foi inútil que a ginecologista explicasse que se tratava de um germe intestinal que podia ser pego de milhares de maneiras, isso de nada ajudou, a avó irascível acusava o genro de ter sodomizado sua filha etc. Pode-se imaginar a continuação: os protestos do genro decidido a proibir a sogra de entrar em sua casa, as reações da esposa, aterrorizada diante dessa perspectiva, o pedido de divórcio por violação de dever conjugal assinado sob pressão etc. Não é por acaso que uma fonação infantil se fixa, nem é simples trabalhar com alguém que sofre desse problema quando não se tem a mínima possibilidade de trabalhar com a geração anterior.

Quando o casal é ameaçado

Por ter sido lentamente fabricado para remediar um passado que, embora remoto, foi doloroso a ponto de deixar marcas profundas, o casal não tolera nenhuma alteração do que nele se atou, nem questionamento algum da forma que tomou. Em princípio, cada parceiro é vigilante, à sua maneira e segundo seus próprios critérios, a essa dimensão da relação. E quando aparece uma ameaça, real ou imaginária, é o dispositivo inteiro que desmorona, destituindo os protagonistas de qualquer senso de medida e fazendo-os cair na tragédia.

"É preciso dizer a verdade a quem vai morrer. É preciso que saiba a verdade, caso contrário não terá repouso." É o canto de Golaud, suplicando sua jovem esposa, Mélisande, que se deixa morrer de tristeza, agonizando depois de ter dado à luz sua filha. Ele lhe pede que diga a verdade sobre o que teria acontecido entre ela e Pelléas. Nessa obra lírica, a atmosfera é sempre estranha. A trama é simples. O príncipe Golaud, que, durante uma caçada, descobre Mélisande perdida na floresta, desposa essa jovem vinda não se sabe de onde. Leva-a ao palácio de seu avô materno, o rei Arkel, onde ela encontra seu meio-irmão mais novo, Pelléas – cujo pai agoniza e de quem todos temem a morte. Os dois são tomadas por uma paixão ardente – mas casta – um pelo outro. Golaud, intensamente apaixonado pela esposa, percebe o que se passa e é torturado pela desconfiança. Tenta dominar seu tormento admoestando primeiramente os dois jovens e tentando chamar-lhes aos respectivos deveres. Mas a dúvida o invade e tortura, a ponto de levá-lo a tentar primeiro saber a verdade por intermédio de Yniold, seu jovem filho, e depois, a matar Pelléas num acesso de ciúmes. Tudo se passa como num sonho. Os eventos não parecem obedecer às leis que regem o mundo real. Golaud se machuca ao cair violentamente de um cavalo, no exato momento em que Mélisande, na companhia de Pelléas, perde o anel que o marido lhe dera. O gesto – que ele ignora – o oprime, como se fosse dotado de um poder oculto. Os próprios personagens parecem ter saído diretamente de um sonho. Eis como Arkel, o velho rei, vê Mélisande: "Eu a observava, você estava ali, despreocupada talvez, mas com o ar estranho e perdido de alguém que espera continuamente uma grande infelicidade sob o sol, num belo jardim" (IV, I). O diálogo intenso que Golaud estabelece com Mélisande moribunda não lhe traz nenhuma informação, e, não obstante o absurdo da situação, o espectador não pode experimentar senão uma profunda piedade por esse homem, quando ele canta, em tom pungente: "Não saberei nunca. Morrerei como um cego."

A peça de Maurice Maeterlinck[25], assim como a ópera de Debussy[26] que nela se inspirou, datam do início do século XX, época de grande sucesso do vaudevile e da crítica feroz ao casamento burguês e arranjado. Estávamos ainda tão longe da atual revolução das mentalidades! Sentíamos ainda, por exemplo, uma emoção sempre intensa diante do espetáculo *Otelo*, fosse ao assistir à peça de Shakespeare ou ao ouvir a ópera que Verdi extraíra dela. O impulsionador da tragédia, aqui também, residia no fato de que uma simples dúvida bastava para torturar um homem, convencido de ter sobre a mulher amada um direito de propriedade, que o levava até a matá-la. Todos os ingredientes para o empreendimento estavam reunidos: Otelo era um mouro, apresentado por Iago como brutal, estranho à boa sociedade veneziana, à qual prestara, contudo, serviços insignes. A quais conclusões nos queriam fazer chegar? Descrever a fragilidade do casal, conhecida desde sempre? Sublinhar o mistério feminino? Denunciar a duplicidade da qual os homens acusam as mulheres com facilidade exagerada? Insistir nessa mesma duplicidade? Assinalar a sujeição desses mesmos homens a essas mesmas mulheres? Mostrar as variantes da incomunicabilidade entre os sexos?

Gostaríamos que, nos dias de hoje, tudo isso estivesse longe, e, sobretudo, ultrapassado! Que os membros de um casal fossem unidos até na cumplicidade, que não hesitassem nem em falar das respectivas sexualidades nem em confiar um ao outro suas fantasias, e eventualmente, por que não, a realização delas – os clubes de *swing*, que às vezes recebem a consideração da imprensa, não estão aí para testemunhar que tal possibilidade não pode ser descartada e seria mesmo, com frequência, muito salutar?! Eis, aqui também, um conjunto de fantasias sexuais às quais a mídia, gulosa de notícias sensacionalistas, deu uma posição sempre dolorosamente desmentida pela realidade: nunca encontrei, em minha carreira, casais dispostos a se inscrever nesses clubes. E nunca vi uma infidelidade real ou uma fantasia de infidelidade que não tenha produzido estragos consideráveis.

Por que tais torturas, quando uma suspeita, por si só, é capaz de invadir o espaço e obscurecer tanto o ambiente como o julga-

25. Maurice Maeterlinck, *op. cit.*
26. *Pelléas et Mélisande*, direção Bernard Haitink, 3 CD, Naïve, 2001.

mento? Maeterlinck teve o cuidado, como já assinalei, de explicitar sua intenção de "chegar à beira da intimidade humana, não pela razão, mas pela ressonância". Como se o célebre entomologista que ele foi (não esqueçamos que escreveu uma "vida das abelhas", uma "vida dos cupins", uma "vida das formigas") tivesse desejado, a exemplo dos etologistas que vieram bem mais tarde, interrogar os comportamentos humanos e tentar comprometer cada um, por seus próprios meios, a esclarecê-los até em sua obscuridade – a psicanálise estava apenas em seus primórdios.

Foi aparentemente ao tratamento dessa mesma série de questões que Stanley Kubrick se dedicou, num brilhante exercício de estilo, em seu filme *Eyes Wide Shut*[27] [*De olhos bem fechados*]. Bastou-lhe transpor, sem nada eliminar, a novela de Arthur Schnitzler, a *Traumnovelle*[28], para mostrar uma forma de permanência das situações e dos afetos, que parecem se rir tanto das épocas quanto dos lugares e modas. Se o gênio de Arthur Schnitzler, ele mesmo médico e contemporâneo de Freud, consistiu em mostrar, naquele início do século XX, que as mulheres não eram destituídas de fantasias nem de desejo sexual, o de Stanley Kubrick consistiu em sublinhar o modo como, mesmo em nossos dias, numa metrópole, um homem pode ser profundamente abalado por tal descoberta, por mais bem informado que esteja sobre tudo isso.

Bill Harford, jovem médico de situação aparentemente confortável, deixa a filha do casal com uma *baby-sitter* e comparece, acompanhado por sua mulher Alice, à uma festa oferecida na casa de um de seus ricos pacientes. Sua mulher é ali cortejada por um homem vaidoso que a faz dançar, e a quem ela atiça, ao mesmo tempo que resiste às suas investidas – a sequência, cuja beleza é de cortar o fôlego, tem uma força erótica fora do comum –, enquanto o jovem marido, feliz por ter sido fisgado por duas jovens admiradoras, é subitamente chamado por seu cliente para cuidar, no andar superior, de uma prostituta vítima de *overdose*. Depois que voltam para casa, os dois fumam um cigarro de maconha e entram numa conversa despreocupada sobre as pulsões

27. *Eyes Wide Shut*, filme de Stanley Kubrick, Estados Unidos, 1999.

28. Arthur Schnitzler, *La Nouvelle rêvée*, Paris, Le Livre de Poche, n.º 3358. [Trad. bras.: *Breve romance de sonho*, São Paulo, Companhia das Letras, 2000.]

sexuais que às vezes os atravessam, e Alice conta a Bill uma fantasia[29] que tivera, num dia em que estavam juntos, passando férias num hotel, e seu olhar cruzou o de um oficial da marinha russa sentado à mesa vizinha. Bill lança-se então numa deplorável aventura de exploração de suas próprias fantasias, enquanto continua obcecado, até a tortura, pela confidência da esposa, imaginando-a nas diversas fases de sua eventual atividade sexual. A simples fantasia assim confiada fora capaz de fazê-lo tomar consciência da precariedade da própria condição. Ele fica ainda mais perdido – por sinal, seu rico cliente-mentor lhe diz que ele é como uma criança a se meter nas histórias dos adultos – quando Alice assinala que não ignora suas incursões noturnas. Ele acredita que o casamento vai afundar de vez. Quando pergunta a Alice, na loja em que estão comprando um brinquedo de Natal para a filha, que solução ela vê para ajudá-los a sair do impasse, ela responde – e é a última fala do filme: "*to fuck*", isto é, "trepar".

Se considerarmos as coisas sob este último ângulo, teremos de dimensionar uma vez mais o necessário, porém assustadoramente lento amadurecimento do indivíduo. Propulsionado vida adentro por aquela que o carregou em si, ele passa uma grande parte da vida consolando-se da expulsão e permanecendo estreitamente ligado à mãe. Seja qual for o seu sexo, só se afastará dela por marcha a ré, a contragosto e na condição expressa de poder substituí-la por esse "outro" destinado a ocupar seu lugar indefinidamente, ele próprio desempenhando, para esse "outro", uma função estritamente similar.

Ora, se o "outro" se afasta subitamente de tal percurso, isso só poderia assumir as proporções de um drama!

E, no entanto, em se tratando de uma substituição, o indivíduo, tanto quanto o outro com quem ele se entendeu, nunca pode ter certeza nem momentaneamente nem para sempre da pertinência e da perenidade de sua escolha. Na melhor das hipóteses, não poderá evitar que seu olhar dê uma passeada. É o que dá a entender a frase crística: "Ouvistes que foi dito: *Não cometerás adultério*. Eu, porém, vos digo: todo aquele que olha para uma

---

29. A heroína da novela de Schnitzler conta ao marido, além da fantasia, um sonho que seria o seu prolongamento.

mulher com desejo libidinoso já cometeu adultério com ela em seu coração."[30]

Será que o chamado, o famoso chamado do qual tratei no início do capítulo anterior, sem nunca deixar de ser emitido, é insistente a ponto de não permitir que ninguém o ignore? Será que, presente desde sempre, em toda parte, teria uma força tão grande que ninguém poderia pretender ter os meios para resistir a ele? Seria possível, entretanto, enfrentá-lo com artimanhas, como Ulisses ao tapar com cera as orelhas dos homens de sua tripulação e amarrar-se ao mastro de seu navio para ter certeza de poder ouvir o canto das sereias sem ser forçado a ceder a ele?

Um programa bastante ambicioso, se tivesse de ser posto em prática. Tão diferente para homens e mulheres, tanto em sua realização quanto em sua eficácia, que é capaz de conferir crédito à ideia de que o adultério é sempre consequência exclusiva da insatisfação sexual de seu autor. Como se fosse possível tratar levianamente o sexo e a satisfação ou insatisfação das quais ele seria a fonte. O assunto não está esgotado, pois todo um programa de erros e ideias preconcebidas se anuncia no horizonte.

30. Mt 5, 27s.

AINDA E SEMPRE O DOIS

Um olhar em excesso

Ela estava sentada, um pouco tensa, antes de me declarar que havia se "resignado em vir à minha consulta". Foi minha sócia, com quem comentara sobre a partida recente de seu marido, que lhe sugeriu. "Meu marido me largou, de um dia para o outro, me deixou com os três meninos nas costas! E nem sei o que nos valeu uma coisa dessas! Encontrei coisa melhor, vou dar o fora, não posso fazer nada, é a vida. Parece que não está muito preocupado com as crianças... como todos os homens. O senhor entendeu a situação? É clássica, não é? Me aconselharam a falar com o senhor. Francamente, não consigo imaginar o que o senhor poderia fazer por mim, e muito menos o que nós dois faríamos com relação a tudo isso."

Ela podia falar comigo assim, nesse tom direto e quase cúmplice. Era paciente de minha colega, mas, sob certos aspectos, éramos antigos conhecidos. Alguns anos antes, ela julgara conveniente lançar mão de diversos estratagemas para obter uma primeira consulta... comigo! Desculpando-se pela insistência, tentara obter a conivência de minha secretária. Fazia alguns dias que era mãe. Suas amigas – numerosas, de cujos filhos eu cuidava, e indicadas como referência – haviam-lhe oferecido o manual de minha autoria. Avisaram-na de que eu era muito solicitado. Entretanto, ela não queria nem ouvir falar em ser recebida por minha sócia. Estava pronta para esperar o tempo necessário para que eu, em pessoa, a recebesse. A secretária marcara então a consulta solicitada, enquanto tentava lhe sugerir que minha maneira de proceder era muito mais simples do que ela imaginava. Essa garantia não lhe bastou. Explicou que queria ter certeza de que eu assumiria igualmente as eventuais urgências. Sabia tudo, por sinal, sobre o funcionamento de nosso consultório e, sendo assim, indicou antecipadamente um conjunto de exigências que poderiam se resumir numa só: eu teria de ser seu interlocutor, o único.

A secretária ficara estupefata, a ponto de dar-se ao trabalho de ressaltar, alguns dias depois, quando eu me preparava para ir buscar o paciente seguinte na sala de espera, que ela era a pessoa que eu iria ver.

Quando abri a porta, ela se levantou. Era alta, magra e esbelta, vestia calça comprida, uma larga blusa de lã, e trazia nos braços a bolsa azul na qual dormia seu recém-nascido de doze dias. Não tinha nada de especial. Seus cabelos, castanhos, estavam amarrados em rabo de cavalo com um simples elástico. Seu rosto, um pouco longilíneo para o meu gosto, seria comum se não notássemos sua grande dose de energia; nos olhos claros, havia uma expressão que, além de curiosidade, manifestava, sem que eu pudesse decidir de imediato, dureza ou desconfiança.

Desapareci diante dela, indicando-lhe a porta aberta de meu consultório. E a segui.

Quando chegou diante das cadeiras, teve um movimento de hesitação, perguntando-se provavelmente se devia colocar o bebê sobre a mesa de exame situada atrás dela. Esboçou uma meia-volta que conferiu subitamente à curva direita de seu quadril uma beleza que não pude deixar de apreciar. Isso durou uma ínfima fração de segundo. Mas fui logo tomado de constrangimento quando percebi que ela havia surpreendido a trajetória do meu olhar e que ele parecia tê-la contrariado.

A consulta foi das mais banais. Dei-me conta, no entanto, de que, não obstante a simpatia que eu tentara introduzir, não havia conseguido dissolver o mal-estar instalado de saída por nossa troca silenciosa.

Ela não voltou, pelo menos não à minha consulta.

Soube naquela mesma tarde, pela secretária, que, seguindo meu conselho de marcar imediatamente uma consulta para o mês seguinte, havia insistido para ser recebida por minha colega!

de uma longa educação proporcionada pelos estudos. Já assinalei ter compreendido muito rapidamente, no que diz respeito a mim, que não foram meus estudos de medicina que conferiram ao meu olhar sua acuidade, mas foi provavelmente a acuidade de que eu já dispunha que determinou minha orientação profissional. Permitiu-me desenvolver uma memória visual fenomenal e, muito antes da hora, surpreendentes aptidões de observação.

Um registro muito estranho, esse do olhar! Por que chega a ser, por vezes, tão determinante no destino dos indivíduos? Por que e de que maneira o olho assume, no conjunto de nossos órgãos sensoriais, uma importância tão grande?

Bibliotecas inteiras, que abarcam desde o deciframento das pinturas rupestres[3] até o tratamento de patologias mobilizadoras da pulsão escópica[4], empenharam-se em responder a essas perguntas. Não tenho a intenção de resumir essas contribuições nem de me deter exageradamente na complexidade do mundo que elas permitem entrever. Simplesmente não posso deixar de assinalar, uma vez mais, o fato de que o assunto ao qual me dedico não pode ignorá-lo. Com efeito, o adultério não poderia estar mais relacionado do que está ao registro visual. Toda a sua dinâmica tenta, de fato, subtrair-se a ele, na medida em que, evoluindo no registro da intimidade, desenrola-se na dimensão da dissimulação. Ele realiza, na verdade, um autêntico passe de mágica: aproveitando-se da discrição concedida ao território do íntimo, cuja imunidade ao seu poder inquisidor é aceita pelo olhar, ele investiria a dissimulação que lhe permite escapar voluntariamente desse mesmo poder.

Isso permite vislumbrar um pouco mais a posição considerável que o olhar ocupa na economia psíquica. Sabemos que Freud teve a idea de fazer com que seus pacientes se deitassem no divã porque não suportava que pudessem ler em sua fisionomia os pensamentos inconscientes que por vezes o assaltavam. O processo revelou-se mais eficiente do que imaginava, pois o paciente, liberado do olhar que lhe dirige o terapeuta, vai muito mais longe na expressão de sua palavra. Isso ressalta o alcance da troca de

3. André Leroi-Gourhan, *L'Art pariétal, langage de la Préhistoire*, Grenoble, J. Million, 1992.

4. Gérard Bonnet, *Voir et être vu*, 1 e 2, *op. cit.*

olhares na comunicação: numa ínfima fração de segundo, aquela mulher me viu olhar uma parte de seu corpo, e seu olhar, por si só, comunicou-me de volta o desagrado que sentiu. Sabemos, além disso, por nos lembrarmos do famoso verso de Victor Hugo – *"L'œil était dans la tombe et regardait Caïn"** –, do poder fulminante do olhar. Quando somos seu alvo, ele pode, exclusivamente por sua expressão e pela lembrança que dele conservamos, apoderar-se de nós e manter-nos cativos. Pode até chegar a nos destruir[5]. Mas pode igualmente nos impulsionar, vivificar e fortalecer. Ele habita e reina na nossa psique, ocupando o essencial da dimensão dedicada ao que chamamos narcisismo. O bebê precisa do olhar amoroso de seu entorno, e de sua mãe em particular, para construir corretamente a imagem de si. Mas Narciso, o personagem da mitologia cujo nome serviu como base para o conceito, morreu afogado em razão do fascínio exercido sobre ele por sua própria imagem.

A cultura do belo, e em particular daquele belo que é generosamente oferecido ao olhar, foi sempre estimulada pelos processos civilizatórios. Considera-se que o esteta, seja qual for seu campo de atuação, é capaz de alimentar-se do espetáculo que o atrai, e é incentivado a fazê-lo. É um mistério singular, cuja existência, no fundamento de grande parte de nosso universo cultural, não suscita, ainda assim, muitas interrogações. Acotovelamo-nos nas exposições e diante de tudo que se oferece à nossa vista, sem que jamais sejam questionadas nossas motivações ou as motivações de quem expõe. Como se fosse implicitamente admitido que temos o direito de satisfazer nossa fome insaciável desse tipo de alimento, do qual os artistas seriam os generosos – e geniais – fornecedores. Como se fosse não menos implicitamente admitido que esse tipo de troca é gerador de bem-estar tanto para nós quanto para nosso ambiente social. Parece que hoje, no entanto, as coisas foram muito mais longe, longe demais. Vivemos, a partir de agora, num universo submetido ao reino absoluto da imagem e tão invadido por ela que dela já não consegue

---

* "O olho estava na tumba e olhava Caim", frase final do poema *La Conscience.* (N. da T.)

5. Como atesta o famoso temor do "mau olhado", muito difundido na região do Mediterrâneo.

prescindir, exigindo incessantemente novas doses. Sem que nos apercebêssemos, no decorrer de algumas poucas décadas, a percepção e a dinâmica de nosso ambiente foram profundamente moldadas por essa transformação. Com efeito, desertamos definitivamente o mundo da realidade, que assimilamos ao real – tal como percebido pela psique e inscrito sobre o pano de fundo da morte –, o qual assumiu para nós a partir daí uma aparência mortífera e, portanto, afugentadora. Apressamo-nos em substituir essa realidade pela virtualidade, investindo todas as imagens, indistintamente, cada qual nos remetendo, à maneira de um jogo infinito de espelhos, à nossa própria. Resultado: já não sabemos quem somos. Temos o sentimento de que o essencial é ser como convém, conforme aos critérios da moda, cujas modificações já nem causam tontura, de tanto que aderimos a ela, numa passividade sobre a qual perdemos os meios de ação. Nossa única preocupação é saber como nos apresentar. Fascinados pelos sortilégios do parecer, fabricamos com toda a força uma panóplia daquilo que os psicanalistas chamam "falso *self*". Serenamente, silenciando todas as paixões, seríamos tentados a dar razão às religiões iconoclastas que, como o judaísmo e o islamismo – aos quais veio se juntar mais tarde o protestantismo –, proíbem representações imagéticas. Não sem razão, fundamentam-se no fato de que o ser humano é bem mais seduzido pela imagem, fixa, do que pela realidade, sempre mutante e duvidosa, a tal ponto que a imagem constitui para ele um fonte de verdade, mais do que a realidade. É certo que, nesse âmbito, tais religiões foram edificadas diante das idolatrias em meio às quais surgiram, ao passo que nós, sem mesmo nos dar conta, mergulhamos no culto de novos ídolos.

O que teria suscitado mal-estar naquele primeiro encontro com minha paciente? Meu olhar, mesmo fugaz, se havia dirigido – ainda que eu declarasse minhas puras disposições de esteta – sobre uma parte de seu corpo com potencial incontestavelmente erógeno. Provavelmente não teria provocado as mesmas consequências se tivesse incidido sobre o ombro, o pescoço ou a fronte. Naquela condição, no entanto, só poderia passar por suspeito e extravasar os limites da emoção estética, habitualmente aceita, para alimentar na pessoa à qual se dirigia uma eventual fantasia de captura. Meu olho teria traído a concupiscência em relação a ela, e a fantasia, instantânea, de possuí-la. Isso obviamente instalou o mal-entendido e fabricou o sintoma que afetou nossa relação, desafiando o tempo e mantendo todo o seu mistério. Um mistério ainda maior quando se considera que as mulheres, ao fazer de modo geral o necessário para atraí-los, costumam ficar lisonjeadas com os olhares expressivos que os homens por vezes lhes dirigem[6]. Um mistério que perde sua espessura, no entanto, se o conformamos à dimensão habitual do sintoma, sobre o qual, relembro-os, Lacan diz que "fala, fala mesmo aos que não o sabem ouvir, não diz tudo nem aos que dele sabem". "Ver, ser visto, olhar, ser olhado"[7]: tema delicado e dos mais ambivalentes, na medida em que constitui o obstáculo entre a neurose banal e a perversão, que é seu avesso.

Podemos tentar discorrer prudentemente sobre ele, retornando às propriedades que assinalei anteriormente como próprias, no ser humano, do registro visual, e isso desde o nascimento. Quando a visão, nunca exercida antes do nascimento, intervém desde o início da vida aérea, ela desempenha o papel do sentido captador de suas informações próprias, mas constitui sobretudo o sentido integrador de todas as informações fornecidas pelo conjunto dos outros sentidos (assinalo, uma vez mais, que o recém-nascido é capaz de reconhecer sua mãe numa foto a partir da oitava hora de vida aérea). E isso só é possível graças ao fato de que "uma porção muito grande do córtex cerebral é voltada para o tratamento das informações que lhe são transmitidas pela retina dos nossos olhos"[8]. Quando se pensa em todas as conexões que a vista estabelece com as diferentes áreas cerebrais, concebe-se melhor seu poder integrador, um poder tão grande e tão eficiente que é investido como o melhor captador possível da reali-

---

6. Isaac Bashevis Singer, *Ombres sur l'Hudson*. Paris, Folio, n.º 3670. [Trad. bras.: *Sombras sobre o rio Hudson*, São Paulo, Companhia das Letras, 1999.] Grande conhecedor da alma feminina, o autor escreve, na página 71: "aquela segurança das mulheres que se sabem cobiçadas".

7. Para explorar mais profundamente essa temática, que eu me contento em tocar superficialmente, pode-se consultar a obra citada de Gérard Bonnet.

8. Michel Imbert, "La vision aujourd'hui", *in La Lumière au siècle des Lumières*, sob a direção de J.-P. Changeux, Paris, Odile Jacob, 2005.

dade, se não o único – no século das Luzes, a questão foi amplamente debatida em toda a Europa filosófica, a partir da *Lettre sur les aveugles* [*Carta sobre os cegos*] de Diderot[9].

Ao longo de seu desenvolvimento, o bebê usa consideravelmente esse poder integrador que serve para construir sua percepção da realidade a partir da experiência sensorial do mundo. Basta vê-lo, com menos de um ano, apanhar um objeto: antes de mais nada, olha para ele; depois, vira-o de todos os lados, passa-o de uma das mãos para a outra, encosta-o às vezes na orelha antes de cheirá-lo ou levá-lo à boca, ou vice-versa; marca cada uma dessas etapas de exploração, entretanto, com um olhar para o objeto. Assim fará sua aprendizagem do mundo, e essa aprendizagem será capaz de forjar sua opinião, relativamente comum, de que a visão é o mais importante dos sentidos, o único capaz de apreender a totalidade da verdade do mundo. Precisará de muito tempo antes de convir em que esse órgão dos sentidos extraordinariamente confiável (não é costume dizer "não acredito no que estou vendo"?) não é tão infalível quanto gostaria (não se fala em "*trompe l'oeil*"?). Esse desenvolvimento, cujas etapas descrevi grosseiramente, pode ser alterado em duas ocasiões importantes. A primeira, no momento em que uma estrutura psíquica, defeituosa, vai orientar o sujeito para a psicose: ele investirá exageradamente suas percepções visuais e julgará o mundo circundante com base numa certeza forjada exclusivamente por meio delas; tal sujeito, mais tarde, será reconhecido por seu olhar instável, perscrutador, perpetuamente desafiador e sem descanso à procura da falha no outro, a quem percebe necessariamente como dominador e hostil. A segunda ocasião surge quando, ao explorar em que consiste a diferença entre os sexos, o garotinho conclui – em razão de um certo número de parâmetros de seu ambiente e, em particular, do comportamento de sua mãe – que, se é inegável que os meninos e os homens têm um pênis e as meninas e mulheres não o têm, existe uma exceção à regra: sua mãe tem um pênis, o qual será mais tarde substituído por ele pelo fetiche encontrado por ocasião desse debate. O caminho da perversão estará então aberto, e reconheceremos esse menino mais

9. Olivier Bloch, "Le matérialisme éclairé de Diderot", *in La Lumière...*, *op. cit.*

tarde pelo olhar que constrange, seja porque é esquivo, seja porque exibe uma expressão irritante que tenta transmitir a todo momento que ninguém "o engana".

Eis uma explicação sucinta da importância dessa comunicação singular estabelecida tanto pela troca quanto pela carga dos olhares. Grande parte de nossa vida afetiva é condicionada por ela.

Será que posso fazer o mesmo para tratar da maneira como o recolhimento ou a expressão visual podem ser percebidos ou colocados em palavras? Tratar, dizendo de outro modo, da famosa dialética entre o visível e o enunciável – e do delicado equilíbrio que se instaura entre eles – sobre os quais Michel Foucault[10] também se deteve, ressaltando que a medicina, tendo privilegiado singularmente o registro do olhar na avaliação clínica do paciente, pretendeu fazer com que o visível, isto é, tudo o que se oferecia ao olhar, fosse enunciável e pudesse assim ser colocado em palavras? Não é exatamente essa a minha ideia. Simplesmente me sirvo dessa referência autorizada para assinalar que, no âmbito do visível, do constatável, não se pode negar que a jovem mãe em questão havia fugido da carga do olhar dirigido a sua pessoa, a um ponto preciso de sua pessoa, olhar esse que ela havia surpreendido. Mas o que eu poderia fazer com essa certeza? Colocá-la em palavras, enunciá-la? Estaria autorizado a declarar-lhe que uma coisa daquela ordem nunca me havia acontecido antes, que meu olhar, sobretudo na minha idade, era mais o do esteta impenitente que o do velho libidinoso por ela imaginado, sendo em geral apreciado e aproveitado pelo narcisismo das jovens mulheres aos quais eventualmente se associava? E, imaginando que tal iniciativa fosse possível, uma fala como essa teria por acaso explicado o que havia acontecido no fulgor da troca, independentemente do controle que poderíamos ter exercido? Por que, de minha parte, teria eu infringido o juramento de Hipócrates pelo qual me comprometera a "nunca olhar o que meus olhos não devem ver"? E por que ela, por sua vez, havia manifestado uma sensibilidade tão grande a um detalhe tão ínfimo, mesmo depois de assinalar antecipadamente, com muito esforço, tantos elementos passíveis de instalar uma transferência de

---

10. Michel Foucault, *Naissance de la clinique*, *op. cit.*, p. 116 ss.

qualidade em nossa relação? Estamos não somente diante da eclosão de um sintoma e de seus mistérios, mas igualmente nas fronteiras do exercício da medicina propriamente dita: ela exclui o que é visível, mas não enunciável; isso deve ser rejeitado, e é rejeitado. Questões dessa natureza são consideradas como escórias a serem relegadas à pobre vertente relacional dessa mesma medicina – vertente considerada perigosa, por ser exterior ao campo da formação, e cada vez mais descartada em favor de uma tecnicidade crescente, de pretensões científicas –, ainda que os pacientes queiram nos ver manejar sua aplicação.

Eu me havia organizado, após o término de meu percurso psicanalítico, para estabelecer horários semanais em que receberia pacientes cujos filhos apresentavam sintomas que merecessem ser avaliados e explorados num outro plano que não o médico, particularmente por meio da palavra. Nem por isso me tomava pelo psicanalista que sempre quiseram fazer de mim, e que não sou. Contentava-me em realizar e estimular a realização de algo que chamaria muito mais tarde de "limpeza do terreno"; um esclarecimento da história do sujeito, recuando tanto quanto possível em busca do erro de direção que poderia ter conduzido à eclosão do sintoma. Esse trabalho era muitas vezes suficiente, por si só, para que tudo entrasse nos eixos. Quando, porém, ele não bastava, e uma exploração mais aprofundada se fazia necessária, constituía assim mesmo um excelente trampolim para um trabalho de outra natureza – este, sim, psicanalítico –, que eu confiava à técnica indispensável de um profissional idôneo.

Foi num desses horários, portanto, que eu a reencontrei. Pensei que ela devia estar numa aflição bem grande para haver aceitado (declarou que se havia "resignado") dar esse passo e reatar o vínculo anos depois do nosso primeiro encontro. O marido acabara de confessar que tinha um caso e de declarar sua intenção de deixá-la para refazer a vida com a amante. E, como fora chamado para ocupar um posto de trabalho fora da capital, tinha decidido que viria passar apenas os domingos com as crianças. O que teria acontecido com eles, perguntava ela? O que teria acontecido com o casal que formavam? O que ela teria feito de errado para se ver enganada? O que teria acontecido com esse homem que ela estimava e não deixara de amar para que ele, maduro, ponderado, consciente e responsável, tomasse uma decisão tão grave para o futuro do casal e das crianças? Independentemente da mágoa pessoal que sentia, ela se preocupava tanto com o que se passara com ele quanto com o futuro do núcleo familiar.

Não seria inútil determo-nos, a essa altura, nos primeiros dados desse adultério, pois ele constitui um caso totalmente distinto dos que eu descrevi anteriormente sob os títulos "homicídio" e "roubo". Na rubrica "roubo" encontramos habitualmente, como já se deve ter compreendido, uma sedução passageira que pode ou não ser descoberta ou confessada – e não é este o caso, pois o marido dessa jovem mulher confessa sua relação e diz querer assumir suas consequências. Essa confissão o coloca, todavia, numa posição totalmente diferente da do adúltero inserido na rubrica "homicídio". Ela mesma o diz, com suas próprias palavras, quando manifesta sua surpresa. Isso permite supor que, contrariamente às manobras habituais dos autores de adultérios "homicidas", esse homem não torturou a companheira a ponto de fazê-la endossar o sentimento de culpa posterior ao mal-estar comum e de obrigá-la, durante meses, e por vezes anos, a se questionar amargamente e a se perguntar sem descanso qual seria sua responsabilidade na mudança de atitude dele. O adúltero de tipo "homicida" literalmente usa os benefícios (sexuais, entre outros) proporcionados por sua aventura para esmagar, se não para tentar "matar" a fogo lento o outro membro do casal. Seu empreendimento não é anódino, longe disso: em geral, é o caminho escolhido para sair de um impasse existencial. O fato poderia ser admissível se as críticas que ele não para de lançar no rosto do outro tivessem algum fundamento. Mas o fato é que, com frequência, elas não têm fundamento objetivo algum. Resultam de um simples deslocamento: *o outro se torna alvo das críticas que não puderam, nem podem, ser dirigidas à pessoa a quem estariam eventualmente destinadas*. De fato, quantos homens não resolvem com suas mulheres os problemas deixados em suspenso com a mãe ou o pai? Quantas mulheres não fazem o mesmo? Que o fato seja frequente não o dispensa, porém, de reflexão, e até de julgamento. Afinal, o que revela? Nada mais e nada menos do que isto: *o parceiro escolhido* – porque estamos longe, neste caso, dos casamentos arranjados – *não o foi senão para prestar-se, cedo ou tarde, a ser objeto de tal empreendimento*. Vem lançar-se, assim, uma ponta de suspeita sobre o fundamento daquele amor considerado como o guia da escolha. O autor da escolha, e mais tarde, do adultério, revela-se portador, desde o início, desse narcisismo mortífero que designamos atualmente sob a apelação mais convencional de "ego superdimensionado". Serviu-se dele para seduzir, mais que amar, para fazer-se amar sem dar nada em retorno, exceto uma passividade habilidosa destituída de troca, esperando o momento propício para acertar as contas, por procuração, com a pessoa do passado que ele acusa por seu estado.

Todos terão compreendido, por essa desmontagem, que o processo – em muitos aspectos similar à dinâmica paranoica – instala esse tipo de adultério no âmago do que chamamos, um pouco celeradamente e em todas as circunstâncias, "enganar o cônjuge". *A verdadeira "enganação" está, de fato, aí, e não em outro lugar. Ela não se relaciona, na verdade, aos incidentes conjunturais que afetam o pacto implícito de fidelidade que rege as uniões. Ela está presente porque revela a manipulação exercida, desde o início da aventura, por seu autor.* Que isso só tenha ocorrido em razão da existência, neste último, de processos inconscientes aos quais ele não tem acesso não o isenta de responsabilidade; transforma-o, antes, em sujeito ao qual – queiramos ou não, admitamos ou não – se pode dirigir um julgamento objetivo. É fácil colocar os seres em pé de igualdade. É mais difícil fazê-lo quando vemos alguns abusarem de seu poder, manipular ou instrumentalizar um(a) parceiro(a) seduzido(a) a golpes de declarações de amor. Pode-se sempre argumentar, com razão, que a vítima, em virtude de fatores de sua própria história, foi parte interessada, e, portanto, inocente de sua própria aventura. Não há dúvida! Mas isso não resolve nada. Exceto se quisermos colocar vítimas e verdugos em pé de igualdade e dizer adeus a todo e qualquer senso moral no âmbito das trocas sociais! Reencontramos aqui a lógica dos partidários das uniões arranjadas: à distância das declarações de amor e de seus sortilégios, os pais dos futuros cônjuges sentir-se-iam capazes de perceber as condições passíveis de favorecer as manobras da "enganação" e tentariam dela preservar sua descendência. Mas encontramos também a lógica da proibição do adultério enunciada pelo Decálogo. Isso porque, quando esse tipo de adultério consegue, a um só tempo, romper o casal e destruir o outro do casal, nem por isso ele constitui uma evolução para seu autor, o qual recomeçará invariavelmente o mesmo percurso com a nova pessoa que encontrar, e com a seguinte etc. – algo a que assistimos atualmente em nosso entorno. Se, ao contrário, o autor da iniciativa tivesse respeitado a proibição, seu cônjuge teria cedo ou tarde reagido a suas manobras; teria conseguido fazê-lo compreender mais ou menos bem a inanidade de sua busca junto ao poste de iluminação, teria sido capaz de convencê-lo a enfrentar a escuridão e teria até mesmo se oferecido como acompanhante, para ajudá-lo a encontrar o objeto perdido. Tudo isso não se desenrola, é claro, sem muitos sofrimentos, os quais eram suportados enquanto se admitia a existência de um sofrimento *banal*[11], mas tornaram-se insuportáveis sobre o pano de fundo da única ideologia aceita, a ideologia hedonista. Tornou-se, ainda por cima, inconcebível, pois vai de encontro, neste caso também, ao princípio atualmente sacrossanto da liberdade individual, e àquele, escrupuloso, do respeito à escolha de vida dos próprios interessados. E não se deve contar com os advogados escolhidos pelos parceiros para ajudar a relativizar as dissensões e não jogar um pouco mais de lenha na fogueira. Dessa maneira, o contexto social compra uma paz relativa e lava as mãos em relação ao que acontece aos indivíduos. Esse tipo de atitude, aliás, não diz respeito somente às problemáticas que afetam os casais, mas rege também as suscitadas em inúmeros outros âmbitos. E alguns ainda se espantam, depois disso, com o fato de que nossos contemporâneos estejam no estado em que estão! Durante a maior parte do tempo de evolução da nossa espécie, a dialética em jogo esteve relacionada à proibição e à transgressão: a transgressão provocava sentimento de culpa, fazia retornar mais ou menos rapidamente à observância da proibição e motivava uma neurose salutar e banal. Nas últimas décadas, as proibições foram suspensas e substituídas pelo culto do desempenho: os que têm alto desempenho só chegam a tê-lo graças ao desenvolvimento de seu instinto assassino, e os outros afundam na depressão[12] que, ao traduzir a carência de autoestima, paralisa toda e qualquer iniciativa. Quando um processo dessa ordem afeta todo o espectro das relações, é inútil correr atrás da ilusão de uma sociedade distinta desta – depressiva – que nós mesmos fabricamos.

---

11. Moustapha Safouan, *L'Échec du principe de plaisir*, Paris, Seuil, 1979.

12. Para mais detalhes sobre esse ponto, pode-se consultar Alain Ehrenberg, *La Fatigue d'être soi*, Paris, Odile Jacob, 1998 e "Poches Odile Jacob", 2000.

O trabalho, iniciado no dia desse segundo primeiro encontro, sem que nada fosse ou precisasse ser dito sobre o fracasso do anterior, desenrolou-se durante aproximadamente quatro meses, com frequência de uma sessão por semana. E, como sempre, consistiu em deixar que surgisse o que pedia para surgir, permitindo que os pensamentos se associassem sem censura nem hierarquia. Esse grande princípio, que o psicanalista deve enunciar ao paciente quando o convida a se deitar no divã, é chamado "associação livre" e constitui a "regra fundamental" de todo trabalho psicanalítico ou de tipo psicanalítico, seja ele "historiopático" como o meu.

Para compreender sua pertinência, é preciso imaginar que o trabalho ao qual se entrega um indivíduo que empreende tal iniciativa equivale a tentar desenredar um novelo de fios de diferentes cores, sobre o qual não sabemos nem como, nem quando chegou a esse ponto de emaranhamento. A questão – das mais angustiantes, pois somos formatados para proceder, em todas as coisas, de modo racional – é saber como desenredá-lo, por qual ponta começar. Ora, a experiência psicanalítica ensina que, seja qual for a ponta escolhida, isso dá no mesmo: o desembaraçamento sempre se realizará, contanto que não se caia na impaciência, chamada por Kafka de "pecado original". Longe de unificar os comportamentos, isso revela de modo flagrante as diferenças que se podem observar entre um indivíduo e outro. Enquanto um indivíduo passa muito tempo a contemplar, aterrorizado, o novelo, sem ter coragem de nele encostar, um outro se precipita sobre ele e puxa irrefletidamente todas pontas que lhe caem entre os dedos, embaraçando tudo um pouco mais, ao passo que um terceiro vai timidamente de um pedacinho de fio que mal começou a ser puxado a outro, aparentemente mais fácil de manipular. Nada, nessas diferenças, é anódino ou destituído de significado; as informações que elas fornecem sobre a estrutura do sujeito contribuem para guiar o terapeuta em sua escuta. O tempo e a transferência que se operam farão o resto e selarão cedo ou tarde o destino da impaciência.

Como recomendei à minha paciente que procedesse assim, vi em pinceladas, e na mais perfeita desordem – como sempre –, a história que se desenrolava ao longo de várias gerações.

Entre as duas guerras, uma avó materna havia decidido sacudir o jugo masculino da época. Rompera com o pai e servira-se do poder de sedução que sabia ter para levar pelo beiço vários homens ricos, entre os quais alguns célebres, e obter com os anos um patrimônio imobiliário graças ao qual parte de sua descendência ainda vivia. Finalmente se tornara anfitriã de grandes recepções, numa casa magnífica de uma estação balneária famosa. Lá conheceu um homem que julgou digno de si, com quem acabou se casando e que lhe deu três filhos, um logo após o outro: dois meninos e uma menina. Empenhou-se em transformar esta última num modelo de virtude, fazendo com que realizasse um belo casamento burguês, arranjado (*sic*) por ela, exclusivamente de acordo com seus critérios. Essa menina, eu a conhecia: era a mãe de minha paciente. Sempre que a havia encontrado sua atitude me fazia lembrar *Pénélope*, a música de Georges Brassens cuja letra se dirige às mulheres como ela, em termos tão comoventes.

Vieram então, igualmente desordenados, os detalhes sobre a infância, a relação com o pai – consternado com o que acontecia a sua filha e disposto a "quebrar a cara" do genro –, as brincadeiras, a escola, o nascimento da irmãzinha e, logo depois, o do irmãozinho. Vieram também os amigos, os estudos universitários e os primeiros empregos, as primeiras paqueras, as primeiras aventuras sexuais, o encontro determinante com aquele que se tornaria seu marido – em desordem, eles também –, sem nada informar de significativo sobre uma pista qualquer que pudesse responder às perguntas suscitadas pelo primeiro encontro. Ela não hesitava em falar sobre sexualidade e, em particular, sobre a própria, que parecia sempre ter investido de modo salutar – e isso a preocupava, aliás, fazendo com que se perguntasse o que o marido poderia ter ido procurar numa outra relação. Nesse aspecto, ela dava a entender que não tinha constrangimentos nem tabus. Embora não tivesse obtido resposta, sua pergunta era absolutamente válida. Afinal, imaginamos com frequência, se não sempre, que é para satisfazer fantasias múltiplas e torturantes, não satisfeitas por falta de cumplicidade da companheira, que muitos homens multiplicam as aventuras. Ela me dava a entender, de certa maneira, que o seu não tinha motivos para queixas, sob nenhum aspecto.

Chamei sua atenção, ao longo dos encontros, para o fato de que ela não ia tão mal assim e suportava relativamente bem a própria situação. Seria o efeito de nossos encontros ou de uma constituição mais sólida do que pressagiava sua aflição inicial? Eu tivera tempo de sobra para olhá-la como clínico: não era realmente bela; no máximo, benfeita e agradável ao olhar, mas nada provocante. Tinha um corpo vigoroso, de esportista, que lhe dava aquela aparência do que chamamos habitualmente uma mulher forte, enérgica e determinada como seus traços deixavam transparecer: testa achatada e grande, olhos vivos cuja expressão eu assinalei, maçãs do rosto altas, nariz reto e um pouco grande, lábios finos e queixo proeminente. Parecia-me que combinava com o marido, a quem eu conhecia e cujo rosto de homem sólido e relativamente sereno eu lembrava.

Com o tempo, ela passou a gostar de mim. Disse-me isso ao me contar que, nas conversas que tinha com a mãe, o pai, as amigas e mesmo com o marido, referia-se a mim como "o Aldo". Quando me chamou assim pela primeira vez, pediu desculpas e deu uma risada, dizendo-me que fazia como todo o mundo e que era minha culpa, eu é que devia ter "um nome menos simpático". Não reagi, esperando que ela continuasse suas associações e evocasse enfim nosso encontro fracassado. Não foi o caso. Dei-me conta então de que eu ficara mais incomodado que ela por algo que continuava a sentir como um erro deontológico inqualificável.

Depois vieram, cada vez mais frequentes, aquilo que podemos chamar de "sessões de tagarelice": como se está ali para falar, fala-se de um encontro ou de uma discussão, quando não de um filme ou da última peça de teatro a que se assistiu. É sempre assim, por sinal, num ou noutro momento desse tipo de trabalho, como, aliás, nas análises no divã. O falante perde a capacidade de manter uma fala consistente e plena, e já não diz nada que valha a pena escutar. Sabemos que o processo se deve, em geral, ao medo de abalar o prazer proporcionado por uma situação ou de enfrentar o que chamamos uma "resistência", que designa algo que resistimos em deixar emergir, por medo de sermos engolfados por ele ou de o perdermos. Lacan, que detestava perder seu tempo com esse tipo de sessão, encurtava-as, recebendo, no entanto, seu pagamento normal por elas; chegou a reduzi-las a alguns segundos, quando sentia que seu analisando cedia a esse estado. Foi por ter inventado esse tipo de sessão, que passaram a ser chamadas, a partir de sua prática, "sessões curtas", que ele foi excluído da International Psychoanalysis Association, o que o levou a fundar a École Freudienne de Paris, no que foi seguido por inúmeros de seus alunos. Imbuído da simples intenção de "limpar o terreno", nunca me permiti esse tipo de reação. Assim, tive de me resignar, sujeitando-me a quantas falas e quantos relatos vazios fossem necessários ao surgimento de algo mais instrutivo.

Isso me foi oferecido por um acaso do calendário. Assim é que, naquela manhã, ela começou dizendo que seu aniversário seria "dali a dois dias, e que isso era deprimente, mesmo antes de chegar". Eu não a imaginava fazendo um discurso amargo sobre a passagem do tempo, o envelhecimento e a angústia da morte. Estava mais preparado para ouvi-la declarar a tristeza que sentiria em ter de comemorá-lo mesmo sem o marido; foi então que a ouvi dizer: "Sempre me senti assim, desde que me casei." Fiquei atento, e ela acrescentou: "Detesto meu aniversário! Fico enojada, só de imaginar! Aliás, é essa sensação de enjoo que me faz lembrar, muitos dias antes, que a data está próxima." Não emiti o mínimo som. Sua fala parecia ter tomado uma direção boa demais, eu não podia correr o risco de interrompê-la nem mesmo com o menor sinal. Ela se calou durante alguns segundos, assoou o nariz e, como a frase ficara em suspenso, continuou no mesmo tom: "É que meu sogro – o senhor não vai acreditar –, meu sogro sempre acha inteligente e espirituoso me dar roupas íntimas de presente!" Eis a prova, se necessária fosse, de que, sejam quais forem as habilidades das quais nos achamos dotados, nunca podemos prever o que dirá o outro, único detentor de seu próprio saber. Ela passou então à descrição do estado em que a colocava o tal presente, atirado no lixo assim que ela chegava em casa: "Isso aumenta meu enjoo, chego a vomitar de verdade, como se quisesse me castigar pelos agradecimentos e sorrisos civilizados que sou obrigada a manifestar diante do 'público'."

Fiquei pasmado.

Não apenas porque soubera de algo que julgava revoltante e inqualificável, de tão violento e insultante; mas também porque, para além do despudor e da indecência, o doador outorgava-se assim o direito de exercer um insuportável controle sobre o corpo do destinatário, a quem era transmitida, desse modo, a ideia de que nem ele nem seu parceiro legítimo eram proprietários desse corpo. O fato, infelizmente, é muito menos raro do que imaginamos. Ouvi esse tipo de relato inúmeras vezes, e constatei que ele era perpetrado sempre contra mulheres jovens, tanto pelo sogro quanto pelo pai ou pela mãe. Quando é obra do sogro, expressa o desejo sexual de um modo dos mais perversos. Quando vem do pai, manifesta abertamente a pulsão incestuosa. Quando vem da mãe, introduz uma dimensão de intimidade e despudor destinada mais ou menos conscientemente a imiscuir-se na sexualidade da filha, a dominá-la, quando não a desfrutá-la por procuração. Quando envolve pai e mãe, trai o ódio visceral inconsciente que eles às vezes alimentam contra o pobre genro, ao qual comunicam assim nunca terem cedido senão temporariamente o corpo da filha, corpo que ainda consideram como seu, pertencendo-lhes de direito e para sempre, inclusive em suas partes íntimas. Tenho perfeita consciência, ao escrever o que escrevo, que me lanço numa digressão inoportuna. Mas por que não aproveitar a oportunidade e denunciar comportamentos nocivos e mais frequentes do que imaginamos? Quanto ao fato de que me estaria entregando a interpretações selvagens, cuja violência conhecemos, não vejo por que, nem em nome de quê, eu deveria demonstrar grande consideração diante de pais que optam por comportamentos tão destrutivos para os filhos e seus descendentes. Sempre disse e escrevi: não estou convencido em absoluto de que a confusão de gerações e de sexos, e menos ainda a cumplicidade entre gerações – tão em voga, infelizmente – possa constituir, onde quer que se pratique e seja qual for a máscara que a encubra, um progresso para nossa humanidade.

Para além dos sentimentos perturbadores que manifestava e suscitava, o processo – descrito por ela como recorrente – fornecia, antes de mais nada, a explicação para o nosso encontro fracassado, que tanto me preocupava. Seu sogro e eu éramos da mesma faixa etária. O olhar que eu havia dirigido ao seu quadril não poderia lhe parecer senão como portador de uma carga erótica, lembrando-lhe assim a agressão incestuosa que ela denunciava, contra a qual ainda não encontrara meios de se defender. Depois de alimentar por muito tempo o remorso por aquele erro profissional e de formular a seu respeito inúmeras perguntas sem resposta, considerei que podia lhe falar sobre o meu sentimento. Foi o que fiz. Retomamos então nossas lembranças respectivas. Elas concordavam ponto por ponto. Eu nada disse sobre meu deslumbramento renovado diante da surpreendente alquimia que todo encontro produz. Que milagre, afinal, fez com que eu não me defendesse do olhar que lancei ao seu quadril, assim que ficamos na presença um do outro, quando ela nada fizera para suscitá-lo? E por qual prodígio de comunicação entre inconscientes nos vimos, de súbito, frente a frente com o enredo que jazia no âmago de seu mal-estar? Se, durante anos, o sintoma "falou" e não deixou de dizer sua presença, acabara de "dizer", enfim, mais do que jamais "dissera" até então. Mas será que havia acabado de "dizer"? A última palavra da sessão foi dela: "Eu construí toda uma história na minha cabeça! Não me arrependo de ter colocado meus filhos sob os cuidados de sua colega, há males que vêm para o bem; mas, agora que o conheço melhor, minha teimosia seria realmente de lamentar, porque o senhor é muito simpático!"

Aquilo se passava, como de costume, numa terça-feira. Na manhã de sexta, tive a surpresa de receber uma ligação de seu marido. Estava de passagem por Paris naquele fim de semana e desejava me ver com urgência, pois, em razão de sua saída definitiva de casa e de sua instalação iminente com a nova companheira, tinha de tomar algumas providências em relação às crianças. Eu havia planejado passar o fim de semana no campo e não trabalharia naquela tarde. Mas fiz um esforço e marquei um encontro para as 14 horas.

Sabendo que eu estava a par da história toda, entrou diretamente no assunto, sem rodeios, consultando um *check-list* de perguntas que iam de "como anunciar a coisa às crianças" à "organização das férias", passando pela "maneira de instaurar a relação delas com sua namorada", que, ainda por cima, era estrangeira e falava mal o francês. Eu o escutei – distraidamente, devo dizer, de tanto que essas perguntas, esperadas e quase estereotipadas, sempre me pareceram destinadas a mascarar um surdo sentimento de culpa que se tenta combater pelo aconselhamento por autoridades no assunto: esses conselhos são propriamente inúteis, pois a solução dos problemas eventuais é sempre da alçada dos pais, e só deles. Qualquer separação entre os pais, seja qual for a idade das crianças e sejam quais forem as precauções tomadas, é sempre fonte de intensos sofrimentos para elas, tanto quanto, aliás, para os próprios protagonistas. Sendo assim, ainda é melhor que seja de uma só vez, uma única: é como a diferença entre tirar um curativo lentamente ou arrancá-lo com um gesto rápido. Respondi repetidamente, portanto, que ele era o pai de seus filhos, que podia fazer como achasse melhor, não precisava de meus conselhos, nem precisava prestar contas a ninguém.

Como bom administrador de empresas que era, retomou a lista de perguntas e me fez repetir, para cada uma, anotando a respectiva resposta, que podia, portanto, fazer como bem entendesse. Respondi as mesmas coisas, uma vez mais, num estado de semiausência, pois debatia-me, do meu lado, com uma pergunta que me parecia bem mais importante e que não deixara de me perseguir desde o início da nossa sessão: eu cobraria por ela? A resposta que surgiu em mim, não sei bem por quê, foi a seguinte: se eu me fazia a pergunta, então não deveria de forma alguma cobrar. Esgotada a lista, ele agradeceu, levantou-se e me perguntou quanto me devia. Respondi: "Nada." Ele ficou espantado, insistiu, argumentou; eu varri tudo aquilo com um gesto. Ele me perguntou o motivo da liberalidade de meu gesto, e eu respondi que "era normal", sem mais. Devo dizer que nem eu sabia, naquele instante, por que a pergunta havia surgido e por que eu a resolvera daquele modo. É preciso dizer que a questão do dinheiro nesse tipo de trabalho é das mais delicadas. Lidar com ela é, por vezes, infinitamente perigoso, e ela é tão mal compreendida pelo público que sobre ela se diz o que se quer, e as piores coisas! Imagino, no entanto, que se tentará interpretar meu gesto como consequência direta do jeito como a história toda havia começado. "Olho por olho", de certo modo: eu podia trabalhar "pelos belos olhos do marido", isto é, de graça, já que o quadril da mulher me havia "enchido os olhos".

Ela voltou na terça-feira seguinte. Assim que se sentou, declarou que a minha grande reputação não vinha do nada. "Uma vez mais", pensei comigo, sentindo por ela uma ponta de ternura, "ela entra no assunto em grande estilo, coisa que sabe fazer muito bem". Ela continuou: "O que o senhor fez ao meu marido? O que o senhor disse para ele? Como lidou com ele? O senhor é realmente um mago! Talvez ainda não saiba, mas realizou um verdadeiro milagre!" Calou-se então por um instante. Eu não sabia se ela estava emocionada ou se preparava o impacto do que diria a seguir. Esperei, como sempre, pronto para ser surpreendido. Ela continuou contando-me que o marido, depois de ter saído do meu consultório, havia voltado imediatamente para a casa deles, pedira desculpas a ela por todo o mal que lhe havia causado, dissera-lhe o quanto a amava e como se sentia idiota por ter-se lançado naquela aventura estúpida. E, como ela não acreditava no que ouvia, ele ligou para a amante na sua frente, dizendo-lhe que tudo estava terminado entre eles, que ela não o esperasse em casa, pois ele havia retornado definitivamente para a mulher e os filhos. "Eu caí de quatro, mas nunca apreciei tanto uma queda! Nós fizemos amor ali mesmo, no chão, na hora, loucamente, e não paramos o fim de semana inteiro. Sim, porque ele ficou e explicou tudo às crianças – o senhor precisava ver como e com que delicadeza! – e elas ficaram loucas de alegria, é claro! Ele ligou também para os colegas de trabalho para combinar como administrariam os dias seguintes. Vai procurar uma casa grande para nós, porque a casa em que ele pretendia morar com a moça é muito pequena. Eu irei para lá com as crianças assim que terminar o trimestre letivo."

Ela continuou mais um tempo a sonhar em voz alta e a tentar fazer um balanço dos acontecimentos.

Eu não a escutava mais. Fazia, eu também, o balanço dos meus próprios atos, e particularmente da decisão de não cobrar daquele homem que viera à minha consulta. Mesmo constatando regularmente, nesse tipo de trabalho, os efeitos surpreendentes da atuação do inconsciente, ficamos sempre estupefatos! A história ainda comportava muitas zonas obscuras. Seria tão importante assim esclarecê-las? Não sabia ao certo. O resultado estava lá. Precisava apenas entender de que maneira ele havia se operado. Poderia de imediato resumi-lo assim: um casal de indivíduos, com suas respectivas histórias, se constitui sob os mais favoráveis auspícios e funciona bem durante um certo tempo, trazendo três crianças ao mundo e educando-as. Um grão de areia se introduz furtivamente nas engrenagens e se traduz por um detalhe recorrente: o avô paterno indispõe regularmente sua nora oferecendo-lhe "roupas íntimas" a cada aniversário dela. Ao fazê-lo, expressa abertamente o interesse que tem por ela, na qualidade de ser feminino, a cujo sexo ele oferece uma vestimenta. De modo confuso, a nora percebe que há nessa oferenda algo de indecente, como o desejo que ele repetitivamente assinala ter por ela. Desejo de um homem a quem ela deve respeito, assim como respeitou seu pai, do qual encontrou a boa distância no dia em que, bem pequena, desistiu de seduzi-lo e admitiu que ele era o homem de sua mãe. Nada disso se desenrola, é claro, sem uma ambiguidade que parasita a evolução desses vínculos. Ela acredita, contudo, que pode se adaptar à experiência e, de início, finge ignorar a intenção e o gesto. Mas o gesto se repete. Ela tem seu primeiro filho. Falam-lhe sobre minha maneira de trabalhar. Devo ter sido descrito como um profissional singular, que tem apenas uma orelha ocupada com o estetoscópio, enquanto a outro permanece aberta às palavras. Ela não sabe o que procura, mas essa atitude a atrai. Ao dirigir-se à minha secretária por ocasião de sua primeira tentativa de marcar consulta, mostra-se insistente. E, mal acaba de me conhecer, surpreende meus olhos... no seu quadril! "São todos uns tarados, e mais ainda nessa idade", deve ter pensado, antes de acrescentar, com certeza, naquele seu estilo tão característico: "Que inferno! Não há jeito de confiar neles! Que infelicidade, ser mulher!"

Passa a fugir de mim. Pode fazê-lo, e mostra que o faz frequentando, nas minhas barbas, o consultório de minha colega e evitando cuidadosamente me encontrar, ainda que as circunstâncias não lhe deixem outra escolha. É provável que essa agressão recorrente dirigida a mim permita-lhe suportar a situação de nora agredida por um sogro incestuoso, de quem não pode fugir durante as reuniões de família, nas quais é com certeza incomodada pela lembrança obsessiva do presente indecente. Fazendo-me pagar, por deslocamento, no lugar do outro, ela demonstra, contudo, que toma uma posição. Será que um dia confiou seu constrangimento ao marido? Nunca, disse-me ela quando lhe fiz a pergunta; tinha medo de semear a discórdia na relação – que sempre lhe parecera tensa – entre os dois homens. Além do mais, o que poderia ter feito esse filho, a quem o gesto do pai certamente já havia espantado? O que ele poderia ter feito, diante desse pai cuja posição continuava visivelmente a impressionar o garotinho que ele fora? O que podia fazer, senão engolir? Engolir, como frequentemente se faz, em razão do surdo, longínquo, mas sempre presente sentimento de culpa por ter, como todo sujeito masculino, sonhado um dia em ser o homem da mulher de seu pai. Ele se cala. Até que vem a gota – impossível de identificar, por falta de informações – que faz a água transbordar. Ele encontra uma mulher a quem parece agradar – o que não é raro, nem difícil. Faz dela sua amante. Experimenta então a felicidade de sentir de novo a potência de seus genitais ameaçados pelo gesto recorrente do pai e pela passividade aparente da esposa. Ei-lo munido do meio mais eficaz de combater aquilo a que os psicanalistas deram o nome claramente sugestivo de "angústia de castração". Preocupado em não "destruir o que ainda resta", comunica à mulher sua intenção de deixá-la. Na verdade, o que ele está abandonando não é exatamente a ela. Diferentemente de um Goulaud atormentado pela dúvida ou do lamentável herói do filme *De olhos bem fechados*, preocupado pela descoberta de que sua mulher pode sentir desejo sexual por outros homens e buscando compreender o mistério desse tipo de desejo, diferentemente também dos homens que de repente já não suportam as mulheres castradoras que, no entanto, escolheram, neste caso ele não pode se queixar de nenhum tipo de desinvestimento real ou fantasioso de sua pessoa. Isso pode ser deduzido pela maneira como essa mulher evocava a sexualidade do casal, descrevendo-a como desprovida de todo e qualquer constrangimento ou tabu. O que ele abandona é o terreno onde ela constitui o cerne de uma luta potencial e forçosamente desigual entre ele e o pai.

O mecanismo é acionado. Ela me procura. E, por transferência, poderá dizer a mim e, simbolicamente, ao sogro, o quanto a incomoda ser presenteada com essas "roupas íntimas". Mas, como visivelmente não é ela que está em causa no que incomoda seu marido, isso não faria muita diferença para ele: era tarde demais. Contudo, seguindo seu projeto de restauração da própria virilidade, eis que ele vem à minha consulta. Para pedir conselhos e receitas? Ou para me dizer, colocando-me no lugar de seu pai, que ele deixa o campo livre? Ora, provavelmente ele fica surpreso: não somente o valorizo com minhas respostas, restaurando sua estatura e autonomia, como não o faço pagar. Desse modo, saio da posição de profissional distante. Torno-me, para ele, sem que ele nem eu o saibamos – pelo mesmo mecanismo de projeção instaurado no encontro com sua mulher pelo olhar dirigido ao seu quadril –, uma figura paterna possível, uma figura que se destitui ostensivamente do poder que ele lhe atribuía. Torno-me o bom pai, de quem ele não tem mais nada a temer e por quem foi reconhecido como um homem capaz de assumir as rédeas do próprio destino e digno de ter a mulher que escolheu e de amá-la como bem entender, inclusive fazendo amor com ela no chão na hora seguinte.

Eu a encontrei mais três ou quatro vezes, e pude ter certeza de que toda essa explicação não era apenas uma "invenção". Tudo corria muito bem, e ela me transmitia regularmente as saudações de seu marido.

Eles saíram da capital, dando um fim à pesada atmosfera das reuniões familiares de protocolo e aos presentes envenenados de aniversário. E passaram a me dar notícias (sempre boas) a cada Ano Novo.

Quatro ou cinco anos depois, ele telefonou para mim. Eles pretendiam passar alguns dias na região parisiense e gostariam de me ver. Tive um pouco de medo e perguntei imediatamente se algo não ia bem. Tudo ia bem. Queriam simplesmente aproveitar a estada para me convidar para um almoço ou jantar, o que fosse melhor para mim, manifestar a gratidão que sentiam e dizer o que eu significava para eles. E foi um almoço "muito bacana", como dissemos em uníssono.

Visões do casal

Eles partiram. Anos depois de nosso primeiro encontro, tomaram-me uma vez mais por testemunha, contando-me seu dia a dia, um dia a dia de pessoas felizes, consideradas "sem história". Na camada mais tagarela e ativa de nosso ambiente social, ávida pelas infelicidades que escorrem das novelas e pela denúncia do menor matiz "burguês" de uma existência – haveria palavra mais carregada de desprezo em nosso vocabulário atual? –, não se deixaria de lastimar ou ridicularizar a escolha de vida que fizeram. Formam um casal, uma família. Educam crianças. O enredo de seu cotidiano pareceria obrigatoriamente de uma tristeza mortal; reencontram-se todos os dias, desvelando-se em pequenas atenções ao bem-estar mútuo, compartilhando pequenas preocupações, desgostos ridículos e diminutos. Teimamos em imaginá-los, desconsiderando totalmente o que eles mesmos dizem, unindo-se sexualmente de vez em quando, movidos por um resto de desejo animal, com certeza desprovido – é claro! – de paixão. "A felicidade é uma bola que rola: corremos atrás dela quando não a temos, e quando a temos, a chutamos", declarava Chateaubriand. Eles decidiram segurá-la, prosaicamente, quando ela enfim apareceu, depois de ter ameaçado desaparecer para sempre.

Eles nada têm, decididamente, desses personagens romanescos que invadiram nosso horizonte, e nosso entendimento!

Entretanto, se examinarmos com precisão o que procuram, com suas acrobacias, os tais personagens que se dizem romanescos, perceberemos que, seja qual for a maneira como se comportam e seja qual for o gênio inventivo ou as soluções de que se servem, todos eles, independentemente de suas histórias, têm um único e mesmo objetivo: sair de seus conflitos extenuantes, terminar seu périplo e alcançar enfim essa espécie de porto, bem menos fácil de encontrar do que imaginamos, alcançado por esse casal. Se fosse fácil, acaso teríamos visto a curva das separações tomar um vulto exponencial e conferir ao casal, como primeira de suas características, a precariedade extrema? Isso tem sido muito exercitado. Por que não, afinal? No entanto, com ou sem crianças, não se hesita em romper diante da primeira dificuldade, porque, ao que parece, essa dificuldade ameaçaria... o quê, na verdade, senão esse famoso ideal "burguês" que perseguimos, sem o saber e muito menos admitir, como algo que nos é devido, sem demora, e sem que seja necessário o mínimo esforço para obtê-lo?!

Como entender tal paradoxo?

É uma questão verdadeiramente difícil. "O paradoxo é a vida!", ensinam os terapeutas sistêmicos, que fazem dele a força propulsora de suas prescrições, quando precisam imprimir mobilidade a uma situação enrijecida ou que tende a se enrijecer. O que se delineia por trás das situações prosaicas é a existência, em todos os seres humanos, seja qual for sua língua ou cultura, de certa busca da homeostasia, a serviço da qual interviria uma contabilidade rigorosa, que não pode ser eliminada, com a qual não se pode negociar e muito menos jogar desonestamente. E essa homeostasia só pode ser identificada por sua ausência, que dificulta a vida porque nela se inscreve como carência.

Já falei sobre isso, quando me pareceu necessário fazê-lo na sequência das observações que desenvolvi então. Mas teria assim esgotado a questão? Bem que gostaria; como gostaria que estivessem mais claras e fossem mais simples as relações entre homens e mulheres, mães e pais; como teria apreciado também que os sistemas de negociação indispensáveis a qualquer entendimento entre dois seres, *a fortiori* quando formam um casal e são pai e mãe, pudessem funcionar como funcionaram entre essa mulher e esse homem, cuja relação acompanhei durante algumas semanas.

Mas que ilusão não estaria eu alimentando se acreditasse que tal desejo poderia se realizar!

Foi provavelmente porque identificaram a extraordinária dificuldade com que deparam tais relacionamentos que as gerações anteriores mantiveram, durante séculos, se não milênios, o mesmo formalismo no que diz respeito à formação de casais. As coisas se realizam, aliás, mesmo em nossos dias, do mesmo modo ritualizado, jamais comentado ou esclarecido, exalando um perfume discretamente antiquado. A futura esposa chega ao altar (civil ou religioso) de braços dados com seu pai, e o futuro esposo, de braços dados com sua mãe. Saem de braços dados um com o outro, definindo-se a partir de então exclusivamente pelo relacionamento que têm entre si. Ela deixou de ser a filha de seu pai, cujo nome já não usará, ele deixou de ser o filho de sua mãe, prolongando o nome do pai, do qual se apropriou, e transmitindo-o a outra mulher que não sua mãe. São os companheiros um do outro, unidos se não "diante de Deus", ao menos e sempre "diante dos homens". E a união, é claro, foi selada para durar: o compromisso legal, as leis e o peso das "famílias que se unem" sendo destinados a atuar no mesmo sentido e a manter essa sanção ao abrigo das vicissitudes.

Tudo isso se inseria na lógica da Lei da Espécie e podia ser encontrado, com algumas variantes, em todas as culturas do mundo, das mais sofisticadas às mais primitivas. Mas eram épocas, e populações, nas quais os seres humanos ainda não haviam se convertido – ou estariam insuficientemente convertidos, aos olhos dos nossos "sacudidores de jugos"! – à ideia de que não precisavam se preocupar em caso algum com suas respectivas histórias, com os vínculos que haviam forjado e com o lugar que haviam conferido a seus genitores, em função dos respectivos sexos. Não se havia apreendido, e muito menos compreendido que, como "de cada dois homens, um é uma mulher"*, era indispensável apagar uma diferença entre os sexos geradora de todas as injustiças e, na sequência, apagar também uma diferença geracional vista como fonte de todas as opressões. Nessa época, imaginava-se que as palavras tinham algum peso e atribuía-se importância ao simbolismo de um nome que, tendo sido arbitrariamente fixado um dia, poderia de modo igualmente arbitrário mudar a qualquer momento no decorrer das sucessivas gerações. Além disso, por que diabos – perguntaram alguns, por fim – dar o nome do pai? Por que o da mãe não teria valor igual? Por que, aliás, não colocar ambos os nomes lado a lado, numa ordem qualquer, ou inventar um nome novo? Os países ibéricos e toda a cultura hispano-lusitana foram escolhidos como exemplo – afinal, não procederam sempre dessa maneira? – a fim de varrer as últimas reticências. É verdade que nunca nos perguntamos, ou apenas superficialmente, sobre a origem dessa particularidade, que nos contentamos em assinalar e empregar. Ela é, no entanto, consequência direta de um fato historicamente inscrito e que atravessou os séculos – prova, se necessário fosse, de que os utilizadores de tal argumentação vão buscar, em sua panóplia, elementos de uma história, ao mesmo tempo que negam sua importância! Esse costume, com efeito, é o enxerto, nos hábitos hispano-lusitanos, de um procedimento comum na civilização árabo-islâmica que reinou naquela região durante sete séculos. Ele perdurou, como os palácios, os jardins, certas características da gastronomia, o jota e inúmeras palavras nas línguas espanhola e portuguesa.

* *"Un homme sur deux est une femme"*, célebre *slogan* do movimento feminista francês, que alude assim, de modo crítico, ao hábito de empregar a palavra "homem" para designar a totalidade do gênero humano. (N. da T.)

Os homens da civilização árabo-islâmica eram polígamos, e as mulheres tinham o dever – e ainda o tem – de dar o nome de Maomé ao primeiro filho homem que punham no mundo. Um único homem, Ali, podia assim ter cinco, oito ou quinze filhos de nome Maomé, e só poderia transmitir-lhes uma grave perturbação identitária se os chamasse a todos "Maomé filho de Ali". A solução mais cômoda foi simplesmente a de conferir também, a cada um deles, o nome de sua genitora. Assim, Maomé filho de Ali e Fátima não podia ser confundido com Maomé filho de Ali e Aïcha, e assim por diante. Isso, aliás, só poderia ocorrer num contexto em que os usos da civilização árabo-islâmica tinham força de lei. Quando morava na Argélia, na minha juventude, para ganhar um pouco de dinheiro trabalhava durante as férias na prefeitura da cidadezinha onde vivia. Tinha de copiar, em grandes cadernos destinados às seções eleitorais, as listas dos eleitores, elaboradas para servir num referendo com data marcada. Nessa ocasião, tive de escrever páginas inteiras de "Maomé filho de Maomé SNP" que se sucediam aos milhares. SNP significava "Sem Nome Patronímico" – eram pessoas que nunca tinham tido o cuidado de se dotar de tal atributo. O número dos respectivos títulos de eleitor, em época de consulta eleitoral, era o que lhes conferia uma identidade oficial, ficando subentendido que não se confundiriam entre si nas suas comunicações e no dia a dia. As coisas não podiam ser diferentes, no plano formal, porque a lei francesa não aceitava que se colocasse o nome da mãe ao lado do nome do pai. É paradoxal constatar que, neste momento em que nossas leis já não têm de administrar o destino de tantos Maomés filhos de Maomé, faz-se uma proposta nesse sentido, apresentada como verdadeiro progresso! A quem e para que serviria? A mães desejosas de transmitir o nome de seu próprio pai, sem perceber que tal desejo seria indício de um sintoma que não deixaria de afetar o futuro da criança: além de indicarem que têm um direito inalienável de uso do nome paterno – em detrimento do nome do pai da criança ou do nome do próprio avô materno delas – transformam seu próprio pai, simbolicamente, em pai da criança, expulsando assim o parceiro e continuando a se deleitar numa rivalidade não resolvida com a própria mãe. Estamos diante de uma Lei da Espécie claramente pisoteada e questionada em sua legitimidade. É uma vitória incontestável da estrutura perversa que afeta uma parcela mínima – porém muito ativa e poderosa, porque muito ouvida[13] – de nossa população. Por isso tratei dela como o fiz, e no único tom que convém a tais inépcias, seja qual for sua popularidade.

Temo, no entanto, que nossos semelhantes sejam levados a ceder de modo cada vez mais maciço aos sortilégios de uma sociedade de consumo que os convidará a investir exclusivamente o instante, desprezando tanto o passado e a história quanto o futuro ou o devir das crianças que eles terão semeado como bugigangas, frutos de uma experiência passageira ligeiramente mais importante do que as outras. Parece que não há por que se preocupar: essa gente toda, que só terá tido acesso à única posição reconhecida, a de consumidor, poderá contar, para o tratamento das perturbações eventuais e forçosamente passageiras que venham a surgir, com as sucessivas versões do DSM[14] e com a eficácia e a rapidez dos potentes remédios inventados por uma farmacopeia à altura dos desafios em jogo.

Nem por isso deixa de ser legítimo, já que não se pode ter esperanças de frear essa decomposição crescente de nossa posição e de nossos vínculos sociais, perguntar o que fazer, até lá, por essas poucas gerações intermediárias que serão colocadas entre um passado irremediavelmente condenado e um despenhadeiro inevitável, de proporções desesperadoras, que se anuncia como futuro. O que podemos fazer além de continuar a esclarecê-las quanto a essas forças – diante das quais acreditam que a única opção é ceder –, porque elas ameaçam, quando não minam, os casais formados para realizar o que acreditam ser o percurso de suas vidas?

Continuarei a exploração detendo-me, desta vez, não num caso clínico, mas numa obra cinematográfica que trata de um adultério feminino, e que me parece particularmente instrutiva.

---

13. Um exemplo: em 22 de abril de 2006, o redator do jornal das 13 horas da rádio *France-Inter*, ao informar sobre a legalização, na Bélgica, da adoção de crianças por casais homossexuais, decide comentar a notícia. Para esse fim, escolhe uma socióloga evidentemente favorável à decisão, que denuncia a reticência francesa nesse âmbito, deplorando que em nosso país os legisladores continuem a fundar suas decisões em "princípios"!

14. Sigla de um manual, o *Diagnostic and Statistical Manual of Mental Disorders*, estabelecido pela American Psychiatric Association e atualizado regularmente. Para esse DSM, a psicanálise evidentemente não existe.

Durante anos, tive diversas oportunidades de cruzar com ela no corredor e de cumprimentá-la. Ela respondia educadamente, no seu estilo, chegando até, ao longo do tempo e das circunstâncias, a me apresentar, sempre entre duas portas, o marido, depois o segundo bebê, depois o terceiro. Quando seu filho mais velho ou um dos outros ficava doente na ausência de minha colega, estando eu incumbido sozinho da continuidade dos tratamentos, ela dava um jeito para que ele viesse à minha consulta acompanhado da mãe dela ou do marido. Só para dar uma ideia de como o mal-estar anunciado em nosso encontro nunca se havia dissipado.

Eu poderia dissertar longamente sobre o que se passa – e é tão determinante – na aurora dos encontros entre médico e paciente. Não o farei, porque já o fiz em outro lugar[1] e porque, neste caso, não é a minha preocupação. Gostaria, contudo, de me deter um pouco mais nessa questão do olhar, tão fulgurante na entrevista que descrevi.

O que aconteceu? Não fora minha intenção dirigir o olhar ao quadril daquela jovem mulher. Do lugar onde estava, meu olhar abraçava o conjunto da cena que a ele se oferecia, e dela extraía incessantemente os indícios, exatamente como já o havia feito a propósito da aparência daquela mulher, dos detalhes de sua roupa, dos cabelos amarrados, de seu rabo de cavalo e do que podia ser lido de saída nos traços de seu rosto. Já não havia observado, aliás, o lugar em que ela se detivera, sua hesitação e o movimento de torção que havia feito?

O olhar sempre ocupou uma posição muito importante na minha economia existencial e foi sempre o mais importante dos meus instrumentos de trabalho. É um olhar de médico; esse olhar sobre o qual Michel Foucault[2] dissertou longamente e que foi por ele sancionado, junto com Corvisart, como um instrumento "que com tanta frequência se sobrepõe à mais vasta cultura e à mais sólida erudição". Diz, a propósito dele, que "repercute num ponto que tem o privilégio de ser o ponto central e decisivo [...] ele escolhe, e a linha que traça de uma só vez distingue, num único instante, o essencial". O desempenho desse olhar resulta geralmente

1. Aldo Naouri, *L'Enfant porté*, Paris, Seuil, 1982 e Points-Seuil, n.º 479.
2. Michel Foucault, *Naissance de la clinique*, *op. cit.*, pp. 122-3.

Um desperdício

Trata-se do filme *Infiel*[15], dirigido por uma mulher, Liv Ulmann – fato que não me parece indiferente destacar –, ao passo que o autor do roteiro é um homem, Ingmar Bergman. Essa colaboração certamente permitiu um cruzamento de olhares sobre uma história complexa, que envolve experiências forçosamente diferentes, já que marcadas pelo gênero, até nos detalhes mais íntimos.

A gravidade do assunto de que trata o filme, de modo sutil, é destacada logo de início por uma afirmação sobre a qual deveriam refletir as gerações atuais, sobretudo porque envolve uma narrativa em grande medida autobiográfica, e porque tal afirmação é sustentada por um homem visivelmente conhecedor do assunto. Esse homem, como se quisesse insistir sobre o conteúdo, lê em voz alta o seguinte texto escrito na tela: "Nenhum fracasso prosaico, como uma doença, um fracasso financeiro ou profissional, ressoa no inconsciente de maneira tão cruel como um divórcio. O divórcio toca diretamente a origem da angústia e a reaviva. É a mais profunda das feridas que a vida inflige."[16]

O primeiro plano, que dá o tom do que se segue, mostra um homem velho, sozinho, diante do mar. Um homem de quem se espera, nessa idade, um olhar neutro e distanciado em relação aos seres e às coisas: o mar, *thalassa,* fonte de toda a vida; a solidão e a idade que evocam o término da vida, a morte próxima. Aliás, veremos esse homem e o mar pontuarem com frequência a narrativa. Quem é esse senhor interpretado pelo ator Erland Josephson? Nada é dito explicitamente. Somos informados, ao ler a distribuição dos papéis após o término do filme, que ele seria o próprio Ingmar Bergman. Seria possível não dizer nada sobre ele, pois vemos que atua como o corifeu das tragédias gregas, às quais o filme remete com freqiência pela universalidade de seu tema e pelo rigor de sua construção. Esse corifeu, no entanto, per-

15. Suécia, 2000, filme de Liv Ulmann baseado em roteiro de Ingmar Bergman.

16. A citação é tomada de empréstimo ao romancista alemão Botho Strauss, como assinala o tradutor do livro de Ingmar Bergman *Une affaire d'âme*, Paris, *Cahiers du cinéma*, 2002.

manece muitas vezes calado, e seu silêncio chega até a evocar, assim, o invólucro que o psicanalista oferece à palavra do paciente.

A própria narrativa, aliás, organiza-se sobre o modelo do que imaginamos como uma psicanálise, ao longo das visitas, ou melhor, das aparições inesperadas de Marianne, a personagem principal. O conteúdo dessas entrevistas, supostamente voltadas para o passado, constrói a narrativa no presente, de modo linear, imprimindo maior intensidade à sensação do desenrolar da história.

Marianne é uma mulher bela e jovem, atriz de profissão. É casada há onze anos com Markus, maestro de estatura internacional, com quem vive em perfeita harmonia sob todos os aspectos – uma vez mais, um quadro de cores "burguesas", para voltar às considerações anteriores e assinalar que, mesmo nessa Suécia que nos serve de modelo em tantas áreas, e particularmente no que respeita às relações homem-mulher, esses quadros seriam mais frequentes do que imaginamos. Marianne é, além disso, mãe de uma menina de nove anos, Isabel, a quem descreverá em várias ocasiões como "misteriosa, com seus sonhos e suas histórias".

O casal tem um amigo comum, de longa data, David, diretor de teatro, que compartilha, sobretudo com Markus, a paixão por óperas – várias delas tendo sido montadas por ambos, em colaboração. David tem também uma relação muito forte com Isabel. Saberemos um pouco mais tarde que ele tem dois filhos – a quem não vê, ou pouco vê – do primeiro de dois casamentos, ambos fracassados. É como se, ao lado do quadro "burguês", houvesse a firme intenção de traçar o esquema de um percurso de vida que se tornou comum em nossos dias.

Até aí, tudo muito banal. Um cotidiano sem relevos particulares, que poderia se prolongar durante muito tempo nesse ritmo estável.

Salvo pelo fato de que, na última noite de apresentação da peça por ele encenada, David encontra Marianne por acaso e lhe propõe subitamente... dormir com ele! Ela fica tão surpresa com a proposta, considerando-a no mínimo despropositada, que a acolhe dando risadas. Acredita poder perceber aí, no entanto, uma verdadeira aflição. Tanto é que propõe ao amigo continuarem a conversa num jantar na casa dela, onde estarão a sós, pois Markus está em turnê. Ao final de uma refeição bem regada a vinho, estando a tensão relativamente apaziguada, eles acabam por dormir juntos na mesma cama, como irmão e irmã – proposta feita por ela. Ao relatar a sequência, ela declara ao velho corifeu ter então "descoberto o verdadeiro David, ao ver seu rosto adormecido".

O que ela terá visto nesse rosto?

São as duas sequências seguintes que o explicam, com uma sutileza que só pode ser apreciada se prestarmos atenção suficiente à justaposição delas.

Durante a primeira, assistimos ao ensaio de um quarteto de Brahms no qual Markus, demonstrando o mais alto grau de domínio de sua arte, incumbe-se da partitura do piano. Ao olhar para a filha, que também assiste ao ensaio, Marianne evoca a relação desta com o pai. E surpreende-se a pensar "que essa menina é realmente a filha de seu pai, e que a relação entre eles é singular, fechada para o mundo externo". Uma maneira de dizer que se sente excluída, como se ela se conscientizasse de que nenhum dos dois têm realmente necessidade dela.

Em contraposição à primeira sequência, a segunda explica por que essa história com David "caiu do céu". David, ao encontrar Marianne na saída do ensaio da peça em que ela vai atuar, pede-lhe desculpas por sua conduta do dia anterior, mas reitera a aflição em que se encontra. Começa então a fazer um balanço preciso, triste, porém realista, de sua vida, e conclui: "Cada vez que tento estabelecer um contato, a coisa dá em fracasso." David, contrariamente a Markus e Isabel, que não estão, nenhum dos dois, em estado de carência, diz de certa maneira que está nesse estado até o último fio de cabelo. Marianne fica emocionada com isso. Quer socorrê-lo. Ele agradece, o que só faz crescer, dentro dela, o sentimento evidentemente maternal dirigido a esse homem, que por sinal se dá muito bem com Isabel. Ela comenta sua percepção dizendo: "Eu fazia parte de algo muito misterioso", afirmação que remete, pelo lado do mistério, ao que ela havia dito anteriormente a propósito de Isabel. O mistério da filha instaura uma distância entre ela e a mãe, fazendo com que esta sinta de modo ainda mais agudo a natureza da união entre elas. O mistério no qual ela se vê remete-a implicitamente à sua própria relação com a mãe. Tanto é assim que David solicita antes de mais nada – sem que nenhum dos dois o perceba –, de modo paliativo, a dimensão materna da qual sua filha, como ela havia descoberto, podia de certa forma prescindir. Quando, por fim, ele evoca o eventual recurso a uma psicanálise, ela responde que "a psicanálise pode esperar", e beija-o na boca, propondo-lhe assim, com sua presença e pela aventura que se oferece em compartilhar com ele, recorrer somente a ela para tratar o seu mal-estar. Ciente do desafio e da amplitude da oferta, ele comenta de imediato, com incontestável pertinência: "É grave, é muito grave."

Isso merece que nos detenhamos aqui, pois assistimos ao nascimento de algo que desembocará num adultério feminino, e é o primeiro de que tratamos detalhadamente nesta obra.

Nada deveria, em princípio e em função das razões que o senso comum atribui a sua ocorrência, levar a ele. De fato, estamos diante de mulher e mãe realizadas – trabalho interessante, marido brilhante, atencioso e amoroso, amizades e filha saudavelmente investida. Por que essa mulher e mãe teria de buscar algo mais numa nova aventura? E o que buscaria?

Uma possível resposta já foi proposta pela vivência de Marianne: Isabel, a filha, está inserida numa relação tão estreita com o pai que já não parece ter necessidade da mãe; Markus, o marido, está tão preenchido por sua música e tão satisfeito com tudo que a vida lhe proporciona que parece não sentir necessidade alguma. Nem o marido nem a filha, portanto, manifestariam claramente a mínima necessidade de Marianne, que, por seu lado, continua a precisar maternar. David, por sua vez, está tão desorientado na vida que se apresenta antes de mais nada como um ser carente, e tão torturado por essa carência que não hesita em tentar preenchê-la possuindo a mulher de seu melhor amigo!

Analisei longamente, em obras anteriores[17], a lógica do comportamento feminino, qualificando-a de lógica da gravidez e fazendo dela uma lógica comportamental centrada na satisfação das necessidades de um terceiro, passível de conferir à realizadora um sentimento de coerência e potência. Diante dela, descrevi a lógica do comportamento masculino como "lógica do coito": o ser masculino, atormentado pelo medo de perder seus órgãos genitais, tranquiliza-se compulsivamente colocando a potenciali-

17. Aldo Naouri, *Les Filles et leurs mères*, Paris, Odile Jacob, 1998, e *Les Pères et les Mères*, *op. cit.* [Trad. bras. *As filhas e suas mães*, São Paulo, Martins Fontes, 2002.]

dade deles em ação. Tudo isso se origina no rastro, deixado na psique, das relações de identificação das crianças pequenas de ambos os sexos à sua respectiva mãe, o que a transforma, para uns e outros, em primeiro objeto de amor, sobre o qual será ulteriormente forjada a totalidade da vida amorosa. Freud não chega inclusive a afirmar[18], numa frase que discutirei mais adiante, que "a felicidade conjugal permanece mal assegurada enquanto a mulher não tiver feito de seu marido um filho, enquanto ela não se comportar maternalmente com ele"?

Isso se deduziria do fato de que os homens estariam numa posição relativamente clara e simples: *todo encontro com um corpo de mulher, seja qual for sua classificação na sucessão dos encontros, situar-se-á para ele sob o signo do reatamento e conferirá a essa mulher a posição número dois, estando a posição número um ocupada para sempre, de modo mais ou menos insistente, pela mãe, que dela não pode ser retirada*. Por esse simples fato, o adultério masculino, ao confundir sem dificuldade as sucessivas mulheres, pode também ser lido como tradução do desejo de verificar. Nesse tipo de reatamento, que aquela aceita como impossível, a qual ocupa, no entanto, a posição número um, continua a ocupar tal posição. Pode-se compreender, por essa mesma razão, tanto a facilidade com que os homens encaram as aventuras adulterinas quanto o pouco remorso que sentem e o orgulho neles provocado, se não a lembrança que guardam, chegando por vezes, como Dom Juan, a compor um verdadeiro catálogo.

Com as mulheres, as coisas são muito diferentes. Tendo em si apenas o rastro da mãe e não o rastro do pai, que não as carregou no ventre, *todo encontro que têm com um corpo de homem situar-se-á, como foi o caso outrora em relação ao pai, sob o signo de uma descoberta, que conferirá a esse homem, seja qual for seu lugar na sucessão dos encontros, a posição número um. Isso explicaria tanto a hesitação habitual, por parte delas, em dar o passo adulterino, quanto o apagamento mnemônico que por vezes realizam ou o remorso que às vezes sentem.*

Combinando essas informações, pode-se apreender melhor a reação que homens e mulheres têm habitualmente diante da descoberta do adultério do parceiro.

18. Sigmund Freud, *La Feminité*, in *Nouvelles Conférences sur la Psychanalyse*, Paris, Idées, 1978, p. 175.

Um homem que acreditou poder enfim dispor de uma mulher só para si, no lugar da primeira, sobre a qual teve de convir, com a morte na alma, que era a mulher de seu pai, terá muita dificuldade em admitir a ideia de perder sua posição número um em favor de outro, e reviver assim, tão dolorosamente quanto no passado, esse luto da relação. Suportará dificilmente o que lhe acontece e nem sempre poderá se recuperar com facilidade, mesmo que não se trate de uma dúvida como a de Goulaud, de uma suspeita como a de Otelo ou da confrontação com uma simples fantasia como no caso do herói do filme *De olhos bem fechados*. Um filme americano recente, de mesmo título que o filme aqui analisado, *Unfaithful* [*Infidelidade*][19], descreve de maneira precisa e realista o modo como um marido traído chega a matar o amante da mulher – o que prova o número de variações que esse tema básico pode propiciar. *La Peau Douce* [*Um só pecado*][20], de Truffaut, ilustra com perfeição a vertente feminina.

Embora não seja raro ver mulheres furiosas por terem sido traídas, e levadas a tirar todas as conclusões do fato, mesmo assim é mais frequente vê-las passar por cima do acontecido, quando não fazem dele pouco caso. Isso se deve, entre outras explicações, às quais voltarei mais longamente, ao fato de que seu homem, por elas colocado na posição número um, apagou tão pouco quanto o pai – para o qual elas se dirigiram outrora a fim de assentar a própria identidade sexual – o rastro indelével e preciosíssimo nelas deixado pela mãe. Poder-se-ia até imaginar, pelo menos para algumas delas, que o que Françoise Héritier[21] designa como "mistura das substâncias", colocando-as por meio de um homem interposto em relação íntima com outra mulher, poderia satisfazer seu gosto fundamental por algo similar, se não ao incesto fundamental, ao menos a uma relação homossexual que as remeteria ao primeiro modelo estabelecido com a mãe.

Havíamos ficado, para voltar ao filme de Liv Ulmann, no momento em que Marianne, tendo descoberto no rosto de David a carência, decide responder a isso por conta própria, embora David esteja pronto, pelo eventual recurso a uma psicanálise, a retirar do rosto essa expressão.

---

19. *Infiel*, Estados Unidos, 2002, filme de Adrian Lyne.
20. *La Peau Douce*, França, 1964, filme de François Truffaut.
21. Françoise Héritier, *Les Deux Sœurs et leur mère*, *op. cit.*

Ela lhe expõe o seu plano. A aventura projetada revela-se possível graças a um concurso de circunstâncias. Ela recebera uma bolsa de seu teatro para passar três semanas em Paris. Bastará fazê-las coincidir com a turnê que Markus fará, e confiar Isabel aos cuidados da avó. "Não mentiremos", diz ela. Para organizar a escapada, David precisará apenas informar que deve ir a Paris para encontrar-se com seu cenógrafo e discutir com ele o tal filme que pretende já há bastante tempo realizar. A coincidência das datas de suas respectivas viagens será descoberta como efeito do acaso. Eles põem o plano em prática calmamente, durante um jantar com Markus, no qual vemos Isabel passar pelos braços de cada um dos protagonistas. Marianne leva o capricho ao ponto de provocar o marido, perguntando-lhe se não fica desconfiado nem enciumado diante do estranho concurso de circunstâncias. Este último descarta a observação com um: "Minha Marianne, meu David!", acrescentando um pouco depois, no quarto, quando está prestes a fazer amor com a mulher: "Seria uma traição."

Trata-se, portanto, para Marianne, de seu primeiro adultério, totalmente imprevisto e aparentemente desprovido de qualquer razão objetiva para ocorrer. Ela é casada, eu repito, com um homem absolutamente notável, e que a satisfaz em todos os planos, inclusive no sexual, conforme assinala ela mesma, como se as imagens desse casal já não tivessem deixado isso claro. "Ele me faz gozar", diz ela ao senhor que a escuta, "com uma intensidade que nunca conheci e que provavelmente não conhecerei jamais; algumas vezes, chego até a desmaiar." Nem por isso ela deixa de programar friamente a aventura, encenando-a em seus mínimos detalhes.

Essa questão da "encenação", aliás, não é anódina, se considerarmos o fato de que David, o amante projetado e escolhido pela grandeza de sua aflição é ele mesmo diretor de teatro. É como se, desse modo, aquilo que solicita a dimensão maternal de Marianne lhe permitisse, ao mesmo tempo, comprometer-se no próprio terreno do parceiro projetado, um papel que ela não poderia almejar com Markus, seu marido, o qual evolui em esferas musicais totalmente inacessíveis para ela. Sente-se pronta para abandonar sua posição de mãe e mulher, uma e outra realizadas, mas sem poder real, e tentar exercer um pouco desse poder. Falando nos termos que os psicanalistas empregam, diríamos que, enquanto Markus é para ela o detentor do falo, David seria capaz de conferi-lo a ela, de falicizá-la. *"Aimer, c'est donner ce que L'on n'a pas à qui ne L'est pas."** O *L* maiúsculo dessa definição lacaniana do amor, frequentemente citada de modo aproximativo e deformado, representa o famoso falo.

O que é, afinal, o "falo"? É um conceito psicanalítico crucial, do qual é complexo tratar, que tem polaridades múltiplas, e ao qual Lacan atribuiu um lugar relevante e esclarecedor na leitura das instâncias do inconsciente. Além disso, é um conceito que fez correr muita tinta, particularmente nas últimas décadas, e cujo desdobramento na pluma de Freud valeu à psicanálise um ataque feroz – e quão frequente, é preciso que se diga! – e uma violenta desqualificação por parte das correntes feministas, pois ela seria uma disciplina cegamente sexista.

O falo, não obstante a contiguidade semântica, não passa de uma instância simbólica, que nada tem a ver com a realidade concreta do pênis. É verdade que toma emprestado deste último um certo número de características, o que explicaria a confusão na qual somos levados a incorrer. Freud, que já desconfiava dessa possível confusão, passível de conferir ao falo uma consistência mais ou menos real, quando ninguém pode pretender possuí-lo realmente, recusava a leitura quase mitológica que dele queria fazer Jung. Mas o fato é que as características que o falo toma emprestado do pênis permitem esclarecer sua inscrição no inconsciente. "O falo é aquilo em que se indica a insuficiência do pênis, ainda que ele seja a imagem desse mesmo órgão", assinala Moustapha Safouan[22]. É a um só tempo essa diferença e essa insuficiência que permitem compreender sua distribuição na psique de ambos os sexos.

Como compreendê-la?

O pênis, quer o admitamos quer não, queiramos ou não, é esse órgão masculino, certamente, que tem a particularidade de ser perfeitamente visível – os romanos o chamavam igualmente de *fascinus*, origem da palavra "fascinar" e de seus derivados – e de poder ingurgitar-se de sangue e ficar ereto, obrigando por vezes

---

* "Amar é dar o que não Se tem a quem não O é." (N. da T.)

22. Moustapha Safouan, *La Sexualité féminine*, Paris, Seuil, 1976, p. 29.

seu possuidor à violência para satisfazer o desejo de que é portador. Suas características teriam sido capazes de inscrever-se na psique, ao longo da evolução da espécie, como representação do violento impulso de vida – para não dizer da violenta pulsão de vida – que se apodera de um indivíduo e se coloca em primeiro lugar a serviço dele exclusivamente.

É verdade que esse tipo de irrupção imperativa de vida situado nos órgãos sexuais não é uma exclusividade masculina. Lembro-me de uma jovem mulher que me falava de sua inibição e me dizia, a propósito do que sentia na presença de um homem que a cortejava insistentemente, a quem ela temia ceder em razão do risco de aids: "Eu sabia que tínhamos acabado de passar na frente do pórtico de um hotel pelo calor enorme que subia brutalmente por entre as minhas coxas. Se ele colocasse sua mão ali, ou se eu colocasse a minha, o orgasmo seria imediato." Os órgãos sexuais femininos comportam eles também, evidentemente, tecidos eréteis (clitóris, tecido esponjoso perivaginal), capazes de fazer com que as mulheres sintam, como explicava essa paciente, impulsos de desejo estritamente idênticos aos dos homens. Mas esses tecidos não são visíveis, e sua existência, ignorada durante muito tempo, só foi demonstrada muito tardiamente por... dissecções anatômicas! Quando se concebe o alcance da importância da visão, tal como a esbocei anteriormente, compreende-se que a inscrição intrapsíquica desses impulsos não tenha sido representada, mesmo entre as mulheres, por um equivalente do clitóris. Além disso, os ditos cultos "fálicos" existiram em todos os tempos, em numerosas regiões, envolvendo tanto homens como mulheres. Na primavera, a estação da renovação e dos cultos da fertilidade, no Japão de hoje[23], enormes pênis são carregados em imensas procissões – ainda um efeito da proximidade semântica. Nem por isso esse mesmo Japão ignora o sexo feminino, por ele acoplado de modo muito realista a um pênis, num tipo de escultura refinada, o "*nyngio*", de poder reputadamente benéfico. É incontestável que essa prevalência conferida à representação do órgão sexual mais visível cria uma hierarquia, transformando-o em órgão fertilizador por excelência. Isso não deixou, é claro, de favorecer os desvios machistas no interior das

23. Théo Lesoualc'h, *Érotique du Japon*, Paris, J.-J. Pauvert, 1968, pp. 14-5.

sociedades, e sob muitos aspectos só podemos nos congratular por terem as mulheres tomado a iniciativa de sacudir esse jugo. No entanto, mesmo que pareça legítimo, no cotidiano das nossas paisagens, "dissolver a hierarquia", segundo a bela expressão de Françoise Héritier[24], cabe-nos reconhecer que não podemos intervir nas instâncias do inconsciente. Sustentar, de todas as formas possíveis, que a simples presença do falo na psique é uma leitura machista do conteúdo dessa mesma psique, que deve certamente comportar a representação da vulva, equivaleria a espantar-se de não ver na tela de cinema a representação do aparelho projetor. A economia psíquica leva implicitamente em consideração apenas a vulva, esse lugar de onde cada um, seja qual for seu sexo, foi propulsionado para a vida; esse lugar ao qual os homens não sonham senão em poder voltar e que provavelmente intimida as mulheres que o trazem em si, a ponto de fazer com que levem muito tempo, quando conseguem fazê-lo, para investir conscientemente o potencial que nele existe.

Dada a contiguidade, ao menos semântica, entre a instância psíquica e o órgão real, dizemos habitualmente que o sujeito masculino "O tem" e que o sujeito feminino "O é". O homem "tê-Lo-ia" pelo simples fato de ter em seu pênis a fonte da representação dele; a mulher "sê-Lo-ia" pelo fato de que, desejada e penetrada, ela sê-Lo-ia, com maiúscula, confundindo-se com um prolongamento do pênis.

Contudo, repito-o conscientemente, não obstante essa contiguidade com o pênis, o falo não é um apanágio dos homens, seja qual for a crença que eles queiram ter sobre a questão. As mulheres, de quem se imagina que jamais poderiam tê-Lo, mas que poderiam sê-Lo para os homens que as desejam, na realidade podem, elas também, detê-Lo. Não se fala, a respeito de algumas delas, que são "mulheres fortes", "que são o homem da casa"? Além disso, elas o detêm frequentemente no filho ou na filha. Pode-se recusar, por uma razão qualquer, a leitura que consiste em fazer da criança, para uma mulher, o equivalente do pênis que ela teria desejado possuir. Mas não se pode negar o fato de que a maternidade, ao conferir à mulher uma incontestável coerência em sua lógica comportamental, possa levá-la a sentir-se, graças à

24. Françoise Héritier, *Masculin/Féminin II*, *op. cit.*

sua criança, mais completa, mais realizada. Daí a ser capaz de tirar partido de um certo poder, é um passo, fácil de dar, por sinal. E isso, seja a criança um menino ou uma menina – o que permite desligar ainda mais o falo do pênis. Deteria realmente o falo qualquer indivíduo, seja qual for seu sexo, suficientemente cioso de seu poder[25] – imaginário, certamente, mas não percebido como tal! – sobre os outros, sem distinção, para ser capaz de cultivá-lo sempre, fazê-lo crescer e nunca abandonar sequer a mínima parcela dele. De onde viria tal disposição, ou tal pretensão? Não é simples responder em poucas palavras. Eu diria apenas, por enquanto, que tal disposição ou pretensão está estreitamente relacionada, de modo geral, com a posição ocupada pelo indivíduo, homem ou mulher, na economia psíquica de sua mãe.

Concebe-se, para concluir ao menos provisoriamente esse conceito de falo, que ele possa não ir no sentido da moral habitual ou do vínculo social. Seria até mesmo um obstáculo para eles. Se relermos, sob essa luz, a definição lacaniana do amor, compreenderemos que ele o situa no âmbito da destituição de qualquer poder sobre o outro, e também da tentativa de "dar" a esse outro um pouco de poder sobre nós.

Compreendemos, portanto, para voltar à trama do filme, que Marianne, a despeito dos critérios objetivos habituais e das aparências, mesmo reconhecendo-se plenamente satisfeita por Markus, possa já não sentir a relação como habitada pelo amor, enquanto é precisamente sob esse signo que ela vive – e assim o declara, aliás, em várias ocasiões ao longo do filme – a relação com David. David, "esse ser imprevisível e bagunçado na vida particular", que parece a seus olhos mergulhado na aflição, vai dar O que não tem a ela, uma atriz sem importância que, não obstante a intensidade de seus orgasmos, vive a si mesma como objeto sexual do marido, ainda que, para esse marido, ela O seja plenamente. Do mesmo modo, ela pretende dar O que não tem a ele, David, o qual, ao contrário do brilhantíssimo Markus, não O seria.

25. Esse poder, por mais imaginário que seja, ajuda quem o exerce, de modo singular, a se apegar à vida. Para convencer-se disso, basta pensar na excepcional resistência, durante catorze anos, que tal poder deu a François Mitterrand, acometido por um câncer de próstata desde sua eleição à Presidência da República.

Para ilustrar de outra maneira, pode-se aplicar a mesma grade de leitura, por exemplo, ao caso do início deste capítulo. Torna-se fácil constatar, assim, que a jovem mulher estava corretamente disposta, na relação com o marido, a Lhe dar O que ela não tinha. E que, se ele foi buscá-Lo em outro lugar, é porque teve, em certo momento do percurso do casal, o sentimento de não poder dispor Dele, pois era regularmente destituído Dele pelo comportamento recorrente do pai.

Tudo isso poderia ser dito de outro modo, mais conforme, talvez, às maneiras habituais de expressão. Por mais paradoxal que possa parecer, não é porque tem motivos para reclamar dele ou críticas a lhe dirigir que Marianne vai enganar Markus. Vai enganá-lo porque é, como não deixei de assinalar, literal e completamente satisfeita por ele. Esse homem, a quem nada parece faltar, cioso de que nada falte tampouco a ela, por mais meritório que seja, enrijece a dinâmica das trocas entre eles. Ele já não pode proporcionar nada a ela. Ela acredita não poder proporcionar nada a ele. Não há nenhum traço de carência nessa relação da qual já não haveria nada a esperar, apesar das trocas sexuais satisfatórias que ela comporta. Ora, se nada falta, nada se pode desejar. A carência é o motor do desejo. Tudo isso deve ser ressaltado do modo mais grave e mais sério. Afinal, qual é a visão habitual que trazemos em nós sobre o destino do casal? Que cada um se esforce para proporcionar ao outro o que lhe falta, até satisfazê-lo e mesmo supersatisfazê-lo, ficando implicitamente subentendido que a felicidade será assim alcançada! Eis aí, no entanto, um projeto enganador, terrivelmente equivocado, e que não deveria jamais se concretizar, pelo bem da sobrevivência do casal! É verdade que desafiá-lo e manter-se afastado nos expõe ao risco de enfrentar as críticas suscitadas pelo despeito do parceiro em "estado de carência". Mas ainda é melhor correr esse risco e passar por seus inconvenientes do que satisfazer plenamente esse parceiro e matar, destarte, seu desejo.

A demonstração dessa opção é praticamente oferecida pela relação que Marianne e David vão instaurar.

Embora a estada em Paris seja construída de acordo com o roteiro clássico das escapadas adulterinas, incluindo as mentiras ao telefone por parte de Marianne a Markus, ela revelará o comportamento de David, opondo-o à elegância inata de Markus. Com efeito, o amante se revela imbuído de uma tirania e de um ciúme ferozes, reforçados por uma brutalidade inesperada e descontrolada. Marianne lhe oferece uma caixinha de música, que ressoa com o segundo tema de Papageno em A *flauta mágica* – não podemos esquecer que David havia encenado óperas – nas seguintes palavras: "Uma jovem, eis o desejo de Papageno para si; uma doce colombina, seria a felicidade para mim." Um modo de assinalar que, ao se oferecer assim a ele, ela deseja sua felicidade. O que ele pede a Marianne, porém, e insistentemente, é que ela lhe conte em detalhes suas relações sexuais anteriores, dando-lhe os detalhes precisos dessas relações com os homens que conheceu e, particularmente, com Markus. David de fato se comporta com Marianne não como um amante, mas como um filho-tirano que se sentiria no direito de tudo exigir de sua mãe, concebendo-a como alguém inteiramente à sua disposição, chegando até a se sentir no direito de lhe perguntar de que modo o pai faz amor com ela. "Você quer tudo, e até mais!", atira-lhe ela, quando sente que caiu na armadilha de sua propensão maternante, e quando surge a pergunta sobre o futuro da relação entre eles após o retorno. Por causa desse seu recuo, apanha de David no próprio quarto de hotel que hospedou o amor entre eles.

Para compreender a natureza da relação que poderia haver entre o amor de Marianne por David e a propensão maternante que ela tem por ele, é necessário apoiar-se no que diz a psicanálise sobre a origem do amor, a saber, "que o único amor existente é o amor de transferência". O psicanalista, suporte da transferência que o paciente realiza sobre ele, esforça-se em reconhecer os personagens sucessivos aos quais este último se dirige por intermédio dele; com efeito, ele é ora a mãe, ora o pai, a irmã, o tio, o irmão, a amiga etc. Sabe também que, no interior das tramas nas quais atuam esses personagens, trata-se sempre da atuação do único e autêntico amor que cada ser concebe na mais tenra infância... por sua mãe, e somente por ela. A realidade do objeto do meu amor escapará sempre de mim – o que posso, de fato, ter certeza de saber sobre ele? –, mas isso não me impede de transferir para ele o primeiro amor que senti por minha mãe. Aliás, ele está aí para isso, e eu só o escolhi por isso. É esse amor que Marianne vive com David. E mais ainda porque ele a domina e até maltrata, como mamãe deve tê-la dominado e talvez maltratado outrora. Ora, nada disso existe, nem deve ter existido, com Markus, por quem é tratada com grande respeito – o mesmo, sem dúvida, que sentiu por sua mãe, em resposta ao amor que ela deve ter sentido por ele.

À proposta de David de revelar tudo, após o retorno, ela prefere pôr fim à aventura. Não que ela não possa fazer isso a Markus, cujo destino ela parece já haver selado. Ela não pode fazê-lo... a Isabel!

Tocamos, aqui também, esse grande clássico da história de tantos e tantos casais em que pode ou não se inscrever um episódio adulterino: o casal continua unido pelas crianças e cada um se adapta como pode às tensões e aos impasses. Uma escolha que continua a ser debatida, mas que não poderá sê-lo enquanto o problema for colocado como o é, ou seja, em termos equivocados.

Compreendemos rapidamente, de fato, o sofrimento manifestado pelos indivíduos que viveram numa atmosfera desse tipo. E concluímos apressadamente, com base nesse único critério, que seria melhor para uma criança ter pais separados, porém tranquilos, do que pais reunidos que não se entendem. Raciocinar dessa maneira é ficar, quanto à análise da situação, num nível superficial desolador. *Afinal, que criança poderia dizer que teve uma infância uniformemente imersa em felicidade? Que criança poderia dizer que foi favorecida pelo entendimento ou pela fusão amorosa entre os pais?* As raras vezes em que ouvi o relato de uma atmosfera idílica entre os pais, ele partiu de indivíduos que acabavam de se queixar de uma total falta de autoconfiança, de não saber quem eram ou o que eram, pelo fato de haverem tido a impressão de não serem importantes para os pais, exclusivamente preocupados um com o outro. Seria preciso, portanto, relativizar seriamente o suposto sofrimento das crianças nesses casos. Seria preciso compreendê-lo como uma das variações possíveis, no âmbito do funcionamento da fase edipiana: eu não posso, como criança, senão sofrer com o pouco-caso de minha mãe (ou de meu pai) pelo amor que lhe tenho, cuja intensidade ela (ou ele) é incapaz de avaliar; e não faço nada além de sofrer, de acordo com meu temperamento, um pouco mais, bem mais ou muito mais, ao constatar que meu amor não pode nem eventualmente consolá-la (ou consolá-lo) pelo desentendimento com meu pai (ou minha mãe); meus pais certamente se separaram por minha causa; sou culpado pela separação deles porque não fui capaz de lhes dar meu amor em compensação por aquele que lhes faltou; além do mais, meu pai (ou minha mãe) deve ter percebido que eu preferia minha mãe (ou meu pai) a ele, e ficou com ciúmes.

Seria preciso, em seguida, acabar com os contos de fadas e com o que foi semeado em nós pelos *happy ends* dos filmes hollywoodianos, com seus belos poentes, céus flamejantes e violinos sussurrantes! *A vida a dois é uma aventura difícil de viver, a cada instante, para cada um dos parceiros, e por razões inerentes ao funcionamento e à função do casal. Ela não poderá jamais ser sustentada se não estiver inscrita numa perspectiva temporal de longo prazo.* "O que eu menos perdoo à minha mulher", confiou-me um amigo cuja esposa havia tomado a iniciativa de um divórcio após vinte anos de vida comum, "é o fato de ela ter tomado providências para que não pudéssemos acolher juntos os nossos netos."

Marianne volta ao lar e reencontra o cenário habitual, inclusive sua discreta, porém onipresente mãe, incondicional e perigosamente eficaz. David lhe propõe um reencontro. Ela aceitaria, se não tivesse impedimentos de horário. Ele acaba por dirigir-lhe um ultimato, ao qual ela responde raivosamente, comunicando-lhe a ruptura definitiva. Isso é compreensível, na medida em que tal iniciativa, ao conferir implicitamente a David a pretensão de deter o falo, romperia as próprias condições que presidiram ao nascimento do amor entre eles.

No que respeita exclusivamente à temática do adultério, as coisas poderiam ter ficado por aí e o filme teria terminado com essa ruptura. A trama, por mais original que fosse, tanto em seu conteúdo quanto em sua construção, ficaria reduzida a uma história de adultério a mais, sem nada de excepcional.

Mas Bergman, o roteirista que escolheu ele também a epígrafe do filme, decide dar continuidade ao seu desenvolvimento, uma maneira de lembrar que a sexualidade humana não é uma sexualidade animal pré-programada e mecânica, mas inscrita como linguagem na linguagem dos seres, deixando na psique um rastro mais ou menos insistente, porém sempre indelével.

A narrativa não insiste na maneira como se reorganizam as relações, antes estreitas, do trio Marianne, Markus e David. Omite-as até, e esse é talvez o ponto fraco do filme – o único, aliás.

Somos apenas informados de que, depois de vários meses, Marianne ouviu boatos sobre sérias dificuldades profissionais de David no teatro onde ambos trabalham. O mecanismo que desencadeara a aventura dá novamente as caras: uma vez mais, David está em necessidade, "desfalicizado", e ela poderá se lançar em seu socorro. A relação entre eles é retomada, o que o faz dizer: "Era como um drama, em que o que mais tememos se repete indefinidamente." E ela se vê enredada uma vez mais na armadilha da maternação na qual David a deixa encurralada: "Ele se confia o tempo todo, sua puerilidade às vezes me exaspera!"

É nessa atmosfera que o adultério de até então abrirá caminho para a tragédia.

Enquanto dorme ao lado de David, na casa dele, depois de terem feito amor, Marianne é despertada por um ruído: um papel foi passado por baixo da porta; é uma folha com pautas de música, na qual Markus escreveu: "Abra a porta, vou esperar deste lado por dez minutos, depois disso eu entro. Tenho a chave." Ela poderia ter aproveitado o prazo de que dispunha para acordar David e permitir que um e outro estivessem ao menos vestidos para acolher Markus; mas ela abre a porta imediatamente, colocando Markus diante da realidade mais crua do adultério, com um David que acorda sobressaltado e fica o tempo todo, com risadinhas constrangidas, tentando esconder sua nudez. Será que ela quis colocar um fim à duplicidade de seu comportamento ou comprometer furiosamente o que um dia percebeu como a posição de domínio ocupada por Markus? Nada permite afirmá-lo, exceto a própria atitude de Markus, que mantém até o fim seu sangue frio e sua dignidade, chegando inclusive a propor a Marianne, depois de ter explicado que estava a par de tudo desde o início, uma carona em seu carro para voltar para casa.

As cenas seguintes trazem os elementos habituais que entram em jogo na preparação de qualquer divórcio. Ela está disposta a ir morar com David e a deixar Isabel aos cuidados da avó – esta última fica radiante, aliás, com a perspectiva! –, para que a menina não tenha de mudar de escola, enquanto espera que David, endividado como está, encontre um apartamento maior. Isabel, no entanto, prefere viver com David e ela – sobretudo com ela! –, mesmo nessas condições precárias. Quanto a Markus, ele reivindica a guarda exclusiva da filha e cancela, com esse objetivo, todos os seus contratos no exterior. A instrução do processo segue seu curso, com as trocas de advogados e a terrível sessão de avaliação social – que assinala o abismo existente entre os dois lares em luta pela guarda da menina – durante a qual David se comporta uma vez mais como uma criança.

Ao longo das semanas que passam, Marianne descobre, para sua felicidade, que está grávida da criança que quis dar a David. A perspectiva os alegra a ambos. Mas essa felicidade tranquila é interrompida por um telefonema – o primeiro depois de longos meses – de Markus a Marianne: ele lhe propõe um encontro, pois teria achado uma solução – sobre a qual, no entanto, não quer falar ao telefone – capaz de pôr um fim ao conflito que os opõe. Por isso ele quer vê-la, sem advogados e sem David. Eles marcam um encontro para a noite seguinte. A cena que se segue é de uma violência inaudita, David proíbe Marianne de ir sozinha ao encontro com Markus, de quem desconfia. "Ele quer nos humilhar, ele está nos humilhando!", grita David. A isso ela responde – no mesmo tom que reconhece em David – que viveu onze anos com Markus, e acrescenta: "E nós, será que não o humilhamos?" Poderíamos substituir, nesse diálogo, a palavra "humilhar" pela palavra "desfalicizar", e assim compreenderíamos melhor o tom das afirmações. A carga de ira é terrível. O ciúme do David semifracassado contra o brilhante Markus, assim como a veemência de Marianne contra a pretensão deste último de exercer seu direito de pai sobre Isabel são absolutamente nítidos.

Markus vem buscar Marianne na casa dela. Quanto a David, para protestar contra a decisão de Marianne, havia decidido – mais um comportamento infantil – não voltar para casa naquela noite. Mas ela o reencontra ao chegar em casa, e pensa poder tranquilizá-lo anunciando que Markus aceitou ceder a ela a guarda de Isabel. Sem abandonar a atitude de desconfiança, ele não acredita numa só palavra sobre as razões que ela dá para essa brusca reviravolta e pede-lhe... para tirar a calcinha, pois quer ver se não está manchada de esperma! Arrasada diante dessa perspectiva, e conhecendo o homem que tem, ela toma o partido da franqueza e começa logo a lhe contar, em detalhes, o desenrolar do encontro. De fato, Markus havia imediatamente proposto entregar-lhe a guarda de Isabel "se ela aceitasse transar com ele". Em seguida, fará um relato muito preciso do desenrolar da relação sexual, descrevendo-lhe os detalhes, chegando a mencionar o fato de que Markus a sodomizou, enquanto exigia que ela gozasse, ao que ela consentiu, "para acabar logo com aquilo". David, que havia farejado desde o início a perspectiva desse contra-adultério, não interrompe a confissão – chegamos até a nos perguntar se ele não estaria sentindo um certo prazer com a narrativa da sodomia ou se havia percebido sua finalidade: Markus teria tentado submeter Marianne totalmente, calando nela, pela penetração anal, o potencial agressivo que lhe atribuía e que se acha condensado, como em todas as pessoas, nesse orifício. David a acusa de ter conspurcado o filho deles. "Não diga isso", responde ela, "poderia atrair infelicidade para a criança." Espantosa, essa reflexão, essa forma de superstição numa mulher que se crê exclusivamente movida pela percepção de seus sentimentos e pelo que acredita ser seu livre-arbítrio. Como se a atenção destinada às crianças devesse levar tudo em consideração, inclusive os elementos irracionais. Como contraponto a essas crenças implícitas, as sequências de disputas entre adultos são marcadas por imagens quase insuportáveis que mostram a intensidade do sofrimento da pequena Isabel, uma espécie de denúncia da cegueira na qual os adultos, subjugados pela satisfação de seu registro pulsional, se mantêm.

Como se tivesse feito o balanço de seus erros, e aproveitando a viagem de David, Marianne faz um aborto, sem consultá-lo, do filho deles – fato sobre o qual David não encontra nada a dizer quando dele é informado após seu retorno.

O casal se instala em seu cotidiano. Realiza-se o processo de divórcio. Embora Markus tenha voltado atrás em relação ao compromisso assumido com Marianne e a avaliação social tenha produzido um resultado desfavorável ao novo casal, o juiz ainda assim confia a guarda de Isabel a Marianne.

Acreditamos que a história chegou ao fim. Mas seria desconsiderar o talento de entomologista que Bergman aciona em sua exploração da alma humana. O relato continuará, portanto, e por ele seremos informados que Markus passa meses sem entrar em contato com Isabel. E, como Marianne lhe telefona para censurá-lo, ele vai buscar a filha uma noite e depois leva-a de volta para casa. No dia seguinte, enquanto está no teatro, Marianne é avisada sobre o suicídio de Markus. Ela vai ver o corpo no hospital e sai do quarto como se tivesse se tornado inteiramente alheia aos acontecimentos: "Eu o deixei. Não sentia mais nada. Depois fui ver Isabel, a quem eu disse que Markus estava morto." Reação bem estranha, essa de Marianne, que, subitamente, age como se não tivesse vivido onze anos com esse homem cujo cadáver acaba de ver, anos esses certamente imbuídos de um amor autêntico, e durante os quais ela mesma reconhece que se realizou plenamente. Teria David acabado por conquistar, para ela, diante dos despojos de seu marido, a posição número um?

É nesse ponto que se manifesta, a serviço da narração, toda a habilidade de construção da narrativa. O recurso ao enquadramento do velho corifeu – que vai, vem, abre uma gaveta, muda de cadeira, olha pela janela, mexe num caderno, abre outra gaveta, olha uma foto de Isabel, coloca uma manta nas pernas de Marianne, faz tocar a canção de Papageno na caixinha de música – semeia a inquietação ao mesmo tempo que confere à construção uma plasticidade que não surpreende, conquanto inesperada. Tanto é assim que não ficamos espantados em ver David no lugar de Marianne. Ele está sério, grave, triste. "Tenho vergonha", diz ele, "gostaria de ser condenado a uma pena que apagasse toda a culpa." Como se tal afirmação fosse imperativamente necessária para destacar a fala anterior de Marianne ("Eu o deixei. Não sentia mais nada.") e fazer-nos esperar a explicação. Enquanto Marianne, que tomara a iniciativa do adultério, não expressa nenhum sentimento de culpa, David diz claramente sentir-se culpado pela morte do velho amigo Markus, a quem traiu ao tirar-lhe a mulher e a filha – uma maneira de reconhecer que ele havia acreditado poder falicizar-se sem desfalicizar radicalmente o amigo.

Marianne, portanto, não está em absoluto nesse tipo de disposição. Como se explicaria a atitude de monstro, que ela no entanto não é?

Ela decide investigar uma informação colhida no hospital. Obtém o endereço da mulher que havia assinalado o suicídio de Markus e acompanhado o corpo na ambulância. Encontra-a. Essa mulher, muito bonita, é aparentemente mais velha que ela. Ela lhe conta que Markus havia planejado, na noite em que recebera Isabel em sua casa, o suicídio dele, e o da menina. Mas, como não a convencera da validade de sua iniciativa, havia pedido à filha que refletisse e telefonasse para ele no dia seguinte, às dez horas. (Curiosa proposta feita à filha por um pai amoroso; proposta impossível de ser compreendida senão como suscitada num homem totalmente destruído pelo que denomina a "traição" de sua mulher e de seu amigo, um homem decidido a dar fim aos seus dias e movido primeiramente pelo desejo de atingir Marianne no âmago de seu ser.) Como não havia recebido o telefonema esperado de Isabel, Markus ligara para ela e, depois de ouvir que ela não viria porque tinha medo, suicidara-se sozinho. Essa mulher só o havia descoberto por acaso, pois voltara ao apartamento para buscar as luvas que lá esquecera. Sim, ela tinha as chaves desse apartamento. Sim, ela conhecia Isabel. Sim, ela era a amante de Markus, e isso havia vinte anos, antes mesmo de ele conhecer Marianne.

O que, da ordem da intuição – nada mais feminino, neste caso –, teria permitido que Marianne suspeitasse de tudo? Equivaleria isso a dizer que essa antiga amante, e não Marianne, teria conferido a Markus o falo, a ponto de que Marianne não pudesse, de modo algum, dá-Lo a ele? Certamente que não, apesar das aparências. Ainda que Markus tivesse recebido o falo dessa amante vinte anos antes, isso teria sido necessariamente insuficiente, se foi preciso que ele investisse Marianne e zelasse por sua satisfação em todos os níveis, assegurando-se de mantê-la assim ligada a si, chegando a correr o risco de deixá-la realizar sua escapada parisiense. É nesse ponto que se produz a falha: Markus, cioso de manter-se unido a ela pela compreensão e pelo respeito cuidadoso de sua dignidade, aparece assim como aquele que O tem e que não deixaria a ela nenhum meio de dá-Lo a ele.

É o abismo dos mal-entendidos que se deixa assim entrever e compreender por um detalhe aparentemente anódino fornecido bem no início do filme. Com efeito, o fato de Markus ser judeu é assinalado muito cedo por Marianne. Por que essa indicação precisa no roteiro? Ela deve ter alguma importância, para ter sido assinalada. Ora, ela não é retomada depois, exceto numa ocasião igualmente discreta: o advogado, que faz as vezes de primeiro conciliador entre Marianne e Markus e é aparentemente membro do círculo de amigos deste último, tem um nome judeu. Não teria sido o judeu Markus desservido por essa característica frequente entre os judeus – e em muitas minorias, como a dos homossexuais, por exemplo –, que se creem condenados à excelência para serem simplesmente admitidos na sociedade em que vivem?[26] Markus destaca-se em todas as suas áreas de atuação: maestro, diretor de grupo, amigo, pai, marido, amante. Embora em nenhuma cena ele apareça exercendo ou abusando de um poder qualquer, é construído como se os detivesse a todos. Oferece sem regatear às pessoas próximas, e seu único defeito terá sido o de nunca – exceto em um único momento ("Isso seria uma traição.") – dar a entender que esperava ou pedia algo em troca. Eis o que teria levado Marianne e David a perceberem-no como alguém que já O possui, e que, por isso, não precisa ser poupado. Estamos diante de uma variante original de um universal. O detentor do falo, na psique, é o pai, e sabemos, sejamos meninos ou meninas, que devemos um dia "matá-lo". Markus, marido e amigo, justamente em razão da excelência com que se vê obrigado a atuar, é vivido por Marianne e também por David como o pai que deve ser eliminado. Isso explicaria a necessidade que deve ter sentido o roteirista de conferir certa importância ao personagem secundário da avó e insistir no aspecto "malcriado" de David.

Seria possível indagar, entretanto, para ir até o fim do filme, qual rastro de uma mulher, identificável por outra mulher num homem, produziria o saber que levou Marianne a seguir a pista dessa antiga amante de Markus, a quem ela já havia encontrado, aliás, no ensaio de um quarteto de Brahms.

Se considerarmos que, "no ato sexual, onde reina o chamado para tornar-se Um, a referência à relação com a mãe está presente, embora inconsciente"[27], a obstinação de Marianne em reencontrar a antiga amante de Markus assume um sentido novo. Maestro, habituado à complexidade das partituras, Markus parece ter conseguido expulsar de sua relação com Marianne – e por meio da amante – a referência à própria mãe, deixando Marianne sozinha com a mãe dela, a ponto de fazer com que ela tente explorar essa referência em sua relação com David. Contrariamente à relação que ela tinha com o marido, instaurada sob o signo do falo,

26. Sabemos o que isso lhes custou na Alemanha, à qual devotavam uma verdadeira paixão e pela qual tanto fizeram.

27. Gisèle Chaboudez, *Rapport sexuel et rapport des sexes*, Paris, Denoël, 2004.

com o amante ela se lança numa relação quase incestuosa. Explica-se assim, em contraponto ao que ela diz quando se trata da relação sexual com Markus, o fato de ela não dizer uma única palavra sobre o que se passa nesse plano entre ela e David. Que forma de balanço é ela levada a fazer de sua experiência? *Que também os homens estão encerrados na referência à relação com a mãe, e que é provavelmente essa parasitação que os leva a passar, cada um a sua maneira, de uma mulher a outra!* Mas ela oculta, então, o ponto em que está nesse balanço de sua própria aventura, o que pode ser compreendido, na relação sexual com Markus, quando se refere ao fato de que "a imagem da perda de consciência usada para descrever o prazer visa abarcar o movimento de mergulho, de esquecimento de si, que obedece à necessidade de se realimentar nas raízes da própria história, remetendo a mulher a um momento ideal no qual o amor da mãe é desprovido de falhas. Mas correndo o risco de perder-se nele", como escreve Annick Houel[28], que, desenvolvendo sua afirmação com uma citação de Jaqueline Schaeffer[29] ("O amante de gozo afronta e se separa da mãe arcaica"), acrescenta: "Num esforço de diferenciação das funções complementares do marido e do amante no adultério, o amante adúltero seria quem ocupa esse lugar do amante de gozo, lá onde o marido fracassou."

Marianne verificará a validade dessa dimensão do saber por ela adquirido quando receber a confirmação de ter sido enganada por David, com quem rompe definitivamente, numa cena em que um e outro se comportam de forma grotesca.

Mas esse aspecto da questão é deixado em suspenso. E, como para sublinhar sua complexidade, o personagem do idoso faz funcionar a caixinha de música: "Um homem se contenta com pouco", parece ele constatar, "com uma jovem mulher apenas."

Será que é tão simples? Será que é tão verdadeiro?

E o que semeia cada um, ao deixar-se conduzir por suas pulsões, das quais a expressão sexual é a servidora mais frequente, porque a mais obscura, a mais atraente e a que pode mais facilmente ser acionada?

---

28. Annick Houel, *L'Adultère féminin et son roman*, Paris, Armand Colin, 1999, p. 147.

29. Jacqueline Schaeffer, *Le Refus du féminin*, Paris, PUF, 1981, p. 142.

OBJETIVO SEXO?

Será necessário voltar ao assunto e repetir: Marianne por acaso não tinha, em Markus, o marido sonhado? O marido dos contos de fadas: artista célebre e rico, bonito, inteligente, sensível, brilhante, bom pai, bom genro, bom amigo, amável, atencioso, delicado, amoroso, amante excelente – e pouco importa a ordem das qualidades recenseadas, já que ele as tinha todas! O que teria dado nela para que um dia preferisse David, a quem ela mesma chamará de "bagunçado", o qual um dia vai trocá-la por uma enésima outra? Que limites – capazes de evitar o desperdício desolador que foi para ela, para a filha e, sobretudo, para o pobre marido a continuidade de sua aventura – teria ela recusado impor a si mesma? Eu sei, é claro, que ao sondar como faço a pulsão que toma conta dela, serei tratado de reacionário e retrógrado. De fato, eu recidivo em minha denúncia do individualismo e dos estragos que ele produz no laço social! Dei-me ao trabalho, porém, de insistir no fato de que o filme que decidi analisar, embora tenha passado despercebido e não tenha recebido os favores da crítica nem os do público, veio dessa Suécia que nos fascina, pois a consideramos o país promotor de todas as liberdades, a começar pela liberdade sexual. Não manifestarei por mais tempo, portanto, minha desolação diante do privilégio atualmente concedido à satisfação das pulsões mais rudimentares, em detrimento do convite multimilenar feito a cada um para que ao menos tente antepor a razão às suas pulsões. Faço a pergunta de outra maneira: que força operava em Marianne a ponto de fazer com que sabotasse uma vida que se desenrolava havia onze anos sob os melhores auspícios?

Além disso, será que respondi às outras perguntas, suscitadas desordenadamente em mim, ao proceder – não sem certa tristeza, confesso – à análise à qual me dediquei? Provavelmente não. Sendo assim, não deixarei de voltar ao caso outras vezes. Isso porque a perspectiva que eu trouxe à questão só teve por objetivo tentar compreender, e apenas em parte, a motivação de um adultério ocorrido num casal em perfeita harmonia sexual. Não costuma ser a regra, e a desarmonia sexual é geral ou frequentemente considerada como se estivesse no primeiro plano das histórias que recolhemos ou ouvimos aqui e ali. Ela é considerada, por sinal, no seu sentido mais estreito, como se o sexo fosse um perfeito *ready-made*, em cujo funcionamento nem o mínimo fator deveria interferir.

Os pratos da balança

Após sete anos de vida comum e dois filhos, aquela jovem mulher um dia começou a não suportar as contínuas censuras de seu companheiro, ejaculador precoce que, com base em experiências anteriores, responsabilizava-a pelo fracasso da vida sexual do casal. O fato é em si surpreendente, pois esse homem, que por seu lado obtinha prazer, sentia-se no entanto frustrado pela ausência de prazer da companheira e criticava-a por isso, em vez de colocar a si mesmo em questão. Ora, eis que ela, durante uma viagem noturna de trem, cede impulsivamente à paquera iniciada por seu companheiro de compartimento. Tem seu primeiro orgasmo. Algum tempo depois, perguntando-se se, no final das contas, não teriam as condições exóticas da relação contribuído para sua satisfação, entra numa nova aventura, a qual se revela igualmente conclusiva. Um fraco investimento desse amante levou-a a separar-se dele rapidamente. Arrumou outro, e outro ainda, multiplicando-os assim sob a justificativa de explorar, reconheceu ela, o papel desempenhado pela proibição e pela transgressão em sua nova experiência. Acabou por tomar consciência de suas inegáveis capacidades orgásticas e aceitá-las. Essa descoberta tornou-a mais disponível para si mesma e para suas aspirações. Tanto que, quando finalmente encontrou um homem com quem, por muitas razões, podia vislumbrar uma vida comum, falou abertamente ao pai de seus filhos. Este, para surpresa dela, não lhe fez nenhuma censura. Ficou até aliviado com sua iniciativa. Ele mesmo tinha encontrado, havia já algum tempo, uma mulher com quem se entendia muito bem e pretendia, dali em diante, viver sua vida. Separam-se rapidamente e em bons termos.

Salvo por algumas de suas variantes, é comum encontrar esse roteiro atualmente. Em geral, ele não suscita muitos problemas. Sendo a harmonia sexual atualmente sacralizada como é, o entorno admite-a implicitamente como critério dos mais importantes, cuja distribuição seria da ordem de uma loteria, e integra sem dificuldade a situação que dela resulta. As crianças, que passaram a adotar definitivamente os termos "namorado" e "namorada" para designar os novos parceiros da configuração familiar inicial, vão facilmente de uma casa a outra e de um casal a outro, que, por sinal, mantêm-se em bons termos com os respectivos parceiros um do outro.

Nem sempre, porém, as coisas se passam assim, particularmente quando a ruptura do casal origina-se numa decisão unilateral que o parceiro, ou a parceira, não necessariamente tem capacidade de admitir ou seguir. Os dilaceramentos e a dor então se apresentam, acompanhados de uma enxurrada de censuras, de ressentimento e de ira. E são histórias que degringolam, beirando tantas vezes a sordidez. O entorno, incluindo as crianças, é largamente manchado pelos respingos de lama. As famílias respectivas fogem uma da outra, e os amigos se dispersam. O conflito torna-se crônico, na falta de um consenso que poderia ter sido encontrado para dar sentido à maneira como se desenrolou a aventura comum. O (ou "a") frustrado(a) sexual permanecerá literalmente enganchado(a) nessa causa original, sem querer ouvir nada além disso, enquanto seu (ou sua) parceiro(a) não cessará de alegar, numa tentativa de exploração, inúmeros outros fatores.

Nesse tipo de situação, tudo se passaria como quando se mediam pesos com uma balança de pratos: no primeiro caso, os pratos chegaram rapidamente ao equilíbrio, tendo sido igual e pacientemente carregados por um e outro parceiro; no segundo, o peso da censura implícita, focalizada no aspecto sexual da relação e brutalmente lançado no prato, desencoraja o parceiro de qualquer esforço equilibrador e leva-o a chacoalhar a própria balança, enquanto seu (ou sua) parceiro(a) tenta em vão descarregar o próprio prato para restaurar uma forma de equilíbrio.

Essa metáfora do equilíbrio é, por sinal, mais eloquente do que parece. Com efeito, ela pode ser aplicada tanto aos casos em que existe um desentendimento sexual quanto àqueles em que tal desentendimento não existe. Permite compreender que o equilíbrio exigido pela economia afetiva de cada um pode às vezes intervir em roteiros cuja montagem, que parecem sair da ficção, serve-se da via sexual, mas não coloca essa problemática em primeiro plano.

Esta jovem mulher, provida de filhos e de um marido que ela diz amar e apreciar, não conseguiu ainda assim separá-lo como gostaria da mãe, viúva, da qual ele é filho único; onipresente, ela parasita a vida do casal, particularmente durante os fins de semana no campo. Em vez de entrar num conflito do qual pressentia que sairia perdendo, recorreu à solução que lhe pareceu conveniente. Passou a convidar com regularidade casais de amigos para passar também o fim de semana no campo, um casal diferente por vez. E logo deu um jeito para fazer com que o convidado compreendesse o que se esperava dele. "O senhor não pode imaginar", disse-me ela, "a felicidade que toma conta de mim quando faço amor no meio do mato ou atrás de um arbusto, a uma centena de metros do meu marido e de sua mãe, que jogam a tradicional partida de *scrabble* com a mulher do meu amante da ocasião. É o preço que eu pago para preservar meu equilíbrio e viver meu dia a dia da forma desejada pelo entorno e por meu marido em particular. Se o senhor soubesse a amabilidade que sou capaz de demonstrar para com a minha sogra! Cada um dos amigos acredita, é claro, ser o único com quem vivo tal aventura. Quantas vezes não me propuseram, uns e outros, que nos revíssemos durante a semana. Nunca compreenderam minha recusa. Mas como lhes explicar que é somente ali, no jardim daquela casa imensa, que sinto essa necessidade? Eles não entendem nada, e eu também não, aliás; só sei que me sinto infinitamente melhor."

Uma outra não entendia, ela tampouco, por que mantinha havia anos uma relação adúltera com o mesmo homem, a quem conhecera casualmente e visitava uma vez por semana para nada além... de uma felação. Ela nunca se "entregara" a ele. "Eu só me entrego ao meu marido", assinalava, e esse homem nunca exigira dela nada além dessa carícia. Isso aproxima seu caso de um outro, em que a mulher se atribuía uma fidelidade meritória, pelo fato de não conceder aos amantes ocasionais senão uma relação de sodomia.

Do lado dos homens, os casos não são menos instrutivos, ainda que imaginemos o adultério masculino como algo mais banal, mais animal, ou pelo menos mais mecânico que o adultério feminino.

Aquele homem, casado com uma mulher deslumbrante, amorosa e extremamente gentil, não parava de colecionar amantes que, além de serem, como ele mesmo confessava, bem menos belas e atraentes que sua mulher, eram também insuportáveis e não paravam de atormentá-lo e de fazer cenas assim que o olhar dele se dirigia para outra. Cada uma delas acabava por fazer com que ele atingisse um ponto de ruptura, que lhe permitia livrar-se dela e colocar-se imediatamente à caça de outra da mesma laia, até que...

Um outro, administrador de empresas, aproveitava as férias de verão de sua família para acumular conquistas passageiras. Procedia muito metodicamente, mudando todos os dias de bairro e aproximando-se, nas ruas, das mulheres que atraíam seu olhar. Persistia na paquera até conseguir marcar um encontro com elas. Precavido, ou tarimbado, marcava uma série de encontros, com espaço de meia hora e de cento e cinquenta metros entre eles. Protegendo-se assim das eventuais desistências, garantia a satisfação de sua necessidade de duas mulheres diferentes todas as noites. "São as férias que dou a mim mesmo, são minhas férias de verdade. Adoro esses encontros e essas mulheres. Declaro a cada uma ter conhecido o amor com ela. Isso não compromete ninguém, e exalta a atmosfera do encontro. Depois disso, não as vejo nunca mais, é claro. Mas fico tranquilizado durante o resto do ano. Sou o marido amoroso e fiel por excelência.

Nem fico numa expectativa ansiosa por essa época do ano. Sei que ela virá. Posso dizer que alcancei um ritmo estável que equilibra a mim e à minha família."

Um outro, com família e uma esposa tão deslumbrante quanto ele mesmo era belo, habitou-se a vir à minha consulta, sozinho, quando não ia bem, falando-me sobre todo tipo de assunto. Um dia começou a recorrer às minhas consultas para o tratamento de suas colaboradoras e dos filhos delas, pedindo-me que não cobrasse delas e remetesse a ele minha nota de honorários. Suspeitava que tivesse escolhido essas mulheres tanto pela aparência física, sempre muito atraente, quanto pelo fato de serem mães, embora nunca tenha sentido que pudesse atribuir-lhe uma fibra paterna lá muito sólida. Pensei ingenuamente que a coisa poderia resultar da transferência incompreensível que ele cultivava em relação a mim. Para completar o quadro, acrescento que ele exercia uma profissão artística bem pouco comum, e que se queixava regularmente de dívidas sempre enormes. Um dia, achei que estava realmente num estado de penúria maior que o costumeiro. De fato, telefonou-me para pedir que eu cuidasse do filho de uma secretária que ele acabara de recrutar, e insistiu no fato de que ela estava em tão grande necessidade quanto ele naquele momento. Recebi, durante algum tempo, a dita mulher: sem graça, ela destoava do restante da coleção que me fora apresentada por ele. Perguntava-me como um esteta exigente pudera até mesmo se adaptar à visão de uma feiosa daquelas. Alguns meses depois, ele apareceu um dia no meio de uma consulta, trazido por sua esposa. Mal conseguia ficar de pé. Estava pálido, cadavérico, com a barba por fazer de vários dias. Assim que ficamos sozinhos, ele me declarou que estava à beira do suicídio e que tinha absorvido, na semana anterior, apenas dois litros de uísque e seis maços de cigarro por dia. Contou-me o que o havia levado a isso. Havia finalmente arranjado o contrato de sua vida, que lhe permitiria quitar todas as dívidas de uma só vez. No centro desse contrato, que o havia conduzido ao exterior, existia uma peça de colecionador, um tabuleiro de xadrez extremamente precioso, e três meses de trabalho fartamente remunerados. Ele conseguira lidar como convinha com cada uma das peças, até a última: o rei. Tentara resolver de todas as maneiras possíveis o enorme problema suscitado por esse rei, e acabou decidindo retirá-lo do tabuleiro. Ora, durante essa manipulação, deixou a peça cair e ela se quebrou. Não teve coragem de enfrentar a cólera de seu cliente. Renunciando ao pagamento, juntou suas coisas, correu para o aeroporto e pegou o primeiro avião: "O pior me aguardava na chegada", disse-me ele entre um soluço e outro. Imaginei então que a polícia ou os seguranças de alguma embaixada estrangeira tivessem ido no seu encalço! Foi então que ele continuou, chorando lágrimas ainda mais amargas: "Ela foi embora, ela me abandonou." Deixei-o chorar tudo o que precisava, e fiquei à espera da continuação, que não chegava. Tanto que arrisquei um tímido: "Mas quem, exatamente?" A tal secretária! Levei um bom tempo, confesso, para admiti-lo. E, como fui recapturado por aquele questionamento deixado em suspenso, perguntei-lhe quase ingenuamente, após um longo silêncio: "Mas o que você viu nela, para que sua partida o tenha colocado nesse estado?" Ele me respondeu: "Foi a única mulher que conheci em minha vida com quem podia me permitir qualquer coisa, e que nunca me recusava nada."

Julien, de quinze anos, a quem eu conhecia desde que nascera, pediu para falar comigo em particular. É um adolescente magnífico e brilhante. Logo me diz querer compartilhar um segredo e discuti-lo. Tem certeza de que seus pais enganam um ao outro. Ao buscar uma borracha no escritório do pai, encontrou no bloco de papel aberto o que considerava o começo de uma carta, com as seguintes palavras iniciais: "Minha querida". "Não poderia ser uma carta do meu pai para minha mãe. Em primeiro lugar, porque ele escreveria para ela? E por que diria "minha querida" ao escrever para ela, se nunca se dirige a ela desse jeito?" Depois de me fornecer o indício que havia despertado sua curiosidade, contou-me a verdadeira investigação policial que empreendeu para confirmar sua suspeita: observação atenta da correspondência, escuta das conversas telefônicas, sobretudo quando um ou outro de seus pais buscava privacidade, e até perseguições clandestinas, graças às quais os vira entrar em hotéis acompanhados de seus respectivos parceiros. "Fiquei triste, é claro, muito triste. Mas finalmente achei que o problema era deles, não meu. Que talvez só conseguissem ficar juntos desse jeito.

Ainda não tive coragem de contar tudo isso às minhas irmãs. Será que deveria fazê-lo? Mas, se não o fizer, como é que vou guardar esse segredo só para mim e o que vou fazer com ele?

Um outro estava tomado pela dor. Sua mulher não apenas o havia abandonado, como também exigira, por meio de um advogado, uma quantia considerável, intimando-o a que saísse do apartamento em que morava, que estava no nome dela por obscuras razões fiscais, embora tivesse sido comprado por ambos. Ele me contou como tinham se conhecido, o amor, o nascimento das crianças, e a maneira como se dera conta, ao longo dos vinte anos de vida comum, do esfacelamento da relação: "Ela só aceitava fazer amor com as luzes apagadas, rapidamente, sem nenhuma carícia ou palavra, como se quisesse se livrar logo de uma tarefa pesada." Mas ele está disposto a tudo. Está pronto para perdoá-la, para retomar a vida comum, e, se necessário, para fazer uma terapia de casal – "Por que não com o senhor?" –, focalizada nas dificuldades deles. "Não consigo me imaginar com outra mulher. É só com ela, e com nenhuma outra, que quero fazer amor. Sonho com ela todas as noites. Só consigo dormir dizendo a mim mesmo que ela estará lá de novo, na cama, quem sabe no dia seguinte. Tudo poderia se resolver. Estou pronto para perdoá-la e esquecer tudo. Não farei nenhuma exigência. Se ao menos... uma coisa acontecesse... só uma: que voltássemos a nos beijar na boca. Porque ela me privou disso muito rapidamente. Não sei por quê, ela sempre se recusou a explicar. Digo-lhe até mais: eu, que nunca paquerava, quando cedi ocasionalmente às tentativas de sedução de algumas mulheres, foi só para trocar beijos com elas, aqueles beijos dos quais eu tinha sido privado. A aventura que elas esperavam parava sempre por aí."

Não vou continuar a desfiar por mais tempo os exemplos, ainda que o realismo deles pareça por vezes ultrapassar a ficção. A literatura e nosso universo da imagem pululam deles. Se os invoquei, algo desordenadamente, foi para mostrar sua variabilidade e singularidade, das quais se extrai uma forma de ensinamento: *acreditar que o sexo, sempre em primeiro plano, seja o único fator em ação, é cometer um erro de avaliação extremamente grave e nada ver do essencial que o sexo é mestre em mascarar, ou pelo menos se esforça ao máximo em fazê-lo.*

A balança e o equilíbrio dos pratos que usei anteriormente à guisa de ilustração permitiu compreender que um adultério, seja qual for sua configuração, pode às vezes inscrever-se na lógica singular de uma relação, acionar seu potencial evolutivo, e até perenizá-la. Podemos empregar ainda outro modo de ilustrar a maneira como uma aventura de casal, fundada precisamente na harmonia sexual, desenvolve-se por vezes na direção da discórdia e da separação.

Imaginemos isso sob a forma de um palco de teatro, do qual o casal recém-formado acredita poder apossar-se inteiramente para nele encenar a peça de que um e outro têm apenas uma vaga ideia, mas que estão seguros de poder levar a bom termo, pelo fato de o terem desejado tanto e de estarem unidos por algo que lhes dá força e determinação. Nada os atemoriza. Certamente saberão construir o enredo, elaborar a dramaturgia, assumir a direção e até mesmo ajustar a iluminação. O espetáculo será magnífico. O mais belo que se poderia imaginar. Será a obra comum do casal, a contribuição deles para a ordem do mundo, mas antes de tudo uma criação deles, destinada prioritariamente – o que é muito saudável – a eles próprios. Que importa, com efeito, que outros a apreciem ou não, contanto que ela dê testemunho do que ofereceram um ao outro. Não é assim que se inicia toda aventura a dois, mesmo quando um ou outro, e por vezes cada um dos dois, teve de testemunhar o fracasso da relação de seus pais e os dilaceramentos posteriores? Não é fato notório que "os apaixonados estão sozinhos no mundo"? E não é em nome dessa "solidão" que os imaginamos merecedores de todas as promessas, e dotados da capacidade, intrínseca à atração e à concordância entre eles, de "mover montanhas"?

Eles sobem ao palco numa alegria indizível, suas mãos entrelaçadas prefiguram uma copulação cuja perenidade é projetada. Não precisarão de muito tempo, contudo, para perder as ilusões. Isso porque o palco por eles investido revela-se bem rapidamente como algo que lá estava desde tempos imemoriais! O material é de um obsoletismo inesperado e de uma fragilidade desesperadora. E o palco não estava tão vazio como o haviam concebido. Está povoado de uma multidão de sombras, que vão e vêm, que se agitam em todas as direções, berram textos estranhos, sem nunca deixá-los em paz, chegando até a agarrá-los e separá-los um do outro. Eles resistem. O tempo passa. Sempre movidos por seu projeto inicial, debatem-se como podem. Chegam a tentar uma reconciliação. Alcançam-na cada vez menos. Até que renunciam, assinando então o fim de sua aventura. Quando são bem-sucedidos – como por vezes acontece, contrariando todas as expectativas – nada mais será como antes, pois saem da provação com marcas e sem ilusões sobre o futuro.

O que Emma deseja?

As interferências sonoras, assim como os eventos intercorrentes ou as sombras que, nessa metáfora por mim construída, invadem o palco, não são nada além do que "se encena em outro palco", como dizem os psicanalistas. Esse "outro palco", denominação metafórica do inconsciente, não é apanágio de alguns, candidatos ou não a um trabalho no divã. Existe em cada um, quer ele admita o fato, quer não. E que esse palco seja povoado de sombras ameaçadoras não é de surpreender, a partir do momento em que se aceita a ideia de que, sejam quais forem as circunstâncias ou cenários nos quais nos inserimos, nunca deixamos de ser quem somos, carregando, trazendo em torno de nós e dentro de nós o que armazenamos da nossa história e das experiências vividas. Ficaria a tentação de concluir que essa visão das coisas condenaria toda relação sexual, com o tempo, ao fracasso. Tal opinião, como não deixei de assinalar, é muito difundida nos dias de hoje. Sem por isso cair num angelismo que nada teria a ver com a situação, não a considero legítima nem pertinente. Considero que ela deve simplesmente ser atribuída a uma preguiça crônica, assim como a uma forma de desencantamento que se apoderou da maioria de nossos semelhantes, as quais parecem destinadas, uma e outra, a preservar em nosso mundo, tal como é, a imagem que cada um busca construir, e sobretudo transmitir, de si mesmo. O estado de espírito no qual nos encontramos quando subimos ao palco é da maior importância. A decepção é sempre proporcional à ilusão alimentada.

Talvez se possa compreender agora por que realizei, nos capítulos anteriores, essa digressão pelo que chamamos de casamentos arranjados. Isso porque, como sabemos, ninguém obrigou a esposa do ejaculador precoce a se unir a ele. Pode-se inclusive imaginar facilmente que eles tenham feito algum tipo de teste de sua união antes de nela se instalarem. Pode-se dizer, a partir daí, que sua união devia ter uma finalidade, ainda que não identificável numa primeira leitura ou no primeiro nível da história deles – por sinal, é fácil chegar à mesma conclusão quanto a todos os outros exemplos citados. Contrariamente ao que acontece nesses casos, nos quais interveio apenas a livre escolha, os parceiros dos casamentos arranjados são amarrados um ao outro por seus próprios pais, que, tranquilizados por esse dispositivo, não sentem necessidade de voltar ao palco em que se encena a união e geralmente o desertam, deixando aos filhos a tarefa – uma dura tarefa, é verdade – de inventar por tentativa e erro a relação que pode um dia ser conveniente para eles. E, quando digo que uma relação estabelecida de modo livre não está condenada inelutavelmente ao fracasso, dou a entender claramente que o estaria tanto menos quanto os contratantes permanecessem unidos diante dos retornos conjunturais dos fatos e das suas histórias respectivas, sendo assim capazes de resistir à impossibilidade, inerente à própria condição de seus pais, de respeitar escrupulosamente sua autonomia e suas escolhas de vida. Numa época em que a própria instituição do casamento foi desertada e cada um dos contratantes, independentemente da relação sexual, independentemente dos filhos, não para de ser definido simbolicamente como a criança de seus pais, esse tipo de acidente só tende a aumentar, e as sombras parasitas do palco têm seguramente dias felizes à sua frente.

Por que fazer o esforço, em tais condições e com tantas interferências capazes de explicar os acidentes dos casais, de transformar o desentendimento sexual em estereótipo e de colocá-lo na origem do adultério e de uma precariedade considerada, a partir daí, como característica desses mesmos casais?

Os elementos superficiais fornecidos pelos casos clínicos não são os únicos a ilustrar tal visão das coisas. As obras romanescas, teatrais ou cinematográficas afirmam-no com insistência ainda maior. Até mesmo o grandioso Flaubert não construiu a história de Emma Bovary – pela qual reconheceu não ter grande estima – em torno da figura débil e sem consistência de seu marido Charles? Como poderia o leitor comum não sentir por ela certa simpatia, considerando que talvez não se tivesse lançado na busca por amantes se tivesse encontrado o que precisava nesse marido escolhido para ela por seu pai? A busca por amantes de sua escolha não corrige, aliás, essa primeira leitura, pois eles só lhe dão o que querem dar de bom grado, e nunca o que ela pede. Se nos reportarmos, além disso, à maneira como os vaudeviles caracterizam, nessa mesma época, mulheres e maridos traídos, ela falará por si só. Neles, todas as artimanhas possíveis são reapresentadas, mais ou menos cômicas, mais ou menos trágicas, para, de fato, conferir legitimidade à volubilidade masculina e fazer crer, para empregar expressões correntes nesse âmbito, que, se "a sorte sorri aos audaciosos", é porque "não existem fortalezas inexpugnáveis, mas apenas maus estrategistas".

A pulsão sexual, atuante em cada um de nós a ponto de fazer com que só a contragosto aceitemos seus limites, não é apanágio do sexo masculino. Isso passou a ser reconhecido, mesmo que tal reconhecimento seja bem recente! Lembremo-nos do doutor Hartford, o herói do filme *De olhos bem fechados*, ao qual volto a fazer referência. Ele dá de cara com essa verdade na noite em que sua mulher lhe confessa a violência do desejo que sentiu pelo oficial russo sentado à mesa vizinha. Tão abalado ele fica que tentará iniciar-se, como pode, nos mistérios e na complexidade do que descobriu. Fracassa, é claro. Tanto é assim que, ao final de seu périplo, seu rico mentor lhe diz que ele não tem a estatura nem a idade para almejar tal tipo de iniciação, algo semelhante, na travessia edipiana, ao pai intimando o filho a que reprima o desejo pela mãe e invista a paciência, a fim de ter acesso, ulteriormente, à plena realização desse desejo, sem enganar-se quanto ao objeto, como faz naquele momento.

Esse modo esquemático de explicar a mensagem paterna legítima, fundamentada, sensata, comedida e salutarmente dissuasiva daria a entender que seu conteúdo não poderia ser distorcido no breve percurso percorrido por ela do emissor ao receptor. Aliás, não é justamente o procedimento que aconselhamos aos pais nesse tipo de circunstância? E não explicamos a eles que é exatamente com esse tipo de intervenção que vão libertar a criança da tirania da pulsão? Que nova ilusão não estaríamos assim cultivando ao acreditar nisso e fazer com que nisso acreditem os outros! Com efeito, a experiência demonstra que nada é tão parasitado por esse erro de análise quanto a realização do desejo sexual: a mãe do menininho não é indiferente, longe disso, ao desejo que essa criança manifesta por ela; não somente é sensível a ele, como o provoca sem constrangimento e cultiva com infinito cuidado, sonhando em que nunca, jamais, esse desejo possa ser desviado dela. O pai da menina não fica a lhe dever nada e, por sinal, não se comporta de modo diferente, deixando assim a filha diante da surda ambivalência da mãe para com ela. Não que a mãe tenha se sentido suplantada junto ao seu homem; a mágoa em relação à filha decorreria do fato de esta se ter desviado brutalmente dela, e a mãe dá implicitamente a entender que ela se interessou por alguém que não tem as mesmas qualidades.

"Socorro, doutor!", apelava aquela mãe ao telefone. "Não sei mais o que fazer, preciso de um conselho. Basile (seu filho de cinco anos) não sai de perto de mim; mas o principal é que ele não para de me dizer que quer fazer amor comigo (*sic*)." Conheço Basile desde que nasceu. Conheço também seus pais: pessoas nada simples, que têm opiniões formadas sobre todos os assuntos e evidentemente detêm a verdade sobre todas as coisas! Fico portanto apenas meio surpreso que, em tão tenra idade, essa criança diga coisas desse tipo. Objeto de adulação de sua mãe, ele o é ainda mais de seu pai. Parece-me inútil, portanto, aconselhar uma reprimenda dissuasiva, na falta de uma punição e mais ainda daquelas boas palmadas que nunca mataram ninguém e contribuíram com frequência para a formação de sólidos limites. Indago então sobre a resposta dada ao filho pela mãe. "Claro que não o deixei sem resposta. Não paro de lhe dizer: 'Mas, meu querido, tem o seu pai!'" Fiquei tão estupefato que fiz com que repetisse a frase. Ela ficou espantada, e acrescentou, inquieta: "Não era o que eu devia ter dito? Mas é a verdade!" Como me parecia impossível fazer com que ela percebesse, mesmo que eu lhe pedisse para repetir a frase uma vez mais, os efeitos da formulação de sua mensagem, tentei chamar sua atenção para aquele "mas" introdutório. Ela não compreendia. Só compreendeu depois que eu lhe disse: "Se eu lhe digo que quero dormir com a senhora, e a senhora me responde: 'Mas tem o meu marido', ficarei praticamente convencido de conseguir dormir com a senhora num prazo dos mais curtos."

Se foi necessário passar pela transposição dessa resposta ao universo adulto para explicar os efeitos potenciais da resposta dada à manifestação do desejo da criança, é com certeza porque – e isso vem à mente de imediato – não imaginamos, mesmo quando a formulação não dá margem a dúvida, que a pulsão ativa na criança pode ser estritamente idêntica, inclusive em sua intensidade, à do adulto. Ao afirmá-lo, Freud provocou, em sua época, um escândalo enorme. Acreditamos que hoje essa opinião seja reconhecida e o mal-entendido esteja dissipado: não é nada disso. O erro de avaliação persiste, e provém sobretudo de uma série de ideias falsas. Com efeito, nós não somos adultos grosseiros que convivem com a deliciosa inocência da criança. *Somos apenas crianças que cresceram, sem que nada de essencial se tenha modificado nelas* – sendo o essencial constituído pelo registro pulsional, que a expressão sexual resume, porque é a sua expressão mais fácil – *e que, apenas dotados de meios mais eficientes que os das crianças, tais como o amadurecimento afetivo e psicológico, consideram-se autorizados a se expressar e a assumir seus atos e suas escolhas.*

Se nos recusamos a considerar que nossos filhos estão submetidos à violência desse registro pulsional, é simplesmente porque seria necessário aceitarmos que nós também o estivemos, nessa mesma idade. E que *nos tornamos o que somos simplesmente em razão do atrito com os obstáculos e a repressão por parte do entorno. Isso nos obriga a admitir que seríamos, queiramos ou não, produto de uma história* – que nunca para de se fazer lembrar a nós e que se manifesta sob a forma dessas sombras parasitas que evoquei – *e não o resultado de uma espécie de autocriação que teria feito de nós os seres livres que nos obstinamos em acreditar que somos.* Assim seríamos levados à relação mantida com nosso narcisismo e convidados a desenvolver um pouco mais de modéstia, em vez de negar o fato de que, sejamos quem formos e seja qual for nossa história, o sexo é o epicentro de nossas preocupações e uma das fontes mais produtivas da nossa angústia. Sabem-no perfeitamente todos os veículos de informação, que dele fazem periodicamente, nestes dias em que ele é liberado, manchetes, frases de publicidade e objeto de testes destinados a impulsionar as vendas. Assim cada um pode ficar sabendo, a baixo custo, se é liberado, inibido, empreendedor, recalcado, eficiente, narcísico, ligeiramente sádico, francamente hétero, ou nem tanto etc. – classificações que resultam elas mesmas de uma imaginação produtiva e não raro transbordante. O que assim transparece é que, no fundo, *cada um de nós*, por mais envolvido que esteja nesse registro, só poderá nele encontrar insuficiências – o que, aliás, não é falso em si, e nada precisaria ser acrescentado se essa informação não desse a entender implicitamente que existiria uma satisfação possível nesse âmbito e que haveria indivíduos que não sofrem de nenhum tipo de deficiência nessa área! Assim, tal satisfação tornar-se-ia, para cada um, não apenas um objetivo legítimo de busca, mas um direito inalienável que seria convidado, se não incitado, a exercer, sem se perguntar sobre as causas do incômodo que sente, e sem hesitar, se necessário, em colocar em dúvida as competências de seu parceiro habitual.

O que nos ensina a fisiologia sexual?

Assim como ninguém nunca precisou conhecer o funcionamento do estômago para nele enfiar alimentos, ninguém nunca precisou entender o funcionamento do sexo para a ele se entregar. Com a diferença, no entanto, de que, até se percorrermos a literatura desde a mais longínqua antiguidade, perceberemos que os escritos a respeito do estômago, incluindo a produção relacionada à gastronomia, são ridículos ou inexistentes quando comparados, em volume, aos que se relacionam, de perto ou de longe, ao sexo. Percebemos, no entanto, que, embora a medicina e a fisiologia nunca tenham deixado de escrever, até com abundância, sobre o estômago e todos os outros órgãos do corpo, permaneceram singularmente mudas quanto ao sexo. É como se o opróbrio lançado pela religião e pela moral sobre esse registro o tivesse transformado em assunto inconveniente[1] por definição, digno de

1. Enquanto escrevia esta obra, fui consultar os tratados de anatomia e fisiologia que possuía e dos quais me servi durante meus estudos, isto é, nos anos

circular apenas às escondidas ou de refugiar-se em certas prateleiras de biblioteca[2] onde se refugiavam as obras frequentemente consideradas como delirantes, ainda que seus autores fossem por vezes célebres.

Anatomia discreta e fisiologia calada explicam parcialmente, portanto, por que a sexologia, nascida à sombra, há muito tempo, só tenha saído oficialmente dela na segunda metade do século XX e se imposto apenas no final desse mesmo século. Esse nascimento, contudo, provavelmente não se deu por acaso. Parece-se, a ponto de se confundir, com a resposta dada tardiamente pela medicina à iniciativa de Freud. Não se deve esquecer que o jovem médico angustiado e sem recursos que ele era havia se resignado, para formar uma clientela, a cuidar de pacientes pelos quais a medicina parecia nada poder fazer. Aliás, não foi de outro modo que ele se viu no caminho da descoberta do inconsciente e do papel central desempenhado pela sexualidade, não apenas em certos quadros patológicos, mas na vida de cada um,

---

1960. Constatei o silêncio total observado em relação à questão sexual, como se ela não existisse. É verdade que a única função da fisiologia era esclarecer os diferentes setores da patologia e permitir, assim, o tratamento. Ora, como ninguém se preocupava então com os distúrbios sexuais, era inútil interessar-se por ela. Além disso, quando quis verificar a questão da inervação vaginal, constatei que tratados tão minuciosos e eloquentes sobre a anatomia genital como os de L. Testut e O. Jacob (*Anatomie topographique*, Paris, Doin et Fils, 1909) e o de H. Rouvière (*Anatomie humaine*, Paris, Masson, 1954) não davam nenhum detalhe sobre isso, contentando-se em assinalar que essa inervação se liga ao plexo hipogástrico inferior. O tratado de P. Poirier (*Anatomie humaine*, vol. V, Paris, Masson, 1901) é o único que se estende sobre a maneira como as terminações nervosas se distribuem em toda a vagina e assinala a existência, na parte inferior do órgão, de diferentes tipos de corpúsculos, entre os quais os corpúsculos de Pacini, aos quais denomina poeticamente "corpúsculos do sentido genital e da volúpia". Além do interesse suscitado pelo detalhe semântico, isso explica que um autor como Alfred Kinsey tenha sido capaz de sustentar (*in* G. Chaboudez, *op. cit.*, p. 55) que a vagina não é inervada. Para ir mais longe ainda no rol dos efeitos do pudor excessivo que afetou durante muito tempo os anatomistas, é importante assinalar que as artérias, as veias, os vasos linfáticos e os nervos da região dita do baixo-ventre sempre foram designados pelo qualificativo de "vergonhoso". Temos assim o plexo da vergonha, o sistema da vergonha, a artéria interna da vergonha etc.

2. Na Biblioteca Nacional da França, um departamento denominado "Inferno" era reservado a elas e foi, durante muito tempo, de difícil acesso.

fosse qual fosse seu sexo e sua idade. Foi depois disso que a psicanálise, mesmo – e sempre, infelizmente – contestada, acabou por atrair a atenção para esse âmbito e conferir-lhe o lugar que ele merece.

Como isso ocorreu, e o que a sexologia nos ensinou de essencial?

Durante algumas décadas, houve apenas artigos disseminados, aqui e ali, em diferentes revistas científicas generalistas. No entanto, após as verdadeiras bombas que foram, em 1948 e 1954, primeiro o relatório Kinsey sobre o comportamento sexual dos homens, e depois o relatório seguinte, sobre o das mulheres, alguns médicos de diferentes países ocidentais, Estados Unidos e países escandinavos à frente, decidiram orientar sua atividade nessa direção e até consagrar-se a ela inteiramente. Passaram por sua vez a publicar e a fundar sociedades científicas. Suas iniciativas fizeram escola no conjunto do mundo ocidental. Lembro-me, no entanto, de que, no tempo em que era um jovem profissional, nos espantávamos entre colegas com essa orientação no mínimo singular e manifestávamos uma atitude desafiadora diante dessa prática, e até certa desconfiança. Tendíamos a imaginar que os colegas que haviam escolhido dedicar-se a ela haviam encontrado um meio – lucrativo, ainda por cima – de satisfazer suas inclinações voyeurísticas. Isso dá uma ideia de quão incômodas eram para nós as questões relacionadas ao sexo. Nem por isso deixávamos de ouvir, de vez em quando, perguntas formuladas sobre o assunto em nossas consultas. Mas, como não podíamos remetê-las senão às noções adquiridas em nossa formação de ginecologia médica ou ao estudo das doenças venéreas, não achávamos que nos diziam respeito ou que devêssemos delas tratar; no melhor dos casos, recomendávamos seus autores a psiquiatras, e não a psicanalistas, cujo exercício ainda permanecia pouco conhecido. Por um desses mecanismos que Marx teria sentido prazer em explorar, esse estado de coisas foi abalado, depois dos eventos de maio de 1968, pela explosão de um verdadeiro mercado, quando os costumes se liberalizaram e as preocupações relativas ao sexo deixaram definitivamente de ser tabu. Seguindo sua própria lógica, as revistas destinadas ao grande público daquela época impulsionaram o assunto realizando concursos de informação, e de certa maneira obrigando os profissionais da medicina a se formarem eles também nessa nova disciplina.

Isso foi possível graças ao trabalho de uma equipe americana que consignou os resultados numa obra[3] de difusão mundial e cujas conclusões continuam a servir de base para a formação sexológica. Essa equipe, formada por William H. Masters e Virginia E. Johnson, relatou um estudo experimental rigoroso e muito bem documentado de exploração da fisiologia da relação sexual.

Esse trabalho foi realizado durante mais de uma década, no Centro de Pesquisa de Biologia da Reprodução de Saint-Louis, Missouri, com participação de 383 mulheres e 312 homens cujas idades variavam entre 18 e 89 anos, e que eram, em sua maioria, voluntários com bom nível intelectual (grande número deles eram estudantes universitários). Essa amostra da população tinha ainda a vantagem de incluir certo número de mulheres grávidas e outras que, acometidas por uma agenesia vaginal (ausência congênita de vagina), haviam sido operadas e tinham, portanto, uma vagina artificial, fabricada em geral com uma ansa intestinal. Durante a copulação ou as sessões de masturbação, na presença da equipe, os sujeitos permaneciam conectados a diversos equipamentos (eletrocardiógrafo, eletrencefalógrafo e aparelho eletromiográfico implantados em diferentes músculos e na parede uterina, no caso das mulheres; medidores da tensão arterial, da pressão venosa, das contrações do esfíncter anal etc.) e eram por vezes radiografados de acordo com diversas técnicas. Faltaram somente – provavelmente porque suscitavam problemas técnicos insuperáveis – captadores de pressão colocados no fundo da vagina para estudar o movimento de pistão produzido pelo pênis durante o coito: isso talvez tivesse esclarecido a origem da dilatação do fundo vaginal imediatamente anterior ao orgasmo. Além disso, essa coletânea de dados gráficos era acompanhada por entrevistas realizadas por psicólogos, destinadas a traduzir as sensações em palavras capazes de permitir um melhor aproveitamento dos dados gráficos. Complementou-se o estudo pela comparação, em sujeitos de ambos os sexos, dos fenômenos registrados e comentados durante o coito, por um lado, e

---

3. W. H. Jasters e V. E. Johnson, *Les Réactions sexuelles*, Paris, Robert Laffont, 1966. [Trad. bras.: *A conduta sexual humana*, São Paulo, Brasiliense, 1981.]

durante a masturbação, por outro. Isso porque as mulheres também foram convidadas a se masturbar, conforme lhes convinha e no ritmo por elas estabelecido para obter um ou vários orgasmos, com pênis artificiais fabricados para a pesquisa, que tinham a particularidade de serem transparentes e poderem assim ser conectados a uma câmera, capaz de tornar o invisível finalmente visível[4].

Essa pesquisa, que não negligenciou nenhum detalhe, literalmente instaurou os alicerces da sexologia clínica, que buscava não apenas esclarecer a fisiologia sexual, mas também criar as bases tanto para o tratamento de certos aspectos da esterilidade quanto para os distúrbios sexuais. Foi a partir de sua publicação que a literatura sobre o assunto simplesmente explodiu, tanto do lado científico quanto do lado das obras de vulgarização. Instaurava-se assim a ideia de uma sexualidade feliz e com bom desempenho, ideia que, associando-se à saúde, surgia por sua vez como um novo direito que cada um podia reivindicar para si.

Qual foi, em suma, a contribuição desse trabalho de titãs e formalmente louvável, se não inatacável?

Primeiramente a ideia de que a satisfação sexual, por mais esperada e almejada que seja, distribui-se de modo singularmente desigual, desigualdade essa cujo mistério não foi, admite-se, totalmente elucidado. Foi o que confirmaram as pesquisas de massa realizadas em diferentes países depois daquela primeira – o relatório Kinsey.

Em seguida, que as fisiologias sexuais masculina e feminina são fundamentalmente diferentes. A segunda conduz a um prazer que é não apenas mais intenso e longo que o da primeira, como também de uma reprodutibilidade imediata e quase inesgotável, ao passo que a detumescência característica da primeira provoca um período refratário de aproximadamente vinte minutos, durante o qual uma nova ereção não é possível. Eis um fato conhecido desde a Antiguidade, é certo, graças aos dizeres de

4. Em *Trópico de Câncer* (1934), o escritor Henry Miller conta que, numa manhã, tomado pela angústia diante da paixão que sentia pelo sexo feminino, e particularmente pela vagina, decidiu verificar o que a vagina poderia conter para subjugá-lo tão radicalmente. Munido de uma lanterna, examinou a vagina de sua amante do momento e constatou, com um grito de estupefação e dor: "Mas não existe nada, absolutamente nada, dentro de uma vagina!"

um certo Tirésias[5], mas que é atualmente comprovado pela ciência e por isso não deixou de alimentar debates ideológicos apaixonados. Com efeito, esses dois pontos serão utilizados para reforçar a credibilidade das reivindicações emitidas por inúmeras associações feministas. O combate contra a desigualdade e a injustiça encontraram aí, de fato, um novo cavalo de batalha. Na medida em que são as mulheres as mais frequentemente frustradas em seu prazer sexual, cabe a elas travar as lutas para ter acesso a ele sem restrições.

Sabia-se também há bastante tempo que, contrariamente aos homens, as mulheres eram dotadas de duas fontes potencias de prazer, o clitóris e a vagina, e se imaginava que elas lhes proporcionavam duas formas distintas de gozo. No entanto, na esteira de Kinsey, Shere Hite[6] escreve: "O orgasmo, e sejam quais forem as diferenças de percepção [...] é sempre decorrente, sejam quais forem suas modalidades, à estimulação clitoridiana." Outra pesquisadora americana, Elisabeth Lloyd[7], declara por sua vez que o orgasmo feminino, atribuído por ela também à estimulação clitoridiana, é "um eco acidental do orgasmo masculino, um pouco como os mamilos masculinos são ecos inúteis das mamas femininas". Foi definitivamente comprovado, contudo, que, durante o coito, as duas fontes participam juntas, mas de um modo próprio a cada mulher, de um mesmo e único gozo, atribuído à evolução de um fenômeno de congestão dos vasos, do qual participam muitas outras zonas do corpo, entre elas a zona anal. Era o que Freud já afirmava, por sinal, quando fazia da sensibilidade do clitóris uma espécie de lenha miúda destinada a alimentar e ampliar a chama. Seu parecer, e sobretudo a significação que ele atribuía ao investimento exclusivo do clitóris foram combatidos. De fato, ele sustentava que esse investimento decorria de uma fixação num estágio infantil da sexualidade e devia ceder lugar,

5. Esse personagem da mitologia, que teria sido transmutado em mulher durante sete anos, foi chamado um dia para ser o árbitro de uma disputa entre Zeus e Hera sobre a intensidade de seus respectivos prazeres. Seu testemunho foi o de que a mulher sente nove vezes mais prazer do que o homem.

6. Shere Hite, *Le Rapport Hite* (sobre as mulheres), Paris, Robert Laffont, 1977.

7. Elisabeth Lloyd, *The Case of Female Orgasm – Bias in the Science of Evolution*, Harvard University Press, 2005.

na mulher adulta, à preponderância do prazer vaginal. Durante muito tempo objetou-se a isso o fato de que as características anatômico-fisiológicas da vagina transformavam-na num órgão destinado quase exclusivamente ao prazer masculino e à procriação. Tanto é que certa corrente feminista chegou a aconselhar a mulher, desconsiderando o equivalente incestuoso que isso representava, a prescindir dos homens e entregar-se sem reserva à masturbação.

Foi preciso esperar 1981 para que se publicasse a descrição do ponto G[8], situado na vagina e assim designado em homenagem aos trabalhos do doutor Grafenberg, ginecologista obstetra alemão, o primeiro desde 1950 a evocar a existência dessa zona. Cumpre assinalar que o próprio Grafenberg, em sua publicação de 1950, não falava sobre a existência de uma zona orgástica vaginal específica. Sua publicação tratava unicamente do comportamento sexual de certas pacientes suas, que provocavam seus orgasmos pela introdução, na uretra, de um alfinete de chapéu!* Ele concluíra que a uretra poderia ser, em algumas mulheres, uma zona erógena. Muitos autores viriam a contestar, depois disso, a existência desse ponto, enquanto outros teriam encontrado quatro pontos, e outros ainda se empenharam em ampliar[9], com objetivos terapêuticos, o ponto inicial, conferindo um novo papel a essa vagina que parece não ter acabado de revelar seus segredos.

São verdadeiros segredos, pois se admite atualmente a existência, em algumas mulheres, as mulheres-fonte, de uma ejaculação que se dá durante o orgasmo[10]. A análise biológica do líquido ejaculado demonstra que ele provém de uma zona tecidual de tipo prostático, situada à volta do meato urinário. Continua a ser um mistério, porém, o fato de que tal origem só deveria produzir algumas gotas de líquido ejetado, ao passo que essas eja-

---

8. J. Perry e B. Wipple, *Journal of Sex Research*, 17, 22-39, 1981.

* Em francês, "*aiguille à chapeau*": espécie de broche que se usava nos chapéus antigos; tinha o formato de uma agulha grande, e sua extremidade, que ficava aparente no chapéu, era geralmente arredondada e feita com materiais nobres, como pérolas, ouro etc. (N. da T.)

9. Marie-Claude Benattar, *Medica judaïca*, 2004, n.º 93, p. 14.

10. M. Zaviavic e al., "La prostate féminine", *Sexologie*, 2002, pp. 11-39, 53-60.

culações são tão profusas[11] que chegaram a justificar, durante muito tempo, intervenções urológicas destinadas a suprimi-las.

Foi igualmente estabelecido, com base nessas características, que a dinâmica de instalação da excitação sexual e a ocorrência do orgasmo são igualmente distintas entre um sexo e outro, sendo a excitabilidade e a obtenção do orgasmo frequentemente mais rápidas entre os homens do que entre as mulheres, as quais se veem, consequentemente, prejudicadas pela detumescência. O fato foi atribuído à lógica dos mecanismos da reprodução: o homem precisa da ejaculação, e, portanto, do prazer, para se reproduzir, ao passo que a mulher pode ser fecundada mesmo quando não sente prazer. É evidente que uma lógica dessa ordem já não tem razão para prevalecer, nem mesmo razão de ser, a partir do momento em que procriação e prazer cindiram-se. Como assinalei, o fato alimentou, portanto, inúmeras reações, da simples rejeição ao homem, defendida pelos movimentos feministas radicais, que elogiavam as vantagens da masturbação, com ou sem ajuda, às tentativas de educação em prol de uma sexualidade mais compartilhada, empreendidas tanto por revistas destinadas ao grande público quanto por obras escritas por sexólogos. Fez-se até referência às técnicas do Extremo Oriente, tais como o treino da retenção voluntária do esperma praticada por taoistas. Embora seja verdade que tal treino é capaz de favorecer a ocorrência do orgasmo feminino, tudo indica que ele não fosse tão desinteressado quanto imaginamos, se o relacionarmos ao fato de que ele se fundamenta não na preocupação de contentar as mulheres, mas primeiramente na de evitar o desperdício da energia masculina pela emissão de esperma. Basta lembrar as palavras de Mao Tsé-tung, adepto das técnicas taoistas: "Enxáguo meu sexo na vagina delas."

Esses dados, aqui evocados sucintamente, dada a extensão da literatura a eles consagrada, passaram a fazer parte dos conhecimentos de todos e não deixaram de influenciar, em razão das diferenças por eles enfatizadas, o mal-estar que afetou a relação entre homens e mulheres. Um pouco como se tivessem trazido à

---

11. Delas trataram o filme japonês *Água quente sob uma ponte vermelha*, de Shohei Imamura (2001).

luz, e permitido denunciar, enfim, o motivo secreto da hierarquia que as culturas instauraram desde sempre entre os sexos.

E isso é muito lamentável, porque os trabalhos de Masters e Johnson, por mais impressionantes que sejam do ponto de vista formal, não deixam de inspirar em nós a pergunta, independentemente da presença ou não de psicólogos na equipe, sobre o que teria eventualmente levado os sujeitos a se prestarem à experiência.

Com efeito, não me parece que o empreendimento seja muito diferente de um esforço para tirar conclusões sobre a relação de homens e mulheres ao desejo e ao prazer por meio de pesquisas estatísticas realizadas em clubes de *swing* ou em gravações de filmes pornográficos. Os autores tomam o cuidado de assinalar, do modo mais honesto possível, que haviam inicialmente contratado apenas prostitutas, e depois que, em razão do afluxo de candidatos, zelaram para que pudessem acomodar-se lenta e longamente às condições da experiência. Mas tal afluxo de candidatos não seria suspeito em si? E tal precisão seria por acaso suficiente para que se acredite poder reduzir uma experiência sexual à simples cópula entre dois aparelhos anatômicos?

Seria isso suficiente para que se acredite ser possível expurgar tal experiência da inevitável fantasmagoria que a acompanha e dos formidáveis fenômenos emocionais que ela desencadeia em todas as circunstâncias? Uma fantasmagoria sobre a qual ainda não sabemos claramente o modo como intervém no misterioso aparelho genital feminino; mas sabemos com precisão o modo como ela afeta o aparelho genital masculino, cujo funcionamento é considerado tão simples.

De fato, descobriu-se há aproximadamente vinte anos que o mecanismo tido como responsável pela ereção masculina estava totalmente equivocado. Imaginava-se o pênis como uma esponja passiva que se enche de sangue sob efeito da excitação. Descobriu-se, ao contrário, que essa esponja era particularmente ativa, e que o estado de flacidez do pênis, longe de ser um estado "natural", resulta de uma ação repressiva constante, emitida a partir dos centros cerebrais sobre os mecanismos de ereção, que envolvem o monóxido de nitrogênio, um agente vasodilatador[12]. Essa

12. Isso propiciou o desenvolvimento de moléculas destinadas a tratar as deficiências de ereção.

repressão opera por meio da noradrenalina, que contrai os músculos lisos das artérias penianas e impede constantemente que sejam preenchidas. Ora, a noradrenalina é igualmente secretada sob efeito do medo. "Isso faz pensar", escreve Philippe Brenot[13], "que o homem está num estado de *ereção permanente,* isto é, uma ereção sempre pronta para despertar, pois basta para isso que a proibição vinda do cérebro seja anulada pela ausência de medo, de temor, de constrangimento, de tabu!" Eis uma informação relativamente desconhecida pelo grande público, mesmo que seja a própria base do comportamento masculino. Não é notório que os homens "só pensam nisso"? E com razão, ficaríamos tentados a afirmar!

Nesse âmbito, as coisas se passariam, para usar uma comparação, como se um extraterrestre em visita a Paris descrevesse a arquitetura atual em seus detalhes, tirando suas conclusões da observação concomitante do pátio do Louvre, da torre Eiffel, dos conjuntos habitacionais da periferia, da Conciergerie, dos arranha-céus da Défense, da torre de Montparnasse, da igreja do Sacré-Cœur, sem considerar o fato de que essas diversas construções foram concebidas em períodos históricos inteiramente diferentes. Quem pode afirmar, aos 30, 40 ou 50 anos, que pensa e vive sua sexualidade como a vivia aos 16, 19 ou 22 anos? Deixa de ser surpreendente, portanto, que, a partir da estrita semelhança estabelecida entre os efeitos de um orgasmo pelo coito e os de um orgasmo pela masturbação, tenham sido ouvidas as famosas correntes feministas a preconizar esta última como único modo de satisfação e imaginadas as campanhas publicitárias[14] em torno dos brinquedos sexuais femininos, vendidos em certas lojas de roupas de luxo. Mais interessante ainda do que assinalar a confusão é tentar identificar, como farei ulteriormente, o lugar onde tal recomendação se origina e o que ela busca promover.

Por mais impressionante que seja esse trabalho ambicioso, *não se pode de modo algum, no que tange à sexualidade, falar de fisiologia.*

---

13. Philippe Brenot, *Le Sexe et l'Amour*, Paris, Odile Jacob, 2003, p. 189.

14. Essa campanha comparava, com humor de muito bom gosto, o "preço de produção", bastante exorbitante, de homens de diferentes tipos, ao "preço real" e módico do aparelho destinado a proporcionar o prazer que se espera desses homens.

Não se pode, com efeito, editar leis gerais que seriam condicionadas exclusivamente pelas características físicas e fisiológicas próprias dos dois aparelhos sexuais, por mais feitos um para o outro que eles sejam. Isso porque tais características ignorariam os estratos de diferentes fatores que os condicionam, como provam, por exemplo, os inegáveis orgasmos obtidos por mulheres que têm uma ansa intestinal no lugar da vagina, os orgasmos sentidos e obtidos por mulheres africanas submetidas à excisão, assim como aqueles obtidos por coito anal ou felação. Lembro-me, aliás, ao evocar esses fatos, de ao menos dois exemplos originais e particularmente instrutivos que recolhi ao longo de minha carreira.

Cuidei, num dos casos, dos cinco filhos, todos de pais diferentes, de uma mulher que se apresentava como uma "grande apaixonada". Tinha um trabalho artístico lucrativo – existem alguns trabalhos assim – e não parava de percorrer o mundo. Mais do que multiplicar as aventuras, ela se empenhava, como gostava de dizer, em "colecioná-las". De acordo com seu humor, precisava de dois ou três, e até cinco ou seis homens novos por dia. Atribuía essa necessidade ao fato de esse estimulante sexual impulsionar sua criatividade. É verdade que o famoso ditado latino *post coitum omne animal triste* parece se aplicar unicamente aos homens, tamanha é a frequência com que as mulheres ressaltam a virtude que têm seus orgasmos de energizá-las – efeito euforizante, como nos ensina a neurobiologia, do aumento de secreção da oxitocina. A linguagem machista aproveitou-se do que isso pode aparentar na desprezível expressão que designa as "mal-amadas", como se estivesse implícito que o acesso ao orgasmo revelaria uma relação equilibrada ao outro, capaz de provocar segurança e bom humor.

Quando o encontro da nossa "apaixonada" tomava um rumo específico, ela mantinha o companheiro por algum tempo, buscava engravidar sem lhe dizer nada, e o abandonava assim que tinha certeza da gravidez. Nem por isso dava um fim ao seu frenesi, que aceitava suspender apenas ao final do sexto mês de gestação. "Não que eu pudesse ter dificuldades em encontrar um parceiro", confiava-me ela, "se o senhor soubesse quantos homens adoram isso! Também não era porque me faltasse desejo: ele ficava até mais forte. Mas eu tinha medo, talvez sem razão, que a relação pudesse prejudicar a saúde do bebê." Ela havia assim colecionado, de certa forma, crianças de diferentes cores. Um dia, enquanto eu tentava falar-lhe sobre a atração intensa e inesgotável que ela parecia manifestar pelo sexo masculino, ela me replicou, tomando minha observação ao pé da letra: "Meu caro doutor, o senhor é como todos os homens: vocês não entendem nada! Um homem não é o seu órgão sexual, a coisa não tem nada a ver com o órgão em si, seja ele grande, grosso, preto, amarelo ou pequeno. Digo-lhe mais: um homem poderia até não ter órgão sexual nenhum. Para mim, isso não mudaria nada. Basta que ele seja um homem. Só isso já me faz subir pelas paredes!" Eis algo que se situa quase em oposição ao que se pode ler, sob uma aparência similar, nos textos de Catherine Millet[15], por exemplo, que apresenta sua atividade como forte e diretamente relacionada ao órgão sexual masculino em si e de conotação abertamente autoerótica.

Aquela criança de 6 anos, segundo filho de sua mãe, que tinha uma filha quatro anos mais velha que ele, era muito preocupante. Ele tinha graves distúrbios de linguagem e de comportamento. Nele alternavam-se fases de agitação e de introversão intensa, esta acompanhada de um olhar estranho e inquietante. Eu até me perguntara, assim que ele havia entrado em meu consultório, se ele não seria psicótico. Quando revi sua mãe a sós, perguntei-lhe quais tinham sido os planos em torno do nascimento dessa criança, e pedi que me contasse os acontecimentos que poderiam tê-lo afetado. Ao longo das associações, ela chegou ao relato do momento da concepção, do qual ela se lembrava perfeitamente, pois tinha tido boas razões para não o esquecer. Seu marido lhe pedia, havia muito tempo, dando como justificativa apenas o seu desejo intenso, que aceitasse fazer amor com ele na presença de um de seus velhos amigos. Ela sempre havia recusado. Como, porém, ele voltava ao assunto em muitas ocasiões, ela achou que aquilo teria um fim se ela aceitasse fazer o que ele pedia ao menos uma vez. Foi assim que, uma noite, os três se deitaram na cama, o amigo tendo em princípio a função de simples

15. Catherine Millet, *La Vie sexuelle de Catherine M.*, Paris, Points-Seuil, 2001, p. 108. [Trad. bras.: *A vida sexual de Catherine M.*, Rio de Janeiro, Ediouro, 2001.]

espectador. O marido fez então amor com ela. Por seu lado, a tensão era grande demais para que ela sentisse o mínimo prazer. Sentiu até que crescia nela uma espécie de ira, a tal ponto que, para superá-la e manifestar seu desagrado, levantou-se e saiu do quarto a pretexto de buscar um copo d'água. "Assim que passei pela porta da cozinha, aconteceu uma coisa inacreditável: fui tomada por um dos orgasmos mais violentos que já senti. Fui completamente inundada por ele. Precisei me apoiar na parede para não cair. Quando acabou, me senti esvaziada e triste. Mas isso não durou, porque tive a certeza imediata de que o que acabara de acontecer daria numa gravidez. E deu. Exatamente naquela noite, e em nenhuma outra, porque meu marido partiu no dia seguinte para um estágio de dois meses."

Como classificar e integrar tais acontecimentos – e tive a oportunidade de ouvir a confirmação de muitos deles – nas rubricas austeras de uma fisiologia sexual reduzida exclusivamente aos efeitos aparentes de um simples mecanismo? Como desconsiderar a evidência de que a sexualidade só é, e só pode ser, individual? Tanto é assim que, para ficar apenas na terminologia classificatória da medicina, deveríamos colocar as explorações já realizadas, assim como as que o serão, na rubrica "fisiopatologia". E não dou nenhum matiz pejorativo ao "patológico". Sustento apenas que, como a ideia de um sujeito "normal" deve ser excluída – já que a neurose é o distúrbio mais bem compartilhado do mundo –, não pode haver sexualidade "normal". E isso na medida em que *a sexualidade de um sujeito é a sua própria, e nunca a de outro. Ela é parte importante, se não crucial, de sua linguagem. É uma linguagem de seu corpo, emitida em um território e por um território específico, não neutro e singularmente expressivo, porque, ao mobilizar de modo particular o conjunto das instâncias psíquicas, constitui a expressão mais condensada do ser inteiro.* Compreendemos, ao admitir tal visão das coisas, que o antigo Pentateuco tenha utilizado o verbo "conhecer" para designar o que se passa numa relação sexual: mesmo quando ela se instaura sob um modo autoerótico que instrumentaliza o parceiro, desemboca pouco a pouco num conascimento*, cada um dos parceiros nasce ao mes-

* O autor serve-se aqui da semelhança entre o verbo *connaître* [conhecer] e *naître* [nascer]. (N. da T.)

mo tempo que o outro para uma percepção renovada, ainda que fragmentária, de si mesmo.

É somente assim, e de nenhum outro modo, que se pode compreender o desenrolar dos diferentes casos que relatei. Com efeito, por que a esposa do ejaculador precoce aceitou ligar sua vida à dele e ter dois filhos com ele antes de procurar obter satisfação pessoal? Por que aquele homem, ejaculador precoce com aquela mulher, escolheu-a ele próprio, quando a continuação de sua aventura viria a comprovar sua capacidade de satisfazer uma mulher? O que buscava, afinal, aquela mulher que se entregava compulsivamente à simples felação de um amante regular? E o que via nela aquele homem, que nunca fez com que ela fosse além dessa carícia? Que caminho percorria o colecionador de amantes acrimoniosas, ou seu homólogo que multiplicava as aventuras de verão? O que esperava encontrar, naquele oficial russo visto num relance, a bela esposa do doutor Hartford? E o que Marianne esperava afinal encontrar em David, que já não tivesse encontrado junto a Markus, perfeição de marido?

Diante de todos esses casos, vemo-nos como o extraterrestre que visita Paris. De tanto buscar as leis que governam a construção dos monumentos em detrimento dos matizes nada desprezíveis introduzidos por suas histórias e datações, damos com os burros n'água. Se insistirmos, no entanto, em extrair de todas as observações feitas as regras fundamentais da arquitetura que presidiram à construção daquele conjunto disparatado de obras de arte, teremos de moderar nossas pretensões. De fato, só poderemos reconhecer uma única coisa: a arquitetura pode se permitir qualquer coisa, contanto que nunca se oponha a uma lei fundamental, a lei da gravidade universal, humildemente representada pelo fio de prumo.

Assim como essa lei universal não perdoaria jamais que a ignorássemos, a relação entre homens e mulheres obedece a uma regra implícita. A única diferença é que essa regra, em razão da variabilidade extrema de sua expressão, ainda não se tornou claramente perceptível, não obstante o zelo com que, desde sempre, se buscou identificá-la. Sua existência foi pressentida pelas mitologias, perseguida depois pelos sistemas religiosos ou filosóficos, os quais, preocupados em conferir alguma ordem ao tecido social, apressaram-se em ditar numerosas medidas, menos nocivas do que nos esforçamos em declarar, extraídas da intuição que dela tiveram. Ela constituiu o objetivo principal de Freud. Corajosamente, ele tomou o caminho que a ela conduzia e passou a vida construindo o levantamento topográfico de sua aventura, a fim de permitir que seus sucessores não perdessem a pista assim aberta por ele. Esse trabalho de exploração foi retomado por Lacan, com aquela sua genialidade que somos obrigados a reconhecer, o qual não somente se dedicou a confirmar o percurso desenhado por Freud, mas também, como ninguém antes dele, a indicar, por fórmulas inegavelmente opacas para quem não faz o esforço de compreendê-las, o que via no final dessa pista. É nessa direção que situo meu trabalho, sobre o qual devo dizer que é tributário da confiança em mim depositada pelos pais de meus pequenos pacientes, e do que me ensinaram estes últimos, verdadeiros mestres. Essa regra, que rege a cada um de nós, está presente e oficia, de diferentes maneiras, todos os casos de que tratei. Nenhum desses casos, porém, ainda que se molde rigorosamente por ela, pode dela nos dar uma indicação imediata. Não porque a regra se esmere em nos enganar mantendo-se cuidadosamente a salvo de nossa aproximação, mas porque o tipo de aproximação que nos parece adequada é incapaz, hoje mais do que nunca, de levar em consideração a diferença sexual que está ligada a ela e a camufla.

Essa diferença sexual não se resume a uma diferença anatomofisiológica entre órgãos genitais, embora a inclua, é claro. Mas ultrapassa-a, na medida em que redunda na constituição de duas condições radicalmente diferentes quanto à maneira de perceber, sentir e ver o mundo, agir, pensar e ser[16]. Isso explica por que os homens não aderem da mesma maneira à regra e não fazem dela o mesmo uso.

A expressividade dessa regra é afetada e conduz, se não estivermos prevenidos, a uma grave distorção de sua leitura. É por

16. Para insistir no caráter radical da diferença sexual, Lacan enuncia que "não há relação sexual" (*in* "Radiophonie", *Scilicet* 2-3, Paris, Seuil, 1970, p. 65). Essa fórmula, lançada por ele e passível, como todas as demais de sua autoria, de diferentes leituras, convida ao reconhecimento de que, contrariamente ao que se pode fazer com dois números colocados em relação matemática, não se pode, em caso algum e de modo algum, deduzir de um dos sexos as características, propriedades ou potencialidades do outro.

essa razão que, sob pena de contrariar a sensibilidade de alguns e algumas convenções politicamente corretas, retomarei essa diferença sexual não pelo lado da anatomia e da fisiologia diferencial cuja insuficiência assinalei, mas pelo lado que chamarei das "condições", feminina e masculina.

O tratamento dessas condições, fortemente intricadas uma a outra, não pretende em absoluto expor, e muito menos esgotar, em que consistiriam a feminilidade, a virilidade ou os seres feminino e masculino. Visa somente integrar as diferenças sexuais num conjunto que inclui outras diferenças, para assim esclarecer melhor o assunto do qual trato. Parece-me que, mais bem sublinhada, a diferença sexual conseguirá enfim desempenhar *uma função de filtro capaz de auxiliar cada um*, se ele retomar a leitura dos exemplos e dos casos, a perceber a regra de que falo e a explorar eventualmente os efeitos dela em seu próprio caso.

A CONDIÇÃO MASCULINA

Se começo pelo tratamento do que decidi chamar "a condição masculina", isso não resulta do machismo que poderiam me atribuir nem da negligência em relação aos modos galantes – os quais fico deliciado em cultivar. Se procedo assim, é simplesmente porque, como homem, essa condição me é mais familiar e me parece mais simples e fácil de expor do que a condição feminina.

Uma energia dispendiosa

Como qualificar essa condição?

Eu diria que ela é uma condição de natureza energética, condenada, em aparência – quando não o é de fato –, a uma forma de ativismo esgotante. Mascarando a dúvida e a incerteza que atuam em suas profundezas por uma atitude de aparência agressiva, ela é condicionada ao esforço de dominação, na vã tentativa de consolidar uma identidade nunca suficientemente garantida. Isso se traduz por um reflexo defensivo de matiz paranoico, cuja violência é proporcional à intensidade de uma angústia difícil de apreender, identificar e mais ainda de combater e controlar.

Por que isso é assim?

Só poderemos compreendê-lo se remontarmos à origem de uma aventura iniciada a menos de três meses de idade fetal. De fato, é nesse momento que o cromossomo Y conecta ao esboço genital indiferenciado seu gene SRY, que constitui o fator de determinação testicular. A partir daí, é necessário que o ser em formação construa progressivamente seus testículos e não pare mais de secretar a testosterona, a fim de que seus órgãos genitais se formem corretamente. De fato, se, por um acaso qualquer, inclusive de ordem patológica, ele deixasse de fazê-lo, mesmo por um curto período, seu esboço seria definitivamente parasitado por elementos femininos, e poderia até se orientar inteiramente para esse modo[1]. Mas isso ainda não basta, pois, uma vez formados os testículos, será preciso ainda que eles migrem da região renal da qual provêm até o escroto e que permaneçam no exterior do corpo – sendo-lhes necessária, para tanto, uma temperatura de 37 graus.

É como se, desde sempre e para sempre, desde antes do nascimento e até o fim da vida, o ser masculino não pudesse agir de outro modo senão inscrevendo-se no esforço (augurado pela secreção precoce da testosterona e pela migração dos testículos), na prova (é imprescindível que seus órgãos estejam bem formados) e, mais tarde, nas formas de desempenho (sendo a ereção peniana, de importância nada desprezível, uma dessas formas, e a testosterona um notável estimulante) que os resume. Ele não pode, portanto, exceto correndo o risco de perder o fundamento de sua identidade anatômica e biológica, furtar-se a esses fatores – pois são eles que o definem. Eles vão obrigá-lo, seja qual for sua vontade ou ação, a deixar um dia sua base de partida e dela distanciar-se para empreender sua própria aventura. Uma aventura que ele acredita ser inovadora e situada sob o signo da descoberta, enquanto ela toma o caminho sempre enganador do inevitável retorno. O texto do Gênesis (2, 22-24), por meio da história da costela que teria sido retirada de Adão[2] para fabricar sua

---

1. Para além dos hermafroditismos cuja ocorrência resulta desse mecanismo, a síndrome do testículo feminilizante representa um caso extremo e excepcional. Trata-se de indivíduos de aspecto feminino, dotados inclusive de seios, vulva e vagina, mas destituídos de útero, trompas e ovários. Em compensação, eles têm testículos na espessura dos grande lábios, os quais, apesar de fabricarem a testosterona, não puderam orientar corretamente a formação dos órgãos sexuais masculinos. Isso provém de um defeito genético que impede os gametas de serem dotados dos espaços receptores da testosterona que lhes permitiriam orientar corretamente o desenvolvimento.

2. Lacan considerava que era por pudor que o texto sagrado falava de uma costela. Para ele, tratava-se de uma evocação do osso que falta ao pênis, na me-

companheira, extrai daí um ensinamento e justifica o fato de que o homem sempre deixa seu lugar de origem[3] para reunir-se a uma mulher.

Tal é a condição do homem: nu e exposto, sem proteção e sem possibilidade de retraimento, tanto diante do frio, quanto da agressão e mesmo de um simples olhar.

Poder-se-ia imaginar que ele ainda não deixou sua condição primitiva, qual rebento persistente e tardio de seu ancestral da aurora da espécie, mesmo que a longa aventura lhe tenha atravancado a cabeça com uma quantidade fenomenal de experiências que se revelaram destinadas, sem sucesso, a equipá-lo e tranquilizá-lo. Por que não? Isso permitiria compreender por que ele se empenhou, tão cedo, em dotar-se de um refúgio, de vestes, e, com essa expectativa, movido pelo instinto animal da perpetuação de sua espécie, formou com suas mãos, ao longo de seu périplo, uma concha protetora para seus genitais. Seria necessário, para introduzir uma variante ou ver as coisas sob um ângulo diferente, imaginá-lo ainda a percorrer, curvado e só, o espaço desértico, preocupado em liberar as mãos para agir sobre seu meio sem correr o risco de expor exageradamente o que lhe confere sua identidade e constitui também – sem que ele, durante a maior parte de sua história, o soubesse – seu potencial procriador.

O que fazer, porém, com tais imagens? O que fazer com elas, quando milhões de anos já transcorreram e um simples botão no confortável domicílio permite regular, ao próprio gosto, a temperatura ambiente? O que fazer com tais imagens quando a paisagem desértica se transmutou em megalópoles fervilhantes? O que fazer quando tempo e espaço se encolheram a esse ponto? Quando os meios se potencializaram ao máximo para favorecer as trocas, proporcionar todas as garantias e assegurar a cada um a pertinência e o domínio de suas opções? Não obstante a força calculada da evocação que eu procuro suscitar, será que ela não resultaria de um certo delírio?

---

dida em que a detumescência é um obstáculo à união de ambos os gozos. Para mais detalhes sobre esse ponto, ver Gisèle Chaboudez, *op. cit.*, p. 162.

3. A respeito disso, Lacan diz e escreve que "o homem ex-siste" (de *ex*, "fora", e de *sistere*, "ficar", "manter-se"), enquanto a mulher "não ex-siste" – formulação que serei levado a explicitar, a qual não deixou de provocar um escândalo, como se pode imaginar.

Infelizmente não! De fato, com ou sem roupas, o ser masculino permanece essencialmente nu e preocupado em mascarar sua nudez, preocupação que o Gênesis[4] atribui à ingestão do fruto proibido da árvore do conhecimento do bem e do mal. Por mais modesto que às vezes seja, por exemplo, o traje de banho utilizado pelo homem na praia, seu uso não deixa de ser universal. E, nesse caso, trata-se tão pouco do efeito de uma obrigação social quanto do desejo de manter a ordem social: nas tribos primitivas, um homem adulto jamais aceitaria retirar sua proteção peniana. É forçoso reconhecer que, se algo parece haver atravessado os tempos, é justamente essa obscura reticência por parte do homem em expor seu sexo, mesmo ao olhar.

E com razão!

Um órgão incômodo

Um órgão sexual inquietante, de fato, um excitado permanente! Ele faz perguntas ao homem, persegue-o, habita-o e nunca deixa de preocupá-lo. Como um ser vivo, estranho e irritante, porque tem vida própria, porque é autônomo a esse ponto, com seus caprichos, suas exigências, suas reações incontroláveis e por vezes constrangedoras. O homem fez tanto esforço para acostumar-se a ele antes de transformá-lo no mais precioso de seus bens! Essas ereções intempestivas e regradas, como se fossem destinadas a verificar sempre o bom funcionamento da máquina, com sua química diabólica e ainda não completamente desmistificada... quantos problemas não causaram! Que garotinho não ficou assustado com elas e perturbado pela sensação sutil que as acompanhava, e não as escondeu, com um misto de pavor e vergonha, acreditando que não devia falar sobre elas?

"Corta ele pra mim, papai, corta ele pra mim!", dizia aquele menino de três anos e meio – que viera alguns minutos antes à cama dos pais, no meio da noite – enquanto abaixava a calça do

4. Gn 3, 7-15.

pijama e mostrava seu pênis em ereção. Que presença de espírito – ou que reminiscência comovente e salutar – não foi necessária ao pai para responder-lhe, na sua sonolência: "Não, meu querido, de jeito nenhum, não vou cortá-lo. Você vai precisar dele a vida inteira e um dia ele até vai ajudar você a virar papai também."

Quanto às ereções nas outras idades, com que frequência os homens – esses pretensiosos sempre prontos a narrar seus feitos sem nenhum pudor, para mascarar suas preocupações e sua profunda inquietação – não se estenderam ao descrevê-las em todo tipo de textos! Existem as noturnas, inevitáveis e fisiológicas, sobre as quais não sabemos exatamente se acompanham os sonhos eróticos ou se os suscitam, e cuja ocorrência em seus pacientes os andrólogos e sexólogos se empenham em prevenir, por meio de anéis que elas chegam a romper. Há ainda as outras, aquelas dos constrangedores "despertares triunfantes", cantadas por Victor Hugo durante sua velhice. Há também as pretensiosas, irrealistas e deprimentes mencionadas em obras pornográficas, as que aparecem de surpresa, as que duram desesperadoramente, quando gostaríamos que acabassem, as que, por vezes de modo inesperado, não duram o suficiente, aquelas, enfim, que brilham por sua ausência, justamente quando suplicamos aos céus que não sejamos humilhados pela falta delas! Nunca as mesmas, no fim das contas. Mas sempre igualmente tirânicas. Como se, impertinentes, elas se esforçassem em convencer que suas ordens provêm de um lugar que não leva a sério a lógica mecanicista e escapa ao domínio de seu portador.

Quando consideramos que Claude Bernard, o fundador da medicina moderna, definia a saúde como "o silêncio dos órgãos", podemos conceber que os seres masculinos têm motivos para se preocupar constantemente com um órgão tão "barulhento", porque nunca para de se manifestar. Daí a acreditarem que ele pode realmente se exaurir e ser ameaçado, é um passo! Um passo cuja perspectiva é tanto mais ameaçadora pelo fato de ele ser nutrido por uma fantasia arcaica à qual retornarei. A hipocondria masculina não se constrói, em todo caso, em torno de outro eixo. E não foram os cultos itifálicos e propiciadores das civilizações antigas que conseguiram remediar esse estado de coisas.

É inútil negar o fato, empregar artimanhas ou irritar-se contra ele: *para todo homem, seu pênis está no centro nevrálgico de seus pensamentos, a tal ponto, aliás, que, de maneira mais ou menos evidente, ele relaciona a esse órgão tudo o que tem a viver.*

Ele não sabe conscientemente – e certamente nunca soube, menos ainda atualmente, quando esta é a última de suas preocupações –, que, ao fazê-lo, coloca-se a serviço do imperioso instinto de reprodução da espécie. É que esse instinto, malandro como é em todos os seres vivos, soube de fato mascarar seu objetivo por trás de um prazer sem igual, fulgurante e inesgotável, proporcionado pelo órgão bendito. Um prazer pressentido no próprio momento em que a máquina química sempre demoníaca atuante no corpo, ao suspender a repressão, abrir subitamente as comportas e permitir o afluxo de sangue, confere a esse órgão um aspecto majestoso e temível, atraente ou repulsivo, de acordo com o humor daquela cuja presença – e, por vezes, cuja simples lembrança – foi responsável pela intensificação do desejo. Vem então a tortura da espera e da expressão tão explícita desse desejo, que torna seu portador transparente e frágil, porque tão incapaz de fingir.

Uma transação impossível

Nas outras espécies animais, o desejo é regulado por longas pausas, que permitem ao corpo recuperar-se, estender-se, preguiçar. As fêmeas humanas, por sua vez, não têm estro. Estão continuamente disponíveis para o sexo, e isso enlouquece os homens, que circulam sem cessar numa atmosfera saturada de feromônios. E, se fosse só isso, talvez fosse suportável! Mas elas são tão numerosas, essas mulheres, tão atraentes e aparentemente tão receptivas ao encontro! Que suplício ter de escolher uma, às vezes duas, no máximo três ou quatro, quando, mesmo sem querer, o sonho ocasional é o de tê-las todas, e pouco importa se uma de cada vez ou todas ao mesmo tempo! De fato, "o homem só pode conceber a fidelidade como renúncia *apesar* do desejo. Mas se ele se der conta, mesmo durante a mais amorosa das uniões, que a beleza feminina das outras o deixa fisiologicamente indiferente, o espectro da impotência surgirá cedo ou tarde no horizonte"[5]. Como agir quando a vontade é tão forte, a vida tão curta e cada satisfação proporcionada ao órgão sexual confere o sentimento de que se capturou um pouquinho mais da própria identidade e se arrancou uma migalha inalienável tanto da certeza quanto da eternidade? Sob o impulso dessa estranha energia, não há outra escolha senão a de valer-se da astúcia. Mas a coisa não é tão simples, longe disso! Transparente, com efeito, porque traído por essa expressão incontrolável do desejo que se manifesta de modo tão ostensivo, o homem se vê na desconfortável posição de solicitador. Ora, sabemos que, de acordo com as leis do mercado, e o sabemos melhor ainda desde que a lógica das transações foi esclarecida, que o solicitador, exposto à recusa do destinatário da troca, nela ocupa sempre a "posição baixa", tendo seu interlocutor o poder de orientar o diálogo a seu bel-prazer! Pois então, como alcançar seus fins sem perder muitas penas? A questão é relevante, sobretudo nos dias de hoje. Isso porque, na maior parte da história humana, o homem não teve muitos escrúpulos: movido pela violência de seu desejo e colocado por sua ereção em condições de satisfazê-lo, ele o impunha, sem o mínimo prurido e com a brutalidade que lhe conhecemos, a uma parceira cuja anatomia não exigia mudanças para permitir a penetração, possível em quaisquer circunstâncias. Contudo, depois que as culturas aí se imiscuíram, e que, com o auxílio da linguagem articulada, um certo formalismo foi introduzido na troca, as coisas já não são as mesmas. *Aquele cuja anatomia permite dizer "não" à copulação está praticamente sempre, em razão de suas ereções intempestivas, em condições de dizer "sim", manifestando-o e declarando-o, enquanto aquela cuja anatomia só pode dizer "sim" a essa copulação passa seu tempo a dizer "não" e a só conceder o "sim" com a maior circunspecção.*

A assimetria das posições, "baixa" para o primeiro e "alta" para a segunda, não se explica somente pelo lugar conferido pelo advento das culturas, sob a forma de convenções e de códigos, à linguagem articulada. Tais códigos e convenções, sem nada compreender ao mecanismo reinante, nada fizeram além de sancio-

5. Piera Aulagnier, *in Le Désir et la Perversion*, obra coletiva, Paris, Seuil, 1967, p. 60.

nar e regular a situação anterior na qual se encontravam os parceiros. Um pouco como se estivesse definitivamente aceita a ideia de que os homens "só pensam nisso", enquanto as mulheres seriam "a isso" relativamente indiferentes. Estamos, aqui também, no âmago de mais um mistério tecido pelo instinto de reprodução. O homem, de feitura tão simples e economia tão trapalhona, fabrica espermatozoides aos bilhões e verte-os na proporção de cinquenta milhões por mililitro de uma ejaculação de vários mililitros, que pode se renovar várias vezes por dia da puberdade ao fim da vida. A violência da pulsão sexual seria colocada, de certa forma, ao serviço exclusivo dessas semeaduras profusas, sobre as quais ele não tem nenhuma prova patente de que produzam um resultado qualquer. Como a finalidade de seu ato não pode jamais ser inscrita concretamente em sua realização, ele está condenado a renová-lo indefinidamente.

As coisas são diferentes do lado feminino. Poder-se-ia dizer, com efeito, que a mulher é favorecida por uma feitura mais bem acabada, a serviço de uma gestão inteligente e econômica de seu potencial procriador: um estoque limitado porém suficiente de ovócitos – menos de dois mil, dos quais apenas quatrocentos serão postos à disposição – lhe é dado desde o nascimento; independentemente de sua atividade sexual, ela se serve de apenas um deles a cada mês, durante um período relativamente limitado de sua existência – as três ou quatro décadas entre a puberdade e a menopausa. É provável que, razoavelmente cedo na história da espécie, ela tenha estabelecido uma relação entre sua gravidez e sua atividade sexual. *Se imaginarmos que ela apenas se submeteu à atividade sexual, tinha a possibilidade de contar com um resultado, ainda que ele não fosse imediato.* Movida, como as outras fêmeas animais, por suas "entranhas", ela provavelmente descobriu bem cedo que as crianças que colocava no mundo reforçavam os resultados da atividade à qual era obrigada a se submeter. É provável que assim ela tenha conseguido construir progressivamente as múltiplas fontes de satisfação experimentadas por sua descendência de hoje: ser desejada, copular e, acima de tudo, pôr crianças no mundo e delas cuidar.

A descrição dessas diferentes dinâmicas nesses termos foi acusada durante muito tempo de ter um matiz ideológico inadmissível. Era inadmissível – e ainda o é, para muitas correntes feministas – que características dissimétricas tão pronunciadas fossem atribuídas à relação sexual e que fosse sublinhada a diferença entre a relação que homens e mulheres têm com as crianças. Ora, o conhecimento recente que temos da química dos estados amorosos[6] mostra a maneira como são regulados por uma quantidade enorme de moléculas, entre as quais um hormônio, a oxitocina – por essa razão denominada "hormônio do apego" –, que influencia a intensidade com que cada parceiro investe o outro, a ponto de criar em cada um deles um estado próximo ao do vício da droga; de fato, cada um deles precisa de sua dose de hormônios. Ora, o fato é que o homem responde apenas ao estímulo de secreção de oxitocina que é, para ele, o coito, ao passo que a mulher dispõe de dois estímulos, o coito, por um lado, e a relação com as crianças, por outro. Isso permite compreender as palavras frequentemente amargas dos pais que têm dificuldade em lidar com o fato de serem relegados a segundo plano nas preocupações da mãe de seus filhos; é delicado – e politicamente muito incorreto – proferir ou sustentar tais palavras em nossa época, que inventou e pratica a infantolatria, o novo culto que ela acredita ser o culto do amanhã.

Em todo caso, temos aí material capaz de delinear, uma vez mais, a radical assimetria entre as relações. *Um, tendo apenas uma única fonte de prazer, apega-se ao outro, que tem duas fontes à sua disposição. Um não pode prescindir da outra, ao passo que essa outra pode perfeitamente prescindir dele. Quem dominou quem, inclusive e até mesmo no interior das sociedades patriarcais?* Responde-se a essa pergunta levando em consideração apenas o que é patente e visível: a violência manifestada pelos homens, tão ostensiva quanto seu órgão sexual, sem levar em conta a violência feminina, infinitamente mais sutil e mascarada como o próprio órgão sexual feminino. Contra essa observação será evidentemente lançada a noção intangível do respeito que cada um deve manifestar para com a liberdade que tem o outro de dispor de seu corpo como quiser. Nem por isso o casal formado pelo entendimento da livre

6. É proveitoso consultar, para esse fim, a obra *Biologie des passions*, de Jean-Didier Vincent, Paris, Odile Jacob, 1986, bem como a obra *Comment devient-on amoureux?*, de Lucy Vincent, Paris, Odile Jacob, 2004. [Trad. bras.: *Por que nos apaixonamos?*, Rio de Janeiro, Ediouro, 2005.]

escolha deixa de assistir, com o nascimento dos filhos, ao estilhaçamento desse acordo. Ora, é com base nesse ponto que se pode advogar a existência de uma violência sutil: quem vai assegurar ao homem sua dose de oxitocina se aquela a quem ele propõe a união se recusa a oferecê-la? É verdade que ela poderia sempre se defender dizendo que não sente necessidade e que não quer se forçar, mesmo que desconfie que poderia voltar a tomar gosto pela coisa. Os parceiros entram então num ciclo infernal, cujo prognóstico é, não raro, bastante sombrio, já que o efeito castrador dessa recusa costuma ser reforçado por condutas e palavras infinitamente mais destrutivas. O caminho está aberto – e quantas vezes tive a oportunidade de ver o fato confirmado! – não somente para o adultério, com objetivos reparadores e até consoladores –, mas também para a ruptura definitiva entre o casal.

Então, quando se é um homem empenhado em ser sensato, compreensivo, meigo, paciente e pacífico, quando se é um homem que busca ser exemplar de acordo com os critérios sociais, quando nesse homem existe a preocupação de dominar suas pulsões em vez de se deixar conduzir por elas, quando ele nada sabe sobre a química dos estados amorosos, tenta se acomodar à situação, como provavelmente aconteceu durante muito tempo.

Primeiro ele toma o poder que tem à mão. Depois, toma todos os poderes: poder sobre a organização, o material, o legislativo, o político, o institucional e mesmo sobre o cotidiano familiar! Colocam-se assim em ação as características de sua condição. Agride, destaca-se, assume esse pseudocetro de falo, que lhe parece a chave da consolação para todas as frustrações. Sublima, como gostam de dizer alguns, isto é, desloca uma parte daquela energia que poderia ter servido para satisfazer todas as outras reticências, inacessíveis ou proibidas. Emprega-a em outros empreendimentos, nos quais pode dar livre curso a essas predisposições energéticas adquiridas antes mesmo do nascimento. Coloca sua força, sua ponta de paranoia, sua determinação e sua disciplina a serviço da conquista. Empenha-se em acumular vantagens pessoais. Ele se serve: já que "primeiro eu" é a regra básica de todos, por que desviar-se dela? Ele se preserva. Ele se defende. Patina. Elimina. Coleciona. Acumula. Ocupa espaço. Consolida ainda mais aquela famosa força, exibe-a, certo de que ela o torna mais atraente – não é essa afinal a lei de todo o reino animal, em que as fêmeas dão um jeito para escolher os machos mais fortes? *Ainda que não consiga superar suas frustrações, pelo menos não perdeu tempo.* Ou toma gosto por uma situação que aguça a ferocidade e deleita-se nela indefinidamente, ou então não perde de vista o benefício almejado, e que se revelou a partir dali acessível: de fato, não basta, com muita frequência, que se estalem os dedos para que o objeto cobiçado atenda ao chamado?

Compreendemos melhor, quando nos inteiramos do efeito negativo sobre ambos os sexos que a ausência de copulação pode ter, em comparação com o efeito calmante de sua prática, que os movimentos pacifistas tenham aconselhado: "Não façam guerra, façam amor." Poderíamos inclusive ir mais longe, redobrando essa injunção com outras, ao menos tão pertinentes quanto ela, tais como: *"Façam amor em vez de guerrear entre si", ou "Façam amor sobretudo quando sentem vontade de guerrear, ou ainda "O amor que fizerem entre si custará muito menos e proporcionará muito mais do que a guerra que vocês acreditam dever preparar."*

Os efeitos de um apego longínquo

Nu, portanto. Preocupado exclusivamente consigo mesmo e sobretudo com seu órgão sexual. Que seja! Mas não seria um pouco simplista, como descrição desse ser masculino que tanto criou e tanto modificou seu meio e sua pessoa? Como reencontrar o construtor, o pensador, o governante, o conquistador, o criador, o artista por trás desse esboço ridículo?

Nada mais simples, pois tal esboço nunca lhe proibiu o acesso a uma paleta infinita de possibilidades. Com a ressalva de que tais potencialidades chamadas em seu socorro nunca conseguiram lhe conferir uma pitada de serenidade, nem atenuar sua angústia e a compulsão sexual que permanece estreitamente ligada a ela.

É preciso, para compreendê-lo, imaginá-lo novamente nu.

Mas num outro contexto, numa paisagem diferente daquela desenhada por esse rápido percurso em sua ontologia, e tentando penetrar os arcanos do que esbocei anteriormente sobre suas predisposições gerais.

Imaginá-lo, portanto, novamente nu. Não mais, porém, como adulto ameaçado, errando numa paisagem hostil e desértica, mas como recém-nascido, frágil, aconchegado nos braços da mãe, com a qual vai continuar, durante muito tempo, se não indefinidamente, a aventura iniciada na fase fetal.

Ele sentiu um pouco de frio, quando veio para fora. Mas isso acabou, agora que esse vasto corpo o encostou em si. Ali está ele, mergulhado num universo sonoro novo e, em meio a sensações reconhecíveis, percebe sensações novas. A luz incide sobre sua retina que, embora dotada de cones e bastonetes, jamais fora solicitada até então. Vagas e moventes sombras circulam em torno dele. Ficaria certamente perdido se não tivesse reconhecido a voz que se dirigiu a ele e os eflúvios de aroma que emanam do corpo portador, que simplesmente modificou sua maneira de carregá-lo. Ele é um menino. Foi o olhar dirigido ao seu sexo, logo que ele apareceu, que permitiu afirmá-lo. Esse famoso olhar que ele perseguirá durante toda a vida, esperando-o e temendo-o a um só tempo. Esse olhar diante do qual vai se sentir terrivelmente transparente. Esse olhar que ele não cessará de investir ao longo de toda a sua vida sexual. Esse olhar que lançará para desfrutar o espetáculo do ser que cobiça ou pelo qual esperará ser apreciado em suas exibições, numa tentativa constante, nem sempre bem-sucedida, de se manter a boa distância do voyeurismo e do exibicionismo. Esse olhar saboreado enfim por sua eventual parceira, que faz de tudo para atraí-lo, ainda que as preocupações dele sejam pessoalmente estranhas a ela.

Esse órgão sexual, que a biologia fez com que ele construísse ativamente depois de lhe ter ditado suas regras, foi portanto recebido, reconhecido, validado e nomeado. Ficou assim decretado, dali em diante, que ele é dotado do tal órgão e, ficou assim integrado, no universo da linguagem, que ele o carrega. O nome que lhe é dado poderá atestá-lo para sempre. O que ele ainda não sabe é que tudo aquilo para o que o preparava sua determinação biológica será afetado pelo que a linguagem e o discurso veiculam. Seu órgão sexual conhecerá a aventura longa e atormentada do sexo dos homens e, ao fazê-lo, deverá imperativamente se conciliar, se é que isso é possível, com a ideia que dele armazenou sua mãe, a mulher, a primeira de todas, a maiúscula da qual ele saiu e cujo traço permanecerá para sempre vívido dentro dele.

Por mais estranha e agitada que ela fosse, havia colocado quatro meninos no mundo em cinco anos, embora esperasse uma menina em cada gravidez e tenha se submetido, nas três últimas, ao regime considerado capaz de orientar o sexo antes da concepção. O que dizer sobre sua história pessoal, exceto que era a única menina de um grupo de quatro crianças, negligenciada pelos pais e humilhada pelos irmãos? Ela deveria, no fim das contas, felicitar-se por ter conseguido poupar uma menina do destino que ela mesma teve. Poderia ter parado por aí, e foi o que pareceu fazer durante alguns anos. Mas, com a morte de sua mãe, quando seu filho mais novo já tinha nove anos, ela reivindicou junto ao marido a filha que nunca tivera. Este se recusou com firmeza a satisfazer-lhe o pedido. Que estranho desejo de vingança veio então apoderar-se dela para que inventasse o estratagema assassino a mim confessado, tão acostumada estava, havia quinze anos, a me contar seus debates interiores? Começou por me confiar seu medo de que a falta de irmã prejudicasse a vida futura de seus filhos como homens, inibindo-os diante do corpo feminino. Depois me disse o quanto estava feliz em ter tido aquela ideia. Havia encontrado – ela que considerava ser sua função poupá-los e prevenir os riscos – o meio mais simples, aos seus olhos: nos últimos meses, reunia-os para que assistissem... à troca de seus absorventes internos!

O que farão mais tarde esses meninos com o engrama, repetidamente inscrito neles, de um tal espetáculo? Que uso farão da anatomia e da fisiologia atribuídas a seu próprio sexo e ao sexo do outro? E de que lhes serviria a leitura de tratados de sexologia clínica?

O grande receio, surpreendente, de uma outra mulher era que o eritema pápulo-erosivo das nádegas de seu filho pudesse "necrosar" – foi o termo que ela empregou espontaneamente – o pênis. O fato de eu ter achado graça em sua reação a acalmou tão pouco quanto minhas garantias e minha promessa de que as lesões estariam totalmente curadas em alguns dias. Quando ela retornou, sem marcar hora, no dia seguinte, com a justificativa de ouvir minha opinião sobre o prognóstico que eu havia previsto, compreendi que era urgente não ficar por aí. Soube então que ela era a última de três irmãs. As mais velhas – a primeira com três crianças e a segunda com duas – haviam tido apenas filhas. Sua mãe fora a terceira de um grupo de cinco irmãs, das quais nenhuma tivera filhos ou netos. A coisa era exatamente igual no caso das quatro irmãs de sua avó materna. Tanto que o menininho era, na linhagem materna de sua ascendência, o primeiro de seu sexo em quase cem anos! Ela tinha um sentimento, cuja origem e lógica não compreendia, de haver "traído uma certa ordem e de ter, com certeza, que pagar por isso". Que ela tivesse de pagar, não importava. Mas estava fora de cogitação que isso recaísse sobre seu filho! Eu acompanhei durante muito tempo o menino que, apesar da continuação do trabalho, das minhas recomendações e do nascimento de uma irmãzinha, foi mimado a tal ponto que evidentemente se tornou insuportável. Seus resultados escolares acabaram finalmente por preocupar os pais e fazer com que aceitassem a terapia familiar que eu lhes propunha havia muito tempo. Não estou certo, no entanto, de que isso será suficiente para nele apagar a marca resultante do superinvestimento do qual ele foi objeto durante muito tempo.

Seu filho a irritava ou a decepcionava? Ela não conseguia se decidir, mas reconhecia que se sentia, em relação a ele, "levada ao mesmo tempo pelo amor e pela violência". Filha de sua mãe, de quem se sabia a preferida, tinha uma relação fácil e satisfatória com a mais velha, uma menina. Com o menino, porém, era outra coisa. Seu relato e os elementos que ela forneceu iriam revelar a maneira como estava literalmente encurralada em algo que, mais do que uma repetição, assemelhava-se a uma sólida forma de tradição. Sua avó paterna havia rejeitado tanto o pai de seus filhos quanto o único filho que tivera com ele depois de três filhas. Sua avó materna, em contrapartida, havia adulado o filho que se seguira a duas filhas, as quais ela logo passou a mais ou menos desprezar. Em reação à chegada desse irmão que a destronou, a mãe desta mulher recorria a uma forma de vingança que ela mesma se sente agora obrigada a perpetuar: avilta tanto o pai de seus filhos (que, acostumado a ser aviltado pela própria mãe, havia provavelmente escolhido a mulher por isso) quanto os filhos que teve com ele. Mas o marido que ela escolheu para si é ele próprio filho de uma mulher que é adulada pela mãe e que rejeita os irmãos, preferindo suas filhas a seus filhos, abandonando os últimos aos cuidados do pai, que será por ela rapidamente desinvestido após o nascimentos dos filhos. É como se esse filho, que suscita questionamentos, se encontrasse num campo de tiro, no qual as mulheres se empenham obstinadamente, há gerações, em acertar as contas com o mundo masculino.

Ela não viera à minha consulta, viera pedir ajuda. Sua mãe havia acabado de ganhar um processo contra ela, que havia recorrido da decisão, mas temia que o recurso não fosse bem-sucedido. Isso porque sua mãe, além de ser perigosa, era uma figura importante com grande influência política. As coisas haviam tomado essa direção porque, depois de um relato feito pelo filho ao retornar de um fim de semana com a avó, o marido e ela haviam comunicado a esta que dali em diante se recusariam a deixar o filho a sós com ela. Não sabia que dose de crédito a história merecia. Sendo assim, procedi com prudência. No entanto, aderi totalmente à sua causa quando ela me mostrou o texto dos depoimentos que os irmãos dela haviam prestado – em vão, infelizmente – durante o processo. Neles constava que a mãe tinha o hábito de colocá-los junto com ela na banheira, mesmo quando eles já tinham idade avançada – doze anos, num caso, dez, no outro –, e lá, de modo recorrente, abria as pernas e, mostrando-lhes seu sexo, dizia a cada um: "Foi daqui que vocês saíram, mas saibam que isto está definitivamente proibido para vocês!"

Eu poderia multiplicar os exemplos vivos de histórias de seres masculinos tentando se construir. Poderia mostrar que, mesmo levando em conta seus determinantes biológicos, eles não podem, no entanto, se desviar da visão que as respectivas mães têm desse campo e que elas impõem a eles. Não estaria inventando nada. Estaria apenas descrevendo as premissas das aventuras que tantos homens célebres relataram como tendo sido as suas.

Albert Cohen[7], por exemplo, não fez nenhum mistério sobre a maneira como sua mãe o transformou em objeto de culto; expressou toda a ajuda que ela, ao agir assim, lhe proporcionou, e manifestou, por meio de seus escritos, sua gratidão por ela e sua homenagem a ela. Será um acaso o fato de ele ter conseguido desenvolver, como o fez, seu impressionante conhecimento sobre a

---

7. Albert Cohen, *Le Livre de ma mère*, Paris, Gallimard, 1954. [Trad. bras.: *O livro de minha mãe*, Rio de Janeiro, Record, 2001.]

alma feminina, e representar em seu personagem Solal[8] o perfeito arquiteto de um amor tão impossível que conduz ao suicídio?

Albert Camus, entrevistado em 12 de dezembro de 1957, quando da entrega de seu prêmio Nobel de literatura, em plena guerra da Argélia, não hesita em formular esta declaração, patética na boca de um filósofo empenhado na luta contra a injustiça: "Acredito na justiça", diz ele, "mas defenderei minha mãe antes da justiça." A leitura de sua obra póstuma, *Le Premier Homme*[9] [*O primeiro homem*] – mais do que os elementos esclarecedores de sua posição contidos nas detalhadas biografias a ele dedicadas –, permite-nos apreender a complexidade do processo que o conduziu a uma profissão de fé menos metafórica do que pareceria.

Romain Gary, por sua vez, para dar uma ideia do peso que os desejos de sua mãe tiveram em seu destino, sente necessidade de assinalar no curso do relato de seu livro autobiográfico[10]: "Talvez seja melhor dizer de imediato, em benefício da clareza da narrativa, que hoje sou Cônsul Geral da França, Companheiro da Liberdade, Oficial da Legião de Honra, e que se não me transformei nem em Ibsen, nem em d'Annunzio, não foi por falta de tentativa." Foi para essa mãe que ele escreveu sua obra, essa mãe de quem, como ficamos sabendo, ele continuou a receber cartas durante os três anos que se seguiram à morte dela; de fato, a mãe havia escrito mais de duzentas cartas e as havia entregado a uma amiga para que esta as enviasse ao filho depois que ela morresse.

Sabemos igualmente, e muitos autores investigaram esse aspecto da questão, da importância considerável sobre o destino dos filhos que tiveram as mães de Marcel Proust[11] e André Gide[12]. Isso foi resumido por Pier Paolo Pasolini, aliás, neste verso de um

---

8. Albert Cohen, *Belle du Seigneur*, Paris, Gallimard, 1968. [Trad. bras.: *A bela do senhor*, Rio de Janeiro, Nova Fronteira, 1983.]

9. Albert Camus, *Le Premier Homme*, Paris, Gallimard, 1994. [Trad. bras.: *O primeiro homem*, Rio de Janeiro, Nova Fronteira, 2005.]

10. Romain Gary, *La Promese de l'aube*, Paris, Gallimard, 1960, Folio, 373, p. 52. [Trad. bras.: *Promessa ao amanhecer*, São Paulo, Estação Liberdade, 2008.]

11. Michel Schneider, *Maman*, Paris: Gallimard, 1999, e Folio, 2005.

12. Jean Delay, *La Jeunesse d'André Gide* (2 vol.), Paris, Gallimard, 1956, e Jacques Lacan, *Écrits*, Paris, Seuil, 1966, pp. 739-64. [Trad. bras.: *Escritos*, Rio de Janeiro, Jorge Zahar, 1998.]

magnífico poema[13]: "Sei mia madre e il tuo amore è la mia schiavitù" [Você é minha mãe e o seu amor é minha escravidão].

Se multiplicássemos esses exemplos, estendendo o recrutamento a outros países, a estatística provavelmente confirmaria a conclusão revelada pela reunião deles. O interessante é que, se esses diferentes personagens tiveram carreiras brilhantes e sucessos invejáveis, tiveram uma vida sexual, quer fossem heterossexuais, como os três primeiros, ou homossexuais, como os três últimos, durante a qual nunca conseguiram, para não traí-la, distanciar-se das respectivas mães. Os heterossexuais foram todos, sem o saber, é claro, o que chamamos de "mulherengos": multiplicando assim as aventuras, proibiram-se a si mesmos durante muito tempo, se não a vida inteira, de investir solidamente uma mulher, em nome daquela que lhes havia imposto exclusivamente os seus. Quanto aos homossexuais, comportaram-se de maneira ainda mais radical, simplesmente proibindo-se a si mesmos de investir uma mulher, quem quer que fosse. Pasolini o diz claramente no poema do qual extraí a frase anterior: "*Sei insostituibile. Per questo è dannata/Alla solitudine la vita che mi hai data*" [Você é insubstituível. Por isso é condenada/À solidão a vida que por você me foi dada]. Isso por vezes vai ainda mais longe, em casos estatisticamente menos raros do que poderíamos imaginar, como por exemplo o de Leonard Bernstein[14], em que homens foram "mulherengos" e, ao mesmo tempo, cultivaram a homossexualidade[15].

Poderíamos introduzir aqui, evidentemente, como instrumento de leitura dessas diferentes aventuras de vida, o conceito de falo. Deveremos reconhecer que esses diferentes homens nunca

---

13. Pier Paolo Pasolini: "Supplica a mia madre", extraído de *Poesia in forma di rosa* (1961-1964) in *Le Poesie*, Milão, Aldo Garzanti, 1975.

14. Leonard Bernstein, casado e pai de família, colecionava tanto amantes mulheres quanto amantes homens (www.8notes.com/bibliographies/bernstein.asp).

15. Pelo fato de ela não fazer parte do assunto de que trato, não começarei aqui uma reflexão, possível, no entanto, que estabeleceria um paralelo entre, de um lado, a Grécia antiga, com seu panteão e a homossexualidade constituída como norma de comportamento masculino em certas camadas sociais, e, de outro, o monoteísmo hebraico, que, ao conferir um papel fundamental ao pai, classificava o homossexualismo como uma abominação.

foram nada além de falos de suas respectivas mães. Compreenderemos então por que eu afirmei, no capítulo anterior, que as mulheres podiam perfeitamente ser detentoras do falo.

É provável que compreendamos igualmente a rapidez com que Marianne se despede de Markus. Ela havia compreendido, e a descoberta da antiga amante do marido será disso uma confirmação, que Markus, sentido por ela como detentor do falo, fora certamente o falo de sua própria mãe. É no âmago desse mecanismo demoníaco que a tragédia será encenada. De fato, Markus – o artista que se apoia mais em sua arte que em discursos – tentara sinceramente, com ela, durante onze anos, sair da condição em que talvez estivesse havia muitos anos. Aparentemente fora bem-sucedido, não sem ajuda anterior, é certo, da antiga amante. De certa maneira, fora bígamo, provavelmente porque havia sentido que precisava de duas mulheres, no mínimo, para desvencilhar-se inteiramente da condição na qual sua mãe talvez o tivesse colocado. Podemos nos perguntar, diga-se de passagem, se não foi uma intuição dessa ordem que presidiu, de modo empírico, à oficialização da poligamia em numerosas sociedades antigas, ciosas de permitir aos homens um distanciamento maior em relação às suas mães. Foi Marianne, em todo o caso, que arruinou o esforço de Markus e fez com que ele recaísse na condição que fora a sua. É como se ela lhe tivesse comunicado a futilidade de sua empresa ao investir em David, um "mulherengo", ou, em outras palavras, um indivíduo condenado, por sua vez, a nunca deixar de ser o falo de sua própria mãe. Se lermos o percurso de Marianne como o de uma errância, que vai de um falo de mãe a outro falo de mãe, seremos obrigados a reconhecer que esse "ser falo de uma mãe" só é tão significativo para ela porque ela própria é o falo da sua. É o que o filme dá a entender, implicitamente e com uma adequação espantosa, resultante da montagem, por meio da presença e das intervenções pontuais da mãe de Marianne, a vovó onipresente. Para Marianne, ter um amante seria equivalente, como geralmente acontece para as mulheres, a tentar interpor entre a mãe e ela um personagem a mais além de Markus. Mas ter um amante como David seria, ao mesmo tempo, um modo de permanecer fiel à sua mãe, fidelidade suscitada – volto a destacar – depois de constatado o fato, ao longo do ensaio do quarteto de Brahms, de que sua filha parecia não ter necessidade dela. Isso sugere que ela havia tentado fazer dessa filha seu próprio falo. *Moral da história: quando dois falos se encontram e se conjugam, o drama está inelutavelmente no término do percurso! Moral da moral: quando é que as mães vão parar de transformar seus filhos em seu próprio falo? Moral da moral da moral: quando é que elas atribuirão ao pai de seus filhos esse falo que lhes queima os dedos – perspectiva que se distancia de nós, e com tanta velocidade, que de agora em diante já beira a utopia.*

Uma prova da pertinência da análise que proponho se encontra na multiplicação recente das uniões precárias: o homem que se recusa a se casar não o faz para alardear alto e bom som, como afirma querer fazer, um amor suficientemente forte para prescindir de contrato, mas simplesmente porque a antiga relação que a mãe teceu com ele continua a proibi-lo, sem que ele tenha consciência, de investir em sua vida outra mulher além dela. A mulher, por sua vez, segue a mesma lógica, como veremos, evitando o risco de desinvestir uma mãe – que a proíbe de fazê-lo – em favor de um homem. Não foi por acaso, aliás, que essas formas de união surgiram, no plano histórico e sociológico, depois que o polo paterno da célula familiar se debilitou.

Diálogo ilustrativo entre uma nora e sua sogra – que permite imaginar como seria a relação entre as duas mulheres se a mais jovem fosse apenas a companheira do filho:

– É verdade que a senhora é mãe dele, mas eu sou a mulher dele.

– Por enquanto! Mas eu serei a mãe dele sempre.

Se apreendermos dessa maneira tal aspecto das coisas, tampouco poderemos nos furtar ao exame de um comportamento paradigmático, o de Dom Juan – e de seus modelos: cada nova mulher serviria apenas e tão somente para nele reforçar o vínculo original com uma mãe da qual ele foi e continua a ser o falo. Por acaso não é isso que ele diz, quando declara expressamente, na ópera de Mozart[16]: "Afastar-me das mulheres? Insensato! Afas-

16. *Don Giovanni*, ópera de Mozart baseada em libreto de Lorenzo da Ponte, ato II, cena I, *L'Avant Scène Opéra*, n.º 172, tradução de Michel Noyray, Paris, Premières Loges, 1996.

tar-me das mulheres! Por acaso você sabe que, para mim, elas são mais necessárias que o pão do qual me alimento, que o ar que respiro...", continuando com algo que se deve ouvir para além dos fatos aos quais se referem: "É o amor que, por uma única, é fiel e cruel para com as outras." E isso, por sinal, não deixa de angustiar o sedutor impenitente, pois o reaparecimento do vínculo oculto reavivará, ao mesmo tempo, um horrível terror fantasístico: que o pai venha a descobrir esse apego proibido e a punir o filho com a castração! A fantasia, por sua vez, engendrará uma nova angústia, que só poderá ser combatida por um novo ato sexual, destinado a tranquilizá-lo, ao menos enquanto dura, quanto à integridade de seus genitais. O ato sexual reavivará uma vez mais o vínculo original e depois, a angústia; esse conjunto produzirá um círculo vicioso infernal do qual ele será praticamente proibido de sair. Sísifo, então, à sua maneira e, digno de dó como é ao longo de um texto operístico que nunca revela o menor de seus sucessos, encarregará seu valete Leporello de "fazer sua propaganda" e de exibir sua contabilidade – o famoso *In Espania, mile e tre*. É como se ele houvesse compreendido que provavelmente existiriam mulheres capazes de adivinhar seu amor devorador pela mãe e que, por partilharem a mesma fascinação pela sua, não poderão fazer outra coisa senão unirem-se a ele[17]. Tal visão das coisas permite compreender melhor a insistência de Dona Elvira em persegui-lo com um amor que ele não quer, enquanto Dona Ana, por sua vez – filha do pai – persegue-o com a vingança!

Não podemos todavia imaginar que a distribuição dos filhos dessas diversas mães falóforas em heterossexuais e homossexuais seja um efeito do acaso. Por que, com efeito, estes são de um jeito, aqueles são de outro, quando para uns e outros o investimento por parte da mãe foi sempre tão maciço? Minha hipótese é a de que isso está provavelmente relacionado à sexualidade das

---

17. O pai de uma criança, paciente minha, havia constituído para si um verdadeiro harém, em que cada uma das mulheres sabia da existência das outras. Ele me dizia: "Não sou um paquerador. Não corro atrás das mulheres. Não vou atrás delas. São elas que vêm atrás de mim. Deve haver alguma coisa em mim que as atrai. Mas o quê?"

próprias mães. *Mães de homens "mulherengos" devem ter se comportado como mulheres que assumem a própria sexualidade para que seus filhos pudessem ter registrado o fato.* Isso levará cada um deles a tentar apreender, no espetáculo diversificado dos orgasmos femininos, o que a mãe poderia ter experimentado no momento em que o concebeu. *As mães de homossexuais, em contrapartida, devem ter se submetido, se é que não detestaram, mais do que assumiram sua sexualidade feminina. E isso é algo que os filhos, que perceberam a situação, provavelmente não querem, sem o saber, fazer com que outras mulheres experimentem.* Lacan não declarava "à mãe santa, filho perverso"?

É claro que as histórias que podemos ouvir, ou a percepção que cada indivíduo pode ter da sua e do seu comportamento, não entram nos quadros sucintos por mim delineados. É claro que não faltam matizes! Só os matizes existem! Há muitos homens, é claro, que sem ter uma vida sórdida, um físico ingrato ou um temperamento inibido, fundaram casamentos sólidos nos quais se consideram felizes! Eles existem, é claro – e não me estenderei sobre seu destino comum –, os que não hesitam nem complicam exageradamente as coisas! Tanto melhor! Cedo ou tarde, porém – e hoje mais do que nunca –, por mais satisfatória que seja sua situação, o homem terá de afrontar, mais ou menos abertamente, nessa questão sexual, a grande constância de sua inquietação... e de sua liberdade! Lembremo-nos uma vez mais do doutor Hartford, o herói do filme *De olhos bem fechados*: ele teria continuado, para o resto da vida, a exercer sua lucrativa profissão de médico, a fumar um cigarro de maconha de tempos em tempos, a ser o garotinho gentil e obediente de seus velhos pacientes tão ricos quanto perversos: ele teria permanecido, com a mesma boa vontade, ao lado de sua bela mulher, sem nada pedir além disso. Mas eis que uma pergunta se apresenta dentro dele, e ele já não pode ignorá-la! Descobre então a amplitude da preocupação central dos homens mais respeitáveis dos quais ele acredita ser possível aproximar-se. Ficamos felizes por ele quando sua mulher, no momento em que ele já não sabe o que fazer, oferece-lhe a solução, na última fala do filme: "*To fuck*!" Nos séculos anteriores, quando os homens não tinham uma esposa que lhes propusesse essa solução e iam aos bordéis buscar a resposta, a sífilis grassava. Os costumes mais livres de hoje não bloquearam tanto o questionamento pelo medo da aids – cujo *status* não é idêntico ao que tinha a sífilis – quanto revelaram o sofrimento sexual dos sujeitos perdidos no emaranhado inextricável dos determinantes de sua história. Os mais angustiados, para não dizer os menos resignados, que se sabem ter os meios para isso, não hesitam em combater esse estado cheirando cocaína – o cartel de Medelin tem um belo futuro à sua frente!

Como acreditar ainda, depois de tudo isso, que um homem possa habitar serenamente sua condição sexual, ter o mínimo poder sobre seus pênis e servir-se dele de um modo que os livros pornográficos descrevem como banal, que os tratados sexológicos descrevem como uma norma e que os tratados eróticos dizem ser alcançável? Justamente quando o uso desse órgão sexual é literalmente subvertido pelo que a história faz chegar até ele? E isso nem sempre vai no sentido da depravação.

Lembro-me, com efeito, da surpresa que me assaltou ao ouvir as palavras veementes do pai de uma menininha asmática de três anos e meio, de quem eu tratava havia alguns meses. Era meu primeiro encontro com ele. E devo dizer que me perguntei de imediato, ao vê-lo tão fechado em si mesmo, como podia ter sido eleito por aquela jovem mãe deslumbrante que transpirava sensualidade. Como sua presença me proporcionava a oportunidade de compreender o mal-estar que eu havia detectado por trás do sintoma da criança, agradeci a ele sua presença e perguntei-lhe o que pensava sobre a doença da filha. "É culpa da mãe, é tudo culpa da mãe!", foi o que ele praticamente me lançou ao rosto. Antes mesmo que eu reagisse, continuou: "Não sei o que ela faz com a menina, mas tenho certeza de que ela deve fazer alguma coisa, porque não fica nem um pouco constrangida em fazer tudo o que lhe dá na telha, mesmo quando a coisa passa dos limites. E não é só com a minha filha, é comigo também!" Tão grande foi minha surpresa, certamente manifesta em minha expressão, que ele se aproximou de mim debruçando-se sobre a escrivaninha, como para me tomar por testemunha, de homem para homem, antes de continuar, enfurecido: "O senhor não imagina o que ela é capaz de fazer, e acha normal! O senhor não imagina, olhando para ela! O senhor não imagina! O senhor vai poder falar com ela, porque ao senhor ela escuta. Quando estamos na cama, sabe o que essa porca me faz? Ela coloca meu sexo na sua boca! É inacreditável! E, quando eu digo que é nojento, ela responde: 'Que nada, é bom!' O senhor acredita?!" Ao final do monólogo, ele fez uma expressão de nojo e chegou a ter um movimento de náusea.

Será que eu deveria tê-lo aconselhado a leitura de uma dessas numerosas obras destinadas a instruir o público nos assuntos do sexo?

O pânico pelo qual tudo começa

Deve-se ter notado que, tanto em relação aos autores mencionados quanto aos casos relatados, falei apenas da influência excessiva e prejudicial que as mães têm – nessas circunstâncias – e de sua responsabilidade no devir de seus filhos. Como se esses filhos não tivessem pais, e ele deve ter sido necessário – não deixarão de assinalar – ao menos para que a criança viesse ao mundo! Por mais surpreendente que isso possa parecer, esses sujeitos masculinos realmente não tiveram pai, ao menos no sentido funcional da palavra. Tiveram genitores, esses porta-espermas que ainda são indispensáveis à procriação, mas que, por causa deles mesmos ou de suas companheiras, não são autorizados a interferir, seja de que maneira for, no devir que as mães destinaram aos filhos. Será que se trata de casos extremos? Bem menos do que se crê. Basta um simples olhar sobre a aventura humana para mostrar como a intervenção dos pais no destino dos filhos foi e continua a ser soberana, sendo ao mesmo tempo um desafio[18], tanto quanto, e até mais – eu diria –, que o próprio parto, do qual a existência inteira parece ser apenas a finalização.

Mas de que maneira essa falta de pai intervém no destino das crianças, meninas ou meninos?

É que, na ausência de um pai capaz de relativizá-la, meninas e meninos terão um medo tão grande e paralisante de sua mãe que serão por

18. Para mais detalhes, pode-se consultar meu livro *Les Péres et les Mères, op. cit.*

ele perseguidos durante toda a vida. Com efeito, é esse medo, próximo do terror, e somente ele, um medo recorrente que não deixa de intervir – não se pode esquecer – mesmo nos mecanismos da ereção, que é capaz de explicar que seres tão bem-dotados intelectualmente como os autores dos quais falei não tenham sido capazes de mudar uma vírgula sequer na direção dada a sua existência. Para conceber que tal medo tenha guardado a mesma intensidade, mantido sua permanência e continuado a ser facilmente mobilizável, só podemos imaginar que suas dimensões sejam consideráveis e que tenha permanecido suficientemente inacessível para se subtrair a todo e qualquer tratamento. E continua a sê-lo: no mesmo estado em que foi concebido e numa zona estritamente inalcançável da psique. Como surgiu, com a intensidade que podemos imaginar-lhe, ao longo daquela fase de desenvolvimento anterior à emergência da palavra a que chamamos, por essa razão, "arcaica", nenhuma linguagem pode jamais atingi-lo ou reencontrá-lo, a fim de extirpá-lo, atenuá-lo ou corrigi-lo. Prova disso, pessoas muito estimáveis – conheço algumas assim – continuaram a ser, mesmo depois de longos anos de análise bem realizada, os homens "mulherengos" que eram, no caso de uns, e os homossexuais que eram, no caso de outros. Isso explica igualmente que o psicanalista Wladimir Granoff, tão bem-dotado (falava sete idiomas fluentemente) e brilhante (antes de completar trinta anos já era membro docente da Société psychanalytique de Paris), tenha sentido a necessidade de escrever, em 1989, aos 65 anos, num tom quase enfurecido, estas palavras numa carta à sua mãe[19]: "Relembro-a apenas de que sou médico-chefe do centro médico-psicológico infantil da cidade de Nanterre [...]. Com sua pretensão costumeira, você fala de um assunto em que, como por um acaso, sou especialista, e você é de uma ignorância absoluta nesse mesmo assunto."

Esse medo, que creio ser o acontecimento principal da existência humana, instaura-se para todos os bebês, sem distinção de sexo, sem exceção, independentemente do que façamos ou queiramos fazer, depois de uma sucessão de microcatástrofes inevitáveis que sobrevêm no terceiro trimestre da vida[20], no momento

19. Wladimir Granoff, *Le Désir d'analyse*, Paris, Aubier, 2004, p. 259.

20. Descrevi tudo isso em certas passagens de minhas obras, mas detalhadamente em *L'Enfant bien portant*, Paris, Seuil, 2004, pp. 355-62. Nela mostrei

em que os sentidos começam a aguçar-se, a percepção, a afinar-se, em que a motricidade se coordena melhor e emerge a experiência de si.

Isso se desenrola de acordo com um roteiro quase imutável: o bebê, por uma razão qualquer, chamará sua mãe, a qual não responderá imediatamente, também por uma razão qualquer (está no banho, ao telefone, foi buscar a correspondência etc.). A recorrência dos incidentes fará com que o bebê tome uma vaga, porém nova e assustadora, consciência de sua imaturidade. Disso deduzirá, à sua maneira, que, embora possa contar com sua mãe, como sempre fez, para manter-se vivo, nada a impediria de decidir, por conta própria, não continuar a fazê-lo. Ele acaba de perceber confusamente que é mortal, mas só pode condensar essa percepção na pessoa de sua mãe. Passará então a dotá-la, faça ela o que fizer, mesmo contra a sua vontade, de uma "onipotência", aterrorizadora e subjugadora. Ao lado dos sentimentos ternos que não deixa de lhe dirigir, conceberá em relação a ela um pânico quase paralisante, diante do qual tentará reagir erigindo, sem muitos meios ou grande convicção, sua própria e insignificante onipotência: é a idade em que irá testá-la, empenhando-se em jogar no chão tudo o que estiver ao seu alcance, para que ela se abaixe e pegue, desenvolvendo uma conduta caprichosa destinada a desarmar o medo, apegando-se a ela perdidamente e assim por diante. No entanto, faça o que fizer, continuará aterrorizado por ela, terror este que culminará na fase dita "do espelho", que chega por volta do nono mês e na qual o ápice da angústia se resolverá pouco a pouco numa espécie de resignação. Parece-me importante assinalar que a intensidade desse medo será sempre inversamente proporcional à disponibilidade que a mãe tiver demonstrado até então: será infinitamente maior no bebê que, pelo zelo extremo do qual foi objeto, teve suas necessidades sempre imediatamente satisfeitas, em comparação com o bebê que, por todo tipo de razões diretamente ligadas às condições de vida da mãe, foi obrigado a passar pela experiência da espera e do adiamento da satisfação de suas necessidades. Por essa razão

---

igualmente o modo como essa etapa crucial do desenvolvimento chega igualmente a instaurar na psique o esboço de uma consciência da vetorização do tempo.

a psicanálise considera que a maneira atual de educar as crianças, de um modo que eu denuncio como consecutivo à infantolatria[21] ideológica, fabrica vigorosamente estruturas "obsessivas" em que o medo da morte tem lugar preponderante.

Seja qual for sua intensidade, esse medo só poderá se atenuar se o bebê constatar que sua mãe, esse ser de poder tão aterrorizante, parece – como por milagre – infinitamente menos poderoso na presença desse indivíduo ao mesmo tempo estranho e familiar, que circula no ambiente e sobre quem lhe foi dito que era seu pai. Ora, para que essa mãe possa ser percebida dessa maneira por seu bebê, é preciso que ela lhe permita sentir que esse pai conta para ela e que ela é suficientemente impressionada por ele para não se acreditar autárquica em suas condutas e decisões. É a definição mais precoce e precisa que fui levado a dar da função paterna, ao associar, em minhas observações, as características comportamentais dos bebês à maneira como eles fabricam e vivem suas doenças. A psicanalista inglesa Melanie Klein – que Lacan qualificava de "tripeira genial" – não elaborou, ela também, toda a sua teoria sobre terapêutica de bebês com base, entre outros conceitos, no que chamava "mau objeto", e que podia ser constituído pela mãe?

Isso levaria a sustentar que as mães, por sua simples condição, seriam "maus objetos" em maior ou menor grau; seria assim em razão do fato de que nunca teria havido, no fim das contas, senão pais de segunda categoria. E podemos imaginar a que ponto essa condição está agravada em nossos dias. Temos disso uma prova verificável no fato de que, em todos os tempos e lugares, os homens temeram as mulheres[22]. Eles têm mais ou menos medo, mas sempre têm medo. O fato é reconhecido, e é provável que não avaliemos suficientemente seu efeito potencial sobre a dinâmica do desejo masculino. Isso equivaleria a dizer que as mulheres dão medo tanto nos homens quanto nas mulheres[23]. "A mu-

21. Aldo Naouri, *Les Pères et les Mères*, *op. cit.*

22. Podemos nos reportar, para o desenvolvimento desse aspecto das coisas, ao livro de Jean Cournut, *Pourquoi les hommes ont peur des femmes?* Paris, PUF, 2001.

23. Essa reflexão sobre os comportamentos sexuais e o medo diante das mulheres me trouxe à memória, permitindo-me compreendê-la melhor, uma citação anônima que eu havia registrado na adolescência, justamente porque

lher é inimiga da mulher, como o homem e tanto quanto ele", declara uma personagem feminina de Goliarda Sapienza[24]. Ora, não se pode compreender a existência de tal medo senão reportando-o precisamente àquele medo oculto que acabei de assinalar e que se relaciona, porque se depositou sobre a figura feminina, ao medo que mulheres e homens conceberam da primeira mulher que encontraram na pessoa de sua mãe.

Uma estratégia inteligente contra o medo

Até este momento, eu não havia sugerido nada dessa ordem, nem particularmente quando fiz um esboço das relações passionais que o menino cultiva com a mãe. De fato. Mas somente porque descrevi e situei essas relações numa idade em que tudo o que antes poderia ter parecido assustador começou a ser gerido a ponto de ser posteriormente recalcado. Ora, é provavelmente o desejo de completar esse recalcamento que explica a escolha da via do amor adotado pelo menininho. Não se trata de um comportamento nascido *ex nihilo*. Não se trata tampouco de um estágio ou de uma fase de desenvolvimento decorrente apenas da violência da pulsão sexual. Trata-se de uma verdadeira operação estratégica, operação esta que, por mais inoperante que venha a se revelar com tanta frequência, nem por isso deixa de ser de uma prodigiosa inteligência.

Sustento que o que designamos desde Freud sob o termo de "fase edipiana", durante a qual se manifesta o apego do menino à mãe[25], instaura-se somente – e justamente – em razão da presença desse medo que vem da tenra infância, do qual esse menino, admirável economista e metafísico inigualável, como todas

---

me chamara muito a atenção. Ela enunciava: "Amizade – os homens vivem-na entre homens, as mulheres imitam-na entre mulheres, as mulheres arriscam-na com os homens, os homens inventam-na com as mulheres."

24. Goliarda Sapienza, *L'Art de la joie*, Paris, Viviane Hamy, 2005.

25. Como no caso relatado daquele menininho que seguia a mãe dizendo-lhe que queria "fazer amor" com ela.

as crianças, busca se desvencilhar. Sua tonalidade, sua intensidade e suas chances de sucesso serão aliás estritamente proporcionais à intensidade do próprio medo.

Resta compreender de que maneira o menino vai proceder. Ele não tem nenhuma dúvida quanto à propensão de sua mãe para querer-lhe bem; ela sempre, aliás, lhe dá provas disso. Nem por isso ele deixa de ser perseguido, estando o pai presente ou não, pelo medo de que, por um retorno acidental a seus antigos demônios, ela possa deixar de lhe querer esse bem. E conclui que, tornando-se o mais agradável possível para ela, a mãe não poderá jamais deixar de lhe querer outra coisa senão esse bem. Tentará seduzi-la, portanto, de todas as maneiras. Utilizará, com essa finalidade, a pulsão sexual, cujas diferentes fases – oral, anal e fálica – atravessou. Oferecerá, assim, os serviços de seu pênis, tendo a certeza, por investi-lo tanto, de que será apreciado. Aliás, está tão convencido da pertinência de sua iniciativa que fará desse órgão e de sua eficiência a defesa mais segura contra a morte. Isso não contribuirá apenas para forjar seu gestual sexual externo, mas também para conferir ao órgão uma dimensão tão central em sua experiência que sua perda eventual será assimilada à morte. É por essa razão que os psicanalistas de obediência lacaniana não falam em "angústia de morte", mas em "angústia de castração".

Depois de anos de obstinação, chegará a registrar, um dia, o fato de que sua mãe lhe é proibida. Renunciará a ela. Não alegremente, mas apenas porque passa a temer o pai, que poderia com certeza castrá-lo. Esse medo novo, do pai, vai corrigir um pouco o antigo medo da mãe, e até substituí-lo. É ele, esse medo do pai, que irá realizar a verdadeira ruptura do cordão umbilical. É ele, e somente ele, que permitirá a esse menino renunciar à mãe e distanciar-se dela. Contanto que ela consinta! Em outras palavras, contanto que ela não redobre suas atenções dirigidas a ele, para consolar a si mesma de seu limite e ser perdoada por privá-lo da satisfação que ele esperava; que ela não tente fazê-lo acreditar que, apesar da frustração que lhe impõe, ela continua a ser "toda" para ele e que não tem outro objetivo senão o de dar-lhe "tudo". Se ela teimar em cultivar nele uma ilusão dessa ordem, vai impedi-lo de abandonar o incesto no qual ele estava mais ou menos prestes a naufragar.

Em contrapartida, inserido na Lei da Espécie, a lei de proibição do incesto, graças ao medo do pai e ao comportamento sadio da mãe, construído ainda assim pela dimensão heterossexual do amor concebido por esta última, consolará a si mesmo com a promessa de encontrar mais tarde uma mulher que se pareça ao máximo com ela. Tudo isso permanecerá nele em estado de traço mnêmico que um nada poderá despertar a qualquer momento. Não é por acaso, portanto, que lhe acontece encontrar mais tarde, numa aventura adulterina, a atração inebriante das mulheres proibidas.

Estamos enganados em pensar que essa fase edipiana é sempre transitória e que ela se conclui, mais cedo ou mais tarde, ao longo do desenvolvimento do menino. As histórias dos autores que mencionei demonstram com que frequência ela se pereniza, quando não se eterniza. Não há aí nada de extraordinário. Isso porque, repito, ou eles não tiveram pai, ou o pai que tiveram não contava muito para aquelas mães, prontas para conceder a eles o lugar de genitores e pais sociais, enquanto os convidavam a não se intrometerem na relação que elas estabeleciam com os filhos. Trata-se, portanto, em todos os casos, de uma aventura reduzida a, pelo menos, uma aventura a dois, na qual, como deve estar claro, a mãe está longe, muito longe da neutralidade.

O violento apego inicial que a mãe manifesta em relação à criança – menino ou menina[26] – inscreve-se na mais lógica das linhas de uma aventura que já descrevi um tanto longamente. A criança morou em seu ventre, e a mãe lhe proporcionou tudo de que a criança precisava para viver: calor, proteção, oxigênio e nutrientes. Proveu-a inclusive, no cérebro sensorial, de tudo de que poderia necessitar para comunicar-se com ela: reconhecimento de sua voz, de seu odor, do gosto dos alimentos que ela absorvia, de sua maneira de se mexer, e tudo isso contribuirá, após o nascimento, para que a criança a reconheça visualmente. A mãe é seu universo. É o local de origem de sua vida. É a fonte de vida que se espraia nela e até ela. E, até aquela horrível fase transitória de instalação do medo, a criança irá assim identificá-la e creditar-lhe tudo o que possa contribuir para a própria segurança e sobrevivência.

26. Serei levado a tratar adiante da fase edipiana da menina, cuja estratégia é mais perigosa que a do menino.

É nessa linha de direção que o menininho avança na vida. Mas com relutância, sem conseguir tirar os olhos da mãe, cultivando inclusive a fantasia de retornar inteiramente a ela. Está fascinado por ela, a ponto de querer fundir-se com ela, de querer sê-la. Chega até, num rasgo de paixão, a considerar o eventual sacrifício do órgão que o torna diferente dela – o que assinalei anteriormente como "fantasia arcaica". Volta atrás, contudo, percebendo que esse órgão funda sua identidade. Desiste da concessão imprudente que estava prestes a fazer, substituindo-a pela promessa de ser mais tarde como ela. Infelizmente, porém, já é tarde demais: compreendeu tão bem que seu órgão poderia ser-lhe retirado que se prepara para fazer dele o mais precioso de seus bens e passa a manifestar sobre ele uma vigilância obsessiva. Já não poderá viver serenamente o fato de tê-lo, a ponto de fantasiar em todas as ocasiões a ameaça da qual poderia ser objeto. Encerrado em seu dilema, rebela-se contra a lei que lhe é imposta, mas que não pode transgredir sem correr grandes riscos. Odiará silenciosamente esse pai, potencialmente castrador, que o intima por vezes a desviar seu olhar da mãe, dar meia-volta e avançar mais naturalmente na vida. Como poderia, aliás, sentir as coisas de outra maneira, por mais lógica que seja a ordem delas, quando sabe que, ao final de seu caminho, não terá outra saída senão lançar-se no abismo da morte que é seu destino? Eis o fator, depois que o engrama do medo começa a se ocultar, capaz de converter o fascínio pela mãe em amor tão poderoso, o qual constituirá a matriz de todos os amores subsequentes. Durante a fase edipiana, ele não hesita em manifestá-lo, em comunicá-lo a ela, em expressá-lo, só para continuar a enterrar o medo. No melhor dos casos, graças a seu pai, acabará por distanciar-se dela e procurar para si uma mulher enfim autorizada. E assim voltará a encontrá-la. Isso porque a mulher que ele encontrou terá sido escolhida em função de uma impressão química – semelhante a uma impressão digital – que o cérebro sensorial olfativo guardou do traço de seus feromônios. Sem o saber, é semelhante aos animais: com o nariz[27], e particularmente com o que resta de seu órgão vômero-nasal, ele segue a pista, até o reencontro. Foi o que

27. É interessante assinalar, a propósito, que o mandamento do Decálogo, quando enuncia em hebraico a proibição do adultério, emprega os termos *lo'tin'af*, que significam também "não sente o cheiro".

chamei, ao citar o Gênesis no início deste capítulo, uma aventura de retorno.

Mas ele nunca esteve e nunca está sozinho, é claro, nesse longo e difícil percurso: infalível, a mãe esteve lá, sempre lá, para acompanhá-lo.

Ela, por sua vez, não pôde ficar insensível a tudo o que veio assim destacar seu feito de ter dado a vida a um ser que a transformou, com toda a inocência, em centro de seu mundo. Teria de ser louca, ou movida por sérias e suspeitas motivações, para recuar diante de tal privilégio. De fato, tudo está bem posicionado para que a troca nunca deixe de ser satisfatória. Ela tem ao seu alcance o ser que poderá enfim, nessa nova condição à qual ela teve acesso, permanecer indefinidamente apegado a ela, consolá-la, compensá-la por suas frustrações, vingá-la por suas humilhações e instalá-la na potência que lhe havia sido recusada até então – reencontramos assim, uma vez mais, a noção de falo, à qual o pênis desse menino vai conferir um pouco de consistência, se não de materialidade. Desconsiderando a lei e as injunções desse pai com quem ela frequentemente não se importa[28], tecerá em torno do menino, como um verdadeiro invólucro, um útero virtual e infinitamente extensível, no qual vai encerrá-lo durante toda a vida.

Como e por que uma situação tão satisfatória para ambas as partes poderia ter um fim?

Na realidade, ela nunca tem fim, ou só raramente – existem poucas Folcoches[29] no mundo das mães. De modo mais ou menos flagrante, dura a vida inteira, tanto para as mães como para as crianças. Foi por isso que eu disse anteriormente que, *para um homem, o encontro com o corpo de uma mulher, seja qual for a posição dela, coloca sempre essa mulher em posição número dois, pois a de número um está ocupada para sempre pela mãe.* A diferença, entretanto, nos exemplos dos autores que citei, é que essa posição número

---

28. Em 1987, uma jornalista de cujos netos eu cuidava e que desejava agradecer a entrevista que eu lhe havia concedido me perguntou qual de minhas obras eu gostaria de ver citada. Eu indiquei a obra *Une place pour le père*, Paris, Seuil, 1985. Ela me desconcertou, ao declarar num tom veemente: "Um lugar para o pai? Mas para quê, deus do céu?"

29. A mãe do narrador no romance de Hervé Bazin, *Vipère au poing.*, Paris, Le Livre de Poche, n.º 58, 1954.

um ocupou um espaço tão grande que nenhum espaço restou para outra pessoa. Isso não significa que o acesso a uma mulher foi totalmente proibido pela maioria dessas mães a seus filhos. Tal acesso, porém, não deveria sob hipótese alguma autorizar esse filho a inserir, de modo duradouro, uma mulher em sua vida. Isso fica perfeitamente claro no relato de Romain Gary: sua mãe, contrariamente à de André Gide, não deixou de intimá-lo com clareza a se tornar o mais eficiente dos sedutores. Aliás, num par de páginas corrosivas, ele se lança ao ataque da psicanálise, recriminando-a por haver sustentado que o menino era capaz de sentir desejo sexual pela mãe. Afirma que, no seu caso, nunca sentira tal desejo. Qualquer psicanalista estaria disposto a aceitar sua negação, pois tal desejo foi suficientemente recalcado para escapar de qualquer possibilidade de reminiscência, ao mesmo tempo que cede lugar, por uma série de deslocamentos, a um sem-número de equivalentes.

Se lermos, como faço, a lógica que atravessa todas essas histórias relatadas em breves linhas, eu poderia ser acusado – seria apenas uma vez mais – de querer "acertar as contas" com as mães em geral, e com a minha em particular, como alguns não hesitariam em sugerir. Não me oporei contra tal acusação e sustentá-la-ia de bom grado se não me tivesse empenhado em sublinhar, em todos os meus escritos e desde que eles começaram a ser publicados, que *mãe alguma, por ser ela mesma produto de uma história que não foi em absoluto escolhida por ela, é livre para proceder como quiser, seguindo conclusões ditadas pela razão*. Seja qual for a receita que lhe deem e sejam quais forem os conselhos que lhe prodigalizem, ela só poderá recebê-los através dos filtros de sua história e do que esta – similarmente ao que faz com o ser masculino – terá feito dela: um ser que, por mais feminino que seja, nem por isso deixa de ser também – e bem mais até! – o receptáculo de mensagens de sua mãe, que interferem nas de sua biologia específica e lhe conferem as características da condição que lhe é própria.

Se admitirmos isso, estaremos no caminho do deciframento da regra para cuja descoberta eu me propus desvendar.

A CONDIÇÃO FEMININA

"A mulher é mármore!
Dura, densa, inalterável.
A mulher é mármore,
sempre mármore,
mesmo que você a tenha colhido
enquanto ela flutuava na superfície de uma riacho."

Aforismo de meu folclore original.

Única

Confesso, sem o mínimo constrangimento, que a escrita deste capítulo me deixou mais tempo do que eu previa numa posição incômoda. Eu sabia muito bem, e dei a entendê-lo, que teria de versar sobre uma condição que, além de não ser a minha, é bem mais complexa que a situação masculina. Querer produzir um estudo a propósito dela, similar ao que esbocei em relação aos homens, só poderá ser lacunar, se é que não parecerá algo próximo à pretensão. De fato, não é garantido que uma vida inteira dedicada à reflexão sobre a condição feminina, assim como à leitura das inúmeras obras que tratam disso sob incontáveis ângulos, possa bastar para dar uma ideia minimamente consistente sobre a questão. É uma ilustração entre outras – a meu ver – daquilo em que insistia a formulação de Lacan, a qual opunha sempre O homem a UMA mulher; em outras palavras, se o artigo definido permite certa generalização de tudo o que diz respeito ao primeiro, o artigo indefinido exige que não se perca de vista a singularidade de tudo o que possa se relacionar, de perto ou de longe, à segunda. Pretender dar uma ideia de uma condição que trata, por definição, do geral é, queiramos ou não, trair essa dimensão que torna ÚNICA cada mulher. Com efeito, Maria não tem nada a ver com Lisístrata, Medeia, Joana D'Arc, Judite, Messalina, Antígona ou Madre Teresa.

O mesmo Lacan dizia de UMA mulher, além disso, que ela era "o sintoma dO homem", excluindo implicitamente de sua proposição, é claro, qualquer reciprocidade ou simetria, pois O homem não é e jamais poderia ser o sintoma de UMA mulher.

Tudo isso parece gratuito, e sobretudo opaco, enquanto não compreendermos o lugar que Lacan, sempre ele, atribui ao sintoma. Muito cedo ele já havia proposto uma abordagem melhor dos processos psíquicos ao postular que o inconsciente comporta três registros, o real, o imaginário e o simbólico, que ele representava em três círculos ligados entre si num nó borromiano: um nó de tal modo constituído que, se um dos círculos viesse a se romper, os dois outros não poderiam permanecer ligados entre si. Quando versou, anos depois, sobre o sintoma do qual já havia dito tantas coisas, criou um quarto círculo cuja relação com os três outros daria ao entrelaçamento original uma certa solidez, se não um certo grau de perenidade. Diferentemente do poeta[1] que se contentou em fazer da mulher "o futuro do homem", ele disse a seu respeito, de certa maneira, que ela é indispensável aO homem ao longo de sua vida, seja qual for a etapa dessa vida em que ele se encontre.

Podemos estender ainda essa oposição entre os artigos definido e indefinido, relacionando-a àquela que se pode estabelecer entre A História, definida com seu agá maiúsculo unificador, por mim adornada nesta circunstância com um *a* maiúsculo, e UMA história, a de cada um, sempre singular, por definição. Se até o presente a História incontestavelmente se edificou sobre as obras dO homem, cada homem que a construiu foi individualmente movido por UMA história, a sua, de origem única ou dupla, que lhe terá sempre sido exclusivamente transmitida por UMA mulher, sua mãe.

Tal afirmação poderá surpreender. Mas somente porque eu não me dediquei, aqui, à explicação detalhada[2] do lugar privile-

1. Aragon cantado por Jean Ferrat en 1961.

2. Foi o que fiz extensamente em obras anteriores como *Les Pères et les Mères*, *op. cit.* Em minha prática profissional, explicava isso aos pais dizendo-lhes, de modo imagético, que uma criança ouve um sussurro da mãe mesmo que esta se encontre na extremidade de um túnel de um quilômetro, mas não ouve praticamente nada do que lhe diz o pai, mesmo que este cole caixas de som de 300 watts às suas orelhas e transmita sua mensagem por elas.

giado que a mãe ocupa nesse tipo de transmissão. Por isso relembro sucintamente que o módulo sensorial da comunicação, formado no cérebro do feto ao longo da gestação, faz da mãe o eixo de toda transmissão. Tanto é assim que, mesmo a história do pai de uma criança, menina ou menino, só pode lhe ser transmitida por intermédio dela. Pode-se conceber, a partir daí, que todo indivíduo, homem ou mulher, receba automaticamente de sua mãe, sem que ela sequer tenha consciência de que os transmite, os elementos da história da qual ela é portadora. Ele será levado, se ela não fizer nada além disso, e no melhor dos casos, a avançar na vida como um perneta. Digo "no melhor dos casos" em alusão ao que se perfila no horizonte para essas crianças fabricadas como bugigangas e que, por falta do mínimo acesso a uma história considerada como supérflua, terão cotos à guisa de membros de locomoção. É verdade que nossa sociedade assistencialista não deixará de providenciar para os futuros aleijados as cadeiras de rodas de que eles com certeza precisarão! Uma criança avançará mais rápido que as precedentes, mas ainda assim mancará, se sua mãe se dispuser a transmitir apenas uma parte da história paterna. Em contrapartida, ela avançará perfeitamente e poderá ter a ambição de fazer suas próprias escolhas com total conhecimento de causa se conseguir, graças à mãe, ter à sua plena disposição as duas histórias parentais. Mas este último caso se revela bem raro, se não excepcional, nos dias de hoje. Isso porque, como mostrei, é necessário que a etapa edipiana, na qual a mãe intervém ativamente, tenha sido bem-sucedida para que se atenue e se torne suportável, graças ao lugar plenamente conferido ao pai pela mãe, o medo das mulheres que surge na pequena infância.

É, por sinal, a possibilidade de restauração do que deveria assim ter sido fisiologicamente instaurado que visa a psicanálise. A terapia psicanalítica, quando bem realizada, permite, de fato, que o sujeito explore e integre, no melhor dos casos, os significantes de sua história paterna[3] que o discurso da mãe não lhe tiver transmitido suficientemente, quando não consistiu em maior ou menor grau num convite para ocultá-los.

---

3. Uma bela demonstração disso é dada para o caso do próprio François Mitterrand na obra de Ali Magoudi, *Rendez-vous*, Paris, Maren Sell, 2005.

Dito isso, voltarei à regra por mim comparada ao fio de prumo do arquiteto. Ela permite a cada um realizar uma leitura confiável da história dos outros, bem como da sua. Já podemos verificar, com efeito, por meio dessa rigorosa topologia da comunicação, que *tudo o que acontece de lamentável a um indivíduo, seja qual for seu sexo ou sua idade, pode ser remetido de modo mais ou menos evidente, mais ou menos direto, à dissimetria de seu acesso às duas histórias parentais*. Ora, como esse acesso lhe foi ou não lhe foi – ou foi insuficientemente – fornecido por sua mãe, poderíamos atribuir praticamente tudo o que lhe acontece à relação de sua mãe com ele – relação esta que fabricou a que ele próprio estabeleceu com ela – e ao lugar que lhe foi atribuído e que ele ocupou na história dessa mãe, sob a pressão dessa mesma história. Os psicanalistas, e Françoise Dolto[4] em particular, mostraram como se pode recuperar a origem precisa de uma psicose que acomete um sujeito retrocedendo na história deste último até a terceira geração.

Isso reveste a mulher, sobretudo quando ela se torna mãe, de uma responsabilidade que lhe parece esmagadora, contra a qual ela protesta vigorosamente e da qual estaria pronta – quantas vezes ela não o diz! – para esquivar-se total e definitivamente. De fato, quando ouve esse tipo de afirmação, ela se exalta e rejeita-a, antes de começar a protestar vigorosamente e a denunciar o processo assim intentado contra ela, que acusa de querer incutir-lhe um sentimento de culpa. Quando, em vez de romper o diálogo, nós o alimentamos e o enriquecemos pacientemente com argumentos e matizes capazes de esclarecer o debate, ela parece começar a perceber a diferença que a convidamos a fazer entre responsabilidade e culpa. Acreditamos tê-la convencido assinalando que o motorista de um veículo, responsável pelos passageiros, não é, *a priori*, culpado em relação a eles. Imaginamos então tê-la conquistado para esses pontos de vista quando assistimos à modificação que por vezes se opera nela. Com mais frequência, porém, constatamos que, diante do evento que a solicita, ela se põe a observar a situação de uma maneira nova, a refletir sobre ela, a jul-

4. Françoise Dolto, *Le Cas Dominique*, Paris, Seuil, 1966 e Points-Seuil, n.º 69. [Trad. bras.: *O caso Dominique*, São Paulo, Editora WMF Martins Fontes, no prelo.]

gá-la e a nunca hesitar em assumi-la, e até a lutar, com uma determinação que desafia o tempo, a fim de impor a solução original por ela encontrada. É um pouco como se, uma vez empenhada numa espécie de negociação e advertida de que seria o sintoma indispensável aO homem, ela dissesse a si mesma que a cor, a forma ou a textura dos fios dos laços que ela tece, como tais, teriam bem menos importância diante do lugar essencial que lhe pediram para ocupar. Tudo o que ela houver acumulado passará pela trama de um filtro cuja organização e cujas características são somente suas, e em caso algum as de outra pessoa, mesmo que essa outra pessoa seja uma mulher.

Sua boa-vontade era realmente enternecedora. E mais ainda porque, acometida por uma surdez congênita total, ela se comunicava pela leitura dos lábios. É uma experiência bem estranha a de se dirigir a alguém buscando seu olhar e ver os seus olhos atentamente fixados na boca, e só na boca! Ela era muito animada, dinâmica e dotada de um raro senso de humor. Em suma, havia muito afeto entre nós.

Ela viera naquele dia porque seu filho de oito anos, que eu conhecia desde o nascimento, acabara de ter uma queda brutal no rendimento escolar. Soube então, depois de investigar o caso, que tudo havia começado aproximadamente na época em que o pai passara a se ausentar a semana inteira, por razões profissionais, voltando para casa somente no fim de semana. Ora, desde essa época, ela havia colocado o filho para dormir em sua cama, no lugar do pai. Quando lhe expliquei detalhadamente que não se devia fazer isso, ela me respondeu que não podia agir de outro modo porque alguém tinha de acordá-la quando sua filha de três anos, que dormia no quarto do irmão, a chamasse durante a noite. Insisti retomando minhas explicações e fazendo-lhe observar que o filho podia tranquilamente sair do próprio quarto para ir acordá-la, acrescentando que não era bom para ele tomar assim o lugar de seu pai. Ela agradeceu calorosamente as explicações e concluiu a consulta dirigindo-se ao filho desta maneira: "Meu querido, vamos continuar a fazer o que fizemos até agora, mas não vamos mais contar para o seu pai."

Patética

É por causa desse comportamento, aparentemente paradoxal – na medida em que associa com frequência a percepção mais fina das situações ao reflexo irracional das "entranhas" que resistem e não param de se expressar –, que a primeira palavra que me veio à mente, na perspectiva desse trabalho em torno da condição feminina, foi a palavra "patética".

A condição feminina, tal como a encontrei ao longo de minha vida profissional, pareceu-me, com efeito, uma condição profundamente patética.

Poderiam julgar-me exagerado, e colocar em dúvida minha avaliação, fazendo-me observar, antes de mais nada, que, em meu trabalho, encontrei sobretudo mães, e que seria difícil imaginar o adjetivo "patético" aplicado a Margaret Thatcher, Hillary Clinton, Angela Merckel, Laurence Parisot e tantas outras mulheres de pulso que vimos a ocupar a frente do palco. Eu recusaria imediatamente a primeira restrição, pois ela denotaria uma cisão estranha destinada a recusar às mães a possibilidade de serem mulheres! Quanto às mulheres de pulso, eu insistiria na ideia de que se inserem na mesma condição que as outras, pela simples e boa razão de que são e continuam a ser cem por cento mulheres, mesmo que o lugar que ocupem na paisagem política ou econômica só aumenta um pouco suas múltiplas, e quase sempre impossíveis, tarefas. Da mesma forma, eu não faria, nesta exposição de ideias, nenhuma diferença entre as mulheres que trabalham e as que não trabalham. Isso porque tal diferença afeta somente o âmbito da realidade e não intervém em nada na condição que eu busco explorar.

Eu afirmo portanto que, seja qual for a área ou o lugar em que desenvolve suas potencialidades, a mulher o faz sempre com paixão, no duplo sentido que geralmente se atribui ao termo. Ela sempre tem de "suportar" e ela "suporta". Mas com aquela determinação obstinada que contribui para adensar o mistério ao seu redor no olhar voltado para ela, seja esse olhar o de um homem, de quem estamos prontos para admitir que ele nada compreende a seu respeito, ou o de uma mulher, de quem se espera, por compartilhar a mesma condição, uma certa clarividência em relação a ela.

É como se uma mulher, em todo o seu ser, fosse a metáfora espacializada de seu sexo anatômico. *Enquanto o homem se exibe orgulhosamente na ostensibilidade desse pênis que o torna transparente, ela se movimenta na discrição, no segredo, no mistério* – mistério supremo, até na manifestação de seu desejo ou de seu orgasmo. Tanto é assim que, para dar uma ideia do que pode ser este último, Lacan empregará, para ilustrar a capa do livro[5] em que trata do assunto, a fotografia da estátua de Santa Teresa de Ávila realizada por Bernin. Uma santa em êxtase em quem nada permite adivinhar, sob as pregas de suas vestes, aquele órgão sexual do qual se diz que elas têm vergonha, mesmo que ele seja invisível aos seus olhos. Não se chegou até a dizer que elas o sentiriam como tão feio que toda aquela atenção dedicada à própria beleza seria destinada a fazer esquecer o horror que ele suscitaria nos homens!

É verdade que as perguntas que elas não cessaram de formular a si mesmas sobre ele ficaram muito tempo sem resposta. De fato, o discurso vigente se empenhou, durante milênios, a lançar sobre esse órgão um véu de pudor, quando não o reduziu pura e simplesmente à sua funcionalidade procriadora: destinado a recolher um dia, para benefício patente do homem, o esperma fecundante, ele foi considerado como algo que não deveria passar disso, para permitir num outro dia a restituição do fruto da fecundação. Isso não continuaria, aliás, a ser do âmbito de uma verdade irrecusável para aquela parte numericamente importante da humanidade que julga ter toda razão em considerar as mulheres como seres inferiores, potencialmente diabólicos, mas infelizmente indispensáveis apenas para a procriação? É verdade que, se contrariamente ao Pequeno Príncipe, só considerarmos essencial o que é visível para os olhos, seremos necessariamente levados a reduzir a feminilidade à maternidade, porque são os seios, destinados um dia a nutrir, que, no corpo da mulher, chamam primeiro a atenção do olhar. Que o etólogo Desmond Morris[6] tenha pretendido fazer deles uma isca sexual, dizendo que são como "nádegas na parte da frente", parece ser uma constru-

5. Jacques Lacan, *Encore, Séminaire XX*, Paris, Seuil, 1975. [Trad. bras.: *Mais ainda, O Seminário livro 20*, Rio de Janeiro, Jorge Zahar, 1985.]

6. Desmond Morris, *Magie du corps*, Paris, Grasset, 1986.

ção destinada a tentar mascarar os traços da relação que cada um estabeleceu com eles nos primeiros tempos da vida. Além disso, os relatos que a mitologia grega nos oferece sobre a frequência com que a visão do sexo feminino é capaz de fazer recuar demônios e malefícios situa todas essas considerações numa visão de mundo que não poderia ser mais masculina, que privilegia uma vez mais o olhar e só ele.

Para além do olhar

Mas o que seria de uma visão distinta, uma visão, no sentido amplo do termo, que associasse ao olhar e ao espetáculo que lhe é ou não oferecido uma sensibilidade receptiva a inúmeras outras aferências?

Por enquanto, ela só permite adivinhar sua possível existência no esboço de um discurso que começou há apenas alguns decênios e ainda não encontrou uma linguagem unívoca para se fazer entender por todos. É preciso dizer que o declive a ser vencido e o terreno a conquistar eram singularmente escorregadios!

É verdade que, até uma época bastante recente, não se encontrava nada, do lado das mulheres, que pudesse oferecer uma ideia consistente da relação delas com o mundo, os outros, a sua vida, uma ideia de suas fantasias, de sua vivência do próprio sexo ou do sexo do outro, e menos ainda de suas aventuras sexuais, ao passo que os relatos dos homens sobre esses diferentes pontos não cessaram de se multiplicar e de se difundir em todas as línguas desde a invenção da escrita. Com poucas exceções, apreciadas apenas por um público conhecedor, tudo o que existia sobre o assunto e que lhes era atribuído fora de fato escrito por homens que nelas projetavam os produtos de sua própria imaginação. Pode-se evidentemente imputar essa discrição aos costumes, que durante muito tempo proibiram às mulheres o acesso a todos esses registros. Quando se declara que "uma mulher honesta não sente prazer", é difícil imaginar que essa mulher tome a iniciativa de dissertar sobre o registro de suas emoções e menos ainda sobre o de suas sensações, sobretudo sexuais. Mas não creio que se trate apenas disso. Acredito que se trata sobretudo de algo que chamarei uma vez mais de singularidade de cada mulher – uma singularidade que ela sente profundamente como sua, que a mantém proibida e faz com que renuncie a clamá-la, de tanto que a pressente inaudível, porque ela mesma não conseguiu aderir ao discurso de uma outra qualquer que tenha tentado falar com ela. Correndo o risco de pleonasmo, eu acrescentaria que é essa singularidade que a torna UMA, mesmo que ela seja o lugar de confluência de inúmeras mensagens das quais não pode se esquivar, que são por ela registradas, integradas e metabolizadas de acordo com uma dinâmica que é, também neste caso, sempre a sua – o filtro sobre o qual falei anteriormente – e de nenhuma outra. Quantas mulheres, de alguma maneira, ouviram Catherine Millet ou seguiram seus passos, embora ela tenha declarado[7] que sua intenção era dirigir-se primeiramente a elas? Quantas, sem sequer ler sua obra, não a difamaram? Com que frequência não ouvimos uma mulher comentar com palavras severas o comportamento de outra ou caçoar da inibição – que julga patológica – de uma terceira? Esse algo inesperado ou surpreendente no discurso que esta, aquela ou aquela outra podem ser levadas a expressar provém da ausência radical de normas no assunto, fazendo com que cada uma, com toda inocência, julgue alguém que lhe é supostamente semelhante a partir das próprias inclinações. Nem chego a ter certeza de que, por reconhecer a unicidade de cada uma, não serei acusado por uma ou por muitas de ter ignorado sua originalidade. Aliás, isso não se manifesta na moda, nas roupas, nos perfumes, na cosmetologia? Numa festa, duas mulheres com o mesmo vestido, o mesmo perfume, o mesmo penteado, a mesma maquilagem: não é um drama para elas, e mais ainda para os fornecedores? Se, quanto aos homens, está praticamente assentado que eles "só pensam nisso", não sabemos nada, absolutamente nada, do que UMA mulher sente nesse âmbito. Exceto – porque algumas felizmente o confessaram – que não pode não sentir! Eis uma certeza a um só tempo apaziguadora e irritante, ao menos para os homens. Uma certeza sem a qual o mundo seria para eles de uma sensaboria insuportável.

Lembro-me, por exemplo, da autêntica comoção provocada entre as gerações de minha juventude pela publicação em 1954

7. Catherine Millet, *op. cit.*, "Pourquoi et comment?", p. IV.

do livro *Histoire d'Ô*[8] [*História de O*], assinado por Pauline Réage, com prefácio de Jean Paulhan. O escândalo foi imediato. O livro foi logo retirado das lojas e seu editor, processado, mas a obra continuou a circular clandestinamente. A causa de tudo isso não foi seu realismo pornográfico – não faltavam livros com esse teor –, mas a simples razão de que sua suposta autoria era atribuída a uma mulher! Isso só seria confirmado quarenta anos depois, em 1994, quando se saberá que a autora era Dominique Aury, pseudônimo de Anne Desclos, então assistente de Jean Paulhan na Editora Gallimard e amante dele. É difícil imaginar, portanto, o efeito que teve essa obra. Se as mulheres, sempre tão discretas, nada manifestaram a respeito do provável destravamento que a obra fez incidir sobre muitas de suas inibições, os homens, por sua vez, sentiram-se estranhamente liberados de culpa, graças ao fato de que enfim se reconheceu e descreveu detalhadamente – embora isso fosse feito de modo bem singular – um desejo sexual feminino autêntico e declarado pelo prazer. Eles deixaram de se ver como os únicos escravos de um desejo irreprimível que cada um, independentemente do que lhe fosse dito, acreditava sempre impor à companheira; pensavam que, se ela cedia, era na esperança de se enquadrar e de neles encontrar aquele que lhes proporcionaria, na ordem social da época, a possibilidade de ser mãe. Se isso pode parecer ridículo em nossos dias, é simplesmente porque não temos um registro bastante claro da mentalidade dessa época e do efeito do discurso então veiculado sobre os costumes.

O fato de as coisas terem mudado nas últimas décadas e de os escritos e confissões terem florescido ininterruptamente na pluma de mulheres só introduziu, paradoxalmente, um pouco mais de confusão. De fato, neles não se encontra nenhuma constância que permita apreendê-los globalmente. Embora diversos editores tenham lançado coleções de obras situadas nas fronteiras da pornografia, isso não significa que seu conteúdo não seja um artifício produzido para um público masculino que aprecia ouvir um discurso quando imagina que ele foi elaborado por mulheres e é caro a elas. Quando avaliamos, em contrapartida, a extensão

8. Pauline Réage, *Histoire d'Ô*, Paris, J.-J. Pauvert, 1954. [Trad. bras.: *História de O*, Rio de Janeiro, Ediouro, 2005.]

do sucesso ininterrupto de que goza, há décadas, uma coleção "sentimentalista" como a da Editora Harlequin[9] – ainda que ela tenha sido enriquecida recentemente por uma série "*hard*" –, percebemos que a gente feminina, em sua grande maioria, continua a privilegiar o sonho, o indefinido e um certo romantismo, em detrimento da violência dos fatos concretos, das imagens fortes demais ou das palavras cruas. Seria a mulher, como o enuncia Saint-Exupéry[10], "semelhante a uma praia árida: ela também espera algo similar ao manto azul do príncipe encantado"? Ou será que, mais sensível à voz que ao olhar, privilegiaria de modo coerente o sugerido, o obscuro, a carícia e o impalpável que, com discrição, são nela sempre mais fortes que o ostensivo e a violência bruta e demasiado invasiva de uma certa linguagem? Será que ela cultivaria habilmente o mistério sem o qual a estratégia de manobra que poderia ser levada a implementar ficaria eventualmente comprometida? Que teve a sabedoria de integrar a vetorização da relação que O homem quer estabelecer com ela para que essa relação não lhe seja tão assustadora?

Lembro-me do uso que uma de minhas amigas fez da consciência dessa vetorização: caminhava numa região campestre e erma e teve de atravessar uma passarela estreita que ficava sobre um curso d'água. Foi quando viu dois homens que se aproximavam e compreendeu que não tinham boas intenções; como não havia a quem recorrer, continuou a avançar para o perigo que se anunciava. Quando deles se aproximou, e ao passar entre eles, teve a ideia e a coragem de colar as mãos na braguilha de cada um, e eles deram no pé! Ela não somente inverteu os papéis convencionais do homem ativo e da mulher passiva, mas tocou numa coisa instaurada na tenra infância: o menininho só pode manifestar seu desejo à mãe se estiver vagamente seguro de que, sob pena de incesto, não será correspondido; pela mesma razão, a menininha espera uma resposta do pai às suas propostas geralmente discretas, mas sem esperá-la realmente, pois permanece muito envolvida no amor que ainda sente pela mãe.

Não é, portanto, um acaso que a multiplicidade infinita DESSAS, tão radicalmente diferentes umas das outras, e que certa-

9. Annick Houel, *op. cit.*

10. Antoine de Saint-Exupéry, *Citadelle*, Paris, Gallimard, 1948. [Trad. bras.: *Cidadela*, Rio de Janeiro, Nova Fronteira, 1986.]

mente recusarão, todas elas, o que tento dizer a seu respeito, tenha desconcertado os homens – tantos quanto as mulheres, aliás – mais perspicazes e mais propensos (propensas) a tentar ouvir algo sobre elas.

Freud, do qual conhecemos a declaração de que a mulher é um "continente negro", foi igualmente levado a dizer que ela "conserva uma disposição perversa polimorfa"[11], a ponto de – acrescenta ele no mesmo parágrafo – "sob o domínio de um sedutor experiente, tomar gosto por todas as perversidades e passar a praticá-las em sua atividade sexual". Sabemos o quanto sua opinião, de uma argúcia que nada é capaz de desmentir, nunca cessou de chocar e de ser combatida. Depois dele, Lacan cedo estimularia as mulheres psicanalistas de sua escola a tentar elaborar um discurso consistente sobre o feminino. No entanto, ao ouvir o pronunciamento de Françoise Dolto sobre a sexualidade feminina no congresso de Amsterdam (5-7 de setembro de 1970), deixou-a perplexa ao lhe dizer: "Que atrevimento o seu!"[12] Anos depois, ele escreverá[13]: "Sobre esse gozo, a mulher nada sabe, e faz tanto tempo que lhes suplicamos, que lhes suplicamos de joelhos – eu falava, da última vez, sobre as psicanalistas mulheres – que tentem dizê-lo[14] a nós, mas não se ouviu nem um pio! Nunca conseguimos arrancar-lhes coisa alguma!" É verdade que, desde essa época, os trabalhos e as publicações psicanalíticas, nos quais se diz por vezes tudo e seu oposto, não pararam de se multiplicar. Conseguiram desestabilizar ligeiramente a compacidade de um certo discurso falocêntrico ao chamar a atenção para uma

---

11. Sigmund Freud, *Trois Essais sur la théorie de la sexualité*, Paris, Idées/Gallimard, n.º 3, 1974, p. 86. [Trad. bras.: *Três ensaios sobre a teoria da sexualidade*, Rio de Janeiro, Imago, 1997.]

12. Jean-François de Sauverzac, *Françoise Dolto, itinéraire d'une psychanalyste*, Paris, Aubier, 1993, p. 239.

13. Jacques Lacan, *Séminaire XX, Encore*, Paris, Seuil, 1975, p. 69.

14. O mesmo Lacan retoma o título por si só eloquente do famoso quadro de Gustave Courbet, "A origem do mundo". Ao fazê-lo, tritura a ortografia da palavra "origem", apoiando-se, quanto às primeiras duas sílabas, no latim *os, oris*, "boca", e quanto à última, no grego *gyne*, que designa a mulher (*in* Thierry Savatier, *L'Origine du monde. Histoire d'un tableau de Gustave Courbet*, Paris, Bartillat, 2006). Assim, o órgão sexual feminino seria uma "boca de mulher" que se abre para a variedade inesgotável do dizer e da fantasia.

vivência vaginal incontestável ao longo do desenvolvimento da menina[15], mas contribuíram sobretudo para afinar a base técnica do tratamento psicanalítico, pois permitiram aos homens saber um pouco mais sobre as mulheres e a estas últimas saber um pouco mais sobre si mesmas. Tanto é assim que esse tipo de saber ainda permanece reservado aos discursos ideológicos, tão vigorosos quanto redutores, transmitidos frequentemente pelas revistas destinadas ao grande público.

O que posso dizer a esse respeito, a partir do posto de observação que foi o meu, é que, embora esse conjunto de informações tenha despertado o interesse das mulheres que encontrei, elas nunca me confiaram que tais informações as tinham abalado, modificado ou mesmo emocionado ligeiramente. É como se cada uma recolhesse essas informações pelo que são, chegasse a discuti-las com colegas e amigas ou com o parceiro, fosse alimentada por elas, mas não sentisse, nem de longe, o dever de ser afetada por elas.

Estaria ela, essa "cada uma", encerrada numa torre que teria construído para si – sozinha? –, que desejaria inviolável, e sobre a qual teria colado o cartaz: "Proibido até mesmo tentar olhar para dentro"? Se fosse esse o caso, porém, como teria ela sido levada a optar por uma tal atitude? De que experiência teria ela se valido para armar sua determinação? Em qual celeiro e com base em quais critérios teria realizado suas escolhas? Diante dessas questões insistentes, ela não oferece o mínimo indício capaz de imaginar-lhes uma resposta. É verdade que tais questões se revelam, uma vez mais, essencialmente masculinas. Isso porque, no que lhe diz respeito, ela não imagina sequer que possam ser formuladas!

A missão e a Lei

E se, no fim das contas, ela só estivesse assim refugiada no que acredita ser, sem mesmo poder dizê-lo ou reconhecê-lo, uma missão?

15. Jaqueline Schaeffer, *Le Refus du féminin*, PUF, 1997.

Uma missão. Sua missão. Inconsciente, é claro, mas que nem por isso deixa de sê-lo. Uma missão que ela não pode sob hipótese alguma trair, nem expressar claramente – o que equivaleria para ela a uma traição. Uma missão da qual ela deixaria apenas adivinhar que é compósita e que a solicita, de modo específico e integral, nas potencialidades de seu ser. Uma missão que explicaria o que designei em várias ocasiões como seu filtro. Filha, irmã, *superwoman*, amante, mãe, amiga, confidente ou esposa, entre outras coisas, ela o seria sempre com uma paixão visceral que a compele a exigir tanto o reconhecimento do lugar que lhe foi designado como o fato de ter dado e dar o melhor de si. E, nesse desejo obstinado de dar o melhor de si, ela não manifesta escrúpulos nem perfeccionismo, mas esboça apenas, sem descanso, um balanço, na espera de uma enigmática aprovação.

Ela nunca regateou seu tempo ou sua energia, nunca recuou diante dos desafios, enfrentou os obstáculos, sempre fez o que pôde, com os meios de que dispunha, temos de reconhecer: ela sempre se empenhou e deu o melhor de si! O melhor, apesar daquela espécie de enganação em que se viu desde sua chegada ao mundo, evocado por Moustapha Safouan[16] ao declarar: "A relação da filha com sua mãe gira em torno de uma questão: o que a filha reivindica junto à mãe? [...] O que a análise nos ensina com segurança é o que a filha *não quer*, o que a exaspera e a põe fora de si, e isso é que aos dons maternais se ajunte a pretensão [por parte dessa mãe] de saber do que ela precisa [...]. Do que precisa? Ser bonita, inteligente etc.? Mas para quem? Precisa de um marido, de filhos? Pouco importa à filha. O que lhe interessa *é saber por que falta tudo isso lhe será dado.*" Ora, ainda que não tenha jamais recebido a mínima resposta para uma pergunta que sua própria mãe deve ter feito a si mesma, como, aliás, todas as ascendentes de suas duas linhagens, numa forma de "esquecimento em que se perpetua a lembrança da lei"[17], ela deu e dá, ainda assim, o melhor de si. Esse melhor, leal, explicaria o fato de ela poder ser o sintoma, o elo concatenado ao real, ao simbólico e ao imaginário, de um homem. Esse melhor que sugere, ao mesmo tempo, tanto o potente contrapoder que ela representa quanto a nostalgia, assim como o despeito por não ter em sua plenitude

16. Moustapha Safouan, *La Sexualité féminine*, Paris, Seuil, 1976, pp. 118-9.
17. Moustapha Safouan, *op. cit.*, p. 116.

aquele poder por cujos sortilégios ela tenta com todas as forças não se interessar. Um debate perpétuo e extenuante escandido pela dor de seu retorno e que o esquecimento tenta neutralizar, a ponto de fabricar uma relação singular ao tempo e à memória que o atesta. A indulgência teria aí suas raízes – sendo as mulheres consideradas como grandes detentoras do dom de perdoar –, assim como o investimento maciço do instante em detrimento de sua duração e de seu transcurso. É preciso ver, no fato de que o resultado que elas obtêm disso é imediato, que elas primaram no que chamamos "trabalhos femininos": varrer, é tornar imediatamente limpo, passar, é obter no ato o desaparecimento de um vinco, alimentar uma criança, é apaziguar instantaneamente seus gritos ou sua fome. Enquanto O homem não cessa de memorizar a fim de construir sua consciência do tempo, elas fazem do instante a emanação de um tempo tão bem encostado à eternidade que ele as dispensaria da obrigação da lembrança[18].

Se, a partir daí, retornarmos à "disposição perversa polimorfa" à qual se referia Freud, poderíamos considerar que o que faz de cada mulher UMA mulher teria relação – e é precisamente esse o caso do perverso – com a Lei da Espécie.

Os sujeitos perversos – são homens, e durante muito tempo se considerou que não havia mulheres perversas – não querem saber coisa alguma sobre a tal Lei que passam o tempo a contornar, se não a ignorar. As mulheres seriam todas, e provavelmente desde sempre, não ignorantes de modo estrutural, mas deliberadamente rebeldes diante da Lei da Espécie. E o que faria, de cada uma delas, UMA, seria o grau de rebeldia que manifestariam diante dela, só consentindo em aderir a ela de modo parcial, a contragosto e sempre sob efeito da pressão, se não da ameaça. Como se, obrigada por todos os lados a fazê-la sua, ela aceitasse sacrificar-lhe apenas da boca para fora um certo formalismo, sem nada comprometer da disposição profunda e singular que a caracteri-

18. Um debate talmúdico assinala que a palavra hebraica *zakar*, que designa o "masculino", designa também a "memória". Ao indagar sobre o que a palavra *n^egebah*, que diz o "feminino", poderia igualmente designar e constatando que designa o "buraco", conclui que o "buraco" em questão só pode ser um "buraco de memória", na medida em que as mulheres, tendo na menstruação um relógio biológico eficaz, não sentem necessidade de saturar a memória para inscrever o tempo em si mesmas.

za, e que foi, desde sempre, muito sua. Na dialética entre "esquecimento e lembrança", cada geração de mulheres estimularia a seguinte ao esquecimento, para combater a pressão ambiente que buscaria cultivar a lembrança da Lei.

É isso que se depreende desde sempre de seu comportamento e de suas atitudes, e que lhe vale, de acordo com as circunstâncias e com os interlocutores – paradoxalmente – tanto o desprezo quanto o enternecimento que se manifestam em relação a ela e que a deixam com frequência sem palavras! É isso que por vezes faz com que os homens levantem os braços aos céus, pois eles, submetidos à Lei, sentem-se desanimados e vulneráveis diante de seus comportamentos. Foi isso igualmente que intrigou os psicanalistas, homens e mulheres, que quiseram investigar a sexualidade delas e tentar compreender, por intermédio de uma atividade tão expressiva, a natureza dessa disposição e a maneira como a mulher consegue cultivá-la.

Não é surpreendente, por sinal, que essas mulheres, todas tagarelas como sempre as acusamos de ser, tenham podido, quanto a essa disposição que teriam em comum, permanecer a tal ponto caladas? É verdade que caladas elas são. Mas provavelmente e somente no sentido de que sua linguagem, em estrita harmonia ela também com suas características anatômicas e fisiológicas, é apenas inaudível pelos homens que não deixam, aliás, de censurá-las por isso. É como se sustentássemos que, se devemos buscar compreender A disposição estritamente feminina, é preciso empenhar-se não em fazer com que falem, mas em rastrear o que dela se exprime nos fatos, gestos e comportamentos de cada uma e de todas essas UMAS.

Poderíamos replicar que essa história de mutismo não faz nada além de remeter, novamente, ao impasse clássico da comunicação entre humanos, e ao fato de que as mulheres seriam surdas, elas também, à linguagem dos homens. Não é verdade: as mulheres costumam entender a maior parte da linguagem dos homens, mesmo que não consigam fazer-se entender por eles. Cada uma delas demonstra nessa tarefa uma arte que lhe é própria, mas sempre incontestável.

Zerlina, no *Don Giovanni* de Mozart[19], declara com uma bela metáfora ao infeliz Mazetto moído de pancadas que vai lhe ofe-

19. *Don Giovanni*, *op. cit.*, ato II, cena 6.

recer um remédio "que carrega em si, e que nenhum boticário conseguiria preparar", capaz de curá-lo de todos os males. Ela pode fazê-lo e se prepara para fazê-lo. Ela compreendeu, com efeito, que dispunha em si do meio soberano para fazer com que seu pateta de marido esquecesse uma traição que ela estivera a ponto de cometer e que ele estaria no direito de censurar.

É uma outra mulher[20] que, em termos mais comoventes ainda, diz a seu parceiro: "Se você se estreitar contra mim e me abraçar, eu, mulher, vou ajudá-lo a lembrar e a não temer o que precisa mudar para que continuemos vivos." E não é necessário ter poderes mágicos para compreender, num convite tão comovente, que essa mulher se propõe tanto proporcionar a seu homem o prazer que ele espera quanto lhe fornecer também, pela eventual transmissão de sua história aos filhos que terá com ela, esse toque de eternidade que o consolará, ainda que pouco, de seu destino mortal. E, quando fala assim, ela o faz tanto com sua memória, seu coração e sua inteligência quanto com seus seios, seu sexo, seu ventre, suas entranhas – com todas as partes de sua pessoa aos quais se engata, de um modo dos mais felizes, cada um dos termos do que ela crê ser sua missão, essa famosa missão que ela deseja absoluta e obstinadamente realizar o melhor possível.

E é assim para cada uma das UMAS. Seus apaixonados, felizes demais por terem sido os beneficiários de tal generosidade, nunca hesitam em prevalecer-se dela e clamar por ela de todas as maneiras.

Mas por que tal obstinação em realizar o que elas consideram sua missão e em dar o melhor de si? O que esperam extrair disso ou obter com isso? Quando eram meninas, será que nada perguntavam sobre o que suas mães queriam para elas? Esperariam ser liberadas pela mãe da responsabilidade por essa missão, uma espécie de quitação do que teriam percebido como uma dívida simbólica, que lhes permitiria recuperar uma liberdade que imaginam e desejam, mesmo sem ter a mínima ideia dela? Será que pensam que, para fazê-lo, podem retornar à mãe, recuperar sua aprovação e dela separar-se enfim? Que diabólica forma de atração as obrigaria a fazer esse percurso regressivo, extraindo-as

20. Goliarda Sapienza, *op. cit.*

brutalmente do universo do momento? Como podem correr o risco de um tal retorno, que vai atirá-las, uma vez mais e, com frequência, para sempre, no precipício do qual tiveram tanta dificuldade em sair?

Quando dão esse passo, fazem-no sem a mínima hesitação, tornando-se simplesmente surdas à linguagem de seus parceiros.

Sabemos que isso ocorreu quando, por exemplo, um filho ou filha assume para elas um *status* singular, ou quando um terceiro entra em suas vidas, se não são os dois fatores interligados que intervêm ao mesmo tempo. Um e outro desses fatores, senão ambos ao mesmo tempo, indicam que suas possibilidades foram subitamente excedidas e que, acuadas, tiveram de tomar – no caminho aparentemente retilíneo de sua missão – a bifurcação regressiva de cuja existência possível nem suspeitavam e que é por elas descoberta com surpresa. O que quer que desejem ou façam, de acordo com a dinâmica que lhes foi sempre característica, elas nada podem fazer senão atirar-se nesse precipício. Exceto, como sempre, se traírem sua missão – o que jamais poderiam fazer, dado que essa missão constituiu, até então, a própria razão de sua existência!

"Minha mãe me disse: você pode se lixar para o homem. Ele não tem a mínima importância. Ele pode ser substituído a qualquer momento. O que importa é a criança, só a criança." A senhora que falava assim era uma avó paterna. Acompanhava regularmente em consulta o casal formado por seu filho e uma jovem mulher que me traziam seu bebê. Eu, que adoro ouvir histórias e lhes dou importância no destino das gerações, apreciei e estimulei sua iniciativa. Ela continuou seu relato contando-me que sua mãe havia abandonado seu pai. As palavras que proferia podiam assim ser ouvidas como expressão do amor que a mãe dizia ter tido por ela. Repetindo mais ou menos a história dessa mãe, possivelmente para aliviar o peso da dívida, tivera com o pai de seu filho uma relação intermitente. Foi somente ao perceber que, com essas palavras, corria o risco de propor à mãe de seu neto que não fizesse caso algum do marido, e, portanto, do filho dela, que se corrigiu: "Mas meu filho é tão extraordinário que sua mulher certamente o amará tanto quanto a criança." Dizendo isso, declarava que o comando que sua mãe lhe havia ditado tinha valor apenas se transmitido de mãe para filha, mas não de sogra para nora. Seria essa a razão pela qual tivera um menino, e não uma menina? Será que impusera sua presença nas consultas apenas para que isso fosse ouvido? E o filho, teria ele tolerado que viesse apenas para lhe permitir dizer isso? Encontramos aqui um dispositivo de trocas que não deixa de lembrar a Lei da Espécie, cujo esquecimento a geração anterior havia tentado promover. Enquanto a mãe dessa avó lhe havia dito que a filiação excluía os homens, a avó dissera à nora que a havia agregado a seu filho, prevenindo-a, a partir de sua própria posição de mulher e mãe, contra os termos da missão que a mãe dela poderia, como se faz com todas as filhas, ter-lhe transmitido pouco a pouco.

Isso não deixa de suscitar a pergunta sobre a intensidade, e sobretudo a natureza, dos vínculos que os parceiros de um casal continuam a ter com sua respectivas mães[21]. De fato, nem sempre é fácil lidar com esses vínculos. Como são capazes, de acordo com os casos, de reforçar ou de fragilizar os laços conjugais, eles nem sempre estão desvinculados da problemática do adultério.

"Minha mãe me perguntou quando eu me decidiria enfim a enganar meu marido", contava-me aquela jovem mulher. "E quando lhe respondi que não tinha a mínima vontade de fazê-lo, ela retrucou que cedo ou tarde eu teria. Numa atitude de rebeldia, perguntei-lhe em que isso lhe dizia respeito. Ela me respondeu que aquilo teria para ela um saborzinho de vingança pessoal, e me disse então que guardava um profundo rancor do genro pelo fato de ele ter esquecido de lhe dar um beijo na festa de Ano Novo, três anos antes."

O mais duro e o mais difícil de entender, e isso é demonstrado pela experiência, é que numa tal circunstância *o próprio parceiro*

---

21. É provável que alguns fiquem chocados, uma vez mais, pelo fato de eu não falar sobre os pais dos mesmos parceiros. Que se lembrem do que eu disse anteriormente: as mães de quem falo no caso seriam o que restaria da mãe dentro delas, depois da intervenção do pai. Quantos pais simplesmente repetem a ação da mãe de seus filhos, ocupando assim o grau zero da paternidade! Poucos deles, em contrapartida, ocupam todo o espaço – e é muito melhor assim, porque os efeitos seriam quase tão nocivos quanto os da situação anterior –, sem deixar praticamente espaço algum para as mães. Entre esses dois extremos, existem todos os matizes.

de uma mulher é com frequência, e sem o saber, parte envolvida na maior ou menor fidelidade que ela demonstra diante de sua missão. Ele nunca é inocente no que lhe acontece, porque se envolveu no encontro tendo um saber implícito incontestável sobre a natureza do vínculo que une sua companheira à mãe dela, o qual poderia fazer com que essa companheira encontrasse a bifurcação regressiva que poderia levar até ao fracasso da aventura comum. Um homem deve ser particularmente hipócrita, irrealista ou louco para excluir deliberadamente de sua união com uma mulher, seja qual for a promessa de eternidade com a qual ela tenha se comprometido, a bifurcação que ela pode inesperadamente ser levada a tomar, quer se trate de um retorno a seus vínculos de origem, de uma fixação na criança ou de um adultério. Porque *é com ele, por tê-lo escolhido sob a matriz do amor que sentiu por sua mãe, que ela resolverá os conflitos deixados em suspenso com esta última.* Consequentemente, ela nada poderá fazer senão deixar que lhe arranquem, literalmente, um gozo ao qual, sem o saber, ela se recusa – um debate pelo qual não precisará passar na relação com um amante, principalmente se ele for passageiro!

Retorno a uma ilustração

A história do casal Markus e Marianne se revela, uma vez mais, particularmente instrutiva nesse aspecto.

Por mais realizado que possa ter parecido, por mais poderoso, Markus sempre teve, no entanto, uma necessidade vital de Marianne. Ela era o lugar de sua carência, como o é, basicamente, uma mulher para todo homem! Em troca, ele se comportou admiravelmente em relação a ela. Um pouco admiravelmente demais, é provável! E isso, em mais um paradoxo, suscitou a sequência dos acontecimentos! De fato, nós o vemos fazer, para ela, o escrupuloso relatório de seus sucessos e projetos, contar-lhe suas viagens, mostrar-lhe as capas de seus discos. Não tanto para fazer-se admirar – e a montagem desses detalhes é admirável –, mas para associá-la a tudo isso e fazê-la compreender o quanto ela foi, e não para de ser, um agente singularmente coadjuvante. Poder-se-ia dizer que, ao fazê-lo, ele fala à mulher-mãe que ela é, por ser mãe da filha que têm em comum, e porque devia ser mãe para ele, estando intimamente revestida do significado mãe. Ele lhe fala, assim, como à substituta dessa mãe que o fez, que o habita no âmago do seu ser e cujo traço ele jamais pode apagar totalmente – a exemplo de cada um de nós. Já poderíamos talvez identificar, na função maternal total que ele faz com que ela ocupe, um capítulo do texto da missão implicitamente atribuída por sua mãe a Marianne, que se propôs desempenhá-la (em estrita conformidade com a famosa proposição freudiana com esse teor), inclusive para sua própria satisfação. Mas ele não se dirige apenas à mãe em quem ele assim a transforma. Dirige-se também a seu ser, a sua pessoa, à qual não para de falar, interessando-se por seu trabalho, solicitando sua sensibilidade e sua inteligência nos ensaios do quarteto de Brahms, fazendo-a compartilhar uma experiência de amizade, pois o amigo dele torna-se amigo dela. Ele satisfaz, desse modo, um outro capítulo da famosa missão. Como se teriam passado as coisas para ela se ele não o tivesse feito! Quantas mulheres se consideram frustradas, não sem razão, pelo espaço excessivo que o parceiro por vezes ocupa no casal e nas relações desse casal! Ele, por sua vez, não a frustra; ele a satisfaz, dirigindo-se sem cessar até mesmo a seu sexo – aspecto suplementar, e nem um pouco insignificante – quando fazem amor, proporcionando-lhe orgasmos que por vezes a fazem desmaiar, e preenchendo um dia seu ventre com Isabel. Dirige-se, enfim, à história que têm em comum, a sua história pessoal, mas também à história dela, quando expressa e reitera uma confiança que espera não ver traída.

Ora, é neste último âmbito – como ele declara na cena em que surpreende os amantes – que ele terá suspeitado do perigo do adultério, a saber, na famosa bifurcação da missão, desde o surgimento do projeto de viagem dela e de David a Paris.

Como fez para saber, conforme declara, o que iria acontecer? E por que, mesmo sabendo, não tomou as medidas necessárias para evitar a catástrofe?

É imperativo formular essas duas perguntas e tentar obter suas respostas. São elas, com efeito, que vão demonstrar que Markus, sem o saber, era parte envolvida na existência dessa bifurcação que Marianne ainda não havia tomado, mas que poderia vir a tomar. Tratei sucintamente desse ponto quando evoquei o encontro dos dois indivíduos, cada um dos quais continua a ser o falo de sua própria mãe.

O saber de Markus sobre o que aconteceria provém, primeiramente, do que sabe sobre seu amigo David, homem como ele, ao qual se pode aplicar o conjunto relativamente restrito de generalidades aplicáveis aO homem. Sabendo-o, em particular, um "rabo de saia" que, como sempre, tira proveito de cada oportunidade, quando não a suscita, para recuperar o vínculo com sua mãe e assegurar-se ao mesmo tempo da plena posse dos próprios genitais. Está ainda mais habilitado a compreender a propensão do amigo por arrastar consigo, há vinte anos, uma amante destinada a proporcionar-lhe um afundamento ocasional nesse antigo vínculo do qual provavelmente desejou libertar-se, sem nunca ter sido capaz. Markus pode até exibir seus sentimentos, ressaltar sua amizade ou sua confiança, fazer discursos de tom moralizador, mas nem por isso se ilude: um "rabo de saia" não perderia a menor oportunidade! Contaria, então, com a exclusiva fidelidade de Marianne? Acredita ter boas razões para fazê-lo por tudo o que ofereceram de bom um ao outro, e mais precisamente pelo que ele lhe ofereceu, em todos as dimensões da relação: "Minha Marianne" soa certamente mais verdadeiro em sua boca que "Meu David".

Para ele, o projeto dos amantes se torna, assim, o caminho aberto para duas possibilidades: Marianne não o trai, e essa sua oferenda a Markus de uma resistência tenaz a um "rabo de saia" seria um estímulo e um auxílio para que ele também se desvencilhasse definitivamente tanto da nostalgia do vínculo com a mãe quanto da antiga amante, que já não teria nenhuma utilidade; ou Marianne cede ao adultério parisiense, forçosamente episódico e passageiro, e ele será capaz de suportá-lo porque assim poderá dar continuidade ao seu, sem remorsos. Por sinal, foi mais ou menos isso que se passou depois da ruptura do casal adulterino quando do retorno a Paris. De fato, os acontecimentos só se precipitam quando a retomada da relação entre os amantes faz com que o adultério episódico se transforme em enganação duradoura.

Foi essa consciência do risco e esse tipo de cálculo, bem menos consciente do que supomos, que impediram Markus de tomar as medidas necessárias para evitar a catástrofe.

É sempre assim nos casais: seja qual for o grau de intimidade em que a união de seus órgãos mais íntimos os posiciona e seja qual for o entrelaçamento que produzem no desenrolar de suas respectivas histórias, cada um dos parceiros preserva uma altiva reserva e mantém ocultas as cartas essenciais do jogo que se realiza.

O que contêm essas cartas e por que elas são mantidas em segredo?

Elas contêm os modos de distribuição do falo. Ainda que Markus, pelo fato de ter investido Marianne, tenha deixado de tirar pleno proveito da condição de falo de sua mãe, esta última não deixou de considerá-lo como tal, a ponto de fazê-lo passar, malgrado seu, como seu detentor. É o que daria a entender uma alusão feita por Marianne à tradição das férias de verão que o casal desfruta na casa dos pais de Markus. Marianne, por sua vez, continua a ser, e plenamente, o falo de sua mãe onipresente. A equação "dar o que não Se tem a quem não O é" não se aplica integralmente senão a dois indivíduos que continuam, mais ou menos contra sua vontade, a mais ou menos sê-LO para suas respectivas mães.

Sem trair essa construção, podemos formulá-la de outra maneira, como fiz anteriormente, de um modo que talvez seja mais fácil de apreender. Quando um indivíduo foi o falo de sua mãe, ele teve uma mãe que o saciou e não permitiu que sentisse a mínima forma de carência. Isso o torna, a um só tempo, exigente, isto é, incapaz de sentir a mínima carência, e "saciador", isto é, incapaz de permitir que o outro sinta alguma carência. Isso equivale a possuir e propiciar a posse, o que contravém à equação escrita anteriormente, na qual a carência ocupa uma posição central, pois é o motor do desejo sem o qual o desejo desaparece.

De fato, os vínculos de Markus e Marianne a suas respectivas mães espelham um ao outro. Markus afunda nele de tempos em tempos, sem nada dizer a respeito, com sua antiga amante, e suporta que Marianne se deleite na relação mantida com a dedicada "vovó" de sua filha, discreta, porém presente em todas as frentes.

O senso comum reconhece que o primeiro desses dois vínculos – cuja persistência ele não admite e cujo desaparecimento gostaria de ver – exala um perfume de incesto. Parece que o mesmo senso comum, bem mais tolerante e indulgente para com o segundo, quando não o encoraja abertamente, ignora as provas de que ele é mais terrivelmente incestuoso, mais destrutivo e ainda mais mortífero que o primeiro. Françoise Héritier, que desenvolveu admiravelmente o estudo desse assunto[22] e que não pode ser suspeita de sectarismo, considera o incesto mãe-filha como o incesto fundamental. E isso na medida em que a antropologia define com grande precisão o incesto como uma iniciativa que busca *"faire du même avec du soi"**.

Ora, é quando Marianne percebe, durante o ensaio do quarteto de Brahms, que parece já não ser indispensável à filha Isabel que ela vive um retorno violento às suas pulsões maternais, praticamente destituídas de objeto, diante do David adormecido. Seu adultério constituirá para ela uma espécie de retorno ao antigo vínculo com uma "vovó" suficientemente presente para não se deixar esquecer. Isso é confirmado pela análise proposta por Annick Houel[23] quando escreve: "A relação adúltera permite vivenciar novamente a primeira relação, o vínculo primordial mãe-filha. A figura do amante pertence a essa dimensão: ele é quem se encarrega do desejo e da silenciosa demanda pela mãe subjacente a ele."

É aí que se inscreve a tragédia. Ninguém, exceto Markus, é claro, terá algo a dizer sobre a trama dos acontecimentos, já que os "rabos de saia" são, na maioria das vezes, invejados, as mulheres são consideradas absolutamente livres para levar adiante as experiências que lhes passam pela cabeça e a estreita junção mãe-filha[24], ápice do cerco contra a Lei da Espécie, tornou-se nas

---

22. Françoise Héritier, *Les Deux Sœurs et leur mère*, *op. cit.*

* Ver nota p. 55.

23. Annick Houel, *op. cit.*, p. 163.

24. Escolhi, aqui, essa formulação [mère-fille] – título, aliás, da obra de Caroline Éliacheff e Nathalie Heinich, Paris, Albin Michel, 2002 [trad. bras. *Mães-filhas*, São Paulo, Martins Fontes, 2004] – e não a formulação inversa – em razão dos milhares de cartas que recebi depois da publicação de meu livro *Les Filles et leurs mères*, Paris, Odile Jacob, 1998. Nessas cartas, as mulheres insistiam em dizer como tinham sido prejudicadas, ao longo da vida, pelo insuportável investimento de suas mães sobre elas. Quando eram mães de meninas, declaravam seu desejo de serem menos nocivas para elas, em comparação com suas próprias mães, embora não tivessem certeza de que o conseguiriam.

últimas décadas, em nossas sociedades[25], o paradigma do amor mais puro e mais promissor! Isso explica a extrema tolerância manifestada diante do adultério, cujo conceito em si mesmo está em via de desaparecimento, "sendo [o marido] quem garante a proibição do incesto, mas do incesto mãe-filha, que é reencenado com o amante"[26].

É por esse ângulo, aliás, que se pode compreender a relativa indiferença que Marianne sente depois de ver o cadáver de Markus e a maneira lacônica como informa Isabel da morte do pai. É como se houvesse compreendido a ambivalência de Markus e a solicitação implícita que ele lhe fazia, saciando-a, para que privilegiasse a relação entre eles e não o vínculo contínuo à mãe, solicitação à qual ela havia escapado a ponto de sentir a necessidade de se tranquilizar, tranquilizando também a filha: "Já não há ninguém", diria ela, de certa maneira, a esta última, "para interferir nesse vínculo, sempre salutar para uma mãe, e que não deve jamais parar de fluir de mãe para filha."

Lembro-me do caso de uma menina de quatro anos que me fora trazida por sua mãe e sua avó materna, enlutadas e preocupadas após o falecimento acidental do jovem pai da criança, ocorrido alguns dias antes. As duas mulheres me fizeram perguntas sobre suas preocupações em relação ao futuro imediato. E, como pedi que me contassem o que havia acontecido, pois eu mesmo estava comovido, a avó me disse que tão logo soubera da morte do genro, havia ido ao quarto da neta e lhe dissera: "Pronto, pronto, seu pai morreu" (*sic*).

Eu havia cuidado, desde o nascimento deles, dos filhos de uma mulher, cujo mais velho tinha 13 anos. Eu a revi depois do acidente grave que o pai dessas crianças sofreu. Ela me contou que, durante uma visita, em companhia de sua mãe, ao marido que acabava de sair do coma, ele lhe disse com esforço: "Você teria sido uma viúva excelente." Antes que pudesse reagir, ouviu a mãe, atrás de si, dizer friamente ao genro: "Não se preocupe. Vou zelar para que ela seja uma viúva excelente."

---

25. Prova disso é o sucesso considerável das lojas de moda feminina que exploram esse filão, criando linhas de roupas que podem ser combinadas e trocadas entre mães e filhas.

26. Annick Houel, *op. cit.*, p. 164.

O sexo feminino e a renitência à Lei

Desde que a vegetação existe na superfície da terra, as plantas não cessaram de captar energia solar para transformar em nutriente o gás carbônico do ar. Descobrimos há muito tempo que esse processo só é possível graças a um pigmento, a clorofila. No entanto, apesar dos esforços dos biólogos, o mistério da síntese clorofiliana não foi esclarecido. E a questão não é insignificante, pois a descoberta do mecanismo íntimo desse processo resolveria, por si só, tanto os problemas energéticos como os problemas ecológicos do planeta. Pensei nessa imagem porque me parece que o procedimento que consiste em investigar, em vão, o funcionamento da sexualidade feminina, em particular pelo ângulo de seu órgão efetuador genital e do orgasmo resultante, esbarra num enigma idêntico.

Com efeito, ainda não sabemos coisa alguma sobre seu funcionamento, apesar das múltiplas características e das exigências não menos importantes que a sexologia clínica se empenha em descrever com tanta minúcia e tantos cuidados. O prazer feminino seria essencialmente clitoridiano? Vaginal? Clitoridiano-vaginal? Útero-anexial? Heteroerótico? Autoerótico à sua maneira? Neste último caso, mais ou menos que o masculino? Dependeria da anatomia, de uma pretensa fisiologia normativa, das qualidades anatômicas ou amorosas do parceiro – quando parece a tal ponto condicionado por um vínculo de impressionante consistência, forjado provavelmente desde o início da aventura humana e praticamente destinado a se reforçar a cada passagem de uma geração a outra?

Como tive de ler muitas obras de paleontologia para redigir meu último livro, dei comigo a produzir uma série de associações de ideias baseadas numa imagem que me impressionou durante a leitura de um obra de ficção de qualidade[27]. Com efeito, pareceu-me que foi nas origens da espécie que provavelmente se instaurou o primeiro dos estratos que, deixando O homem praticamente estabelecido em sua condição, deve ter visto sucede-

27. Jørn Riel, *La Faille*, Paris, 10/18, n.º 3669.

rem-se sobre si todos os outros estratos que fabricaram a complexidade feminina.

Sabemos, primeiramente, que a hominização provocou a morte de uma quantidade considerável de mulheres. De fato, nelas a posição ereta provocou deformações da bacia que só permitiram a sobrevivência daquelas geneticamente destinadas a parir de modo muito prematuro – ao final de nove meses de uma gravidez que antes durava provavelmente vários anos. As mulheres, portanto, tornaram-se raras. E, como passaram a ser as únicas fêmeas do reino animal a não terem estro, rapidamente enlouqueceram; por sua disponibilidade sexual contínua, aqueles machos que passavam seu tempo a buscá-las e consumi-las sem nunca se preocupar com o assentimento por parte delas nem com o que seu ato iria eventualmente ocasionar.

Na ficção à qual aludi, situada no interior de uma tribo primitiva da Nova Guiné, o autor, pesquisador e escritor dinamarquês Jørn Riel coloca em cena alguns encontros vividos por sua heroína, os quais não deixam de evocar outros, que poderiam ter acontecido em tempos remotos da história da espécie. Em cada um deles, sentindo-se ameaçada pelo macho desconhecido e inquietante que vem ao seu encontro, ela se adianta, para salvar sua vida, deitando-se no chão e oferecendo seu sexo. Repito que se trata de uma ficção; e nada, estritamente nada, prova que as coisas tenham se passado dessa maneira. Mas também não é impossível. E isso não deixaria de corroborar uma certa lógica no ensinamento transmitido durante longo tempo pelas mulheres mais velhas às mais jovens, destinado a despertar-lhes a consciência de que têm, em seu sexo, o meio de fazer desaparecer a agressividade masculina, e também de manter o controle sobre o futuro do parceiro. Assinalando-lhes que é na cama que a maioria dos conflitos da vida de um casal se resolve mais facilmente, elas lhes revelam esse conhecimento simples de que o homem não seria nada mais nada menos do que um indivíduo dominado e conduzido "pelo cabresto". A isso, aliás, os homens nada respondem, reconhecendo eles mesmos, por exemplo, que "a noite é boa conselheira" ou, como se diz em Portugal, que "vão consultar o travesseiro". Esses dizeres não deixam de evocar as palavras de Zerlina ou de reforçar as conclusões de Goliarda Sapienza, sugerindo o quanto, para um homem, um sexo de mulher é não só precioso, mas, por vezes, indispensável. A imagem que se depreenderia dá a entender que, libertado de sua agressividade por um coito, mesmo autoerótico, graças a uma mulher, o homem pode a um só tempo reinserir-se na troca e recuperar a razão que o estado de tensão sexual – ou o déficit de oxitocina, diriam os neurobiologistas – obscureceria. Num âmbito totalmente distinto, lembro-me de que fiquei espantado, se não atônito – porque quando era jovem eu nada compreendia sobre a extensão e o alcance de tudo isso –, quando soube que um dos critérios fundamentais de seleção dos médicos que o psicanalista Michael Balint[28] recrutava para formar seus grupos era que tivessem uma vida sexual regular. Precisei de muito tempo para compreender que essa condição era garantia da equanimidade dos profissionais e indispensável tanto a seu esforço de trabalho quanto à qualidade e à pertinência de sua reflexão.

No romance de Jørn Riel, diversos homens servem-se da heroína sem se preocupar, evidentemente, com o que ela diz ou pensa sobre o assunto, imaginando-a, se é que eram capazes disso, feliz por continuar viva. Parece-me que é isso, essa fraqueza relativa, condicionada pelo fato de que é penetrável em quaisquer circunstâncias, que, ao condenar a mulher a uma passividade, assumida ou recusada, de acordo com o caso, confina-a em sua solidão e constitui o primeiro estrato de sua arqueo-ontologia. Até hoje essa característica, ligada à anatomia, idêntica a si mesma, permanece atuante, como comprovam os flagelos do assédio sexual, dos estupros e do incesto. Não é porque algumas mulheres praticam artes marciais e exercem profissões que, por sua periculosidade, eram outrora reservadas aos homens, que as coisas mudaram. O sentimento de que aí reside uma forma imanente de injustiça natural parece ser terreno fértil para uma espécie de insatisfação básica que agrega várias outras em torno de si.

Lembro-me, por exemplo, das palavras espantosas que ouvi pelo rádio, da boca de uma ginecologista célebre, entrevistada, alguns anos atrás, sobre a vinda ao mundo de um bebê que fora parido por uma avó italiana. Ela assinalava que, ao contrário dos

---

28. Michael Balint, *Le Médecin, son malade et la maladie*, Paris, Payot, col. "Petite Biliothèque Payot", 1966. [Trad. bras.: O *médico, seu paciente e a doença*, São Paulo, Atheneu, 2005.]

homens, que podem procriar até uma idade avançada, as mulheres eram limitadas pela menopausa, e declarava: "É uma injustiça (*sic*) que a medicina tem obrigação de corrigir." Uma injustiça, nada menos! Para ela, as características com que a natureza havia dotado os seres vivos deviam ser avaliadas nesses termos. A pele clara, negra, leitosa ou escura, os cabelos ruivos ou loiros, lisos ou crespos, os seios grandes ou pequenos, a altura, o comprimento das pernas e tudo o mais seriam todos elementos em que se poderia ler uma forma de injustiça! Se eu tivesse ouvido essas palavras da boca de uma mulher qualquer, elas não teriam chamado tanto minha atenção. Mas a locutora era uma personagem célebre, muito ouvida, militante de esquerda etc. Creio que, surdo como todos os homens à linguagem das mulheres, não pude evitar a atribuição dessas palavras a um tipo de paranoia pouco intensa, mas frequentemente detectada no discurso feminino. Ela não deixa de lembrar a paranoia cuja existência nos homens eu assinalei: eles estariam preocupados, em todas as circunstâncias, com a perda ou preservação de seu órgão sexual; elas, em razão da penetrabilidade do seu, temeriam que abusassem delas em todos os domínios e todas as circunstâncias. Isso as leva, em meio à luta legítima contra a desigualdade de direitos, a insistir na reivindicação fálica e a negar e rejeitar os efeitos da diferença sexual.

Freud escreve, a propósito disso[29]: "A mulher, temos de reconhecer, não possui um senso de justiça muito desenvolvido, o que se deve, provavelmente, ao predomínio da inveja em seu psiquismo."

Se tal paranoia se instaurou desde os tempos mais remotos, ela só pode ter sido reforçada pela decretação da Lei da Espécie, representada pela lei da proibição do incesto. Lembrarei que, tanto no quadro descrito por Freud[30] como no tratamento dado a essa questão pelo discurso antropológico, essa lei foi decretada pelos homens, e apenas por eles, os quais, querendo parar de matar uns aos outros pela posse das mulheres, decidiram trocá-las

29. Sigmund Freud, *La Féminité*, *op. cit.*, p. 176.

30. Sigmund Freud, *Totem et Tabou*, Paris, Payot, col. "Petite Bibliothèque Payot", 1965. [Trad. bras.: *Totem e tabu e outros trabalhos*, Rio de Janeiro, Imago, 2006.]

entre si, sem se preocupar com sua opinião ou assentimento. O fato de vermos, ainda em nossos dias, cada uma delas, a sua própria maneira, manifestar sua renitência diante da Lei, é algo que certamente extrai sua força do que ocorreu então e lá se origina.

Em função das necessidades da sua narrativa, Jørn Riel, ao qual retorno, chega a descrever a experiência do primeiro orgasmo de sua heroína, concomitante a uma fecundação que a transformará em mãe. Tal construção, e a coincidência um pouco forçada dos dois eventos, cuja inter-relação é discutível, parece um pouco simplista e excessivamente inspirada na fisiologia de coelhas e gatas[31]. Permite, no entanto, que se tenha uma ideia do que chamei anteriormente de esperteza do instinto de procriação e que se considere o orgasmo feminino, afinal, como uma potencialidade – inexistente em fêmeas mamíferas movidas exclusivamente pelo estro –, destinada a favorecer, embora não seja necessária, a fecundação das mulheres. Não interviria diretamente no mecanismo da fecundação, mas estimularia as mulheres a se entregarem ao coito com melhor disposição. Que esse orgasmo seja de origem exclusivamente clitoridiana, como afirma Shere Hite[32], ou que seja o "eco acidental do orgasmo masculino", como afirma sobre ele Elisabeth Lloyd[33], nem por isso deixou provavelmente de contribuir, e não pouco, para a modificação da relação entre homens e mulheres, e até para seu desenvolvimento conjunto, com a lentidão que sabemos ser característica de todos esses processos de constituição de vínculos sociais mais estáveis. Não é impossível, aliás, que essa etapa tenha sido o ponto de partida para que as trocas sexuais entre machos e fêmeas humanos entrassem na ordem habitual daquilo que se chama, nas trocas entre machos e fêmeas do resto do mundo animal, "parada nupcial". A lógica da relação ter-se-ia invertido e os homens teriam começado a "exibir-se" ou a lutar entre si para garantir que as fêmeas desejadas os escolhessem.

---

31. As fêmeas dessas espécies de fato ovulam durante a copulação. Mas seu grito, que acreditamos ser expressão de um orgasmo – inexistente nas espécies animais – não passa, na realidade, de um grito de dor, dor esta provocada pelas espículas penianas dos machos, que desencadeiam a ovulação.

32. Shere Hite, *op. cit.*

33. Elisabeth Lloyd, *op. cit.*

Pode-se continuar a imaginar um enredo que teria evoluído muito rapidamente nessa direção.

Sem nada saber sobre as razões que os impeliam, os machos, cujo limiar de excitabilidade sexual foi sempre muito baixo, nunca deixaram de ser torturados por sua necessidade de copular, e isso de modo exclusivamente autoerótico e distante de qualquer preocupação com o destino do objeto – reificado, no sentido mais estrito do termo, sem pruridos – capaz de satisfazê-los. As fêmeas, simplesmente prevenidas sobre a violência potencial dos parceiros que encontravam nesse estado, nada faziam além de submeter-se prudentemente a eles, quando não tinham outra opção. Que não tenham buscado espontaneamente tais encontros, ou que os tenham encarado com profundo desagrado, parece consequência lógica de tal situação. O medo e a revolta surda, porém legítima, provocados por esse quadro de submissão certamente não contribuíram, durante muito tempo, nem para favorecer o limiar de excitabilidade sexual delas nem para gerar um prazer qualquer. Aliás, não sabemos exatamente até que ponto tais sentimentos podem intervir ainda, em nossa época de guerra subterrânea entre os sexos, para explicar que, no relatório Spira[34], somente 35% das mulheres declarem ter um orgasmo durante o coito. Podemos contudo supor que, ao lado desses sentimentos capazes de provocar uma forma mais ou menos acentuada de repulsa, tenha se instaurado um dia uma gama de sensações voluptuosas suscetíveis de levar a mulher a apreciar, e até a desejar o encontro sexual com um homem. Essa ambiguidade comportamental existiria ainda em nossos dias e sobre ela poder-se-ia dizer, a propósito de cada mulher, que se, "seu sexo exige a derrota, seu eu a detesta"[35]. Que o orgasmo feminino tenha sido atualmente reconhecido como compósito e bem superior, em seus efeitos e até em seu rendimento, ao orgasmo masculino, eis um fator que pode ter compensado a fraqueza e a passividade fundadoras da paranoia de base.

Mas nem sempre é assim para todas as mulheres. E isso não tem nada de surpreendente para quem admite que um ato sexual mobiliza inúmeras emoções, o que não permite reduzi-lo ao

34. A. Spira, N. Bajos, *Les Comportements sexuels en France*, Paris, La Documentation française, 1993.

35. Jacqueline Shaeffer, *Le Refus du féminin*, *op. cit.*

resultado da simples ativação mecânica do acoplamento de dois aparelhos, ainda que feitos um para o outro.

A intervenção dessas emoções, assim como sua origem, não para de alimentar atualmente debates apaixonados, que tentam proporcionar uma leitura correta do destino feminino ao longo da história humana. O que eu disse a respeito tem volume e consistência ridículos ao lado das bibliotecas que trataram do assunto, tanto do ponto de vista histórico quanto sociológico, antropológico, psicanalítico, ideológico, político, entre outros.

A sociedade dos homens, o poder dos homens, sua pretensão de produzir uma leitura parcial e unívoca do mundo e de tudo reger em nome dessa leitura única são, cada vez mais, objeto de acusação por parte das mulheres, é claro, mas também dos homens.

Parece-me que entramos, recentemente, numa fase de intensa efervescência: os argumentos não param de ser emitidos e de se confrontar, os olhares de se arregalar e de assumir proporções excessivas absolutamente injustificadas e propriamente grotescas. Quando pensamos que, na França, pátria dos direitos humanos, foi preciso esperar até 1945 para que as mulheres adquirissem direito de voto, que até os anos 1960 uma mulher casada, mesmo que trabalhasse, não podia abrir uma conta bancária sem autorização do marido, haveria motivos para cair na gargalhada diante da puerilidade dos políticos da época! Isso não pode ser explicado de modo coerente senão se imaginarmos que, se as mulheres sempre desconfiaram dos homens e ainda se julgam maltratadas por eles, os homens que passaram seu tempo temendo-as, como assinalei, não conseguiram até hoje, mesmo quando tinham de levar em consideração o curso da História, livrar-se do medo[36] que circulava em cada uma de suas histórias particulares.

A guerra dos sexos

Não é inútil voltar por algum tempo à longa história das relações entre homens e mulheres para nela reconhecer essa guerra

36. Ver Jean Cournut, *op. cit.*

feroz e autêntica que vemos em ação ao recolher a mais insignificante história individual.

Essa guerra, cuidadosamente ocultada dos jovens que se unem, nunca deixou de se desenrolar e certamente causou tantas mortes quantos estragos. A única diferença é que, como o que aconteceu às vítimas não entra na alçada das instâncias repressivas, nunca foi registrado por elas, quando não foi simplesmente desconsiderado. Foram, por sinal, as tentativas de fazer com que isso tivesse fim que presidiram à invenção dos sistemas sociais elaborados por tateios na superfície de nosso planeta. Nenhuma dessas tentativas logrou até agora produzir um resultado minimamente satisfatório para ambas as partes. As mulheres não cessaram, com mais ou menos sucesso – e com razão, como mostrei nos exemplos citados –, de se queixar do destino iníquo no qual foram mantidas. Que os homens sigam hoje seus passos é motivo de cumprimentos. Quando examinamos, porém, os excessos em que por vezes caem as afirmações de algumas delas, temos motivos de nos preocupar com o futuro da espécie. Quando pensamos nessas sociedades que concedem às mulheres apenas a condição aviltante de escravas domésticas e sexuais dos homens, e mal lhes concedem o direito de olhar pelas crianças que põem no mundo, sentimo-nos legitimamente revoltados. No entanto, quando os detentores do poder nessas mesmas sociedades ouvem certas mulheres, no interior das nossas, reivindicar a transmissão de seu patronímico às crianças ou preconizar a masturbação como única fonte de prazer, eles não hesitam em radicalizar a ferocidade de suas opiniões. O choque das civilizações parece encenar-se, sem deixar que isso transpareça, no terreno perigoso da relação entre os sexos.

Rever esse conjunto de fatos, incluindo neles os efeitos da experiência de maternidade nas mulheres, só poderá, consequentemente, esclarecê-los ainda mais.

Aquela mulher pré-histórica, quando mãe, viu-se durante milhões de anos como as mães animais, sozinha, com uma progenitura pela qual era a única responsável e que exigia seus cuidados durante muito tempo. Que a invenção das culturas, infinitamente recente na escala paleontológica – aproximadamente trinta mil anos –, a tenha inserido no interior de uma família nuclear ou ampliada na qual o pai passou a existir não a retirou de sua solidão nem atenuou sua paranoia. Ela mantém intacto o fundo de renitência que a levará, sobretudo em nossos dias, a tecer em torno da criança um útero virtual[37] extensível ao infinito, capaz de fazer com que esta nunca sinta falta de nada.

Essa propensão de natureza incestuosa[38] tomará, contudo, um rumo diferente ao longo do desenvolvimento da criança em função de seu sexo.

Eu expus a natureza do vínculo cultivado pela mãe com seu menino quando tratei da fase edipiana que ele atravessa. O vínculo que ela cultiva com a filha é de natureza muito distinta e produz efeitos fundamentalmente diferentes.

Ela pode encarar a menina como uma reprodução clonada de si mesma e projetar na relação que tem com ela, por simples efeito de translação, a relação que sua mãe teve consigo – é a lógica das bonequinhas russas. Ela lhe é familiar, e o que vai lhe transmitir passa por um vínculo ainda mais permeável que o mantido com seu filho; as mensagem não cessarão de transitar por ele com considerável facilidade. Se, por um lado, por mais delicioso que seja o seu filho, ela consente em deixar que ele se junte cedo ou tarde e mais ou menos facilmente à horda dos homens, por outro lado está fora de questão deixar esse ser que lhe é tão similar distanciar-se dela e ser entregue a uma Lei com a qual suas semelhantes ainda não terminaram de acertar as contas. Ela vai ensinar à menina tudo o que sabe, cuja essência foi transmitida de mãe para filha desde a aurora dos tempos.

A menininha, presa nesse vínculo, atravessará a infância do mesmo modo que seu irmão: também se descobrirá imatura e mortal, e conceberá, no fim do terceiro trimestre de vida, um medo intenso de sua mãe. É na etapa seguinte que as coisas vão mudar. Freud colocava na base do comportamento da menininha o que chamava de *Penisneid*, a "inveja do pênis", uma inveja que levará essa menininha, que acredita que um pênis pode ser enxertado nela, a pedi-lo ao portador mais próximo, seu pai, anunciando-se assim a fase edipiana de seu desenvolvimento.

---

37. Cf. *Les Pères et les Méres, op. cit.*

38. Cf. minha contribuição: "Un inceste sans passage à l'acte: la relation mère-enfant", *in* Françoise Héritier, Boris Cirulnik, Aldo Naouri, *De l'inceste*, Paris, Odile Jacob, 1994, "Poches Odile Jacob", 2001.

Sem pretensão alguma, propus[39], por minha vez – e nem sempre fui compreendido –, que essa relação com o pênis deve ser entendida como uma "nostalgia" de sua posse. Isso porque a posse dele teria antes de mais nada permitido à menina encontrar sua identidade própria e escapar de uma identificação excessiva, se não da fusão total, que lhe é proposta por sua mãe. Além disso, ter-lhe-ia permitido, sem riscos, seduzir a mãe, e ganhá-la para si como tentou fazer seu irmão, a fim de apagar o terror que sente em relação a ela. É diante dessa impossibilidade objetiva com a qual depara que, desapontada, ela implementará como pode uma estratégia adaptativa equivalente, com o objetivo que atribui à do irmão: volta-se para esse personagem a quem percebe como importante para a mãe e que já havia, por sua simples presença, atenuado o medo que sentia dela. Assim, logo vai investi-lo para tentar fazer dele o mais confiável dos aliados e protetores.

Uma adorável garotinha de quatro anos declara ao pai que o ama tanto que, mais tarde, vai se casar com ele. Esse homem, prevenido sobre o comportamento adequado a adotar nesses casos, explica-lhe pacientemente que já é casado e que, quando ela, por sua vez, estiver em idade de se casar, ele será um velhinho que não despertará mais seu interesse. Acrescenta que ela encontrará um jovem de sua idade, que ela ainda não conhece e que não a conhece, a quem amará. Chama sua atenção, enfim, para o fato de que foi assim que as coisas aconteceram entre sua mãe e ele. Uma hora depois, esse homem de mérito acredita ter motivos para se parabenizar pelo diálogo que acaba de ter: de fato, vê a filha passar montada nos ombros do primo, um adolescente, e ouve-a responder a este que acaba de lhe dizer:

– Você é uma garota muito legal! Quando você crescer, vou me casar com você.

– Não, papai me explicou que a gente só se casa com quem a gente não conhece.

Ele pensa consigo que a filha assimilou bem a mensagem. Mas dois dias depois, enquanto lê seu jornal na sala de estar, a filhinha se aproxima e declara:

---

39. Em *Les Filles et leurs mères*, *op. cit.* e *Les Pères et les Mères*, *op. cit.*

– Papai! Papai! Eu sei, eu entendi que vou me casar mais tarde com um menino que não conheço ainda, mas por enquanto – acrescenta ela pulando no seu pescoço – você é o mais maravilhoso!

Ele acreditou que havia feito a coisa certa. Ela, porém, por mais dócil que seja, veio lembrar-lhe de que tinha necessidade dele naquele momento, tal como ele era, para levar a cabo sua estratégia adaptativa de defesa contra o medo da mãe.

Enquanto, para o menino, as coisas tomam uma direção relativamente simples – o medo do pai substitui o medo da mãe, permite-lhe entrar na Lei e permanecer na dimensão heterossexual de seu primeiro amor –, a estratégia desenvolvida pela menina complica particularmente as coisas para ela. O medo que ela tinha de sua mãe não poderá senão intensificar-se. Primeiramente, ela tem por que temer os efeitos do despeito que seu novo investimento necessariamente provocará: sua mãe não poderá evitar de ficar brava pelo fato de ela ter desviado seu afeto, preferindo-lhe o pai! Depois, terá motivos para temer que a mãe a castigue por tentar seduzir seu objeto de amor. Parece que está realmente fazendo um mau negócio: querendo dissipar um medo unívoco, foi obrigada a enriquecê-lo com dois componentes suplementares! Poderá sair do impasse se conseguir constatar que, por mais aterrorizante que seja, sua mãe sente algo similar ao medo diante daquele que aponta como "o pai". Essa condição, em nossos dias, beira a utopia. Por isso, a iniciativa que ela toma vai deixá-la numa espécie de hesitação quanto a investir maciçamente a dimensão heterossexual do amor e a colocá-la à margem da Lei. Enquanto O homem vive imerso no medo de perder seu sexo, ela viverá de tal maneira no medo da perda do amor, e particularmente do amor da mãe, que nunca se sentirá suficientemente amada! É o que diz[40] – e não poderia dizer mais claramente – a poeta americana Anne Sexton (1928-1974): "Não é

---

40. Diane Wood Middlebrook, *Anne Sexton, a Biography*, Nova York, Vintage Books, 1992, pp. 147-8 (comunicação pessoal e tradução de Elsa Rooke). A biógrafa extraiu essas palavras de gravações das sessões que Sexton tivera com seu psiquiatra; as gravações lhe foram emprestadas pelo médico para a redação da biografia.

que eu seja bonita, apenas sei como fazer para que certos homens se apaixonem por mim. O efeito disso é mais forte que o do álcool. Não é para dormir com eles, é como um ritual. Se quero ir mais longe, basta que eu diga 'preciso de você'... Quando penso no assunto, realmente tenho a impressão de que isso vai acabar comigo, é uma verdadeira doença; vai destruir meus filhos, vai arrasar meu marido e acabar com a imagem que fazem de mim. Desde que minha mãe morreu, quero sempre ter o sentimento de que alguém está apaixonado por mim. É um tremendo narcótico, esse, o de ter gente apaixonada por mim."

Esse ser feminino sempre investirá bem mais, portanto, a expressão do amor que lhe será oferecido que a do desejo do qual pode ser objeto. Tanto é que, em função das circunstâncias e dos matizes de sua história – e das histórias anteriores de seu pai e de sua mãe[41], entre cujos eventuais amores duplos subjugantes tenta flutuar – ela entrará em sua vida sexual de um modo que lhe será sempre específico. E nunca *poderá dela excluir totalmente uma dimensão homossexual*; nunca conseguirá prestar contas exaustivas dela; e, sobretudo, essa vida sexual permanecerá proibida a ponto de ela nunca conseguir, de forma alguma, colocá-la em palavras, mesmo em palavras simples capazes de fazer com que tome uma certa consciência, mínima, porém precisa, de sua composição. Vivê-la-á, não sem uma certa surpresa, numa eventual experiência adúltera, pois "a demanda aparente da mulher adúltera se dirige a um homem, e até a dois, mas serve também como defesa diante da homossexualidade inscrita na história da menininha – e provavelmente, em última instância, diante do feminino. A demanda heterossexual continua a cobrir a demanda homossexual insaciável"[42].

Parece-me importante não deixar pairar o menor mal-entendido a respeito de tudo o que disse sobre a dimensão homosse-

41. Todas as combinações são possíveis: a mãe pode investi-la maciçamente, fazendo dela seu próprio falo, enquanto o pai se desinteressa por ela; a mãe pode não a investir e entregá-la ao pai, que dirigirá a ela o amor que sentiu por sua mãe; um e outro podem investi-la exageradamente ou não se interessar por ela; sem contar a infinidade de matizes que se inserem nas lacunas desses esquemas. O conjunto é sempre tributário do modo como o feminino e o masculino se inscreveram na história pessoal de cada um dos pais.

42. Annick Houel, *op. cit.*, p. 166.

xual que parasita, de um modo sempre específico, a sexualidade de cada mulher. Está fora de questão dar margem à crença de que essa homossexualidade possa se relacionar à esfera genital, e de que durante a relação sexual com um homem, toda mulher teria a fantasia de ter uma relação com outra mulher! Isso existe, é claro, e uma mulher me confiou que, mesmo sendo heterossexual, só atingia o orgasmo quando fantasiava a si mesma chupando seios volumosos ou uma mulher chupando os seios de outra. Mas isso é bem menos frequente do que imaginamos. *O matiz homossexual do relacionamento reside principalmente na recusa mais ou menos maciça, em favor exclusivo das qualidades e dos critérios femininos, da dimensão masculina e da visão de mundo dos homens.* Os homens nunca serão suficientemente criticados, por exemplo, por gostarem de faroeste, de reuniões entre amigos, de apostas em corridas de cavalos, de cerveja, de futebol, de carros vistosos, pela indigência do nível de suas conversas, por seu senso de higiene aproximativo – mesmo quando acabam de sair do banho – e pela maneira ridícula como acreditam ser indispensável exibir-se assim que um par de pernas chama sua atenção. A barba deles parecerá ríspida e seu cheiro, repulsivo. Quanto ao órgão sexual que colocam no centro de suas vidas, e cuja utilidade não deixa de ser apreciada quando convém, a visão dele seria simplesmente insuportável. Tudo isso não deixou de ter impacto sobre esses homens, como demonstra a explosão da cosmetologia masculina, com suas sessões de bronzeamento e depilação, seus desodorantes, seus cremes, seus perfumes e seus barbeadores multilaminados, que produziram a recente tendência "metrossexual" e garantiram o sucesso das revistas masculinas de aconselhamento sobre os meios para obter a aceitação das mulheres. Daí se compreende que uma visão tão enviesada da realidade do sexo oposto privilegie a formatação do próprio sexo por uma mãe em relação à qual o desapego ainda não foi possível.

Isso vai ainda mais longe e intervém, como mostrei por meio da relação entre Marianne e Markus, na gestão do relacionamento com o parceiro com quem a mulher formará um casal. *Por esse parceiro, escolhido com base na matriz do amor dirigido à mãe durante a infância, ela espera ser saciada como sua mãe o fizera antes da eclosão do medo diante dela. Se ele não o fizer, ela ficará por vezes suficientemente decepcionada para dirigir sua demanda a outro homem. Mas, se o fizer, ela será duplamente atingida: em primeiro lugar, em razão do desaparecimento da carência, sentir-se-á desprovida de desejo e como que morta; em seguida, conceberá em relação a esse homem uma forma mais ou menos grande de desafio, se não de repulsa, na medida em que terá o sentimento de nele reencontrar a mãe em todas as suas dimensões, inclusive no medo que por ela sentiu outrora e pelo qual ainda não foi abandonada.* A solução do amante poderá parecer-lhe então, também neste caso, como uma solução aceitável. Bloqueada durante muito tempo pela contenção que os casamentos arranjados exerciam, a mulher ficou reduzida, de acordo com as épocas, à frustração, à depressão, ao amor cortês, à doença, às fantasias. Mais livre em nossa época, ela pode se permitir enriquecer esse conjunto de meios com uma ou várias aventuras extraconjugais mais ou menos consoladoras ou libertadoras – como adverte a frase de Lucien Israël que citei em duas ocasiões.

Essa dificuldade de relacionamento, que, para, Freud, era consequência direta do *Penisneid*, vai além disso desenvolver-se durante toda a vida. De fato, o profundo e radical sentimento de injustiça que data dessa fase da infância vai instaurar no ser feminino uma forma de contabilidade severa, cuja aplicação meticulosa não deixará nada entregue ao acaso. Enquanto, do lado masculino, todo ato sexual põe as coisas nos eixos e faz com que o homem parta novamente do zero, do lado feminino, remete mais ou menos, em função da qualidade do orgasmo, a essa fase arcaica do desenvolvimento. Vemos inúmeras mulheres que, ao envelhecer, caem no despeito e na insatisfação e chegam até a desenvolver uma agressividade que surpreende a elas próprias. Como para desempenhar, dentro de seu entorno imediato, uma função para a qual seriam convocadas sem o querer nem saber, entram na pele dessas mulheres temidas tanto por mulheres quanto por homens, entre os quais encontramos, em primeiro lugar, o delas. É apesar de si mesmas que se tornam exigentes, críticas, autoritárias, ríspidas e, é claro, castradoras. Se tentamos chamar sua atenção para o fato, defendem-se, sinceramente espantadas, e protestam, sem que possamos suspeitar de sua má-fé, de suas boas intenções, de sua ternura e da grandeza de sua dedicação. Mas logo recomeçam a ser como não podem deixar de ser. É toda a economia existencial do casal de que fazem parte que está em questão. A intensidade de sua reivindicação e o grau de sensibilidade que o parceiro manifesta diante dela fabricarão o destino do casal, que irá do quadro de rupturas mais ou menos precoces ao dos casais que escancaram seus conflitos aos olhos do público, sem contar a paisagem derradeira que poderia ser configurada a partir das estatísticas das companhias de seguros: a maior longevidade das mulheres não se deve apenas a fatores fisiológicos.

Parece-me, para concluir estas considerações, que é neste ponto preciso que devem se inscrever as palavras de Lacan – *"La femme n'ex-siste pas"** – que, tão logo pronunciadas, foram repetidas por toda a imprensa e causaram um escândalo nada insignificante. Ora, eu estava no seminário em que foram pronunciadas, e lembro-me de que Lacan teve o cuidado de escrever no quadro as palavras que acabara de dizer, exatamente como as reproduzi aqui. Como todas as frases que lançou ao longo de sua carreira, esta tinha as características de uma interpretação psicanalítica destinada a nunca cristalizar coisa alguma. Podemos ainda assim lê-la na sua literalidade, atentando para sua escrita: ela não "ex-siste", A mulher. Expliquei anteriormente como entender o fato de que o artigo definido não possa se aplicar a ela, o que transforma em UMA cada uma delas. A isso se acrescentaria que ela não se "mantém fora de", mas, inversamente aO homem de destino heterossexual, estaria sempre, de certa maneira, no feminino que, tendo-a precocemente encerrado, nunca a teria soltado, a ponto de que ela, obrigada a conciliar-se com ele, acabe por investi-lo interessando-se mais ou menos por ele. Ela se desenvolveria ao longo da vida por um caminho estreito e frágil entre dois precipícios, evitando tanto quanto possível a queda nos dois incestos gêmeos, igualmente detestáveis: o redevorador, com sua mãe, e o atraente, mas proibido, com seu pai.

A descrição do percurso augural da vida sexual da menininha permite compreender o que dizia Freud quando anunciava que "sob o domínio de um sedutor experiente, ela tomará gosto por todas as perversidades e passará a praticá-las em sua atividade sexual". Isso porque essas "perversidades", destituídas de qualquer parasitação afetiva, não cessarão, para ela, pelo investimen-

---

* Literalmente, "a mulher não existe", com a particularidade de que o verbo francês "exister" foi cindido por Lacan em seus componentes latinos "ex" e "sistere". (N. da T.)

to central do pênis que as propõe, de permitir-lhe usufruir delas e apreciá-las sem correr o risco de ver ressurgir em si os medos que a marcaram. São fatores que permitiriam compreender a posição do orgasmo, impossível de ser colocado em palavras[43], de ser simbolizado, tanto por um quanto pelo outro sexo. Se, por mais breve e dificilmente renovável que seja para o homem, tranquiliza-o quanto a sua angústia de castração, confere à mulher, que pode senti-lo mais intensamente ainda e por várias vezes, a certeza recorrente, quando o consegue, de ser ela mesma e não sua mãe. E isso, em função dos dados de sua história e da permissão de ser que lhe terá sido concedida por sua aventura edipiana, vai levá-la a impedir-se de tê-lo – desenvolvendo várias fobias a serviço da inibição que construiu para si[44] –, a aceitar tê-lo, com uma audácia mais ou menos grande, e até a cair na compulsão nunca satisfatória[45] de colecioná-lo.

É possível compreender, a partir daí, que eu tenha expressado reservas em relação ao que a sexologia clínica pretende nos ensinar. A atividade genital de uma mulher, e a gama considerável de linguagens gestuais com que ela se realiza, está de tal modo enraizada em seu passado arcaico que é inútil, mais ainda que para o homem, tentar descrever-lhe a mínima norma. Não é menos surpreendente a constatação de que a mesma mulher que acredita dever ser reservada na vida conjugal pode revelar uma audácia inaudita numa relação adúltera passageira ou duradoura.

Faço as mesmas reservas, aliás, quanto ao que me parece um processo intentado contra a ideologia fálica, que seria a única responsável pela dissimetria frequentemente constatada na obtenção dos orgasmos pelos dois parceiros durante o coito. Chegaria até a acrescentar que a adesão de uma mulher à essa ideologia apaga totalmente tal dissimetria, contanto que em sua história o falo não tenha sido confiscado por sua mãe, mas devolvido por

43. F. Péréa, J. Morénon, "Les manifestations vocales et verbales pendant l'acte sexuel: une désactivation de la chaîne signifiante", *Synapse*, n.º 223, março de 2006, p. 31.

44. Essa constituirá o caso típico que permite relativizar as palavras de Freud referidas na p. 226. Isso porque nunca na vida ela vai se deixar seduzir por um "sedutor experiente", nem se deixar conquistar pela menor "perversidade" que lhe seja proposta.

45. Cf. Catherine Millet, *op. cit.*

esta ao seu pai. Daí se deduz o quanto é vantajoso para o homem proporcionar-lhe a obtenção do gozo: isso lhe garante que ela está pronta para conferir-lhe o falo e que não o reivindicará para si.

A relação no âmbito do casamento

Como a relação conjugal sempre é, portanto, mais ou menos parasitada[46] por um ressurgimento em cena da figura materna, será necessário, para essa mulher, encontrar o meio de gerir a relação no dia a dia e de entender-se com seu parceiro. Se este relembra-a de sua mãe e se ela o escolheu com base nesse critério, nem por isso ele deixa de ser dotado de um pênis, como o era aquele pai a quem ela tentara transformar em aliado.

O apoio social até há pouco tempo oferecido pelas culturas ao polo masculino da conjugalidade convidava as mulheres, em maior ou menor grau, a interpor, entre o medo do ressurgimento de suas mães e elas próprias, esse homem que substituía o pai delas. Essa aplicação da Lei da Espécie no âmbito do casal oferecia formalmente a cada mulher uma forma de proteção – "um marido [é] colocado em posição de manter o quadro da Lei, um amante, de transgredi-la"[47]. Evidentemente isso não impedia a mulher de projetar em seu parceiro o conflito não resolvido com a mãe – o que o parceiro era aliás levado a fazer ele também por sua própria conta.

Essa sucessão de microenfrentamentos cotidianos a propósito de tudo e qualquer coisa, às vezes por um nada, embora não afugentasse totalmente os medos respectivos, permitia que cada um sentisse, ainda assim, a proteção oferecida por seu parceiro contra o eventual retorno de partes difíceis de sua história. As delícias da reconciliação depois das brigas de casal assim como a eventual evolução da relação

---

46. O que é dito com suas próprias palavras por G. Chaboudez, *op. cit.*, p. 133, quando ela escreve que "no ato sexual, em que reina o chamado para tornar UM, a referência à relação com a mãe está presente, ainda que de forma inconsciente".

47. Annick Houel, *op. cit.*, p. 149.

sexual indicava o grau de distensão dos entraves que o conflito havia sido capaz de operar. Os progressos eram lentos, é verdade. Mas cada etapa ultrapassada distanciava um pouco mais a versão adolescente e turrona do amor, conferindo-lhe uma dimensão adulta mais serena, e reforçava proporcionalmente o vínculo. Não se esperavam progressos consistentes na escala de uma vida, mas na de gerações sucessivas. Estávamos ainda no estado de espírito que, ao inscrever o homem numa perspectiva de eternidade, havia presidido à construção da ponte do Gard e se perpetuara na construção das catedrais. Já não é assim atualmente, quando um viaduto como o de Millau está previsto para durar cento e setenta anos!

Será que isso significa que as coisas se passavam sempre assim e que as esposas se acomodavam com facilidade à Lei, sacrificando inteiramente a relação com a mãe e interpondo o marido entre elas? Isso se fazia, e continua a se fazer, aliás, mesmo que se tenha tornado raro. Tais mulheres são reconhecíveis por uma característica muito singular: com efeito, são serenas e luminosas, e não sentem medo nem por seus filhos nem dos seus filhos. Outras, embora não façam parte do grupo das anteriores, optaram deliberadamente, no entanto, por um certo nível de paz conjugal. Desenvolveram uma estratégia que lhes permite suportar melhor a distância que as exigências de seus parceiros impõem que estabeleçam entre elas e a mãe. De acordo com sua estrutura psíquica, por deslocamento, elas cultivam a memória de um defunto querido de quem é impossível se despedir[48], ou o de um amor contrariado do qual nunca se recuperaram, se é que desejam recuperar-se.

Descoberta tardia

Ela veio com a mãe, uma vez mais. Anunciou que havia posto para fora de casa o pai de sua filha caçula. Já não aguentava mais

48. Hélène Vecchiali, *Ainsi soient-ils*, Paris, Calmann-Lévy, 2005, p. 35. A autora relata que, durante um diálogo com sua afilhada sobre o filme *Titanic*, de J. Cameron (1997), que acabavam de ver juntas, esta lhe declarou: "Agora, a Beth (heroína do filme, cujo primeiro amor morre durante o naufrágio) vai ter a vida inteira um homem que a ama, e que a amará sempre no seu caixão."

tê-lo o tempo todo atrás de si, entregue ao alcoolismo, sem fazer nenhum esforço para se reerguer do fracasso de sua empresa – que o deixara desempregado por longos meses – e recusando-se a consultar quem quer que fosse. Era seu terceiro companheiro. Com um dos anteriores ela tivera um menino. Sua mãe ergueu os olhos para o céu:

– Não sei do que você precisa, nem o que procura – disse-lhe a mãe. – Eu me pergunto aonde você quer chegar e como faz para escolher homens que sempre acabam por decepcioná-la.

– Olha quem fala! – respondeu-lhe a jovem com um olhar irado. – Talvez você prefira que eu faça o que você fez! Ficar a vida inteira com um homem, você e ele sempre emburrados um com o outro, sem nunca ter coragem de se separar! O mundo mudou! Ponha isso na sua cabeça! Além do mais, o problema é meu, não seu.

Como ela me tomava por testemunha, perguntei a essa avó se o que sua filha contava sobre seu casamento era verdade. Ela não hesitou em me contar sua história. Era filha única. No entanto, tinha uma meia-irmã de um primeiro casamento da mãe, e essa meia-irmã sempre fora a preferida da mãe e muito importante também para ela. A irmã construíra uma brilhante carreira no funcionalismo público e tivera três filhos, todos bem-sucedidos na vida. Quanto a ela, pedira demissão do banco em que havia trabalhado até o nascimento de sua filha mais velha. Fora escolha sua, pois queria cuidar das três filhas, entre as quais esta última a quem acompanhava. Como as tivera tarde, considerava que lhes devia isso. Sua própria mãe não trabalhava, por sinal. Ela achava que a filha exagerava um pouco quando descrevia o que fora seu casamento. Seu falecido marido e ela, mesmo que não fossem loucamente apaixonados um pelo outro, nem por isso se entendiam tão mal. Haviam sido apresentados um ao outro por amigos. Estavam na mesma situação: já tinham certa idade e eram tímidos demais para tomar qualquer tipo de iniciativa. Perguntei-lhe se sabia o que havia acontecido com o pai de sua meia-irmã. Ela respondeu que ele havia morrido nos primeiros dias da guerra de 1939-1945. Havia partido para a guerra deixando a esposa grávida.

Sua filha, que se havia acalmado e ouvido em silêncio esse relato, declarou-lhe então, num tom cansado, como se elas retomassem uma conversa deixada em suspenso:

– Sabe, eu não tenho ressentimento nenhum em relação a você. Acho, como você mesma disse, que sempre teve um problema com os homens e que foi, a seu modo, uma espécie de aleijada do amor.

– De jeito nenhum! – ela exclamou, rompendo em prantos. – Eu amei. Amei e fui amada! Amei mais do que você poderia imaginar!

Ela havia desmoronado, mas retomou o ânimo depois de chorar por um bom tempo:

– Eu tinha dezenove anos, ele, vinte. Chamava-se Serge. Nós nos amávamos loucamente. Íamos nos casar. Nossos pais estavam de acordo. Ele partiu no último contingente dos convocados para a Argélia. Morreu lá, pouco tempo antes da assinatura dos acordos de paz, num atentado cometido pela OAS*. Pronto. Agora você sabe. Eu nunca o esqueci. Para mim, ele ainda está aqui; nunca fui de nenhum outro senão dele.

Sua mãe, que havia sacralizado a memória do primeiro marido, morto na guerra, havia, portanto, pouco investido seu pai. Ela mesma investirá pouco o pai de seus próprios filhos, por mais fiel que lhe tenha sido, repetindo assim a história de sua mãe, em memória de seu primeiro amor, morto ele também numa guerra. Quanto à filha, que fica sabendo por ocasião dessa consulta o detalhe importante de uma história que lhe é confiada pela primeira vez, investe apenas timidamente os homens que se sucedem em sua vida. Para cada uma dessas três gerações de mulheres – pelo menos para essas três, pois não temos detalhes sobre o que se passou com as gerações anteriores –, o único investimento que resiste ao tempo é o investimento da mãe, e somente da mãe, os pais não tendo praticamente contado para elas.

Com o coração aos pulos

Esta outra mulher havia tomado a iniciativa da consulta. E logo se pôs a falar, com um sotaque inglês muito discreto. Ele,

---

* *Organisation de l'armée secrète*: organização que, durante a guerra entre a França e a Argélia, combateu para impedir a independência deste país. (N. da T.)

ainda que silencioso, não era ausente; permanecia atento e a me olhar, enquanto eu os escutava, tinha um brilho nos olhos; achei que fosse um brilho de divertimento, mas rapidamente compreendi que era de esperança. Ela era alta e bela, devia ter aproximadamente trinta e cinco anos. Ele também tinha uma bela aparência e seus prováveis cinquenta anos não pesavam. Tinham um menininho de dois anos.

Ele queria justamente que eu os ajudasse a preservá-lo, permitindo, graças a um trabalho apropriado, que a mulher e ele se separassem bem. Ela lhe havia dito alguns meses antes que já não o amava e que ele tinha de ir embora. Em vez disso, ele se incrustava e arrumava todos os motivos para ficar. Ele imediatamente protestou, dizendo-me que esperava apenas ter renda suficiente para pagar um aluguel. Havíamos entrado de saída numa cena que provavelmente já se repetira várias vezes, à qual eu era obrigado a assistir a contragosto. Tomei a palavra e disse-lhes que nada compreenderia sobre a história deles se continuassem naquele tom e se eu não obtivesse resposta para algumas de minhas próprias perguntas.

Ela era a terceira filha e tinha dois irmãos mais novos. Ele era filho único. "Sexta geração de filhos únicos", como fez questão de frisar, todos com nome de Guilherme, exceto seu filho, a quem ela fizera questão de chamar William. Esse detalhe a fez reagir: "Ele foi o primeiro homem que conheci, e o amei tanto que imediatamente lhe pedi um filho. É simples: meu amor por ele era tão intenso, ele me havia de tal modo preenchido que, cinco minutos antes de ele chegar, eu adivinhava que íamos nos encontrar porque meu batimento cardíaco de repente se acelerava. Fiquei desesperada por não conseguir engravidar. Fiz múltiplas consultas para verificar se era estéril, e o arrastava comigo. Ele sorria, mantinha-se calmo, contentando-se em dizer que, como ele nunca tivera um filho com outra mulher, cedo ou tarde nós teríamos um pequeno Guilherme, como ele, como seu pai, seu avô, e assim por diante, remontando as gerações. Ele pontuou as palavras dela: "Para mim, era uma evidência, e até uma certeza."

O trabalho iniciado naquele dia se prolongou durante várias semanas, a pedido deles. De fato, ao fim de cada sessão eu lhes propunha que só retornassem se assim o quisessem. Foi um trabalho produtivo, durante o qual se resolveram inúmeros conflitos, relacionados aos incidentes biográficos que a associação livre suscitava.

Um dia, depois que a consulta já estava marcada, ela me enviou uma mensagem perguntando se eu aceitaria recebê-la com sua mãe, que estava pronta para acompanhá-la e à qual seu companheiro aceitava ceder o lugar. Eu não esperava tanto, e fiquei satisfeito com o que o seu homem, à maneira dele, demonstrava ter compreendido. "Quando o homem já não pode vencer, quando ele já não pode triunfar, encontramo-nos no território da mãe da onipotência infantil, [...] da mãe pré-genital redevoradora."[49]

Eu as recebi e me contentei em ouvir o rico diálogo que tiveram a delicadeza de ter em francês, embora, conforme me haviam dito, costumassem falar entre si em inglês. Assim, a filha pôde ouvir, para sua grande surpresa e com muitos detalhes de confirmação, a alegria que seu nascimento havia representado, enquanto pensava, até aquele momento, que havia sido acolhida com desapontamento devido ao seu sexo. Pôs-se então a fazer perguntas à sua mãe sobre inúmeros detalhes de sua história. Esta última acabou por lhe contar que, quando chegara, ainda jovem, ao colégio em que havia estudado, apaixonara-se imediatamente pelo diretor da escola, o qual, embora casado e pai de dois filhos, não fora insensível a ela. No entanto, nada houvera entre eles. Exceto pelo fato de que, para que ela não se afastasse dele, esse homem havia dado um jeito para que ela se casasse com seu próprio secretário. Durante anos, portanto, eles tinham vivido nos mesmos lugares, até que o marido foi nomeado para um posto mais elevado. Ela havia tido tempo para ter seus quatro primeiros filhos. A mudança, contudo, não pôs fim à relação passional – por mais platônica que fosse – com aquele homem, e ela só foi interrompida com a morte dele.

Abalada pelo que acabara de ouvir, a filha, aos prantos, perguntou à mãe o que poderia fazer, afinal de contas, com tudo aquilo. Ouvi a mãe lhe dizer, acariciando seu rosto: "Faça uma filha!"

"Faça uma filha!", dissera-lhe, portanto, a mãe. Como se lhe confiasse uma receita, um segredo. Por que não, aliás, uma mis-

49. Jacqueline Shaeffer, *op. cit.*, p. 23.

são! "De fato", ela poderia ter acrescentado, "o que você não puder fazer em sua vida, sua filha fará por você. E, se ela não conseguir, será a vez de a filha dela tentar. Não tem sido assim desde o início dos tempos?"

Estaríamos longe de tudo isso nos dias atuais? Não tanto quanto seríamos levados a crer. Quantas mulheres não sentem, com efeito, sem o saber e sem se aperceberem disso, a necessidade de se divorciar exatamente na mesma idade em que a mãe delas se divorciou? Acontece também, além disso, que se divorciem na idade em que a mãe teve a tentação de fazê-lo, antes de mudar de ideia. É como se houvessem adivinhado a coisa e se sentissem obrigadas, inconscientemente, a levar até o fim e por procuração o ato que não foi concluído. "Tudo o que não é simbolizado reaparece no real", ensinava Lacan. Não obstante a passagem das gerações, ficaríamos tentados a acrescentar. Quando cessa brutalmente de amar o homem que fazia bater seu coração, essa jovem inglesa tem exatamente a idade que tinha sua mãe quando esta realizou a mudança que a distanciou do amante platônico. E que mensagem lhe transmite a mãe, à guisa de consolação, depois de haver confessado o amor impossível que interpôs entre si e o pai de seus filhos? "Faça uma filha!" Palavras a serem compreendidas desta maneira: as meninas têm por missão realizar o que ficou inacabado, porque suas mães não tiveram a oportunidade ou a coragem de fazê-lo, de acordo com a missão que as mães delas lhes haviam confiado, as quais, por sua vez... e assim se remontam indefinidamente as gerações. *A cada geração, a intervenção dos homens, puxando as mulheres atrás de si, com maior ou menor sucesso, para a heterossexualidade, foi mais ou menos responsável pelo fracasso da missão confiada desde a noite dos tempos* – o que lhe confere seu rótulo de eternidade – *às filhas por suas mães. Ela fabricou pais para as crianças, poupando estas últimas, ainda que se desapontassem ou revoltassem, daquele excesso materno*[50] *"que visa [...] a exclusão da figura paterna e a utilização da criança como complemento narcísico [...] Se [com efeito]*[51] *a criança for mantida como parceiro erótico da mãe numa relação perversa, ela estará ameaçada em sua futura sexualidade de adulto. Uma mãe que se completa (no sentido de com-*

50. *Ibid.*, p. 148.
51. Os colchetes foram acrescentados por mim.

pletude) com sua criança, em vez de se completar (no sentido de complementaridade) com seu parceiro amoroso, ameaça a integridade identitária ou sexual de sua criança".

A implementação do ideal democrático no âmbito do casal e a supressão definitiva do suporte social ao polo paterno da dimensão parental pretenderam mudar radicalmente o equilíbrio de forças anterior. E conseguiram. Mas a que preço e, ainda por cima, com que estragos! Cada um dos dois parceiros – e mais ainda após a deserção da instituição do casamento – vê-se, assim, literalmente entregue ao debate crucial e aterrorizante com sua mãe. Continua a ser o falo da mãe, inconscientemente submetido e dócil, e tanto mais em razão da longevidade, que faz com que as mães não cessem de intervir na gestão do cotidiano de seus filhos. A relação sexual, ela também, é amplamente afetada. Decepciona em pouco tempo, mas é doravante apresentada como parte de um direito imprescritível à satisfação, abrindo caminho para o precipício de uma transgressão que se tornou norma, fora da qual não haveria salvação.

E cá estamos no mal-estar que afetou de modo considerável a relação entre homens e mulheres.

Os primeiros passaram a maior parte de seu tempo tentando encontrar novas referências. Praticaram a condição de pais modernos, depois de "novos pais" na era pretensiosa que consagrou também os "novos filósofos" – só tinha direito à cidadania o que era "novo", fosse um estilo, um comportamento, uma política etc. Foram depois os "pais protetores", e paro por aqui – pois eu mesmo me empenhei em transformá-los em "devidamente pais"[52]! Eles ainda não saíram de seu impasse e não estão próximos de sair. Foram vítimas colaterais – palavra que anda na moda – de um erro de diagnóstico sobre o qual nunca se fala tanto quanto se deveria. De fato, foram confundidos em sua posição individual, ao longo do processo intentado contra o patriarcado, com os "paizinhos dos povos", os Mussolinis, Hitleres, Lenins, Stalins e outros Maos, que levaram a autoridade, aceitável, porque necessária, ao autoritarismo, detestável, porque mortífero.

---

52. Aldo Naouri, *Une place pour le père*, Paris, Seuil, 1985 e Points-Seuil Essais, 1992. [Em francês, *pères dus*, cuja pronúncia se aproxima de *perdus* = "perdidos". (N. do E.)]

Mas o que eram todos eles, esses "paizinhos", senão falos de suas mães onipotentes, que os mantiveram, em maior e pior grau que outras, à distância de seus respectivos pais, e conseguiram convencê-los de que tudo lhes era devido e de que nada lhes resistiria. Podemos repetir essa prova historicamente incontestável até perder o fôlego, ninguém mais é capaz de levá-la em consideração. Tanto é assim que aos pais só resta, atualmente, fazer o que fazem: entrar em concorrência com as mães e tentar seduzir os filhos, imitando nesse ponto, aliás, a demagogia dos nossos políticos, que dão o exemplo.

Esse histórico sucinto, retomado aqui e ali, não é interessante em si mesmo. Isso porque as mulheres, lisonjeadas por múltiplos processos, todos eminentemente enganadores, não se viram em melhores condições que seus parceiros. Colecionaram mais e mais direitos e reconhecimento, destinados a compensá-las em sua realidade cotidiana, mas colheram ao mesmo tempo inúmeros inconvenientes, entre os quais se destacam a responsabilidade exclusiva pelo cuidado dos filhos[53], a multiplicação das tarefas e a solidão!

No fim das contas, elas foram entregues aos efeitos de sua linhagem materna por homens quase tão pouco preservados da sua, mas que acreditaram poder se safar da nova conjuntura caindo de cabeça na sexualidade desenfreada que lhes foi oferecida pela sociedade de consumo.

Por que os adolescentes não seguiriam esse caminho?

Por que a dimensão adulta do ser deveria intervir, quando tudo estaria bem posicionado para silenciá-la?

Por que a sexologia clínica insiste na dissimetria inerente à relação sexual?

Que erro! Que enganação! Que ilusão!

---

53. O contingente de 79 mil mulheres que, em 1979, criavam sozinhas os filhos transformou-se num contingente de 2,3 milhões em 2003.

UMA REGRA
CONTRA AS IDEIAS PRECONCEBIDAS

Os impasses do casal

O senso comum sempre associou mais ou menos o adultério à insatisfação sexual da pessoa que a ele se entrega. Tanto é assim que manifestou, a seu respeito, compreensão e indulgência. À exceção de certos países, justificadamente estigmatizados por seu obscurantismo e pela violência das sanções que continuam a aplicar aos amantes, estes sempre gozaram de um capital de simpatia. O amor, que os teria supostamente impelido a transgredir os compromissos assumidos, é uma mercadoria preciosa demais para ser submetida a julgamento. O mistério no qual ele se expande emociona a todos e proíbe quem quer que seja de ter a pretensão de conhecê-lo, controlá-lo ou fixar-lhe as regras. Não pode ser decretado de modo algum, e nada permite prever seus caprichos ou predizer as modalidades de seu devir. Pausolo[1], o rei provocador, reconhece-o quando absolve a mulher de um de seus súditos, que viera reclamar por ter sido enganado. Este último protesta contra o julgamento, aos gritos: "Mas ela tinha prometido que me amaria por toda a vida!" Pausolo retruca: "Ela poderia igualmente ter prometido não morrer antes de você! O que você faria se ela morresse antes da hora?"

O amor que se manifesta desmedidamente, o amor que se ri dos limites, o amor capaz de transformar os seres de cima a bai-

1. Pierre Louÿs, *Les Aventures du roi Pausole*, Paris, Albin Michel, 1932.

xo, o amor tão maravilhosamente vivo e vivificador pode então morrer, ele também! E com frequência cada vez maior, ao que parece – a julgar pela crise que atinge a instituição do casal. E isso, como se admitia implicitamente, em consequência do desaparecimento da satisfação sexual que sempre foi considerada como condição do amor, se não como sua comprovação. Que um(a) amante não se resigne diante dessa situação, a ponto de buscar e, por vezes, de encontrar uma solução para ela, não seria motivo para granjear-lhe assentimento e simpatia? Quem teria algo a dizer, sabendo-se a si próprio temeroso dessa morte, sabendo o quanto a ausência de amor faria seu cotidiano soçobrar na indigência e na tristeza!

Quando pensamos naquelas estratégias matrimoniais que nem chegaram a lhe conceder lugar, perguntamo-nos que espécie de crueldade teria levado os semeadores obstinados de infelicidade que as promoveram a fabricar casais de acordo exclusivamente com seus critérios, sem levar em conta as aspirações dos indivíduos que se uniam para toda a vida! Que ilusões eles nutriam? Como podiam esperar ver nascer em suas obras o mínimo entendimento físico ou afetivo? Talvez não se importassem com isso e considerassem tais ingredientes desprovidos de importância. Não foi por essa razão que puseram em prática as poderosas medidas coercitivas que acompanhavam sua empresa assustadora? É verdade que nunca, tanto quanto nesse contexto, a conjugalidade correspondeu à sua estrita definição. Dissuadidos por medidas adequadas tanto de divorciar quanto de enganar um ao outro, os parceiros compartilhavam a vida inteira, em seu casamento arranjado, um autêntico e mesmo jugo. Chegaríamos quase a nos perguntar o que se teria registrado em nós do autêntico pesadelo provavelmente vivido por nossos ancestrais, combinados entre si desse modo inqualificável. Nosso destino atual não estaria endividado pelas consequências do sofrimento que podemos supor-lhes? E isso ainda que tenhamos consciência da nossa grande sorte em viver numa época de espírito enfim aberto!

À boa distância desses tempos felizmente passados, nosso horizonte estendeu-se o bastante para nos oferecer perspectivas de felicidade que parecem, a partir de agora, ao nosso alcance! O amor já não é privilégio de alguns raros eleitos. O amor já não é a fantasia consoladora para aqueles a quem a instituição proibia de viver. O amor já não é um sonho tido como inatingível. O amor goza de pleno direito de cidadania. O amor já não é contrariado. Todos podem concebê-lo e ter acesso a ele como desejarem – não há crianças, já na pré-escola, que não se preocupem com ele e que, sob o olhar enternecido dos pais, não falem abertamente sobre o assunto! Ninguém, em nossos dias, está sujeito ao temor de ser orientado e menos ainda de ser obrigado a escolher um determinado parceiro. A liberdade de acesso que passou a existir nesse âmbito chega a dar boas razões para que se espere sua perenidade. Autor exclusivo de sua iniciativa, o indivíduo nela se lança sem hesitar, certo de que poderá levá-la a bom termo. A consideração por seu gosto e suas expectativas é tida não só como garantia do respeito à sua dignidade, mas parece-lhe garantir também a plena satisfação de... sua relação sexual, a qual reforçará o amor, o qual aumentará a satisfação, a qual... O turbilhão inebriante que assim se delineia parece nunca poder ser freado e coloca a aventura sob os melhores auspícios.

Mas por que bastou tão pouco e tão pouco tempo, na escala da História, para que a perspectiva promissora que enfim se anunciava desembocasse rapidamente em decepção? O naufrágio lamentável que coube a ela, assim como à esperança que lhe era associada, acabou por suscitar novas perguntas, nas quais as noções costumeiras de amor, desejo, posse, prazer, fantasia, gozo, dom, realidade, troca viram-se tão estreitamente emaranhadas que já ninguém imagina poder um dia colocar tudo isso numa ordem qualquer.

De fato, como podemos amar uma mulher, um homem, e desejar ao mesmo tempo uma outra, um outro? Como podemos absolver nossa própria conduta adúltera e sofrer até o desespero com o interesse que seu ou sua parceira manifestou por outro, ou outra? O que faz com que a acuidade do prazer, oferecido ao outro ou dele recebido, possa variar a tal ponto em função do lugar que lhe é atribuído ou reconhecido em nosso cotidiano, num projeto de vida ou simplesmente numa conjuntura particular? Qual é o lugar que ocupam respectivamente o permitido, o omitido, o passageiro, o combinado, o adulterado, o duradouro ou o proibido, para produzir efeitos tão notáveis? Como e por que suportamos, ou não suportamos, que um parceiro seja desleal e decida, ou não decida, viver sua vida em outro lugar?

Por que fracassamos? Por que sofremos com isso? Por que podemos nos sentir aliviados por isso? Por que, quando tínhamos certeza de nossa lucidez, estávamos dispostos a tudo e em plena posse de nossa capacidade para dirigir a própria vida como queríamos, vemo-nos com o espírito a tal ponto enevoado?

Num terreno ainda mais tortuoso e misterioso, Freud se encarregou desse espanto imenso e doloroso e disse, a propósito dele, que tudo aí era sexual. E nosso ambiente contemporâneo levou seu diagnóstico ao pé da letra. Não compreendeu que *o sexual em questão designava a manifestação da pulsão de vida.* Confundiu-o com genital. Acreditou, por conseguinte, poder resolver todos os problemas de uma só vez, varrendo o pudor, suspendendo as inibições e a censura, preconizando uma liberdade das maiores, para colocar abertamente a relação sexual e a satisfação que dela se espera no centro da constituição e do futuro dos casais. Que ninguém se iluda: o branco e as flores de laranjeira da noiva de hoje têm um significado puramente estético e vagamente tradicional. Por que, aliás, deveriam ter algum outro, quando, em todas as épocas, o noivo nunca deixou, como se diz, de se "divertir"? Que a noiva possa enfim fazer o mesmo não representa, então, uma simetria legítima, obtida com muito esforço? Com ou sem casamento, os casais que se constituem e se instalam geralmente já passaram pela etapa do teste e dela saíram necessariamente satisfeitos, tanto um quanto outro. A partir daí, *a questão é saber por que a Princesa começa subitamente a perder seus atrativos e o Príncipe Encantado, a cair de seu cavalo, a ponto de, mesmo na cama – e particularmente nela, dirão alguns –, nada mais funcionar. A deterioração da relação sexual que infalivelmente se manifesta nesse tipo de circunstância seria causa ou consequência do mal-estar por que passa o casal?* Na verdade, nada permite afirmá-lo *a priori.*

Em todo caso, a questão não é insignificante, dado que se considera tal relação crucial, que ela é justificadamente muito investida, longamente aguardada, sonhada e sempre fantasiada como necessariamente satisfatória – o que teria todas as razões para ser, já que existem, a seu serviço, aparelhos efetuadores idôneos, complementares e com bom desempenho potencial. Sabemos, no entanto, que, mesmo entre pessoas que se escolheram conscientemente a partir de uma paixão mútua, ela se torna, quando já não era, bem menos satisfatória do que se esperaria. Freud, que pessoalmente renunciou[2] à sua busca relativamente cedo na vida, já insistia em sua fragilidade natural e evocava, sem explicá-lo, seu inelutável desgaste ao longo do tempo. Era o que ilustrava Roger Vailland[3], incisivamente e no seu estilo, quando escrevia que, para ele, seria "certamente muito mais fácil fazer amor com cem mulheres diferentes do que fazer cem vezes amor com a mesma".

Mas será que devemos parar por aqui, tomar as coisas por ditas, aceitar essa forma de fatalismo e sancioná-lo, ou tentar questionar a pertinência da análise que está sendo aplicada? Devo dizer, de minha parte, que essa perspectiva não deixa de evocar, a meu ver, as explicações pedestres fornecidas num outro registro, em outras épocas. Não esteve um dia definitivamente estabelecido que o ópio possuía uma "virtude dormitiva"? E a natureza não deveria, para sempre, ter "horror ao vazio"? As ciências exatas felizmente não se furtaram à denúncia dessas inépcias. E foram capazes de fornecer a fenômenos até então incompreensíveis explicações que não cessaram de se aprimorar. *Em nome de qual prova seriamente estabelecida deveriam os casais ser antecipadamente condenados, como se tem feito, e independentemente do projeto ou do contexto em que se inserem, a um fracasso programado?* Em nome das palavras despeitadas de alguns pretensiosos com mais ou menos talento? Em nome de um romantismo maldigerido? Em nome da ideologia do fracasso? Em nome da experiência que o discurso perverso explora com tanta habilidade? Em nome da opinião comum? Ou em nome das sondagens e da estatística?

Que grande coisa, esse último achado! Que grande coisa, quando a adesão ao individualismo triunfante torna inegável que não se pode reduzir a uma norma vaga a afetividade de pessoas vivas, não obstante o empenho em ignorar deliberadamente a especificidade das histórias nas quais se inserem! Isso equivaleria, nem mais nem menos, a encerrar, por exemplo, todas as mulheres num mesmo conjunto e a negar que cada uma delas é única, reconhece-se como tal e reivindica sua singularidade. Estaríamos por isso autorizados a proceder a tal uniformização ao menos para os homens, encerrando-os num conjunto comum, o

---

2. Didier Anzieu, *L'Autoanalyse de Freud*, Paris, PUF, 1975, p. 375.
3. Roger Vailland, *Drôle de jeu*, Paris, Buchet Chastel, 1996.

mesmo que teria permitido a Lacan falar sobre O homem? Seria mais um erro! Não existe e nunca existirá homem sem que tenham existido e existam mulheres! Todo homem nasceu de uma mulher. E, quando sabemos da importância considerável que teve para ele aquela que o deu à luz[4], já não podemos ter a pretensão de reduzi-lo, tampouco a ele, a um grupo de amostragem estatística unívoco e intercambiável.

Será que devemos ver, no pendor confuso generalizado que invadiu a reflexão, mais uma adesão a essa forma de fatalismo que eu denuncio, expressão da resignação morosa que conquistou a nossa época, ou a manifestação de um desespero, se não de uma verdadeira preguiça? Nenhum desses fatores pode ser descartado. Não é impossível, entretanto, ver nisso uma conjuntura que, tendo-se apoiado na evolução de nossas sociedades, aproveitou-se delas habilmente por uma espécie de vasta manipulação, assustadoramente eficaz, mas cuidadosamente mascarada.

Foi evidentemente essa manipulação que conferiu à conjugalidade, em particular, a direção que ela tomou recentemente. Em troca de uma sexualidade liberada e de uma poligamia diacrônica, os casais já não se obstinam em durar. Cada um dos parceiros, com a constrangida simpatia do entorno, instala-se mais ou menos rapidamente por conta própria. E, para a felicidade da máquina econômica, todo o consumo é redividido em dois, do apartamento – um a cada dois apartamentos em Paris é ocupado por uma única pessoa – ao carro, passando pelo aparelho de TV, pela máquina de lavar, pela geladeira etc. *Consome-se duplamente, e mais ainda se levarmos em conta as estratégias de compensação! E isso não resolve nada, é claro, do lado das causas, as quais são apresentadas como parte integrante e inevitável da aventura da vida!*

4. Quando se aproximava o Dia das Mães de 2006, os muros foram cobertos com uma publicidade que mostrava o rosto de um garotinho de aproximadamente dois anos e meio, agarrado à barriga (vista de lado) de sua mãe em estágio avançado de gravidez. O texto dizia: "Pense em dizer 'eu te amo' à mulher mais importante de sua vida."

Solução/Soluções

Quanto a saber se a deterioração da relação sexual é causa ou consequência do mal-estar dos casais, a sexologia clínica, como disciplina médica, responde sem ambiguidade. De acordo com ela, a dificuldade sexual é causa de tudo. Assume-a, portanto, atribuindo-a de modo relativamente simples à dissimetria dinâmica entre os aparelhos efetuadores. A fase de excitação masculina seria sempre objetivamente mais rápida que a fase de excitação feminina, e o prazer masculino, de rápida obtenção, breve e não renovável, teria intensidade menor que o prazer feminino, de obtenção mais lenta, porém mais amplo, mais longo, e sobretudo facilmente renovável. Isso bastaria para fazer com que um se cansasse de esperar a satisfação da outra, que se desesperaria ainda mais rápido por ser regularmente frustrada!

A fim de ajudar os pacientes que lhe confiam seu destino, essa disciplina trata de suas dificuldades analisando-lhes os componentes a partir desse eixo básico. Com prudência digna de louvor, lida com o registro das relações interpessoais prodigalizando os conselhos que a situação parece exigir e prescreve, com frequência, tratamentos de tipo comportamentalista. Com intenções aparentemente generosas, seus defensores, nos Estados Unidos, aparecem regularmente em programas de televisão, explicando às mulheres, por exemplo, que a felação, a cunilíngua ou a sodomia podem ter seu lugar no ato de amor, e ensinando-lhes, com ajuda de receitas, o modo de praticá-las, combatendo a repulsão que poderiam suscitar. Isso faz pensar que o objetivo almejado consistiria, antes de mais nada, em suspender as inibições do gestual sexual das mulheres, a fim de permitir que acelerem sua fase de excitação e se adaptem à dinâmica sexual masculina. Esses tratamentos de tipo sintomático podem por vezes servir como auxiliares durante um certo tempo, se não por outras razões, ao menos por reavivarem as fantasias. Revelam-se, contudo, decepcionantes e dão margem a recaídas cada vez mais frequentes. Nada há aí de surpreendente, na medida em que não resolvem o fundo do problema, situado, quanto a ele, num nível totalmente distinto. É como o recurso a analgésicos, que têm incontestavelmente sua utilidade, já que suprimem a percepção da dor. Mas, se a causa do mal não for tratada, a dor retornará uma vez terminado o efeito do remédio. E isso, indefinidamente.

Um outro tratamento[5] desse tipo de situação, considerada em sua realidade objetiva, encara o problema em sentido inverso, lembrando que ele foi detectado há vários séculos, e até resolvido, por civilizações do Extremo-Oriente. Sem que tivessem a mínima intenção de fazê-lo – pois visavam sobretudo evitar que os homens desperdiçassem energia –, as práticas taoistas do coito, que incentivam os homens a não ejacular, logravam, de fato, dar às mulheres o tempo necessário para obter seu prazer. Além da dificuldade que essa prática representa num contexto cultural nem um pouco propenso a ela, esse novo ângulo de visão da dissimetria – que não intervém de modo algum na dinâmica feminina – continua a ser, ele também, um tratamento sintomático que não resolve em absoluto a raiz do problema.

A raiz do problema, na verdade, não tem nada a ver com os aparelhos efetuadores e sua pretensa fisiologia. *Não é dentro dos órgãos sexuais nem com eles que o sexo se dá ou se pratica.* O prazer sexual não nasce do comportamento mais ou menos correto dos aparelhos efetuadores postos a serviço de sua obtenção; tampouco depende de suas características anatômicas; nem mesmo deriva deles[6]. *Sexo está na cabeça! Sexo é o produto conjuntural de uma infinidade de fatores – entre os quais o amor – acumulados na psique, que ressurgem e se combinam, nunca sabemos como, no próprio instante em que o sexo é evocado ou praticado. Sexo é um encontro com uma parte de si escondida, ignorada, estritamente inapreensível, que o parceiro pode ou não revelar, com todos os seus matizes entre esses dois extremos. Sexo é uma química complexa, sutil, ainda não inteiramente decifrada, mas detectável no cérebro*[7]*, que une estreitamente o dito cérebro aos aparelhos efetuadores que dele recebem as informações e as ordens.*

Será que isso significa que ninguém sabe nada a respeito, que não se pode senão responder a seus imperativos e aceitar suas manifestações?

---

5. Gisèle Chaboudez, *op. cit.*

6. Reconheço à sexologia uma contribuição considerável, a de haver mostrado que mulheres em quem fora enxertada uma ansa intestinal no lugar da vagina que não tinham eram capazes de ter orgasmos estritamente idênticos ao de outras mulheres.

7. Cf. Jean-Didier Vincent, *op. cit.*, e Lucy Vincent, *op. cit.*

Sim e não.

Sim, quando se trata de pessoas rudimentares e dotada de poucos recursos internos – de um superego fraco, diriam os psicanalistas – ou de pessoas alienadas por uma patologia – em diversos países, uma castração química é proposta aos pedófilos que alegam a violência irreprimível de seus impulsos.

Não, para a maioria de nossos semelhantes, e menos ainda para os indivíduos dotados de introspecção ou atentos a seus estados interiores. Estes identificaram, relativamente cedo ao longo de sua vida, a existência de certo número de emoções que sabem reconhecer, diferenciar, e até colocar em palavras, mesmo que nem sempre consigam hierarquizá-las. É-lhes igualmente fácil evocar seus medos infantis e a ternura que sentiram ou da qual foram objeto, quando não evocam os encontros, os momentos de alegria, de raiva, de tristeza. Reconhecem, de certa maneira, que são portadores de uma história, mesmo que não a façam ir além da experiência com os pais. Nem por isso, no entanto, são capazes de admitir que foram moldados por essa história. Para muitos deles, suas recordações são apenas recordações, sobre as quais dizem por vezes serem bastante tardias. E não lhes parece que pode existir alguma relação entre a memória que guardaram dela e a experiência ou aquilo em que se transformaram. Será que se protegem, que nada querem saber sobre seus afetos ou que temem ser engolfados por eles? As três possibilidades não se excluem, assim como não excluem outras mais. Uma ilustração é fornecida por Ali Magoudi, que relata o mal-estar que sua presença às vezes suscita em jantares na cidade quando os convivas descobrem que é psicanalista[8]. Conta que, numa ocasião, um deles lhe declarou espontaneamente, num tom um pouco seco: "No que me diz respeito, meu senhor, nunca tive vontade de dormir com minha mãe." Ele replicou, confundindo-o provavelmente: "O senhor é jovem, isso ainda pode lhe acontecer!"

Se me detive sobre esse conjunto de elementos aparentemente tão heteróclitos quanto fúteis foi para insistir no lugar relevante, ainda que inapreensível, que cada pessoa, quer o reconheça quer não, não deixa ainda assim de atribuir aos sentimentos que teve pelos pais durante a fase edipiana de sua infância.

8. Ali Magoudi, *Le Livre d'Ali*, Paris, Albin Michel, 2004.

A psicanálise nos ensina, a propósito disso, que o menino amou apaixonadamente sua mãe e entrou em competição com o pai, e que a menina teve de trocar o amor que devotava à mãe pelo amor que passou a sentir pelo pai, a fim de conquistá-lo. Mostrei anteriormente a importância dessa etapa. Relembro que, tanto para o menininho como para a menininha, ela teve antes de mais nada um papel estratégico considerável, como tentativa de atenuar o pânico que ambos sentiam em relação à mãe. Mas ela constituiu igualmente uma oportunidade, para o primeiro de viver intensamente uma relação exclusivamente heterossexual, e para a segunda de tentar experimentá-la, sem o conseguir sempre, tão preocupada estava em manter seu *pool* de amor, negociando acrobaticamente entre o amor que abandonava, por medo de nele se perder, e o amor almejado, que não estava certa de alcançar. Sabemos também que, independentemente do desenrolar dos enredos ou das influências em jogo, essa etapa acaba por desembocar, durante a idade dita "da razão", no que chamamos "período de latência", que dura até a adolescência e cede suas preocupações amorosas e sexuais em favor da fome de aprendizagem, do contato com os outros e da socialização.

Ora, esse silêncio se rompe um dia: as famosas preocupações amorosas e sexuais adormecidas retornam ao primeiro plano. E o que as acompanha, com uma força específica dessa idade, é a esperança acoplada ao corpo do encontro. Como se esse encontro fosse absolutamente necessário para aperfeiçoar a estratégia edipiana de luta contra o medo da mãe. Porque seria inconcebível ser obrigado, uma vez mais, a lutar sozinho contra ela. Claro que já foi integrada a impossibilidade de persistir na velha tentativa de junção seja com mamãe, seja com papai. Tem-se até um pouco de vergonha dessa vivência, a ponto de se fugir da ameaça de recidiva que o comportamento dos pais por vezes provoca. Mas seria essa uma razão para não considerar a possibilidade de uma outra junção? Espera-se por ela, então, com a convicção de que vai se apresentar. Só poderia ser o grande encontro, o encontro ao qual sabemos intimamente que temos direito, o encontro que mudará sem sombra de dúvida a antiga vida e prenunciará uma nova, colocada sob seu signo e inconcebível se não for eterna.

O que contribui para fundar tal certeza? O efeito de bomba-relógio dos contos de fadas da infância? A volta à superfície dos afetos enterrados e recalcados? Ou ainda o retorno do famoso objeto pequeno *a*, ao qual me referi no início da obra como agente do que designei como "chamado"? Por que não? Por que não, inclusive, as três causas ao mesmo tempo, e talvez, neste caso também, outras mais? Mas não são explicações como essas que é preciso destacar, ou nas quais é preciso se deter. O que há de mais interessante no fenômeno é o próprio fenômeno. E isso em razão do fato de que ele se manifesta tanto em adolescentes que às vezes o confessam[9] uns aos outros, como também nos mais timoratos, que mal o reconhecem diante de si mesmos. Manifesta-se não apenas em moças e rapazes cujas famílias são unidas e estruturadas, mas igualmente naquelas e naqueles provenientes de famílias desunidas e recompostas uma ou mais vezes, ou em famílias monoparentais, e até nos que nunca tiveram família! Ora, o encontro com o outro sexo, mesmo que consideremos que, nesse estágio, ele não está tão focalizado no sexo real – embora isso seja cada vez menos verdadeiro! –, encara sempre o outro sexo em sua diferença radical. Para o menino, a menina é necessariamente uma menina em sua plenitude; para a menina, o menino é menino em sua plenitude. Nem um nem outro colocam matizes nessa percepção. O estranho nisso tudo, é claro, será tanto para um como para outro a descoberta dos matizes. É sempre possível replicar que a percepção da diferença radical entre os sexos é gerada por uma forma de aproximação mais ou menos emocionada da novidade e do proibido, e que é o enfraquecimento da emoção ao longo do tempo que permite uma visão mais realista do que está em jogo. Mas nada impede de pensar que a confrontação com o proibido simplesmente reativou o traço da Lei da Espécie da qual todos, sem exceção, são portadores. Um traço que, exceto nos perversos, nunca deixa de chamar todos à ordem e de se manifestar em todas as idades da vida.

Como imaginar o adormecimento da fase edipiana se não interviessem a Lei e a ativação de seu traço? Com efeito, observa-

9. Uma ilustração terna, comovente e divertida disso é oferecida por duas obras que Agnès Desarthe consagra ao assunto, *Je ne t'aime pas, Paulus*, Paris, École des Loisirs, 1991, e *Je ne t'aime toujours pas, Paulus*, Paris, École des Loisirs, 2005.

mos que, quando essa fase se eterniza, nunca é por causa da criança, mas antes por causa do comportamento incestuoso da mãe para com o menino (como no caso do garotinho ao qual a mãe havia dito: "Mas tem o seu pai!"), ou do pai com a menina, quando o ouvimos dizer, por exemplo, não sem um orgulho imbecil: "Essa fica reservada para mim, que nenhum homem encoste nela!"

É ainda e sempre essa Lei que se manifesta na adolescência. Basta ver a maneira como se desenvolve o corpo, nessa idade, para compreender que as coisas devem ter sido assim desde os tempos mais remotos da história da espécie. A Lei provavelmente fabricou o corpo do adolescente como ele é ainda hoje, a fim de permitir que obedecesse à sua injunção. O adolescente traz um torso ridículo e de pouco peso sobre membros inferiores longos e musculosos, como se, no projeto forjado para ele, estivesse claramente marcada a preocupação de lhe dotar de meios para correr. Precisava mesmo desse recurso para ter a coragem de abandonar o casulo original e lançar-se, não obstante a hostilidade do entorno e os incontáveis perigos, em busca de uma parceira. A obesidade peripuberal da adolescente, acrescida do mesmo comprimento dos membros inferiores do rapaz, inscrevia-se em idêntica perspectiva, pois se destinava a constituir, na falta de alimento, uma reserva energética para uma eventual gravidez. Não é porque as florestas e os animais selvagens desapareceram e porque cada adolescente tem sua turma, sua mesada, seu celular, sua *webcam* e seu *blog* que as coisas mudaram substancialmente. Por que a Lei, que comandava abertamente o comportamento dos adolescentes pré-históricos e estava inscrita em cada um deles, teria deixado de existir?

Minha hipótese de que um traço da Lei está sempre prestes a se reativar parece-me tanto mais digna de retenção em vista das descrições, nestes últimos anos, dos comportamentos destinados a evitar o incesto em numerosas espécies animais, dos macacos aos pássaros. Nada impede de pensar que a única diferença – de monta, eu o reconheço, e voltarei ao assunto – entre os animais e os humanos seria o fato de esse mecanismo, entre os humanos, ser duplo, em razão de sua presença na linguagem. É certo que os autores que se debruçaram sobre esses comportamentos entre animais estavam menos empenhados em explicar sua origem do que em relacioná-los – para eventualmente questionar e até ridicularizar sua pertinência[10] – ao comportamento humano.

O paradoxo desse cotejamento decorreria do fato de que a linguagem – que faz da espécie humana o que ela é, e é supostamente destinada, pela verbalização, a inscrever essa Lei nos genes – teria contribuído para colocar essa Lei em má posição, se não para negar sua necessidade.

A única explicação que se pode dar a esse paradoxo é que a linguagem, da qual se esperaria a verbalização, a tradução e o controle do registro pulsional, teria se revelado insuficiente e criado suas armadilhas, ao mesmo tempo que criou sua estruturação. Se fosse verdade, como sustentam as Escrituras, que "no princípio era o Verbo", provavelmente esse conflito não teria ocorrido e não estaríamos na situação em que estamos. Tanto mais que, dotada dessa linguagem, nossa espécie realizou, nesse ponto, um verdadeiro feito: transformar cada geração em herdeira das conquistas da geração precedente, sob a forma de uma memória e de uma história. E o fez ainda mais desde a instauração das culturas.

Ora, foi a partir daí que tudo deve ter se complicado singularmente, que a guerra entre os sexos nunca mais cessou e que a Lei foi destratada a ponto de ser, nos dias de hoje, seriamente colocada em questão.

Os numerosos casos que citei e analisei já dão, a meu ver, uma ideia da amplitude dessa guerra e dos resultados preocupantes que dela resultam, sem que nos tenhamos acautelado contra isso.

Lembro-me de uma discussão instrutiva, tempos atrás, com um de meus editores. Com grande serenidade e seguro de ter razão, ele simplesmente me intimava a expurgar a obra, que ele havia encomendado e que eu acabara de lhe entregar, de tudo o que se referisse a essa Lei ou dela dependesse! Este era o motivo, conforme me revelou: "as mulheres já não querem saber dessa Lei" (*sic*) e, portanto, minha insistência em lembrá-las disso iria fatalmente provocar uma redução do número de leitores. Estu-

10. Boris Cyrulnik, *Les Nourtitures affectives*, Paris, Odile Jacob, 1993 e "Poches Odile Jacob", 2000. [Trad. bras.: *Os alimentos afetivos*, São Paulo, Editora WMF Martins Fontes, 2007.]

pefato por uma argumentação nada menos que perversa, e porque conhecia a formação científica de meu interlocutor, tive a ingenuidade de acreditar que poderia ajudá-lo a mudar de opinião. Varrendo com o braço a mesa do bar em que nos encontrávamos e fazendo assim com que um copo se estilhaçasse no chão, perguntei-lhe então como ele explicava o fato de que aquele copo infeliz continuava a obedecer à lei da gravidade, se já havíamos conseguido lançar tantos satélites no espaço! Meu argumento não o convenceu, é claro, e me parece que não convenceria muita gente nos dias de hoje!

Mas por que, diriam alguns, essas digressões e essa extenuante acumulação de provas?

Porque é do reconhecimento do traço da Lei da Espécie, do respeito manifestado para com ela e do tratamento reservado a ela que resultam as maiores ou menores dificuldades dos homens e das mulheres, tanto na relação que estabelecem entre si quanto no destino que desenham para as crianças que têm juntos.

Para sondar a pertinência dessa questão, voltemos uma vez mais, por exemplo, ao que se passa no período edipiano. O que diz implicitamente a mãe, de quem falei anteriormente, com a tal frase lançada ao filho: "Mas tem o seu pai!"? Não faz nada além de confessar que, no que lhe diz respeito, fica lisonjeada com o desejo que ele exprime e a satisfação que espera, a ponto de ficar tentada, não fosse a disparidade física, de responder a ele! E o que expressa o pai, citado no mesmo parágrafo, senão uma fantasia incestuosa que lamenta não poder satisfazer um dia? Como podemos esperar que essas crianças escapem do mecanismo que elas haviam desencadeado para combater o medo se esse medo se abre para uma perspectiva tão diabólica? Ao contrário, imaginamo-las condenadas, em suas vidas, a permanecerem escravas de mensagens que terão sido entendidas como verdades universais: *o menino poderá, por exemplo, unir-se apenas a mulheres volúveis, ou muito mais velhas que ele, e a menina não poderá se relacionar e obter satisfação senão com homens velhos*. Sem o saber e sem poder agir de outro modo, serão além disso levados a se comportar com seus filhos como os pais agiram com eles. E os filhos, por sua vez, etc. etc. *De fato, a experiência demonstra que as distorções que incidem sobre a Lei nunca são reparadas espontaneamente, mas agravam-se sempre com a passagem geracional*. Isso permite compreender que eu possa considerar a mãe e o pai cujos comportamentos denunciei como responsáveis, porém não culpados, pois certamente foram, eles também, vítimas de suas respectivas histórias. Analisei tudo isso extensamente em outro lugar[11], mostrando que um pai de comportamento incestuoso foi filho de uma mulher com tal comportamento, e que, na medida em que ela é obcecada pelo desejo de que "nada falte a seu filho" (*incestus* = que não carece de nada), a mãe tem espontaneamente uma disposição incestuosa.

O que se passa entre os homens e as mulheres, até e inclusive – e sobretudo, eu deveria acrescentar – em suas relações sexuais, insere-se também sob o signo da Lei e está sujeito a distorções de prognóstico preocupante.

Para compreendê-lo, é preciso voltar ao comportamento adolescente e à espera do encontro que lhe é contemporânea. Cada sexo espera do outro que este se conforme plenamente ao que é, e sem matizes: para esses jovens, as meninas devem ser plenamente mulheres, e para elas, eles devem ser plenamente homens. Exatamente como devia acontecer quando a Lei foi instaurada, antes que o desenvolvimento das culturas forjasse a afetividade e a ambiguidade dos sentimentos e eliminasse o resquício de animalidade que o sexo exige. Atualmente, o compromisso das jovens e dos jovens com a relação e a confrontação com sua realidade fazem ressurgir uma verdadeira formatação de sua sexualidade, formatação essa que, como sabemos, foi uniformemente operada sobre a relação mantida com a mãe durante a infância.

Por conseguinte, O homem se encontra nitidamente inserido na Lei, por ter sido formatado por um modelo de relação heterossexual, sem mistura, com a mãe, à qual renunciou em razão do medo de ser castrado pelo pai. Encontrando assim o limite do "tudo" que o comportamento da mãe lhe havia feito acreditar que podia esperar dela, sentirá uma "falta". No dia em que escolher uma mulher, à imagem de sua mãe, esperará dessa mulher que ela lhe dê o que lhe "faltou" no "tudo" que esperava daquela mãe. Se não encontrar o que lhe "faltou" – e a satisfação sexual, por mais central que seja, é disso apenas um revelador –, poderá

11. Françoise Héritier, Boris Cyrulnik, Aldo Naouri: *De l'inceste, op. cit.* Ver minha contribuição: "Un inceste sans passage à l'acte: la relation mère-enfant".

acontecer que acredite ter o direito de verificar a pertinência de sua expectativa entregando-se a uma relação adúltera, à qual a proibição dará uma coloração ainda mais atraente.

O destino feminino é radicalmente diferente do destino masculino. A menina, posicionada numa relação inicial idêntica à que o menino tinha com a mãe, vai de fato deixar a relação com esta última, acreditando que poderá entrar, com o pai, numa relação tão exclusivamente heterossexual quanto aquela desfrutada pelo menino. A maneira como é vivida a mutação de seu amor por ambos os progenitores e por ela mesma vai traçar, mais ainda que para o irmão, sua equação pessoal: em função do lugar que ocupa na economia psíquica de cada um deles, e de sua mãe em particular, ela corre o risco de ficar muito tempo impedida de investir a relação heterossexual. Nesse aspecto, ela hesita por muito tempo, inacabada no movimento que havia esboçado. Tanto é assim que cada mulher, em razão do traço que guardou da relação mais ou menos tumultuosa mantida com a mãe na primeira infância, e da parte de homossexualidade que conservou, tratará o sexo oposto de um modo que nem sempre será plenamente heterossexual. Isso a torna, quer ela o admita, quer não, rebelde diante da Lei, de um modo que lhe será próprio. Essa renitência freará tanto o investimento quanto a dinâmica de sua atividade sexual. Para voltar a elas, é exatamente essa dificuldade que as terapias sexológicas se empenham em resolver. Elas visariam, por meio de suas recomendações e dos exercícios que prescrevem, permitir de certa maneira que as mulheres tenham a experiência dos efeitos da Lei, a fim de que a reintegrem plenamente. O desenvolvimento da prática taoista do coito, em compensação, seria destinado a fazer com que os homens aceitassem a renitência feminina e se adaptassem a ela. O desenvolvimento de uma e outra dessas medidas não se justifica, como poderíamos acreditar, por um processo de aliança disfarçada com O homem, mas busca proporcionar o acesso de ambos os parceiros à dimensão principal de seus respectivos potenciais sexuais. Isso porque, quando ela está inserida na Lei ou nela entrou, a mulher não tem – longe disso – uma fase de excitação sexual mais lenta que a do homem. Eles evoluem no mesmo ritmo, e ela pode colecionar orgasmos mesmo com um parceiro que nada tem de garanhão, ao passo que ele será sempre prejudicado pela detumescência peniana.

Anaïs Nin, que foi uma "grande apaixonada", respondeu um dia a um jornalista que lhe perguntara se, como se diz de vez em quando, o amor era "sujo": "Pensando bem, sim. Principalmente quando é bem feito!"

Vislumbrar a regra

Conhecida ou não, a diferença radical das relações com o sexo na qual me detive tanto tempo evidentemente nunca impediu os indivíduos de se unirem, nem suas uniões de se desenvolverem mais ou menos favoravelmente em função das transações que eles conseguiram realizar entre suas respectivas histórias. A gama desses desenvolvimentos pode ir de um acostumar-se recíproco e benéfico ao outro à mais mortífera recusa. Como o costume esteia a durabilidade dos casais e a recusa mortífera precipita a ruptura, o adultério masculino ou feminino inscreve-se com frequência num registro regressivo de exploração e por vezes é parte integrante, quando não é revelado e não descamba para a enganação, da lógica da transação.

É claro que, para o ser humano comum, sem distinção de sexo, essa grade de leitura apresenta um inconveniente: o de colocar firmemente a Lei da Espécie como onipresente, surda a quaisquer transações, exigente até a ferocidade e cobradora do pagamento – se não por parte dos sujeitos que a infringem, ao menos por seus descendentes – de um preço proporcional à gravidade das contravenções cometidas contra ela. Mais do que qualquer outra, a etapa edipiana situa-se sob seu controle e envolve sem distinção todos os seus participantes.

Reconheço sem hesitar, independentemente da censura que me seja feita, ter privilegiado sempre o filtro edipiano na análise de todas as situações com as quais tive de lidar. Terá sido por falta de outro? Terá sido por falta de informação ou de imaginação? Ou porque a atmosfera das histórias que se desdobravam ao longo de meu exercício da pediatria não podiam ser lidas nem resolvidas senão por meio desse filtro e levavam sempre a ele? Quantas vezes não detectei algo que se mostrava sujeito a um efeito de repetição, porque a história da criança fazia entrar em ressonância, num ou noutro momento, a história de um ou outro de seus pais, quando não a de ambos ao mesmo tempo!

Mas creio sobretudo que nunca consegui imaginar, e não consigo, como as coisas poderiam ser diferentes!

A menos que eu decida – mas não sou capaz de resolver-me a isso – que o inconsciente não existe (justamente no momento em que a neurologia mais orgânica[12] está demonstrando sua existência), que todos os acontecimentos são apenas o efeito de uma conjuntura, quando não do mero acaso, que os sintomas inserem-se todos, sem exceção, na grade diagnóstica do DSM e exigem um tratamento químico. Séculos de invenção, de engenhosidade, de progresso, de conquistas e de aberturas, assim como nosso acesso à democracia, parecem haver convencido muitos de nós de que são livres, de que detêm nas mãos o seu destino e de que o possível não tem fronteiras. É verdade, infelizmente, que, independentemente do que nos empenhemos em fazer no sentido oposto, os defensores dessa opinião dispõem de todos os meios e condenam todo trabalho de reflexão à condição de luxo original, mas sem grande alcance. O espírito que anima nossa mídia – a qual fabrica como quer as opiniões e molda as mentalidades – privilegia o espetáculo que a perversão[13] é mestra em ressaltar, a fim de promover sua visão de mundo: uma visão segundo a qual toda lei, e *a fortiori* a Lei da Espécie, não existiria senão para ser contornada ou colocada em xeque.

O trabalho que realizo, por meu lado, há muito tempo, sempre buscou oferecer a meus pequenos pacientes as melhores condições possíveis para um desenvolvimento equilibrado de sua psique. Daí meu esforço em detectar a mínima distorção da Lei para mostrar aos jovens pais o quanto a união e complementari-

---

12. Lionel Naccache, *Le Nouvel Inconscient*, Paris, Odile Jacob, 2006.

13. No dia 22 de abril de 2006, durante o programa de informações das 13 horas da rádio France-Inter, tratou-se da autorização para adotar crianças dada pelo governo belga a casais homossexuais. A socióloga, a quem se perguntou por que a França ainda hesitava em legislar nesse âmbito, lamentou – e seu interlocutor não pareceu chocado com isso – que nosso país continue a legislar "em função de princípios" (*sic*). Tal estado de espírito certamente aplaudirá a fundação, na Holanda, do partido político pedófilo (NUD) (*Le Figaro Magazine*, 24 de junho de 2006, p. 24).

dade entre eles e o zeloso respeito de seus respectivos lugares são capazes tanto de preservar os filhos quanto de proteger a eles próprios contra um retorno inesperado das histórias de cada um.

A história, como já disse em várias ocasiões, nunca deixa ninguém em paz, parasitando inclusive a relação sexual, em sua dinâmica e em suas dimensões mais recônditas.

Mesmo os casais felizes têm uma história

Abri a porta da sala de espera e a visão dela me deslumbrou! Estava de pé, com seu bebê nos braços. Magra, esbelta, etérea, maravilhosamente à vontade no espaço. Bela, muito bela. E de uma elegância rara, a calça preta de crepe caindo-lhe sobre os sapatos envernizados e um casaco curto, com estampa de flores cor-de-rosa e lilás, ajustado na cintura. Grandes olhos pretos e sorridentes conferiam a seu rosto, emoldurado por cabelos lisos e quase azuis presos num coque, um caráter a um só tempo gracioso e enérgico. Eu não a conhecia. Lamentei, naquele instante – eu que me alimento da beleza, venha ela de onde vier –, não tê-la notado antes. Era uma paciente de minha colega. Era eu que estava de plantão naquela manhã de sábado, e ela havia telefonado pouco tempo antes por causa da febre súbita de seu menininho.

Convidei-a a me acompanhar. Ela entrou em meu consultório e, reconhecendo a deliciosa emoção estética que me havia proporcionado, não pude deixar de lhe declarar, antes mesmo de me interessar pelo caso de seu filho:

– Como você é bonita! Sempre declarei que a beleza tem utilidade pública. Permita-me agradecer o prazer que você proporcionou ao meu olhar. Esta manhã cinzenta tornou-se muito menos triste graças a você. Você deve ser modelo! Não? Eu me engano?

– Engano seu, doutor – respondeu ela sorrindo, encantada. – Sou professora de biologia molecular numa faculdade.

A continuação da consulta, provavelmente das mais banais, nada teve de especial.

Ela me relembrou, anos depois, que, não sei bem por quê, eu teria pontuado sua resposta colocando meu dedo em sua testa e dizendo as seguintes palavras: "Parabenize seu pai de minha parte por tê-la convidado a investir sua cabeça tanto quanto seus traços físicos." Não me lembrava disso. Mas sabia que era do meu feitio, como o tinha sido minha maneira de iniciar aquela consulta, da qual nada mais me restou. Já assinalei em algum lugar, anteriormente, a importância que sempre atribuí ao tom das primeiras trocas. Conforme a idade avança, percebo com que frequência a relação com as jovens mães que me consultavam era baseada numa contratransferência de tipo paternal; elas também, para mim, eram sempre como filhas. Aquela deve tê-lo sido mais do que as outras.

Não a revi.

Durante anos.

Uma tarde, enquanto cada um de nós, minha colega e eu, recebíamos nossos respectivos pacientes, esta última me telefonou pela linha interna:

– Pedi que uma paciente, com seu bebê, me aguardasse na secretaria – disse-me ela. – Acho que ele tem a doença de Kawasaki. Gostaria que você desse uma olhada nele quando terminar sua consulta. Depois me chame, para que possamos conversar.

Uma das vantagens do trabalho num consultório compartilhado é poder discutir assim casos difíceis. A doença de Kawasaki é um deles. De origem misteriosa, ela progride por pequenas epidemias, associando uma febre forte a uma erupção bastante característica. É uma doença grave, que pode ser fatal quando não é tratada, particularmente por ser a única doença infantil capaz de provocar infarto do miocárdio.

Alguns minutos depois, fui à secretaria.

Reconheci-a de imediato, embora me parecesse que não a via fazia anos. Apesar da preocupação, ela me acolheu com aquele sorriso que eu lhe conhecia, como se também tivesse recuperado, instantaneamente, o tom da única troca que houvera entre nós.

Pus-me então a examinar seu menininho de quinze meses, que era, portanto, o segundo, enquanto aguardava a chegada de minha colega. Quando ela chegou, comuniquei-lhe minha impressão de que provavelmente não se tratava da doença de Kawasaki, mas de um eritema polimorfo – duas doenças de diagnóstico exclusivamente clínico, muito parecidas entre si, sendo a segunda, no entanto, infinitamente mais benigna que a primeira. Minha jovem colega, clínica excelente e escrupulosa que tivera o mérito de diagnosticar essa síndrome precocemente, três vezes, em anos anteriores, quis discutir cada um dos sinais. Seu argumento, preciso, não estava disposto a ceder ao meu, e ela se disse pronta a apostar cem francos no próprio diagnóstico. Consciente, em certo momento, de que nossa discussão só poderia angustiar um pouco mais a jovem mãe, e certo de que teria a aprovação de minha colega, dirigi-me a ela nestes termos:

– Você acaba de assistir a uma discussão técnica um pouco árdua e pouco conclusiva. Como minha colega e eu não estamos de acordo, proponho-lhe que ouça um terceiro parecer. Temos um excelente amigo, chefe de um departamento hospitalar, bem perto daqui. Vamos telefonar para ele para que receba seu filho imediatamente. Se minha colega tiver razão, não teremos perdido tempo, seu filho será hospitalizado em seguida e o tratamento necessário será imediatamente iniciado. Se eu tiver razão, você sairá do hospital com uma prescrição de uma semana de antibióticos.

Ela aquiesceu à solução que eu lhe propunha dizendo a minha colega que estava disposta a lhe dar os cem francos da aposta caso perdesse. Rimos. Despedi-me dela e virei as costas para voltar a meu consultório quando vi, emoldurado pela porta, um homem soberbo. Mal tivera tempo de avaliar sua estatura e cruzar com o olhar azul metálico que combinava tão bem com o loiro de seu rosto enérgico quando a ouvi dizer, às minhas costas: "Apresento-lhe o meu marido." Cumprimentei-o e ele me disse que tinha ouvido nossa conversa. Pensei comigo que aqueles dois tinham sido feitos um para o outro.

Soube do que se passou depois no dia seguinte, quando minha colega veio me entregar uma nota de cem francos.

A terceira vez em que a vi, também depois de muito tempo, foi nos horários reservados para a recepção dos pais desacompanhados. E fiquei surpreso.

Ela estava em estágio avançado de gravidez. Devia ter chorado muito, pela vermelhidão que restava em seus olhos. Mas esforçou-se para sorrir, talvez para não decepcionar o meu conhecido olhar e reatar entre nós o fio do diálogo episódico. Ela marcara a consulta por recomendação de minha colega, pois acabara de saber que estava grávida de uma menina e isso era para ela um "horror". Havia ficado muito feliz em ter seus dois meninos. Esperava um terceiro e sempre soubera que não desejaria por nada no mundo ser mãe de uma menina. Enquanto prestava perfeita atenção ao que ela dizia, disse a mim mesmo que teria sido realmente lamentável que ela não transmitisse a uma menina sua tão grande beleza.

Primeiramente chamei sua atenção para o fato de que, se levássemos em conta a intervenção do inconsciente nos processos da vida, poderíamos emitir a hipótese de que, embora conscientemente ela soubesse não desejar uma filha, um desejo de filha havia contudo feito seu caminho dentro dela. Minhas palavras não lhe pareceram delirantes. Ela aquiesceu. Continuei então convidando-a a examinar o medo que sentia e a tentar relacioná-lo a sua própria experiência de filha. O que ela sentia antecipadamente como um "horror" não a remeteria à experiência pessoal de um outro "horror", a ser eventualmente identificado em seu percurso de filha de sua mãe? Convidei-a então e me contar, como quisesse, sua vida de filha. Ela não manifestou nenhuma resistência; ouvi seu relato um pouco distraidamente, desviando dela meu olhar.

Era a única menina de um grupo de seis crianças. Tinha dois irmãos mais velhos e três mais novos. Deu-me a idade deles. Falou-me conscienciosamente dos pais, dos tios, das tias, primos e primas de cada lado, a ponto de eu me pegar construindo mecanicamente sua árvore genealógica. Continuou a me falar de sua infância, das reuniões de família, da relação com os irmãos, com os professores, com os amigos. Tudo isso vinha de modo banalmente associativo, e comecei a ficar desesperado por nada conseguir recolher de consistente, quando a ouvi dizer, no meio de não sei que palavras: "O que me desagradava, era quando acontecia de minha mãe vir à cozinha pela manhã, de camisola, enquanto eu tomava meu café da manhã antes de ir para a escola." Provavelmente, sem saber como nem por quê, devo ter reagido. Talvez eu tenha me endireitado na cadeira, ou simplesmente levantado a cabeça, ou lançado um olhar interrogativo, quem sabe encorajador? Não sei dizer. Ela continuou: "Às vezes, acontecia de ela se sentar à mesa e me dizer: 'Me desculpe, querida, sei que não estou cheirando bem. É que seu pai quis fazer amor esta noite e ele tem um sexo que cheira mal.'"

Urrei. Interiormente, é claro, mas com todas as minhas forças! Isso porque, mesmo que tentássemos analisar e compreender sua gênese, a estupidez e a indecência desesperadoras desses pais cada vez mais numerosos que acreditaram ser bom apagar a salutar diferença entre gerações nunca me pareceram senão assassinas e suicidas a um só mesmo tempo. Elas ilustram, e não poderiam ilustrar melhor, a maneira como a renitência à Lei se comporta. *O que faz, com efeito, a mãe que assim procede, senão invadir sua filha, considerá-la como seu prolongamento, não estabelecer nenhuma diferença entre a filha e ela e, acima de tudo, reativar violentamente, como para cultivá-lo, o terror que essa filha sentiu outrora diante dela?* Já é tão difícil para essa filha infeliz, nas circunstâncias mais favoráveis, conquistar sua identidade pedindo ajuda ao pai para afugentar o medo que sentiu de sua mãe! Agora, quando essa mãe aproveita a menor ocasião para pôr o dedo na ferida, a coisa vira um inferno para ela! Quando se pensa na violência com que é de bom-tom, atualmente, criticar a aplicação da Lei! Pela razão de que a instauração da troca das mulheres entre os homens foi uma iniciativa imposta pelos homens às mulheres, à revelia delas, ela passa a se afigurar como profundamente iníqua, sobre o pano de fundo da preocupante igualdade de direitos em nossas sociedades atuais. Ela é pisoteada por mulheres e homens, e vamos ver quem ganha na corrida da contravenção! Por ser tão fácil confundir diferenças e desigualdades, ninguém mais corre o risco de dar-se ao trabalho de mostrar que ela constitui o indispensável e insubstituível empurrãozinho que o Édipo feminino exige para concluir seu trabalho.

Foi com esse espírito que, para aliviar minha paciente do peso do material que acabava de verbalizar, critiquei violentamente, quase descontroladamente, a atitude de sua mãe. Sabia muito bem o que estava fazendo; atacava, é claro, a imagem que essa jovem mulher tinha da mãe, mas defendia ainda mais violentamente a menininha que ela havia sido e que com certeza não deixara de se sentir agredida, sem poder se defender, pela confidência grosseira e inconveniente que lhe havia sido feita. Aproveitei a ocasião e observei que não devia se sentir condenada a repetir o comportamento de sua mãe, na medida em que havia concretamente interposto, entre si e esta última, o marido magnífico que escolhera. Para intensificar a ideia, contei-lhe a forte impressão que ele me havia causado – o que não foi difícil, porque foi sincero –, a emoção que senti e a reflexão que me veio à mente. Ela não parava de sorrir, feliz e orgulhosa, durante todo o tempo em que falei. Ao fazê-lo, nada fiz senão adequar formalmente nosso diálogo ao espírito da Lei – por mais obsoleta que a considerem – e da troca de mulheres que ela instaura. Pai para ela por contratransferência, e provavelmente também por transferência – a julgar pelo que se passara nas entrevistas anteriores –, eu lhe dissera, de certa maneira, que ela tinha havia muito tempo um homem à sua disposição para assegurar, no lugar de seu pai, a sua segurança; e que ela podia, sem hesitar e em qualquer ocasião, posicioná-lo entre sua mãe e ela, entre o que temia do retorno da história de sua mãe e a história que estava construindo ela mesma.

Seus traços se distenderam. Ela sorriu, aparentemente aliviada. Continuei minha fala, não apenas para resolver sua dificuldade – e tratava-se visivelmente de uma –, mas para proporcionar-lhe, quanto a todos esses pontos, informações precisas, detalhadas e instrutivas. É o meu modo pessoal de militar: o que ela compreender e absorver sobre sua situação permitirá que ajude, um dia ou outro, colegas ou amigas em situações similares. Cada vez que procedo assim, digo a mim mesmo que, como tudo o que já escrevi, isso vai se espalhar tanto quanto possível, sobre o fundo do discurso embrutecedor servido por nossa mídia, tão destruidor de nossas referências que mal sabemos onde estamos. Expliquei-lhe então as diferentes condições da repetição, sempre mortífera, e da reprodução, sempre vivificadora, porque nela se leva em conta a realidade do outro que a ela se associou. Combinamos que só nos reencontraríamos se ela sentisse necessidade.

Ela não retornou.

Algumas semanas depois, ela enviou uma mensagem alegre e feliz a minha caixa postal eletrônica. Junto com ela, magníficas fotos da pequena Lucile, entre as quais uma, em particular, em que era segurada pelos braços estendidos do pai, o que parecia uma referência implícita ao nosso encontro anterior. Eu tinha o sentimento – raro, mas sempre agradável – de ter feito, sem grande esforço, um trabalho capaz de pôr uma história nos eixos, e provavelmente por muito tempo. Assim, minha resposta foi extensa, e não reprimi a expressão de minha alegria nem de minha ternura.

Fiquei, portanto, muito surpreso em revê-la, três ou quatro meses depois, de novo numa manhã de quinta-feira, em consulta. O sorriso que eu lhe conhecia havia desertado de seu rosto. Estava tensa, e mais furiosa que preocupada.

– Venho lhe dizer que marquei encontro com um advogado, para este sábado. Vou dar início a um procedimento de divórcio.

Como não reagi, por falta de outras informações, ela continuou num tom em que a raiva concorria com a ira.

– Revendo nossas caixas de entrada, descobri na de meu marido um e-mail de uma mulher que marcava um encontro com ele num quarto de hotel, num dia definido e numa hora precisa. A coisa foi mais insuportável ainda porque no dia dessa mensagem eu estava me recuperando do parto. Para mim, é uma traição, a pior que eu podia vivenciar. Acho inadmissível que ele tenha feito isso comigo. É um nojo. É infame. Por mais que eu tente ver a questão sob todos os ângulos, não consigo entender como ele pôde fazer isso. E o senhor pode bem imaginar que não estou disposta a perdoá-lo!

– ...

– Comuniquei-lhe minha descoberta. Ele não negou. Explicou-me calmamente que não havia motivo para tanto barulho. Tratava-se – nas suas palavras – de uma sirigaita que corria atrás dele havia muito tempo, e da qual ele não sabia como se livrar. Disse-me aliás que havia recebido outras mensagens dessa mulher e que as tinha excluído sem responder a elas. Lamentava muito que aquela tivesse escapado à limpeza de sua caixa postal. E ele acha que eu vou engolir isso? Que desplante! Ainda por cima, ele me toma por uma perfeita idiota!

Nosso encontro, que até aquele momento – pensava eu – parecera um modo de tentar fazer avançar uma felicidade banal e legítima, pela contraposição de um certo discernimento aos ventos contrários de uma história, não iam descambar assim para o vaudevile! Recordava-me da impressão que seu marido me havia causado. Lembrei-a de como havíamos afugentado seu "horror" diante da gravidez de uma menina pela introdução de uma referência ao inconsciente. Disse-lhe que iríamos proceder da mesma maneira. Com a atenção da boa aluna que sempre devia ter sido, ela não fez nenhuma objeção, e pareceu até deixar de lado por um momento a indignação que havia manifestado.

Chamei então sua atenção para o fato de que, se fosse apenas uma prática adulterina, seu marido certamente não teria cometido o erro de deixar uma mensagem tão comprometedora na caixa postal, quando teria sido tão mais simples excluí-la. Minhas palavras a surpreenderam mais do que eu imaginava. Talvez ela se perguntasse se eu não estaria querendo consolá-la um pouco rápido demais com a minha leitura dos acontecimentos. Em vez de lhe dar a palavra e incentivá-la a reagir a essa leitura, acrescentei que, se a mensagem que ela havia descoberto permanecera na caixa, era imperativo considerá-la como destinada a ser lida, primeiramente e antes de tudo por ela, e depois investigar a questão da metamensagem que ela estaria incumbida de transmitir. Ela pareceu hesitar em me seguir, provavelmente se perguntando, desta vez, se a interpretação que eu lhe dava não devia ser atribuída a uma solidariedade masculina que avançaria dissimuladamente. Como, no entanto, apesar da cara muito expressiva, ela não ousou dizer diretamente o que pensava, retomei minha argumentação dizendo-lhe que, se levássemos em conta a explicação de seu marido, era indispensável considerar a manutenção dessa mensagem na caixa como um simples ato falho. É claro que eu não podia saber por que seu marido lhe dirigia tal mensagem. Mas essa mensagem parecia logicamente querer lhe dizer alguma coisa além daquele desolador "saiba que eu a estou enganando" lido por ela. Minha lógica pareceu finalmente abalá-la. Ela recobrou parcialmente a postura. Depois se acalmou. E acabou por recuperar pouco a pouco o sorriso.

Tudo parecia funcionar de acordo com a transferência. O pai simbólico que eu representava não podia, afinal de contas, ser indiferente a uma grosseira traição de sua honra. Eu estava bem posicionado para julgar a coisa. Havia conhecido seu marido. E, se não reagira de modo indignado, talvez minha explicação fosse boa. Pedi-lhe então que me contasse como se haviam conhecido.

– No verão seguinte ao meu primeiro ano de faculdade, arrumei um emprego numa grande companhia de seguros, para ganhar algum dinheiro. Ele também tinha trabalhado lá no mês anterior. Soube disso desde o primeiro dia de trabalho, porque todas as moças falavam dele quase babando. No dia seguinte, tive de descer aos arquivos. Nos vãos entre eles, cruzei com um homem cujos traços lembravam a descrição que eu tinha ouvido na véspera. Foi o tempo de pensar nisso, e ele passou. Virei mecanicamente e constatei que ele também tinha virado e olhava para mim. Naquela tarde, uma colega veio me ver e me convidou para uma reunião que uma outra estava fazendo por sua partida. Disse-me que seríamos três moças e três rapazes – os quais ela me mostrou –, e um deles não era nada mal. Aceitei o convite e, no caminho para lá, pensei comigo que já ia fazer dezenove anos e que já era tempo de ter minha primeira experiência sexual. Decidi que seria naquela noite, com o rapaz que chamara minha atenção. Quando cheguei, éramos realmente três moças. Mas os três rapazes tinham avisado que não poderiam vir e, no lugar deles, estava somente aquele com quem eu tinha cruzado nos vãos dos arquivos. À meia-noite, fui embora com ele. E, desde então, não nos separamos mais.

Um encontro. Decisivo. Um desses encontros dos quais não suspeitamos, quando acontecem, que serão a tal ponto determinantes, mas sobre os quais é bom saber que podem ocorrer a qualquer momento e mudar o curso de uma existência.

Concluí a sessão propondo-lhe, uma vez mais, que nos revíssemos se ela sentisse a necessidade. Quando se aproximou da porta, virou-se e me disse que telefonaria para o advogado para desmarcar o encontro de sábado.

Foi um trabalho bem estranho, esse que eu fiz! Como o que faço de modo geral, aliás, e que, para a tônica perversa de nossas sociedades, é condenável por não ser destituído de ideologia, o que, é claro, não é falso, porque ele se baseia numa adesão sem reservas à Lei da Espécie e não hesita em fazer-se dela um servo e um prosélito. E por acaso é fácil ser indiferente e deixar dois indivíduos que se escolheram e amaram, que conscientemente tiveram e educam três filhos, esfolarem-se vivos por motivos cujos determinantes repousam, indiscutivelmente, em suas histórias respectivas? E isso pelo motivo de serem adultos e terem de tomar suas decisões com total autonomia? Deveria eu ter deixado aquela mulher fazer as associações que quisesse e ter permanecido na famosa neutralidade que, nesse caso, de "benevolente" só teria o nome? Deveria eu ter deixado que descobrisse sozinha o que lhe indiquei? Correr o risco de que isso levasse um tempo enorme, que a ferida narcísica amplamente aberta que ela me revelou só se intensificasse, crescesse e fermentasse, até chegar a um estágio sem volta o ressentimento que ela tinha todo o direito de manifestar? É claro que os pacientes não devem ser mantidos em estado de submissão! É claro que são livres! Mas seria preciso entender-se quanto ao significado dessa palavra soberana que acabo de proferir! O que é afinal – pergunta que faço uma vez mais! – essa famosa liberdade com a qual nos deliciamos a baixo custo, senão, como diz Lacan, a "ilusão da autonomia do eu"? Quando, então, numa atmosfera trabalhada por uma libido terapêutica, é certo, mas na qual reina uma confiança definida tanto pela transferência quanto pela contratransferência, eu convido minha paciente a incursionar em seu eu, esse eu que se construiu na luta contra o medo arcaico da mãe, por que eu deveria hesitar? Por que hesitaria, se me parece fácil ajudá-la a vislumbrar o caminho que ele havia convenientemente tomado e do qual deve ter saído sob a pressão de fatores contra os quais não tinha grande poder?

Recebi em certa ocasião um casal com uma menininha de dois anos. Intelectuais brilhantes, um e outro, eles haviam realizado uma constante investigação sobre si mesmos. Ela percorria, havia muitos anos, diferentes terapias, do grito primal à terapia comportamental, passando pelo trabalho ericksoniano e por uma terapia de tipo analítico. Ele se contentara com uma psicanálise, que realizava havia cinco anos. Faziam também, havia dois anos, uma terapia de casal. Durante nosso primeiro encontro, coletei os motivos da desavença entre eles e os elementos de suas histórias. Quando perguntei, durante o segundo encontro, o que consideravam estar no cerne do mal-estar entre eles, ela respondeu que certamente ele se devia ao fato de que não haviam tido relações sexuais desde que souberam que ela estava grávida. É claro que ele se sentia frustrado, declarou ele, mas logo acrescentou que não podia, afinal de contas, "forçar sua mulher". Esperava que ela "manifestasse o desejo". Ergui os braços aos céus! E comecei a explicar-lhe longamente, recorrendo ao socorro da anatomia e da fisiologia, a vetorização das relações entre homens e mulheres e o erro no qual ele incorrera em nome de um cavalheirismo e de uma delicadeza preconizados, venenosamente e sem inocência, por um entorno que tinha todo interesse nisso. Ao terminar, instei-o a que não hesitasse de modo algum em manifestar seu desejo a sua companheira e a oferecê-lo a ela, pedindo-lhe que o satisfizesse. Ele me ouvia embasbacado, surpreso. Provavelmente teria se levantado e ido embora se não fosse tão inibido e estivesse menos confiante nas palavras que ouvira a meu respeito. Ela, em compensação, estava simplesmente radiante. Na sessão seguinte, tudo ia bem melhor. Eles haviam até concluído, de comum acordo, a terapia de casal. O ovo de Colombo!

Voltando à minha heroína, ela retornou. Um mês depois. Estava resplandecente, com uma expressão no olhar que eu não via desde nosso primeiro encontro. Disse-me de imediato que "banhava numa felicidade que não imaginava que pudesse existir". Sua vida havia tomado um rumo completamente novo e "tão, mas tão extraordinário", disse ela, "que às vezes me belisco para ter certeza de que é verdade". Viera, portanto, para expressar sua gratidão e colocar-me a par do modo como evoluíra sua situação. Continuou por mais um minuto ou dois nesse tom. Eu estava contente por ela. Mas perguntava-me por que ela havia sentido a necessidade de voltar, quando poderia ter enviado um e-mail ou escrito uma carta.

– Refleti muito sobre a leitura que o senhor fez do significado daquele famoso e-mail. Ela me abalou, sem contudo me convencer. Acabei concluindo que, mesmo que o senhor não estivesse inteiramente certo, a pista que o senhor tinha aberto merecia ser explorada. Se meu marido, como o senhor havia dito, não queria assinalar que me enganava, mas queria me dizer não sei bem o quê, e, se o que ele queria me dizer passava pela relação sexual com uma outra mulher, provavelmente tinha a ver com a nossa relação sexual. Então fiz uma coisa completamente louca, uma coisa que nunca me achei capaz de fazer, comprei umas peças, bem provocantes, de *lingerie*! É isso! E vim lhe dizer que o senhor tinha razão. A partir daí, vivemos numa apoteose! Eu que fiz dança tanto tempo e acreditava conhecer o meu corpo, nunca teria imaginado que ele podia esconder tantos recursos e me proporcionar tanta felicidade. Até censurei meu marido. Afinal de contas, nunca tive outro homem além dele. Ele foi meu Pigmalião. Foi ele quem me ensinou tudo. E eu nem imaginava que o que ele começou a me ensinar desde essa explicação pudesse existir.

– Hmm! Mas me diga uma coisa, como você teve essa ideia da *lingerie*?

– Ah! É uma história antiga! Quando eu tinha uns dezesseis anos, comprei num impulso umas belas peças de *lingerie*. Assim que cheguei em casa eu as experimentei. E me achei tão linda com elas que não resisti ao prazer de mostrar como tinha ficado aos meus pais, que estavam na sala; minha mãe fez uma cara de espanto e colocou a mão na boca para não soltar um grito, mas meu pai, sem se dirigir a ninguém em particular, deu uma risada e disse: "Essa vai aprontar muito!"

As palavras que ela colocava assim na boca de seu pai beiravam certamente o obsceno. Em contraposição à reação da mãe, ele deve ter, por sua brutalidade, compensado o convite à repulsa proferido pela mãe anos antes, o qual ressurgiu no momento em que essa mulher concebeu uma filha. Ele retornou ali, naquela troca, pontuando-a como para ilustrar a manobra que permitiu àquela jovem mulher atrair o olhar do sexo oposto para ser reconhecida no próprio. Se o olhar da mãe nem sempre é indispensável para um filho confortavelmente instalado por sua aventura edipiana em seu destino heterossexual, o do pai, contanto que ele mantenha uma distância suficientemente boa em relação à filha, contribui para extraí-la um pouco mais da parte de homossexualidade que seu destino a obriga a admitir.

De fato, "a persistência de um certo modo de relação com mãe é um dos mais sólidos obstáculos ao gozo feminino. Julgar-se ainda como objeto fálico do Outro materno, sendo o homem desejado como um semelhante, constitui frequentemente a natureza do obstáculo. Gozar com um homem situa uma mulher, em relação a ele, no ser, e deixa-a órfã do Outro materno"[14]. Isso pode ser traduzido, em linguagem comum, nestes termos: ser plenamente mulher, para um homem, é aceitar-se como tal e exclusivamente como tal, e não mais como a filha de uma mãe.

---

14. Gisèle Chaboudez, *op. cit.*, p. 238.

Tudo é um

Os episódios da história formavam uma sequência perfeita. Filha única e adulada por sua mãe – provavelmente, em outras palavras, objeto fálico desta –, aquela jovem mulher sê-lo-á até o momento em que descobrir que será mãe de uma menina – a qual, ainda por cima, terá a mesma posição que ela. Nosso encontro, que lhe permitiu, porque eu a incitei a fazê-lo, interpor o pai de seus filhos entre sua mãe e ela, levou-a a superar os medos e evitar a queda na repetição ameaçadora. Foi o momento que seu marido escolheu para dirigir-lhe uma mensagem, cuja continuação dá a entender que ela acabou por compreendê-la da seguinte forma: "Nem todas as mulheres são como você; algumas até me solicitam. Faça alguma coisa!" Ela reagiu primeiramente, às cegas, de um modo narcísico: haviam-lhe roubado um objeto que era seu por direito, seu objeto, o objeto que pertencia a ela, falo de sua mãe, ao qual, por essa razão, tudo teria sempre sido devido. Quantas vezes esse tipo de reação não precipitou a ruptura dos casais! Em vez de aderir com comiseração e indignação à análise dos fatos, eu a convidei a tentar compreendê-los dialeticamente. Ela se lembrou, então, por intermédio da história da *lingerie*, da fala de seu pai: "Essa não vai cair na conversa de qualquer um!" Palavras que a reconhecem em seu próprio sexo, autorizando-a, com esse reconhecimento, a se lançar sem constrangimento na heterossexualidade e a explorar sem restrições todas as suas potencialidades. Ela diz lamentar que seu marido Pigmalião não a tenha conduzido antes pelo caminho das coisas que descobriu. Não é anódino que lhe tenha vindo à mente a referência a esse escultor de Chipre, cuja arte e cujo desejo fizeram com que Afrodite conferisse vida à estátua de Galateia por ele realizada. Sabemos que o mito foi epônimo de uma peça de Bernard Shaw, na qual um linguista se empenha em reeducar uma moça de rua e apaixona-se por ela assim que seu ato é coroado de sucesso. Quando um homem, hábil em sua arte, entrega-se à sua obra, fabrica uma obra-prima que conquista a ele próprio. Essa jovem mulher afirma, de certa maneira, ter sempre esperado que aquele homem, o primeiro ao qual se uniu e o único que conheceu, lhe desse vida, iniciando-a. E espera-o mais ainda pelo fato de que ele havia tido numerosas experiências com outras mulheres – sua colegas não lhe haviam falado dele quase "babando"? Essa referência a Pigmalião e a maneira como ela aparece em seu discurso provam igualmente que a maior parte do trabalho nela realizado o foi inconscientemente. Parece indubitável que, nesse âmbito, o marido não tenha encontrado nela, durante muito tempo, senão inibições. "Ela tinha, diante de mim, pudores de mocinha", poderia ele ter reconhecido, a exemplo do poeta. Mas será que ele poderia censurar sua companheira por tais pudores, quando constituíam justamente a prova de que ela não havia sido iniciada por outros homens à rica complexidade do gestual amoroso? Não caberia cultivá-los, congratular-se por eles, orgulhar-se deles? Mas a que preço? Quando seu ato falho revelou à companheira o preço que ele pagava para manter suas inibições, ela as abandonou, por medo de perdê-lo. Fala então de "apoteose", palavra à qual o senso comum acredita poder atribuir apenas o sentido de "apogeu", ao passo que ela designa o ato de deificação de um humano. Galateia à sua maneira, ela diviniza seu homem por ter-lhe dado vida iniciando-a na riqueza e na complexidade de um gestual sexual a que ele tinha acesso, mas em que ela não ousara lançar-se, tendo ainda nos ouvidos a manifestação de pouco entusiasmo, senão de repulsa, que a mãe sentia pelo sexo de seu próprio homem. Ela diz então, e não poderia dizê-lo com mais clareza e mais entusiasmo por sua descoberta, que se desembaraçou de todo o matiz homossexual de sua sexualidade e que, a partir de então, assume sem reservas sua heterossexualidade. Diz, em outras palavras, que entrou plenamente no domínio da Lei.

Que não venham dizer que essa ordem das coisas sujeita as mulheres aos homens. O pai dessa jovem mulher, com sua exclamação diante da filha vestida em sua *lingerie*, não a impediu de tornar-se a universitária que foi, nem o marido dela de nunca deixar de amá-la, embora este tenha tentado lhe dizer que ela podia adentrar uma dimensão mais ampla do exercício de sua sexualidade. Tudo isso é coerente com a leitura que faz uma autora[15] do enigma feminino: "É que, quanto mais ferida ela estiver, mais precisará ser desejada; quanto mais desafiada for, mais dilacerada será; quanto mais ela cai, mais poder dá a seu amante; quan-

15. Jacqueline Schaeffer, *op. cit.*, p. 73.

do mais submissa, mais poder tem sobre ele. E, quanto mais vencida, mais prazer sente e mais amada é."

Aquela entrevista confirmou, além disso, que era de fato sobre o pano de fundo da palavra recalcada do pai que se havia inscrito – em nosso encontro, e desde a primeira vez, graças às palavras que eu lhe dirigira depois que meu olhar se exprimiu a seu modo – o texto da transferência que ela havia operado sobre minha pessoa, sentida como "boa", e que se mostrará assim em várias ocasiões, inclusive durante a doença de seu segundo filho. Podemos dissertar sobre tudo isso e assinalar que, se olho desse modo para minhas filhas e as de minha clientela, é provavelmente para encontrar, repetitivamente, nessa troca de olhares com elas, o olhar que minha mãe deve ter dirigido a mim. E daí? Não vejo por que o negaria. Acrescentaria inclusive ter consciência de haver desfrutado de circunstâncias favoráveis e de um lugar privilegiado na história de minha mãe. Não é a sexualidade de toda criança mais bem promovida e assumida na medida em que o olhar dirigido a ela pelo pai – no caso da menina – ou pela mãe – no caso do menino – a reconhece, e assim a respeita, em sua essência? E não seria desejável que as coisas se passassem assim para todos?

Mais interessante ainda, nesse desenrolar dos fatos, é perguntar por que esse casal, formado havia tanto tempo, teve ainda assim de enfrentar uma crise com grandes chances de desembocar numa ruptura. Por que, afinal, o marido foi levado a cometer um ato falho para dizer à mulher, como provou a sequência da história, que a relação sexual com a qual se contentara até então já não lhe convinha? A resposta a essa pergunta não se encontra em nenhum outro lugar senão na chegada da pequena Lucile, a primeira filha.

Isso será confirmado em meu primeiro encontro com ele.

Foi ela quem me enviou um e-mail no qual me dizia ter contado ao marido, em meio à felicidade das trocas tingidas com novo colorido, o tom das nossas conversas; este manifestara então o desejo de me conhecer pessoalmente, se eu não achasse inconveniente ou impossível.

Ele veio. Eu não tinha a mínima ideia do motivo que poderia tê-lo trazido. Ele não me deixou por muito tempo com essa pergunta, pois me disse, de imediato, que havia solicitado o encontro para expressar pessoalmente sua gratidão.

– Pensei muito e posso lhe dizer: foi muita sorte nossa que minha mulher o tenha conhecido. O que nós temos vivido, graças ao rumo que nossa relação tomou depois das consultas dela com o senhor, não poderia nem mesmo ser imaginado! Amei minha mulher desde que a conheci. Era ela, e nenhuma outra, que eu esperava. Soube disso instantaneamente, e sei até hoje que passarei toda minha vida ao lado dela, que em meus últimos dias estarei ao seu lado. Preciso de minha mulher. O mundo nada seria sem ela. Mas, veja o senhor, e peço que me perdoe por falar de modo tão grosseiro, sempre precisei também de "putas". Quero dizer, aquelas mulheres que tratamos como tais porque elas têm um gosto pronunciado pelo sexo. Depois do que nos aconteceu, tenho as duas coisas numa só!

O grande tema da mulher e da puta! Esse eterno masculino, tomando todas as formas possíveis, entre as quais a do adultério, era-me servido de bandeja!

Há, de um lado, a mulher, aquela que um homem escolhe para si, autorizada pela instituição, a que será um dia mãe das crianças porque o amor que lhe é dedicado é fabricado sobre o outro, venerável, sentido pela "santa" mãe; por aquela mãe que dificilmente acreditamos poder ter tido uma relação sexual. Do outro lado, separado por uma vedação praticamente estanque, o sexo em estado bruto, o sexo animal, o sexo que alimenta as fantasias, o sexo revestido de mistério, o sexo como fonte de todas as curiosidades, o sexo que se conquista, o sexo aniquilado pelo modo como certos pais o concedem, o sexo do qual acabamos por admitir um dia, arrasados, que dele saímos, o sexo no qual, não sabemos bem por que, esperamos entrar novamente, e na impossibilidade de lá entrarmos inteiramente, ao menos com esse pênis que não pede nada além disso, o sexo praticado sem freios pelas putas, essas mulheres que "gostam disso", como aquelas mulheres venais, mas ao mesmo tempo generosas, porque são capazes de "dar tudo"[16] e mais um pouco para elevar as ofertas!

Ter "tudo numa só" não é tão comum quanto poderíamos acreditar. E não é tão simples de integrar por um homem. De fato, "o homem se sente limitado em sua atividade sexual por

16. É preciso ouvir novamente *La Complainte des filles de joie* [A queixa das mulheres da vida], esplêndida canção que Georges Brassens lhes dedicou.

respeito à mulher e não desenvolve sua potência plena senão na presença de um objeto sexual rebaixado", diz Freud[17], que acrescenta um pouco depois: "O que vou lhes dizer é desagradável de ouvir e, além disso, paradoxal, mas é imperativo dizê-lo: para ser verdadeiramente livre na vida amorosa e, desse modo, feliz, é preciso haver superado o respeito pela mulher e estar familiarizado com a representação do incesto com a mãe ou com a irmã."

"*Putain de ta mère*!"*, o mais violento e insuportável dos insultos no sul da França: ele destrói a vedação prezada nessas regiões em que a aura da mãe reveste, para os homens, uma importância maior do que em qualquer outro lugar. E no entanto, sob certos aspectos, poderia haver maior proximidade do que a existente entre a puta e a mãe, quando de uma e de outra o homem espera "que ela lhe dê tudo"? Esse "tudo" é tão vasto que acreditamos poder colocar equivalentes dele em circulação ou estendê-lo ilimitadamente. A mãe, pela Lei, é obrigada a excluir o sexo desse "tudo". A puta dá acesso ao "tudo" do sexo, preenchendo a "carência" de quem compra seus serviços ou, quando "gosta da coisa" e não entra no âmbito mercantil, dando enfim o sentimento de ter esse "tudo", porque o homem obtém, nessa ocasião, a parte que "faltava" do "todo" integral cujo sonho de obtenção ele sempre acariciou. Pode-se sempre, nesse aspecto, invocar a noção desgastada de "temperamento". De fato, existem homens que têm uma atividade sexual que qualificaríamos de "sensata" e outros que sentem necessidades que poderíamos chamar de "excessivas". O que existiria por trás de expressões tão bem-comportadas? Nada além de uma forma de ajustamento ao famoso "tudo" que foi outrora proporcionado pela mãe à criança. Se esse "tudo" foi oferecido de um modo pletórico, a "falta" inscrita no âmbito sexual ser-lhe-á estreitamente proporcional e a demanda nesse âmbito será muito grande. Pode-se conceber a partir disso que uma certa moderação no investimento do menino por parte da mãe fará dele um adulto menos exigente. A propósito, eu discutiria de bom grado, diante de sua insuficiência e ambiguidade, provocadas uma e outra pela própria formu-

17. Sigmund Freud, *La Vie sexuelle*, Paris, PUF, 1969, p. 61.
* Literalmente: "A puta da tua mãe!". (N. da T.)

lação, a conclusão de Freud, que afirma[18]: "a felicidade conjugal não estará garantida enquanto a mulher não tiver conseguido fazer de seu marido um filho, enquanto ela não se comportar maternalmente com ele". Se seguirmos ao pé da letra seu raciocínio, estaríamos pedindo às mulheres, transformadas em mães de seus parceiros, que lhe deem tudo, como a uma criança, tudo exceto sexo, que mãe alguma poderia dar à criança sem prejudicá-la gravemente. Pois essa situação é mais frequente do que imaginamos, na estratégia feminina que eu denomino "sujeição pelo serviço". "O que lhe falta?", defendem-se essas mulheres que tratam seus homens com todas as atenções, a ponto de se transformarem em suas verdadeiras escravas. *De fato, nada falta a esse homem, exceto o essencial para ele, algo de que elas o privam, castrando-o, quando já não o fizeram com atitudes ou palavras mais cortantes que a mais afiada das podadeiras.* Elas fogem, assim, do essencial, para retomar e cultivar meticulosamente, em si mesmas, a homossexualidade primária que, tendo-as mais ou menos fortemente vinculado à mãe, assumiu o caráter de uma lealdade propiciatória inevitável para com ela. É nesse ponto que se engata tanto o comportamento das mulheres na atmosfera conjugal costumeira quanto a noção do desgaste que atribuímos à relação sexual.

Do lado do comportamento das mulheres, vemo-nos diante da grande temática de um gozo que tem de ser-lhes arrancado, apesar delas. Ela remete à ambiguidade relacional da fase edipiana: amei minha mãe até o dia em que me senti aterrorizada por ela, e achei que seria bom voltar-me para meu pai e transformá-lo em aliado contra "meu medo dela". Ele fez o que pôde – muito pouco, aliás, pelo fato de ele mesmo, com tanta frequência, ser destratado por minha mãe. Mas tudo isso me deu um medo maior ainda, minha mãe vai ficar brava comigo por eu ter descartado o amor que sentia por ela, e mais ainda porque vai pensar que estou "paquerando" o namorado dela. Vai deixar de me amar, e pode ser que meu pai não me ame tanto quanto eu gostaria. Por isso, vou moderar meu mau comportamento privando-me, mesmo com o namorado que eu escolher à imagem

18. Sigmund Freud, *La Feminité, in Nouvelles Conférences sur la psychanalyse* Paris, Idées-nrf, 1978, p. 175. [Trad. bras.: *Novas conferências introdutórias sobre a psicanálise*, Rio de Janeiro, Imago, 2006.]

de meus pais, de me entregar totalmente a ele. Talvez eles não venham a saber disso, mas eu vou punir a mim mesma por essa privação, que vai tranquilizar minha consciência, pois refletirá o cumprimento da minha missão e o fato de eu ter sido leal.

Quando os dias, os meses, os anos passam sem que nada modifique essa atitude fundamental de uma mulher, o desejo de seu parceiro por ela se esgota. Não se pode esquecer que ele, fisiologicamente, "só pensa nisso", e que ela pensa "nisso" bem menos, tão grande é seu medo de não ser amada. Se o parceiro, ele também atravancado por seu próprio passado edipiano, nada faz para convencê-la de unir-se a ele, instaura-se então a recorrência das "cenas" familiares. E essas cenas terão mais raramente ainda do que antes o costumeiro fusível da relação sexual para atenuar o potencial destrutivo que elas carregam. É disso, e exclusivamente disso, que se trata quando falamos do famoso desgaste da relação sexual nos casais que envelhecem.

"Não tenho nada contra sua mãe", dizia aquele homem à sua mulher. "Sua mãe é um ser humano, e você conhece o meu zelo pela ética. Além disso, ela é muito simpática e gentil. Gosto muito dela. Pode ficar tranquila, não tenho nada contra ela. Se quiser, pode arrumar um apartamento pra ela aqui no nosso prédio. Se quiser, eu aceito até que ela venha morar com a gente, sob o mesmo teto. Vou mais longe ainda: se acha que isso seria bom pra você e a deixaria tranquila quanto aos meus sentimentos por ela, aceito até que ela durma com a gente, na nossa cama. Está vendo, eu não quero expulsar sua mãe de lugar nenhum. O único lugar de onde eu gostaria que ela saísse, é daqui!" Ao dizer essas últimas palavras, ele acrescentou o gesto e colocou o indicador na cabeça de sua mulher.

A busca do Graal!

Isso mereceria quase um breve retorno ao debate, que abri sem concluir, sobre casamentos arranjados e casamentos por inclinação. O amor dedicado ao parceiro, no segundo caso, não deixa de lembrar, fisiologicamente, o que outrora foi dedicado à mãe. De certa maneira, essa mãe parasita o casal, e a relação que a mulher continua a cultivar com ela freia seu pleno acesso à Lei e à heterossexualidade. No primeiro caso, em contrapartida, a união de uma mulher ao homem que lhe é imposto faz desse homem um estranho completo. Poderíamos deduzir daí que a estratégia foi aplicada a fim de colocar a mulher a salvo da parasitação de sua relação pelo modelo materno e permitir-lhe, pela descoberta desse homem qualquer, um acesso facilitado à sua heterossexualidade. Isso podia, é claro, realizar-se ou não.

Um caso intermediário, de tratamento delicado, parece-me capaz de demonstrar a pertinência dessa perspectiva.

Ela veio me ver por causa dos graves distúrbios de sono de sua primeira criança, uma menina de dois anos. Reconheceu, bastante rapidamente, que seu estado de tensão pessoal estava em jogo na gênese do sintoma. Revimo-nos, portanto, para falar sobre ela. Falou-me imediatamente da tristeza enorme que havia sentido quando se afrouxaram os vínculos com a mãe. Tinha a impressão de que a mãe estava brava pelo fato de ela ter se casado. Prova disso, nunca lhe telefonava e nunca vinha vê-la espontaneamente. Sua decepção era ainda maior pelo fato de suas amigas estarem numa situação oposta, compartilhando todas elas com suas respectivas mães uma cumplicidade reforçada pelo fato de terem se tornado mães elas também. "Parece até", concluiu ela, "que minha mãe deixou de ser minha mãe, e que eu deixei de ser sua filha no próprio dia em que me vi em presença de meu futuro marido sob a "*hupah*". A "*hupah*" é o dossel nupcial sob o qual o homem acolhe sua futura esposa durante a cerimônia judaica do casamento. Sua observação me fez pedir que me contasse sua história. Seus pais, judeus originários do Marrocos, haviam emigrado para a Bélgica antes de seu nascimento, onde também haviam nascido seus dois irmãos, e lá viveram até ela completar cinco anos. A família retornou então ao Marrocos. Lá permaneceram quatro ou cinco anos antes de virem se instalar definitivamente na França. Ela conta esse périplo insistindo na extrema qualidade da presença e dos cuidados que sua mãe sempre lhe dedicara: "Não acredito que tenha havido no mundo filha mais bem cuidada e mais feliz do que eu, nem mãe mais doce, atenciosa e amorosa, e ao mesmo tempo firme em minha educação. Não consigo me acostumar ao que está acontecendo. É como se eu tivesse perdido metade de mim, ou até mais! Não sei o que foi que eu lhe fiz!" Como tudo aquilo me pareceu muito claro, propus-lhe minha leitura de sua aventura. Expliquei-lhe que, mesmo sendo migrantes, seus pais nunca havia se desenraizado da cultura de origem. Permaneceram os mesmos judeus marroquinos que haviam sido seus ancestrais, cinco, seis ou vinte gerações antes deles, obedecendo a uma tradição multissecular provavelmente herdada do entorno árabo-islâmico. Nessa tradição, primava a patrilocalidade do casal. Quando um homem se casa, agrega a mulher a sua própria família de origem. Os pais de uma menina sabem que terão de "dá-la" um dia à família do homem que a esposará, assim como acolherão as noras no seio da família. Zelarão, por uma questão de honra, para que a família que a acolha não tenha motivos para queixar-se dela ou de sua educação. A qualidade da relação que a mãe mantivera com ela, além do amor autêntico que comportava, sem nenhuma dúvida, incluía também tal preocupação, reforçada evidentemente pela de fazer com que chegasse virgem sob a "*hupah*". Ressaltei o mérito de sua mãe em obedecer a tal tradição apesar de um ambiente que transformava sua aplicação em algo difícil, senão perigoso. Quando ela chegou à famosa "*hupah*", sua mãe considerou que havia cumprido seu dever – na cultura de origem, sua filha ser-lhe-ia eternamente grata e teria prometido a si mesma inspirar-se nela ao educar a própria filha. Quanto ao fato de que não lhe telefonava nem vinha vê-la espontaneamente, era sua maneira de respeitar o genro e tomar o cuidado de não perturbar de maneira alguma seu cotidiano nem interferir nele. Tudo isso era tão diferente do que ela estava acostumada a ver que não podia evitar uma leitura enviesada e provocadora de sofrimento. Compreendeu muito bem minhas explicações. Não a revi. Guardei esse caso na memória, no entanto, na medida em que constitui, a meu ver, não só uma ilustração do efeito das culturas, mas também do vínculo da filha à sua mãe, com o qual tais culturas tentaram lidar, cada uma à sua maneira.

Ele, ao qual retorno e a quem não perdi de vista, apesar dessas digressões, e que estava, portanto, à minha frente, ele havia dito que agora tinha "tudo numa só".

A consulta continuou de modo banal. Aproveitei a ocasião para completar a árvore genealógica. Soube que esse homem, pesquisador na área da oceanografia, era o caçula de um grupo de quatro irmãos, cuja concepção acidental havia ocorrido quatorze anos depois da do irmão anterior. Sempre fora muito ligado à mãe – o que ilustra a perspectiva que esbocei anteriormente sobre a noção de temperamento – de quem deve ter sido em maior ou menor grau, como costumam ser os caçulas ou as crianças que chegam de surpresa, o falo. Sua experiência de vida – as colegas de sua mulher universitária, relembro, "babavam" ao falar dele –, sem transformá-lo em "rabo de saia", vão levá-lo a fazer, com as "putas" ocasionais, frequentes retornos ao vínculo com a mãe, a fim de tentar distendê-lo. A questão do futuro de seus filhos homens aparentemente não o preocupa, é provável que eles se virem como ele, foi o que deve ter pensado. Mas eis que lhe nasce uma menina. Como vai fazer para ser o pai dela? Nunca tivera irmãs, não pode se espelhar no que seu pai teria feito.

Só pode se inspirar no que percebe da relação entre a sua mulher e o pai dela. É como se descobrisse, então, nessa troca da qual não tem consciência alguma, quão mais difícil para uma filha do que para um filho é distender o vínculo de união com a mãe. Seu ato falho vai desencadear tudo. Sua mulher enfim compreendeu. Ela o recebe e o aceita plenamente como substituto do próprio pai. A partir de então, eles estão um e outro, um com o outro, em conformidade com os termos da Lei da Espécie. Ele é ainda mais transformado por ela em pai de seus filhos e plenamente transformado em pai da pequena Lucile, que não precisará viver, como a esmagadora maioria das meninas de hoje, a dominação da mãe sobre ela.

Sua operação é um verdadeiro afastamento definitivo e bem-sucedido de ambas as mães ao mesmo tempo. E tudo isso porque sua mulher conseguiu lhe dar, sem o menor limite, esse sexo excluído daquele "tudo" que sua mãe se propusera a lhe oferecer assim que ele veio ao mundo.

Retorno à regra

O que nos ensina essa história instrutiva?

Algo capaz de fornecer, mesmo atualmente, a prova tangível de que *os sonhos de criança não são irrealistas, de que existem casais sobre os quais poderia ser dito, um dia, "viveram felizes para sempre e tiveram muitos filhos"*. Algo, portanto, que vai inteiramente de encontro à ideologia que, de diversas maneiras e sob o efeito de diferentes fatores, desenvolve habilmente a ideia da inelutabilidade do desentendimento nos casais que se obstinam em se formar. Algo que nos remete à eficiência das disposições da Lei da Espécie e à inanidade da guerra estéril entre os sexos, alimentada pelas desigualdades sociais e pela exacerbação dos narcisismos melindrosos.

Eu evoquei várias vezes, nos capítulos anteriores, a existência de uma regra que sinto a tentação de propor e que seria capaz de permitir que cada um incursionasse tanto na história das pessoas por quem se interessa quanto na própria. Falo dela como de algo que utilizo regularmente em meu trabalho e que explica por que relatei meus casos clínicos com tamanha precisão. Sempre que isso foi possível, ao menos, pois tantas vezes recolhi casos que renunciei em publicar dada a impossibilidade de não os distorcer para esconder seus parâmetros e assim não infringir o segredo profissional!

Essa regra repousa sobre uma constatação que pode ser enunciada com muita simplicidade, a saber, que todo sintoma, seja de que ordem for, decorreria de uma contravenção mais ou menos grave à Lei da Espécie, ocorrida num ou noutro momento da história do sujeito.

Essa contravenção, que pode tomar todo tipo de expressão ou de forma, transmite-se de uma geração a outra e semeia, em sua passagem, estragos que serão mais ou menos bem suportados, mas que, ao se agravarem, acabarão um dia por constituir um sintoma.

Essa regra não contravém minimamente sequer à maneira como o discurso psicanalítico encara o sujeito. Chega até a inspirar-se nele. Difere dele radicalmente, no entanto, pelo horizonte que busca descortinar. O discurso psicanalítico sustenta, não sem razão – e eu seria o último a contradizê-lo –, que o sujeito é pego na rede cerrada de seus significantes (para os lacanianos) ou de seus afetos (para os outros) e que não pode desvencilhar-se dela senão por um trabalho de fala destinado a explorar essa rede e libertá-lo dela. O postulado estabelecido pela regra que proponho consiste primeiramente em reconhecer o caráter inviolável da Lei da Espécie. É somente depois disso que, apelando à razão e à memória, cada um poderá tentar detectar o ponto em que, na sua história, pode ter ocorrido uma contravenção à Lei. O primeiro mérito – e não é dos menores – de tal iniciativa consiste em afastar-se de toda tentação de julgamento: por mais longe que *remontemos na história, nunca há culpados, apenas vítimas, vítimas no mais das vezes do desvio de um discurso social que não conseguiu, até hoje, aceitar, integrar e aplicar os considerandos dessa Lei.*

Qual é o ponto de fragilidade dessa Lei que faz com que ela seja tão destratada?

É a relação de qualquer mãe com sua criança, seja qual for o sexo desta. Isso porque, por sua essência, tal relação dá margem, como sugeri, a um desvio incestuoso. Qual mãe não sonha que "nada falte" a seu filho? A quem "nada falta", como assinalei, o latim chama "*incestus*". Se uma tal propensão materna se revela indispensável à criança nas primeiras semanas de sua vida, logo, porém, torna-se prejudicial, tanto à mãe quanto ao casal de pais. Ora, nenhuma mãe pode espontaneamente pôr um freio à sua propensão. Só pode fazê-lo sob o efeito da intervenção, cujo caráter é frequentemente julgado arbitrário, e, portanto, recusável, do pai da criança. Ela só poderá acolher essa intervenção sobre o pano de fundo de sua própria história, ou, em outras palavras, da posição que sua mãe conferiu a seu pai. O modo como a mãe recebe a intervenção do pai de seus filhos permitirá ou não que sua filha acolha, no futuro, a intervenção do pai dos filhos dela, e que seu filho se expresse ou não diante da mulher dele. Foi em razão do risco de repetição que corre cada casal na passagem das gerações que o contexto social decidiu, até uma época bem recente, sustentar deliberadamente o lugar conferido ao pai na constelação familiar. Que tal apoio tenha dado ensejo a abusos de poder e à eclosão de desigualdades insuportáveis talvez não justifique a total expulsão da instância paterna para fora do circuito e a estúpida promoção da versão mãe *bis*.

Se introduzirmos nessa tela a dinâmica do desenvolvimento afetivo da criança a partir do terror precoce que menino e menina concebem, na fase edipiana, em relação à mãe e das estratégias a que recorrem para anulá-lo – enquanto esta faz de tudo para contrariá-las –, obteremos uma grade de leitura relativamente eficaz da lógica atuante em cada história.

Eu me expressei abertamente, ao longo de minha carreira, em obras escritas destinadas a denunciar esses comportamentos nocivos. Atraí mais críticas e raiva do que ganhei adeptos de minhas visões, exceto em se tratando dos pacientes que me concederam sua confiança, aos quais nunca conseguirei agradecer o suficiente. Passei meu tempo tentando trazer temperança à paixão que os pais desenvolvem por uma criança excessivamente investida, porque concebida quando querem e com quem querem. Ainda assim, nunca cultivei a ilusão de que minhas recomendações bastariam para frear o curso de uma história que intima o sujeito a quem cabe prorrogá-la. É a razão pela qual deplorei a demissão das instâncias sociais, exclusivamente preocupadas em satisfazer as reivindicações de qualquer natureza – a fim de silenciá-las – e sem medir as consequências disso. Lacan não advertia, na condição de teórico, que "o inconsciente, é o social"?[19] Françoise Dolto, pioneira da causa das crianças, havia captado à sua maneira a dificuldade em resolver, num prazo satisfatório, as aporias das condições do nosso tempo. Por isso foi amplamente favorável à criação de crianças por pessoas pagas para isso, declarando em inúmeras ocasiões que, na medida do possível, elas não deveriam ser educadas por seus pais. Tinha bons motivos para defender tal opinião, tendo descoberto em análise que sua vida só havia sido salva graças ao fato de ela ter sido criada por uma babá. Sua recomendação, no entanto, visa igualmente permitir que os pais saiam da dificuldade que, de minha parte, observei. De fato, como esperar conciliar, nos sujeitos, as recomendações de um discurso que apela para a razão, quando eles são escravos impotentes de suas pulsões, quando a linguagem se mostra insuficiente para resolver tal conflito e nossa ideologia social, ciosa de ordem, pretende respeitar todas as opiniões e não contrariar nenhuma delas?

Imaginei que poderia denunciar a infantolatria para proteger as crianças do destino de crianças tiranas que ela lhes reserva. Propus[20] uma medida simples, soberana, e de forma alguma nociva, constituída pela prática precoce, em relação aos bebês, de uma amamentação controlada em suas quantidades e horários. Ela não foi adotada, meus colegas pediatras não ficaram interessados por isso e houve até os que me atacaram. Talvez a ideia seja retomada dentro de vinte e cinco ou trinta anos, quando

19. Jacques Lacan, *Télévision*, *op. cit*.
20. *In Les Pères et les Mères*, *op. cit*.

uma ou várias gerações tiverem sido sacrificadas e as dificuldades só tiverem crescido. Será que terei a ousadia de voltar à carga e assinalar que *a frustração assim imposta ao bebê faria com que se friccionasse precocemente à passagem do tempo, temperaria provavelmente a intensidade do medo que ele continuaria a sentir de sua mãe, torná-lo-ia um pouco mais forte e certamente o faria atravessar a fase edipiana, e mais tarde, a adolescência, de modo menos violento*? Teria eu a ousadia de sustentar que esse procedimento, calando o sentimento de culpa da mãe, devolvê-la-ia à sua condição de mulher, que investe em primeiro lugar o parceiro, e asseguraria a solidez do casal?

É claro que as condições necessárias para que as coisas melhorem são difíceis, senão impossíveis de satisfazer ou reunir. Não deixo de reconhecê-lo. O fato, no entanto, é que não sou o único a fazer tal denúncia.

Há bastante tempo, uma mãe entrou em meu consultório com seu filho de seis ou sete meses nos braços, depois de ter ficado quarenta minutos na sala de espera. Seu ar era sério e sentou-se com um suspiro. Preparei-me para ouvir sua irritação ou suas críticas, justificadas, aliás, diante do meu atraso. Estava constrangido, mas decidido a me retratar e apresentar-lhe minhas desculpas. Para minha surpresa, ela rompeu o silêncio com esta declaração: "Foi muito interessante o tempo que passei em sua sala de espera." Divertida com meu olhar surpreso e vagamente preocupado, continuou: "Não perdi meu tempo. Não me entediei. Foi instrutivo! Isso o surpreende? Imagine o senhor que tive tempo de observar todos aqueles pais com seus filhos. E isso me deu o que pensar! Com certeza nunca os vemos se comportar na vida como se comportam aqui! Verdade! É inacreditável! Ficam de joelhos diante das crianças! Demonstram uma paciência inimaginável! É um tal de "meu querido" pra cá, "meu amor" pra lá! Nem bem um caiu, e logo é posto de pé! E lá vem o beijinho rápido e bem dado! É só pedir o brinquedinho e já está na mão! E se aquele perdeu a graça, logo vem o outro! Quer que agrade aos gregos? Eu agrado. Aos troianos também? É para já. E quer saber o que mais? Ficam todos cegos de admiração. Cegos! É simples, tratam as crianças como se fossem a oitava maravilha do mundo! Nada menos! Não estou brincando! Dá pra ler nos olhos deles! Mas o que há de miraculoso em tudo isso? Os gatos e os cachorros também fazem filhotes, como todos os animais! Eu olhava tudo isso e me dizia que era tudo muito bonito. Mas muito fácil também. Aliás, nada mais fácil, principalmente quando faz a gente ficar feliz! E sem grande despesa, ainda por cima! Pensei comigo que, no fundo, nada disso tem muita importância. Talvez, para eles, seja muito, eu concordo. É muito, mas, ao mesmo tempo, é pouco. Acho que, desse jeito, eles vão acabar gastando o olhar, se continuarem a usá-lo assim, a toda hora, por qualquer coisa. Deveriam domá-lo, deveriam guardá-lo em si mesmos, como quem guarda um objeto precioso, por muito tempo. Muito tempo. E soltá-lo somente daqui a uns vinte e cinco ou trinta anos. Porque o importante na vida não é dar alegria a um bebê, nem fazê-lo feliz por um momento ou mesmo por muito tempo. O importante na vida é fazer dele um homem ou uma mulher! E isso, pode acreditar, é outra coisa!"

O que fez essa jovem mãe não foi apenas abrir o debate sobre a noção do curto prazo, valorizado por nossa sociedade, e do longo prazo, que desapareceu, foi abrir o debate sobre *o egoísmo intrínseco mascarado pela dedicação e pelo desapego dos pais.*

Atualmente, a maior parte dos pais tem filhos pelo prazer narcísico que esperam extrair disso. As crianças se tornaram meros produtos, instrumentalizados, a tal ponto que mesmo os casais homossexuais, cuja sexualidade, no entanto, virou deliberadamente as costas para a procriação, reivindicam o direito de adotá-las! Nossos ancestrais, cujas segundas intenções não hesitamos em estigmatizar, acolhiam com alegria as que tinham, pensando no maior número de braços para a lavoura. Encerravam essas crianças numa espécie de destino fechado, mas eles, ao menos, investiam o longo prazo. E já não é o caso atualmente, quando *a criança é imediatamente investida numa perspectiva de reparação narcísica pessoal. Tanto é que uma relação canibal é estabelecida com ela. Alimentam-se dela e sobre ela. E o hábito que ela assim adquire priva-a de todo e qualquer meio de reivindicar um dia, mesmo quando se tornar adulta e tiver filhos, o direito de pensar por si mesma, de viver por si mesma, de criar os filhos como prefere.*

Será um delírio exigir das instâncias formadoras de opinião que façam com que os pais compreendam que não se cria um filho para si e para mantê-lo indefinidamente perto de si, mas que se tem o dever de criá-lo para ele mesmo e para que vá embora um dia? Isso inclui a responsabilidade com a qual nos comprometemos de prepará-lo para sua vida futura num entorno em que não terá segurança, se tiver sido educado como um cordeiro, e não durará muito, se tiver sido criado como um crápula.

Pode-se argumentar que os comportamentos parentais contrários ao bom senso e aos interesses da criança originam-se na angústia de morte, que nunca foi tão intensa, embora a mortalidade infantil tenha passado de 400 por mil, em condições naturais, para 6 por mil, incluindo todas as causas.

Aqui, igualmente, é necessário lembrar que a Lei da Espécie, que instaurou a diferença entre gerações, proporcionou o meio de desenvolver a consciência da vetorização do tempo, que se escoa sempre no mesmo sentido, e no qual a morte é pontuação do reino da vida. Colocar-se sob a proteção dessa vida e aceitar as crianças trazidas ao mundo é amansar mais ou menos a perspectiva do inelutável, é adentrar plenamente a dimensão adulta da existência, essa dimensão à qual cada um é chamado e que, como vimos, o adulto com tanta frequência tenta silenciar.

Já não está na hora de abrir esse novo capítulo que eu não escreverei. Assim, para relativizar a violência que já se pode suspeitar nele, contento-me em oferecer duas reflexões sobre o assunto, para meditação.

A primeira é extraída do poema lírico *Lazare*, de Émile Zola[21]. Lázaro, a quem Jesus dá a ordem de ressuscitar, declara: "*Revivre, hélas! Se sentir mourir un peu, chaque jour dans sa chair [...]. J'avais franchi le pas de la mort, cette seconde si horrible qu'elle suffit à empoisonner la vie entière.*"*

Ouvi a segunda, colocada na boca do saxofonista Paul Desmond por Alain Gerber[22]: "Todos os problemas do moribundo

---

21. Alfred Bruneau, "Lazare", poema lírico de Émile Zola, CD Adès. Direção de Jacques Mercier.

* Reviver, infelizmente! Sentir-se morrer um pouco, na carne, a cada dia [...] Eu havia ultrapassado a morte, esse segundo tão horrível que só ele basta para envenenar uma vida inteira. (N. da T.)

22. Alain Gerber, "Le jazz est un roman". Programa da rádio France-Musique de 20 de dezembro de 2005.

[...] vêm [do fato de] ele ser capturado por essa fantasia de eternidade que é o mais absurdo dos sonhos humanos. Que ser lúcido, depois de pensar no assunto por um segundo, desejaria a imortalidade? Quem colocaria um tal fardo nas costas? Só fingimos aspirar a isso porque temos a sorte de ser mercadoria perecível."

ANEXO

Falei extensamente, no primeiro capítulo desta obra, sobre minha luta contra a opacidade, metaforizada pelo cuidado que dedico às lentes de meus óculos. Esse tipo de opacidade relaciona-se exclusivamente à visão, ainda que eu tenha sugerido que, para mim, ela vai muito além disso. Gostaria de mostrar aqui, voltando a um período da minha infância, que essa opacidade não exclui, longe disso, a opacidade da linguagem, e pode até constituir um verdadeiro trauma para quem a tem de vivenciar.

Esse trauma, no que me diz respeito, ocorreu num momento de minha infância em que, por circunstâncias de minha história familiar, me vi confrontado a uma língua nova e estritamente incompreensível. A insuportável agressão da opacidade, assim como a luta que não deixei de travar contra ela, parecem-me de fato datar dessa confrontação. E não lamento ter sido levado a recusar, no corpo desta obra, os aspectos negativos da pulsão escópica em favor exclusivo da clareza das palavras. Serei sempre o último a negar o emaranhamento entre sexo e linguagem, pois são dois ingredientes tão íntimos que não cessam de alimentar-se um ao outro, um do outro. Mas isso não deve ser argumento para justificar que minhas palavras sejam a todo custo associadas a um perfume de perversão que alguns poderiam ou gostariam de nelas colocar.

No verão de 1942, nossa família, que permanecera francesa apesar de sua instalação várias gerações anteriores na Líbia, foi expulsa de lá pelas autoridades italianas que já não queriam abrigar estrangeiros em seu território, e muito menos os cidadãos de uma potência inimiga. Por isso, fomos enviados *manu militari* para a Argélia.

O que sabíamos da França ou de francês? Nada, exceto que, de acordo com a lembrança dos vivos, todos os casamentos, nascimentos e falecimentos haviam sempre sido registrados na embaixada ou no consulado da França. Não me estenderei nos detalhes materiais dessa história nem nos do retorno interminável que foi o nosso, e que, sob a fachada de um retorno, aparentava-se mais a um insuportável dilaceramento. Ressaltarei apenas as preocupações recorrentes que não parávamos de ter, durante toda a viagem, em relação à língua.

Meus dois irmãos mais velhos, um de dezessete e outro de treze anos, com instrução italiana e perfeitamente fluentes nessa língua, destacavam o fato como um obstáculo suplementar a ser superado. Sabiam que seria possível, é claro, empregar eventualmente o dialeto árabe do qual nos servíamos e que deveria se revelar mais ou menos compreensível no país de acolhida. Mas sabiam também, por experiência, que esse dialeto nunca permitia a indispensável comunicação com a onipresente administração pública. Cansada da angústia deles, a menos que fosse também a sua e que quisesse também se tranquilizar, nossa mãe, viúva, que eu sentia como muito velha embora tivesse apenas quarenta anos, decidiu então intervir no debate. Declarou-nos que conhecia alguns rudimentos de francês porque havia frequentado, aos quatro anos, uma escola de educação infantil, a *Alliance israélite universelle* – o *"asilo"*, como ela disse então, emprestando do italiano que mal falava a denominação do estabelecimento escolar. Suas palavras e a descoberta que nos proporcionava foram tão surpreendentes e tranquilizadoras para nós que imediatamente lhe pedimos que nos dissesse alguma coisa em francês. Ela não pensou duas vezes. Começou a emitir uns fonemas que nos pareceram maravilhosamente exóticos e tão apaziguadores que nunca se apagaram de minha memória. Com ajuda de gestos de mão – não sabíamos bem por quê – ela nos declamou: "Mêmêuassimêmê, éassinduá, mêmêssidu, mêmêssituá, sississisudu, sissiêsutuá." Nós logo lhe pedimos, é claro, a tradução de suas palavras. Respondeu que era incapaz de traduzi-las, mas que aquilo realmente era francês, querendo assim enfatizar que, se ela, ainda pequena, tinha sido capaz de ouvi-las e conservar alguma coisa delas, a aquisição por parte dos grandes que éramos certamente não criaria dificuldades insuperáveis.

Não sei o que meus irmãos e irmãs – éramos sete crianças vivas das dez que meus pais haviam tido – fizeram com essa façanha. Lembro-me apenas de que, nas semanas seguintes à nossa chegada, eu estirava as orelhas para as conversas em francês que ouvia, tentando reconhecer nelas um ou outro dos fonemas que havia absorvido. Em vão, é claro. Mas, antes de conseguir digerir minha decepção, quão grande foi meu sofrimento! Que a aura de minha mãe perdesse assim uma lasca não foi fácil para mim (Édipo mostrando a ponta de seu nariz!). Mas que sofrimento sentia também ao notar, nos olhos dos interlocutores de minha mãe ou de meus irmãos mais velhos, a condescendência mesclada de desprezo que regularmente acompanhava o uso, por parte deles, do dialeto árabe – que, por sinal, eles massacravam –, quando constatavam que seu francês não era compreendido. Por falta de lembranças precisas, pularei a sensação de isolamento em que me achei e que imaginava ser também o dos meus. Lembro-me apenas – ah! a função encobridora da recordação – de uma sequência: um senhor idoso encontra o mais velho de meus irmãos, cuja mão eu segurava, começa a conversar com ele antes de se dirigir a mim. E, como não lhe respondo, ele insiste e acaba por traduzir sua pergunta no dialeto árabe local, acrescentando, nesse mesmo dialeto: "Então, perdeu a língua? Mostre-me sua língua." Nisso, estirou a própria língua para me convidar a fazer o mesmo. Faço o que fazem todas as crianças em circunstâncias similares, viro a cabeça e prometo a mim mesmo nunca mais acompanhar meu irmão em seus passeios. Com a diferença, no entanto, de que faço uma experiência e adquiro um hábito que rapidamente se revela frutífero: como para renovar essa cena, quando alguém se dirige a mim e não compreendo o que me diz, ponho-me a olhá-lo intensamente e a calcar meus gestos nos seus.

Por qual mecanismo singular se dá, afinal, a aquisição de uma língua? Ainda não o sabemos. Mas não há dúvida de que a estratégia que eu havia encontrado me ajudou muito a adquirir a língua na qual estava mergulhado. Em todo caso, bastaram-nos apenas algumas semanas, sobretudo aos menores, para compreender e falar o francês. E foi aí, particularmente para mim, que tomou forma uma tragédia singular. Isso porque eu estava definitivamente convencido de que nossa mãe nos havia, se não traído, ao menos mentido grosseiramente (ainda uma metamorfose do nosso famoso Édipo!). Não havia, e não podia haver, na língua francesa, o menor resquício do tal "mêmêuassimêmê". Meus irmãos e irmãs não pararam por aí. Quantas vezes não os ouvi aludir à antiga pretensão de minha mãe para recusar uma de suas ordens ou certezas. "É como aquele francês que você sabia falar", lançavam-lhe eles impiedosamente, "é como o 'mêmêuassimêmê.'" Ela engolia. Ela se calava.

Vinte e seis anos depois, sou pediatra e pai de duas crianças. O mais velho está no segundo ano da pré-escola. Entro na cozinha, ele está sentado à mesa à espera do almoço que sua mãe lhe prepara amorosamente. Ele nos diz então: "Hoje eu aprendi uma musiquinha bonita! Querem que eu cante?" E como, transbordando de ternura, nós o incentivamos, ele continua, mostrando também com os gestos: "Ma main, voici ma main; elle a cinq doigts; en voici deux, en voici trois, si ceux-ci sont deux, ceux-ci sont trois." O coitadinho não entendeu por que, de repente, eu explodi numa gargalhada "imessa" e tonitruante que não acabava mais, e que me deu, na hora, a sensação de um imenso, imenso alívio. Sua mãe ficou tão espantada quanto ele, se não mais. No acesso de riso, que se transformou em lágrimas, eu lhes contei a velha história: "Mêmêuassimêmê, éassinduá, mêmêssidu, mêmêssituá, sississisudu, sissiêsutuá." Os fonemas se encaixavam, deformados, é claro, pelo sotaque e pela memória, mas não poderiam ser mais reconhecíveis. Eu vivia, por um acaso das circunstâncias, uma verdadeira catarse. Ela não nos havia traído, ela não me havia traído, nossa mãe, minha mãe. A bruma se dissipava, o vidro deixava de ser opaco, a luz fulgurara, e o olhar que atravessava tudo isso já não encontrava obstáculos, o infinito se tornara acessível para ele. A experiência que eu acabava de viver me deu a certeza de que podia ser a experiência de cada um. Nunca pensei em tirar um proveito pessoal e egoísta dela, como se me sentisse subitamente dotado de um poder surpreendente e singular de percepção. Ela simplesmente me estabeleceu na ideia de que todo ser podia ter uma experiência idêntica e ser tão favorecido por ela quanto eu fui.

A opacidade. Ela é o quinhão e o drama dos seres falantes, os *"parlêtres"** que todos nós somos, sem a menor exceção. E é na linguagem multiforme, que acreditamos poder dominar, que ela mais se manifesta. Foi disso que fiquei imediatamente convencido. Não foi por acaso, foi a partir dessa longínqua decepção, e depois da verdadeira dádiva de meu filho, a partir dessa cena na cozinha e da lembrança recuperada, que imprimi à minha carreira o rumo que ela tomou.

A opacidade nunca mais deixará de me interessar. Ela será, tanto em minha vida pessoal quanto em meu trabalho, o adversário designado de uma luta que não cessarei de travar. Eu a perseguirei em toda parte onde suspeitar de sua presença mascarada ou proteiforme. No sintoma da criança doente, nas palavras de seus pais, no discurso manipulador das imediações. E que me importa que ela me tenha feito ou me faça passar por retrógrado, conservador ou paranoico. Nunca conseguirá desencorajar minha paciência: vinte e seis anos de espera vacinam contra a ferocidade do tempo que passa. E, como minha atitude me parece legitimada pelas palavras tão belas e certeiras de Albert Camus, quando adverte que "nomear mal as coisas é aumentar a miséria do mundo"! Não tardarão alguns, aqui também, em reduzir minha empreitada a uma sórdida vingança ou à tentativa de restaurar a dignidade achincalhada de minha mãe. Que me importa, aqui também? Poderão até tratar-me de louco pretensioso, que teria ambicionado tornar-se um novo tipo de Prometeu. Isso não me preocupa. Médico sou, médico sempre fui, assumindo sem o mínimo remorso – ainda que para isso tenha precisado ficar nessa incômoda posição entre o corpo e a linguagem – minha tentação terapêutica; era esse o título, aliás, que eu havia dado a minha primeira obra, antes que o editor o transformasse, por razões comerciais, em *L'Enfant porté*.

* *Parlêtre*: termo criado por Lacan, que reúne "parler" [falar] e "être" [ser], e contém, além disso, os homófonos "lettre" [letra] e "par lettre" [por carta] ou [por letra]. (N. da T.)

REFERÊNCIAS

Bibliografia

ANZIEU, Didier. *L'Auto-Analyse de Freud*, Paris, PUF, 1975.

ATLAN, Henri. *L'Utérus artificiel*, Paris, Seuil, 2005.

AULAGNIER, Piera. *In Le Désir et la Perversion*, obra coletiva, Paris, Seuil, 1967.

BALINT, Michael. *Le médecin, son malade et la maladie*, Paris, Petite Bibliothèque Payot, 1966.

BAZIN, Hervé. *Vipère au poing*, Paris, Le Livre de Poche, n.º 58, 1954.

BENATTAR, Marie-Claude. "L'amplification du point G", *Medica judaïca*, 2004, n.º 93, p. 14.

BERGMAN, Ingmar. *Une affaire d'âme*, Paris, Cahiers du cinéma, 2002.

BLAFFER HRDY, Sarah. *Les Instincts maternels*, Paris, Payot, 2002.

BLOCH, Olivier. "Le matérialisme éclairé de Diderot", *in La Lumière*, Paris, Odile Jacob, 2005.

BONNET, Gérard. *Voir et être vu*, 1 e 2, Paris, PUF, 1981.

———. *L'irrésistible pouvoir du sexe*, Paris, Payot, 2001.

BRENOT, Philippe. *Le Sexe et l'Amour*, Paris, Odile Jacob, 2003, p. 189.

CAMUS, Albert. *Le Premier Homme*, Paris, Gallimard, 1994.

CHABOUDEZ, Gisèle. *Rapport sexuel et rapport des sexes*, Paris, Denoël, 2004.

CHANGEUX, Jean-Pierre (sob a direção de). *La Lumière au siècle des Lumières*, Paris, Odile Jacob, 2005.

CÓDIGO DE HAMURABI: http://perso.wanadoo.fr/jdtr/Hamourabi.htm.

COHEN, Albert. *Solal*, Paris, Gallimard, 1930.

———. *Le Livre de ma mère*, Paris, Gallimard, 1954.

COHEN, Albert. *Belle du Seigneur*, Paris, Gallimard, 1968.
CYRULNIK, Boris. *Les Nourritures affectives*, Paris, Odile Jacob, 1993 e "Poches Odile Jacob", 2000.
COURNUT, Jean. *Pourquoi les hommes ont peur des femmes?*, Paris, PUF, 2001.
DELAY, Jean. *La Jeunesse d'André Gide* (2 vol.), Paris, Gallimard, 1956.
DESARTHE, Agnès. *Je ne t'aime pas*, Paulus, Paris, École des Loisirs, 1991.
———. *Je ne t'aime toujours pas, Paulus*, Paris, École des Loisirs, 2005.
DOLTO, Françoise. *Le Cas Dominique*, Paris, Seuil, 1966 e Points n.º 69.
DOUGLAS, Mary. *L'Anthropologue et la Bible*, Lecture du Lévitique, Paris, Bayard, 2005.
EHRENBERG, Alain. *La Fatigue d'être soi*, Paris, Odile Jacob, 1998 e "Poches Odile Jacob", 2000.
ÉLIACHEFF, Caroline e HEINICH, Nathalie. *Méres-Filles*, Paris, Albin Michel, 2002.
ERNOULT, A., MEILLET, A., ANDRÉ, J. *Dictionnaire étymologique de la langue latine*, Paris, Klincksieck, 1994.
FOUCAULT, Michel. *Naissance de la clinique*, Paris, PUF, 1978.
FREUD, Sigmund. *L'interprétation des rêves*, Paris, PUF, 1973.
———. "La féminité", *in Nouvelles Conférences sur la Psychanalyse*, Paris, Gallimard, idées-nrf, 1978.
———. *Totem et tabou*, Paris, Petite Bibliothèque Payot, 1965.
———. *Trois Essais sur la théorie de la sexualité*, Paris, Idées/ Gallimard, n.º 3, 1974.
———. *La Vie sexuelle*, Paris, PUF, 1969.
GARY, Romain. *La Promesse de l'aube*, Paris, Gallimard, 1960, Folio 373.
GIONO, Jean. *Jean le Bleu*, Paris, 1932, reeditado em Livre de Poche, LGF, 1973.
GRANOF, Wladimir. *Le Désir d'analyse*, Paris, Aubier, 2004.
———. *La Pensée et le féminin*, Paris, Flammarion, Champs, 2004.
———. *Filiations*, Paris, Gallimard, Tel, 2001.
GRAVES, Robert. *Les Mythes grecs*, Paris, Fayard, 1967.
HÉRITIER, Françoise. *Les Deux Sœurs et leur mère*, Paris, Odile Jacob, 1994 e Opus Odile Jacob, 1997.
———, CYRULNIK, Boris, NAOURI, Aldo. *De l'inceste*, Paris, Odile Jacob, Opus, 1994 e Poches Odile Jacob, 2001.
———. *Masculin/féminin I, La Pensée de la différence*, Paris, Odile Jacob, 1996.
———. *Masculin/féminin II, Dissoudre la hiérarchie*, Paris, Odile Jacob, 2002.
HOUEL, Annick. *Le Roman d'amour et sa lectrice. Une si longue passion. L'exemple Harlequin*, Paris, L'Harmattan, 1997.

HOUEL, Annick. *L'Adultère au féminin et son roman*, Paris, Armand Colin, 1999.
IMBERT, Michel. "La vision aujourd'hui", *in La Lumière au siècle des Lumières*, Paris, Odile Jacob, 2005.
———. *Traité du cerveau*, Paris, Odile Jacob, 2006.
ISRAËL, Lucien. *Boiter n'est pas pécher*, Paris, Odile Jacob, 2006.
———. *Pulsions de mort*, Estrasburgo, Arcanes, 1998.
———. *Le Désir à l'œil*, Estrasgurgo, Ramonville-Sainte-Agne, Érès, 2003.
———. *Marguerite D. au risque de la psychanalyse*, Estrasburgo, Ramonville-Sainte-Agne, Arcane, Érès, 2003.
KAUFMANN, Jean-Claude. *La Trame conjugale*, Paris, Nathan, 1992.
LACAN, Jacques. Seminário de 20 de janeiro de 1971.
———. *Écrits*, Paris, Seuil, 1966.
———. *Télévision*, Paris, Seuil, 1973.
———. *Encore, Séminaire XX*, Paris, Seuil, 1975.
———. *L'Angoisse. Séminaire livre X*, Paris, Seuil, 2004.
LA VILLE de MIRMONT, Jean de. *L'horizon chimérique*, Paris, La Table Ronde, 1998.
LEROI-GOURHAN, André. *L'Art pariétal, langage de la Préhistoire*, Grenoble, J. Million, 1992.
LESOUALC'H, Théo. *Érotique du Japon*, Paris, J.J. Pauvert, 1968.
LÉVI-STRAUSS, Claude. *In Histoire de la famille 1* (Zonabend F. dir.), Paris, Armand Colin, 1986.
LLOYD, Elisabeth. *The Case of Female Orgasm – Bias in the Science of Evolution*, Harvard University Press, 2005.
MACCOBY, Hyam. *L'Exécuteur sacré*, Paris, Cerf, 1999.
MAETERLINCK, Maurice. *Pelléas et Mélisande*, Paris, Fasquelle, 1956.
MAGOUDI, Ali. *Le Livre d'Ali*, Albin Michel, 2004.
———. *Rendez-Vous*, Paris, Maren Sell, 2005.
MASTERS, W.H. e JOHSON, V. E. *Les Réactions sexuelles*, Paris, Robert Laffont, 1966.
MELCHIOR-BONNET, Sabine e TOCQUEVILLE, Aude de. *Histoire de l'adultère*, Paris, La Martinière, 1999.
MILLER, Henry. *Tropique du Cancer*, Paris, Folio Gallimard, 1934.
MILLET, Catherine. *La Vie sexuelle de Catherine M.*, Paris, Points-Seuil, P1008, 2001.
MORALI, I. *Dissertation homilétique de R. Saadia Gaon sur le Décalogue*, Paris, Comité parisien des Israélites de l'Algérois, 1965.
MORRIS, Desmond. *Magie du corps*, Paris, Grasset, 1986.
MWÀ VÉE, *Revue culturelle kanak*, n.º 44, p. 60, "Le maître de Koné", texto traduzido da língua a'jië, Nouméa, 2004.
NACCACHE, Lionel. *Le Nouvel Inconscient*, Paris, Odile Jacob, 2006.

NAOURI, Aldo. *L'Enfant porté*, Paris, Seuil, 1982 e Points-Seuil n.º 479.
———. *Une place pour le père*, Paris, Seuil, 1985 e Points-Seuil, 1982.
———. *L'Enfant bien portant*, Paris, Seuil, 2004.
———. *Les Filles et leurs Méres*, Paris, Odile Jacob, 2004.
———. *Les Péres et les Méres*, Paris, Odile Jacob, 2004.
———, ANGEL, Sylvie, GUTTON, Philippe. *Les mères juives n'existent pas, mais alors qu'est-ce qui existe ?*, Paris Odile Jacob, 2005.
NOIRAY, Michel. *Don Juan* (tradução de), L'avant-Scène Opéra n.º 172, Paris, Premières Loges, 1996.
PASOLINI, Pier Paolo. *Poesia in forma di rosa* (1961-1964), *in Le Poesie*, Milano, Aldo Garzanti, 1975.
PERRIER, François. *La Chaussé d'Antin*, Paris, Albin Michel, 1994.
PERRY, J. e WIPLE B. *Journal of Sex Research*, 17, 22-39, 1981.
PÉRÉA, F., MORÉNON J. "Les manifestations vocales et verbales pendant l'acte sexuel: une désactivation de la chaîne signifiante", *Synapse*, n.º 223, março de 2006, p. 31.
POIRIER, Paul. *Anatomie humaine*, tomo V, Paris, Masson, 1901.
RÉAGE, Pauline. *Histoire d'Ô*, Paris, J.J. Pauvert, 1954.
REIK, Théodore. *Le Rituel – psychanalyse des rites religieux*, Paris, Denoël, 1974.
RIEL, Jørn. *La Faille*, Paris, 10/18, n.º 3669.
ROUVIÈRE, Henri. *Anatomie humaine*, Paris, Masson, 1954.
SAVATIER, Thierry. *L'Origine du monde. Histoire d'un tableau de Gustave Courbet*, Paris, Bartillat, 2006.
SAFOUAN, Moustapha. *L'Échec du principe de plaisir*, Paris, Seuil, 1979.
———. *La Sexualité féminine*, Paris, Seuil, 1976.
SAINT-EXUPÉRY, Antoine de. *Citadelle*, Paris, Gallimard, 1948.
SAPIENZA, Goliarda. *L'art de la joie*, Paris, Viviane Hamy, 2005.
SAUVERZAC, Jean-François de. *Françoise Dolto, itinéraire d'une psychanalyste*, Paris, Aubier, 1993, p. 239.
SCHAEFFER, Jacqueline. *Le Refus du féminin*, Paris, PUF, 1997.
SCHNEIDER, Michel. *Maman*, Paris, Gallimard, 1999 e Poche Gallimard, 2005.
SCHNEIDER, Monique. *Le Paradigme féminin*, Paris, Aubier-Flammarion, 2004.
SCHNITZLER, Arthur. *La Nouvelle rêvée*, Paris, Le Livre de Poche, n.º 3358.
SCILICET, *2-3*, Paris, Seuil, 1970.
HITE, Shere. *Le Rapport Hite (sur les femmes)*, Paris, Robert Laffont, 1977.
SHORT, Philipp. *Mao Tsé toung*, Paris, Fayard, 2005.
SINGER, Isaac Bashevis. *Ombres sur l'Hudson*, Paris, Folio, n.º 3670.

SPIRA, A., BAJOS, N. *Les Comportements sexuels en France*, Paris, La Documentation française, 1993.

TESTUT, L. e JACOB O. *Anatomie topographique*, Paris, Doin et Fils, 1909.

VALTIER, Alain. *La Solitude à deux*, Paris, Odile Jacob, 2003.

———. *L'Amour dans les couples*, Paris, Odile Jacob, 2003.

VECCHIALI, Hélène. *Ainsi soient-ils*, Paris, Calmann-Lévy, 2005.

VINCENT, Jean-Didier. *Biologie des passions*, Paris, Odile Jacob, 2004.

VINCENT, Lucy. *Comment devient-on amoureux?*, Paris, Odile Jacob, 1986.

———. *Petits Arrangements avec l'amour*, Paris, Odile Jacob, 2005.

WINICOTT, Donald W. *De la pédiatrie à la psychanalyse*, Paris, Petite Biliothèque Payot, 1969.

WOOD MIDDLEBROOK, Diane. *Anne Sexton. A Biography*, Nova York, Vintage Books, 1992.

ZAVIAVIC, M. et al. "La Prostate féminine", *Sexologie*, 2002, 11-39, 53-60.

ZONABENB, Françoise (sob a direção de). *Histoire de la famille 1*, Paris, Armand Colin, 1986.

Discografia

BRUNEAU, Alfred. *Lazare*, poema lírico de Émile Zola, CD Adès, Regência: Jacques Mercier.

DEBUSSY, Claude. *Pelléas et Mélisande*, poema de Maurice Maeterlinck, 3 CD, Naïve, 2001, Regência: Bernard Haitink.

FAURÉ, Gabriel. *Songs*, CD Résonance.

MOZART, Wolfgang Amadeus. *Don Juan*, Livreto de Lorenzo Da Ponte, CD EMI, Regência: C. M. Giulini.

Filmografia

HOU, Hsiao-Hsien. *Fleurs de Shangai* [Flores de Xangai], China, 1998.

———. *Three Times* [Três vezes], China, 2004.

IMAMURA, Shohei. *Akai Hashi Noshitano Nurui Mizu* [*Água quente sob uma ponte vermelha*], Japão, 2001.

KUBRICK, Stanley. *Eyes Wide Shut* [*De olhos bem fechados*], EUA, 1999.

LYNE, Adrien. *Unfaithful* [*Infiel*], EUA, 2002.

OUEDRAOGO, Idrissa. *Tilaï*, Burkina Fasso, 1989.

PAGNOL, Marcel. *La femme du boulanger* [*A mulher do padeiro*], França, 1938.
TRUFFAUT, François. *La peau douce* [*Um doce pecado*], França, 1964.
ULLMANN, Liv. *Trolösa* [*Infiel*], Suécia, 2000.
WELLES, Orson. *Citzen Kane* [*Cidadão Kane*], EUA, 1941.

AGRADECIMENTOS

Gostaria, antes de mais nada, de agradecer a minha editora, Odile Jacob, a confiança que demonstrou quando lhe comuniquei o projeto desta obra e o apoio atencioso que me prodigalizou ao longo de toda a sua redação. Minha gratidão se volta também para a equipe editorial tão competente da qual ela soube se rodear, e particularmente para Jean-Luc Fidel, com quem sinto sempre tanto prazer em dialogar.

Gostaria igualmente de prestar uma homenagem a meus dois primeiros leitores e dizer-lhes como foi importante para mim que eles tenham concordado em sê-lo.

Obrigado ao primeiro dos solicitados, o cantor lírico de grande talento e vasta cultura que é meu filho Laurent. Poderia eu ter encontrado um crítico melhor do que ele, que canta Goulaud e Don Giovanni com tanta frequência, sempre com talento e emoção equivalentes? Ele me satisfez por completo, nada deixando passar, tanto com respeito à construção quanto ao desenvolvimento dos argumentos, da clareza e da articulação entre eles. Sempre confiei em meu filho, levando em grande consideração a singularidade com que nele se aliam a formação científica e a sensibilidade de artista.

E obrigado a Jeanne, minha esposa inabalável; ela pôde verificar, primeiramente, que tirei proveito de suas aulas, porque desta vez voltou de mãos vazias de sua caça habitual aos adjetivos e advérbios desnecessários. O progresso que me ajudou a fazer, nesse aspecto, serve-me sobretudo de pretexto para que eu lhe diga, empregando sua própria formulação, que realmente agimos bem quando não "nos divorciamos naquelas duzentas vezes em que tivemos vontade de fazê-lo", e que teremos, eu espero, duzentas outras oportunidades para não fazê-lo.

Orgrafic
Gráfica e Editora
tel.: 25226368